TOMBER MALADE, DEVENIR FOU

ESSAI DE PHÉNOMÉNOLOGIE EXISTENTIELLE

DU MÊME AUEUR

La Philosophie de Jean-Paul Sartre, Paris, Vrin, 2019.

Qui suis-je pour de vrai ?, Paris, Gallimard Jeunesse, 2019.

Qui suis-je ? Sartre et la question du sujet, Paris, Herman, 2015.

Daseinsanalyse. *Phénoménologie et psychiatrie* (en collaboration avec Françoise Dastur), Paris, Vrin, 2011.

Dictionnaire Sartre, Paris, Ellipses, 2009.

Le désir, Paris, Ellipses, 2005.

L'être et la conscience. Recherches sur la psychologie et l'ontophénoménologie sartriennes, Bruxelles, OUSIA, 2004.

La conscience, Paris, Ellipses, 2003.

PROBLÈMES ET CONTROVERSES

Directeurs : Sandra LAUGIER et Franck FISCHBACH

TOMBER MALADE, DEVENIR FOU

ESSAI DE PHÉNOMÉNOLOGIE EXISTENTIELLE

par

Philippe CABESTAN

PARIS

LIBRAIRIE PHILOSOPHIQUE J. VRIN

6 place de la Sorbonne, V[e]

2021

Imprimé en France

ISSN 0249-7875

ISBN 978-2-7116-2966-4

www.vrin.fr

Pour Nadia

AVANT PROPOS

Depuis plus de vingt-cinq ans, l'École Française de *Daseinsanalyse* [1] permet à des psychiatres, des psychologues, des psychothérapeutes et des philosophes de confronter leur compréhension des troubles dits psychopathologiques dans une perspective phénoménologique et existentielle. Les interventions dans le cadre des séminaires et des journées d'études qui y sont organisés ont déjà donné lieu à différentes publications, notamment aux éditions du Cercle herméneutique. En 2011, Françoise Dastur et moi-même avons publié un ouvrage intitulé : Daseinsanalyse. *Phénoménologie et psychiatrie* [2]. Notre ambition était alors de présenter d'un point de vue à la fois doctrinal et historique les grandes figures de la psychiatrie phénoménologique. Il va de soi que cet ouvrage, étant données l'ampleur de son sujet et ses dimensions nécessairement limitées, ne pouvait évoquer que de manière relativement sommaire les différentes œuvres qui alimentent ce courant de pensée ; on s'est parfois même contenté de quelques lignes pour présenter des textes qui en méritaient sans aucun doute beaucoup plus. En outre, le choix délibéré d'une certaine neutralité remettait à plus tard l'interrogation critique des thèses exposées. Enfin, parce qu'il engendra plus de questions qu'il n'apporta de réponses, ce travail se révéla le *terminus a quo* d'une réflexion qui était appelée à se poursuivre d'une manière ou d'une autre.

Dans le prolongement de ce premier ouvrage ainsi que d'un travail personnel en vue de l'habilitation, je me propose d'esquisser ici le projet

1. L'École Française de *Daseinsanalyse* fut fondée en 1993 par Jean-Michel Azorin, Françoise Dastur, Emmanuel Monod et Bernard Pachoud. Elle organise aujourd'hui comme hier, dans le cadre des Archives Husserl, un séminaire qui se tient à raison d'une séance mensuelle dans les locaux de l'ENS de la rue d'Ulm (Paris). Pour plus d'informations, nous renvoyons le lecteur au site internet de l'EFD : http://www.daseinsanalyse.fr

2. Ph. Cabestan, F. Dastur, Daseinsanalyse. *Phénoménologie et psychiatrie*, Paris, Vrin, 2011.

d'une anthropologie en vue d'une psychiatrie phénoménologique. Que l'une et l'autre soient étroitement liées et qu'on ne puisse étudier ce qu'on appelle la folie sans d'abord s'interroger sur l'être de l'homme malade, c'est ce dont on se convaincra aisément pour peu que l'on considère combien l'homme en tant qu'être-au-monde diffère tant de l'homme en tant qu'animal raisonnable que de l'homme en tant qu'être pulsionnel ou être neuronal. Ainsi voudrais-je, dans un premier temps, reprendre l'analyse de certains éléments anthropologiques en apparence bien connus tels que l'angoisse, le rêve, la sexualité, le délire. Puis je tenterai de montrer, dans un deuxième temps, de quelle manière la phénoménologie existentielle est en mesure d'éclairer, d'une part, la chute dans la « folie » et, d'autre part, certaines pathologies particulièrement graves et déroutantes comme la névrose traumatique, la schizophrénie ou la mélancolie. Enfin, dans un troisième temps méthodologique, j'essayerai d'établir la spécificité de la phénoménologie existentielle en clarifiant la notion de compréhension, et de préciser ce qui la sépare tant des neurosciences que de la psychanalyse.

Afin de fixer d'emblée les limites de cette entreprise, il me faut convenir que ma formation est essentiellement philosophique, que je n'ai jamais eu l'occasion de suivre une quelconque psychothérapie et que je n'ai absolument aucune compétence clinique et médicale. La seule légitimité que je puisse évoquer, outre ma formation, est celle dont le poète comique latin, Terence, formula en son temps l'inaltérable principe : *homo sum ; humani nihil a me alienum puto* [1]. Car si les « fous » sont bien des malades, ils n'en sont pas moins des hommes qui partagent avec ceux qui ne le sont pas les mêmes conditions d'existence, ce qu'on peut appeler la *conditio humana*.

Ce livre s'adresse de préférence, et avec le souci d'une certaine lisibilité, à tous ceux qui, pour une raison ou pour une autre, s'interrogent sur l'existence et ses troubles. C'est pourquoi j'ai évité dans la mesure du possible un vocabulaire par trop technique. Par suite, plutôt que de *Daseinsanalyse* il est question de phénoménologie existentielle afin non seulement de ne pas rebuter un lecteur peu familier de la langue allemande mais aussi et surtout afin de marquer une certaine liberté par rapport à la *Daseinsanalyse* au sens strictement heideggérien qu'incarne de manière privilégiée le disciple de Heidegger et psychiatre Medard Boss. On pourrait alors définir la phénoménologie existentielle comme une herméneutique de l'existence qui ressaisit la conscience husserlienne à partir de la structure fondamentale de l'être-au-monde.

1. « Je suis un homme ; je considère que rien de ce qui est humain ne m'est étranger », Térence, *Heautontimoroumenos*, v. 77.

Enfin, je ne dirai jamais assez ma dette vis-à-vis des travaux et des discussions dont l'École Française de *Daseinsanalyse* fut le cadre privilégié. C'est pourquoi je tiens à en remercier chaleureusement les responsables : Jeanine Chamond, Georges Charbonneau, Jean-Claude Gens, Alain Flajoliet, Guy Risbec, sans oublier le directeur des Archives Husserl de Paris, Dominique Pradelle, ainsi que Françoise Dastur, présidente honoraire de l'École Française de *Daseinsanalyse*, dont le soutien et les critiques me sont toujours particulièrement précieux.

INTRODUCTION

PHÉNOMÉNOLOGIE EXISTENTIELLE, ANTHROPOLOGIE ET PSYCHIATRIE

Der Mensch ist ein Abgrund,
Es schwindelt einem,
Wenn man hinunterschaut
A. Berg, *Wozzeck*, II, 3.

Alors que le cloisonnement des disciplines rend le dialogue entre elles relativement difficile, il n'est pas inutile d'insister tout d'abord sur son importance et sa fécondité. Le dialogue est – faut-il le rappeler ? – au cœur de la démarche philosophique et nous devons à Socrate mais aussi à Kant comme à Paul Ricœur l'idée que penser et dialoguer sont une seule et même chose [1]. C'est pourquoi, s'il convient d'interroger les savoirs comme les prétendus savoirs sur lesquelles s'appuient nos contemporains, qu'ils soient politiciens, ingénieurs ou encore médecins, il est également nécessaire de mettre notre propre pensée à l'épreuve de celle des autres. Cependant, dans le cas de la phénoménologie existentielle et de la psychiatrie, que peut-on attendre plus précisément d'un tel dialogue ? D'une part, et nous aurons ici mainte fois l'occasion de le constater, en se confrontant à des phénomènes et à des modes d'existence pathologiques, la phénoménologie existentielle est amenée à s'interroger sur la validité de ses analyses et de ses concepts fondamentaux. C'est du reste ce que Merleau-Ponty a bien compris lorsqu'il s'interroge dans la *Phénoménologie de la perception* sur des phénomènes comme

1. « Quelles seraient l'ampleur et la justesse de notre pensée, si nous ne pensions pas en quelque sorte en communauté avec d'autres à qui nous communiquerions nos pensées et qui nous communiqueraient les leurs ! », E. Kant, « Que signifie s'orienter dans la pensée ? », trad. fr. J.-F. Poirier, F. Proust, Paris, GF-Flammarion, 1991, p. 69.

l'hallucination ou l'aphasie [1]. D'autre part, ce dialogue peut être également fructueux pour la psychiatrie dont la compréhension des troubles de l'existence repose nécessairement sur une anthropologie sans laquelle elle se condamne à errer faute de pouvoir bénéficier dans ses recherches d'un fil conducteur. Dans cette perspective, nous voudrions procéder un rapide état des lieux et préciser la situation actuelle de ce qu'on peut appeler la phénoménologie psychiatrique ou plutôt la psychiatrie phénoménologique, qui naît de la rencontre de la phénoménologie et de la psychiatrie. Puis, dans un deuxième temps, nous envisagerons les difficultés auxquelles se heurte cette psychiatrie phénoménologique. Enfin, nous voudrions esquisser l'idée d'une anthropologie existentielle en tant que condition de son possible renouveau.

De l'enthousiasme à l'essoufflement

Le psychiatre suisse Ludwig Binswanger ne cache pas son enthousiasme alors qu'il découvre les promesses que *Sein und Zeit* recèle à ses yeux pour la psychiatrie. Dans un article de 1949, « Importance et signification de l'analytique existentiale de Martin Heidegger pour l'accession de la psychiatrie à la compréhension d'elle-même », Binswanger déclare à ce propos : « en élaborant la structure fondamentale de l'être en tant qu'être-dans-le-monde, Heidegger a mis entre les mains du psychiatre un fil d'Ariane méthodologique grâce auquel celui-ci peut saisir et décrire les phénomènes à étudier ainsi que leurs relations phénoménales essentielles, sans parti pris vis-à-vis de leur contenu total, c'est-à-dire de toute théorie scientifique » [2]. En d'autres termes, grâce à l'analytique existentiale qui expose la structure fondamentale du *Dasein* et ses différentes déterminations ontologiques, Heidegger jette les fondements d'une nouvelle compréhension de l'être humain du point de vue laquelle ce dernier n'est pas plus une chose qu'un animal, même raisonnable. Car à la différence de l'animal dont le mode d'être est celui d'un être vivant dans un environnement, l'homme est un être-au-monde ou *Dasein* qui se détermine « comme étant chaque fois à partir d'une possibilité qu'il est » [3]. Bref, contrairement à la chose qui subsiste, l'homme existe. On ne saurait trop insister sur l'importance de cette affirmation qui signifie,

1. M. Merleau-Ponty, *Phénoménologie de la perception*, Paris, Gallimard, 1985, p. 204 et p. 385.

2. L. Binswanger, *Introduction à la psychanalyse existentielle*, trad. fr. J. Verdeaux et R. Kuhn, Paris, Minuit, 1971, p. 147-148.

3. M. Heidegger, *Être et temps*, trad. fr. F. Vezin, Paris, Gallimard, 1986, p. 75.

d'un point de vue méthodologique, que les conduites humaines sont irréductibles aux comportements des animaux, qui répondent par essence à des principes radicalement différents ; et que les concepts de la physique et, plus généralement, des sciences de la nature, comme ceux de cause et d'effet, de force, d'énergie, etc. sont par nature inadéquats pour décrire les actions d'un être dont l'être est fondamentalement une liberté au sens d'un être-possible.

Il s'ensuit également que le concept de *psyché* en tant qu'objet même de la psycho-logie comme de la psycho-pathologie doit être définitivement mis de côté, dans la mesure où un tel concept non seulement reconduit l'impossible dualisme de l'âme et du corps mais ouvre, en outre, la porte à la réification de l'existant dont la *psyché*, lorsqu'elle n'est pas purement et simplement confondue avec le cerveau, est alors assimilée à un *objet* psychique [1]. A l'inverse, en établissant les déterminations ontologiques du *Dasein*, l'analytique existentiale offre au psychiatre un ensemble de concepts fondamentaux qui peuvent lui servir de guide dans l'exploration des pathologies de l'existence. Remarquons au passage, du reste, le soin avec lequel Binswanger, tout à la fois souligne l'importance mais aussi les limites de la contribution de l'analytique existentiale à la psychiatrie. Car il ne revient évidemment pas à l'analytique existentiale de dicter à la psychiatrie son contenu, c'est-à-dire l'ensemble des connaissances que la psychiatrie tire de la clinique, mais seulement de lui fournir les concepts qui sont autant de garde-fous face à la tentation constante de réifier les malades, ne serait-ce qu'en traitant la maladie et en oubliant le malade.

De fait, l'enthousiasme de Binswanger n'est resté ni solitaire ni sans lendemain et la psychiatrie phénoménologique peut s'enorgueillir d'avoir suscité un ensemble de travaux tout à fait remarquables. Outre le travail pionnier de Binswanger *Sur la fuite des idées* qui, dès 1932, envisage ce phénomène du point de vue d'une anthropologie existentiale, on peut aussi penser à l'*Introduction à la médecine psychosomatique*, publiée en 1954 par Medard Boss. Plus près de nous, on peut citer – sans prétendre à l'exhaustivité – *La perte de l'évidence naturelle* de W. Blankenburg, l'ouvrage de Hubertus Tellenbach sur *La Mélancolie*, sans oublier *Penser l'homme et la folie* de Henri Maldiney, et *La phénoménologie des psychoses* d'Arthur Tatossian. Reste que toutes ces grandes figures de la phénoménologie psychiatrique sont décédées et que si *Penser l'homme et la folie* date de 1991, *La phénoménologie des psychoses* remonte au Congrès de psychiatrie et de Neurologie de langue française qui s'était

1. J.-P. Sartre, *La Transcendance de l'ego*, Paris, Vrin, 1988.

tenu à Angers en 1979, soit il y a plus de quarante ans. Sans doute la psychiatrie phénoménologique n'est-elle pas morte [1] et il serait facile de multiplier les références aux travaux publiés ces vingt dernières années, notamment aux éditions du Cercle herméneutique que dirige Georges Charbonneau. Cependant, il faut reconnaître non seulement que l'audience de ces publications reste relativement limitée pour ne pas dire confidentielle mais aussi, si l'on ose dire, qu'elles rivalisent difficilement avec les œuvres magistrales du passé, à l'étude desquelles du reste elles sont bien souvent consacrées. Bref sans vouloir faire injure à notre génération ou céder aux sirènes de la nostalgie, force est de constater un « essoufflement » – et le terme s'apparente à un euphémisme – de la psychiatrie phénoménologique ; et, ce, alors même que la phénoménologie elle-même conserve, en France tout du moins, une incontestable vitalité, comme en témoignent les multiples activités que fédèrent les Archives Husserl de Paris. Tout se passe comme si la phénoménologie psychiatrique avait donné le meilleur d'elle-même et que la psychiatrie n'attendait désormais plus rien de la phénoménologie.

Indétermination et inachèvement

Si le déclin relatif qui affecte la phénoménologie psychiatrique tient à des conditions externes telles que le développement des thérapies cognitivo-comportementales, l'essor de la neurobiologie, la résistance de la psychanalyse, etc., il résulte également de conditions internes de nature relativement différente qui concernent plus particulièrement, l'une, les psychiatres et, l'autre, les phénoménologues.

Même doué de la meilleure volonté du monde, un psychiatre qui cherche à se faire une idée un peu précise de la phénoménologie et de ce qu'elle peut lui apporter dans l'exercice de son métier est bien en mal de savoir par où commencer. On pourrait, paraphrasant le désarroi du maréchal face aux inondations du début du siècle, s'exclamer : « Que de livres ! Que de livres ». En effet, depuis l'œuvre fondatrice de Husserl, la phénoménologie est devenue un courant philosophique d'une telle « richesse » que les phénoménologues eux-mêmes peinent à s'y retrouver et à dégager ce qui rassemble des œuvres aussi différentes

1. Les 16 et 17 novembre 2018, s'est tenu à Paris, dans le cadre des Archives-Husserl, un colloque international consacré à une approche phénoménologique, existentielle et psychopathologique de la vulnérabilité et au terme duquel fut fondée l'Association Européenne de Phénoménologie et de Psychopathologie (A.E.P.P.) dont le président est actuellement le professeur Thomas Fuchs de l'Université de Heidelberg.

que celles de Husserl, Heidegger, Fink, Patočka, Sartre, Merleau-Ponty, Levinas, Henry, etc. qui toutes, à des degrés certes divers, se réclament de la phénoménologie. Déjà, en 1945, Merleau-Ponty redoutait que le lecteur pressé renonce à « circonscrire une doctrine qui a tout dit », et se demandait « si une philosophie qui n'arrive pas à se définir mérite tout le bruit qu'on fait autour d'elle ». Aussi l'auteur de *La Phénoménologie de la perception* proposait-il de définir la phénoménologie non comme une doctrine mais comme « une manière ou un style » [1]. La solution n'est pas dépourvue d'élégance quoiqu'elle ne secourt pas vraiment le néophyte qui, confronté à une prolifération déroutante d'ouvrages, cherche désespérément quelques points de repère. On trouve du reste un écho de cette situation dans les travaux de phénoménologie psychiatrique dont l'unité est loin d'être évidente. Il suffit pour cela de parcourir l'ouvrage majeur de Tatossian, *La Phénoménologie des psychoses*. On constatera alors que sa lecture est particulièrement difficile en raison, certes, de sa concision mais également du caractère quelque peu décousu de son contenu qui reflète fidèlement la diversité des travaux relevant de « la » phénoménologie psychiatrique. L'œuvre elle-même de Binswanger, avec ses hésitations entre la phénoménologie husserlienne et l'analytique existentiale n'incarne-t-elle pas à sa manière cette absence d'unité et l'embarras d'une pensée qui ne parvient pas à trouver son assise ?

Reconnaissons qu'en privilégiant ici l'œuvre maîtresse du premier Heidegger et qu'en prenant à notre tour pour fil d'Ariane l'analytique existentiale d'*Être et temps*, nous avons recours à ce qui pourrait passer pour une solution de facilité. Pourquoi en effet Heidegger et non pas Michel Henry, Jean-Luc Marion ou Merleau-Ponty ? Pour la simple raison que l'œuvre de Heidegger, en dépit des engagements politiques de son auteur [2], s'impose encore et toujours comme elle s'est imposée en son temps à Sartre ou Levinas [3]. Toutefois, on ne saurait tenir *Être et temps* pour le socle indiscutable et définitif de la phénoménologie psychiatrique.

1. M. Merleau-Ponty, *Phénoménologie de la perception*, Avant-propos, p. II.

2. Nous laissons ici délibérément de côté cette embarrassante question qui a été abordée par de nombreux chercheurs auxquels nous préférons ici laisser la parole. *Cf.* P. Trawny, *Heidegger et l'antisémitisme. Sur les "Cahiers noirs"*, trad. fr. J. Christ, J.-C. Monod, Paris, Seuil, 2014.

3. Dans son avant-propos de 1949, Levinas écrit au sujet des études qu'il publie : « Elle n'ont point, en tout cas, l'ambition douteuse (...) de plaider, après les années 1939-1945, pour une philosophie qui ne garantit pas toujours la sagesse. Mais qu'on le veuille ou non les motifs introduits par Heidegger ont ouvert à la pensée philosophique des possibilités nouvelles ou prêté un sens nouveau à ses possibilités anciennes », E. Levinas, *En découvrant l'existence ave Husserl et Heidegger*, Paris, Vrin, 1988, p. 5.

L'ouvrage, comme on le sait, est inachevé et même doublement inachevé. D'une part, Heidegger a renoncé, à la suite de ses discussions avec Karl Jaspers et aux remarques critiques de ce dernier, à publier la troisième section de la première partie de *Être et temps*, jugée inintelligible [1]. D'autre part, l'ouvrage est inachevé au sens où, en raison de la perspective ontologique qui est la sienne, l'analytique existentiale est loin d'offrir une présentation exhaustive des déterminations ontologiques du *Dasein* ou existentiaux. La question peut sembler relativement technique et concerner la seule pensée heideggérienne mais comme nous allons le voir elle touche directement au projet d'une anthropologie existentielle en vue d'une psychiatrie phénoménologique.

Dans ses *Grundformen* de 1942, Binswanger entend compléter l'analytique existentiale en recherchant le fondement de la connaissance du *Dasein* dans « l'amour réciproque du je et du tu ». Il écrit à ce propos que, « *à côté* du on et du soi authentique, il est un autre qui du *Dasein*, le nous dual au sens de l'être-l'un-avec-l'autre du moi et du toi, le nous de l'amour » [2]. Notre propos n'est pas tant ici d'évaluer la pertinence de ce projet de Binswanger, que Heidegger en son temps jugea irrecevable, que d'en retenir tout d'abord l'interrogation initiale quant aux lacunes de l'analytique existentiale. En d'autres termes, on peut se demander si la « liste » des différents existentiaux est désormais close ou bien s'il est possible voire nécessaire de la compléter en y ajoutant d'autres caractères. Par exemple, on peut se demander si le corps ne devrait pas être également tenu pour une détermination ontologique du *Dasein*, quand bien même elle ne serait pas explicitement thématisée dans *Être et temps*. Heidegger répond à vrai dire à cette interrogation au cours de ses entretiens avec Medard Boss [3] à qui il déclare : « Ce qui est décisif reste cependant ceci : dans toute expérience du corporel constituée à partir d'une vue daseinsanalytique, il faut partir de la constitution fondamentale de l'existence humaine, c'est-à-dire de l'être-homme en tant que *Da-sein*, en tant qu'existence » [4].

1. J.-F. Courtine, « Heidegger, l'échec de *Sein und Zeit* », dans Ph. Cabestan, F. Dastur (éd.), *Lectures d'Être et temps*, Argenteuil, Le Cercle Herméneutique, 2008, p. 34 ; C. Romano, « L'inachèvement de *Sein und Zeit* et le problème de la présence », *L'inachèvement d'*Être et temps *et autres études d'histoire de la phénoménologie*, Le Cercle Herméneutique, 2013, p. 197 *sq*.

2. L. Binswanger, *Grundformen und Erkenntnis menschlichen Daseins*, Roland Asanger Verlag, Heidelberg 1993, p. 14 (nous soulignons).

3. M. Heidegger, *Séminaire de Zurich*, trad. fr. C. Gros, Paris, Gallimard, 2010, p. 321.

4. *Ibid.*, p. 321.

En d'autres termes, il convient pour Heidegger d'aborder la corporéité à partir de l'ouverture au monde (*Weltoffenheit*) du *Dasein* et donc de la structure du souci qui en est la condition et qui rassemble les trois existentiaux de l'existentialité, de la facticité et de la déchéance. Et ce n'est qu'*à partir* de cette structure initiale dégagée par l'analytique existentiale que la corporéité du *Dasein* peut être adéquatement ressaisie jusque dans ses formes pathologiques [1]. C'est alors seulement que la corporéité est non plus une détermination factuelle, mieux : ontique du *Dasein* mais une détermination ontologique, au sens où elle est ressaisie à partir de l'être de cet étant qu'est le *Dasein* dont la corporéité se distingue alors radicalement de celle des mammifères et des autres êtres vivants. C'est du reste ce que comprend parfaitement Tellenbach lorsque, dans son ouvrage consacré à la mélancolie, il s'efforce de « localiser » philosophiquement la notion d'*endon* en la rattachant à la facticité et à l'être-jeté du *Dasein* [2], même si la facticité est inséparable des deux autres caractères ontologiques fondamentaux du souci que sont la transcendance et la déchéance. On peut en conclure que si, pour Heidegger, la structure du souci dévoile complètement, « dans son entièreté », la structure fondamentale du *Dasein* et que celle-ci ne saurait donc être complétée en tant que telle [3], l'être du *Dasein* ne se réduit évidemment pas à cette structure originaire qui enveloppe bien d'autres déterminations existentiales comme, par exemple, la préoccupation (*Besorgen*), la sollicitude (*Fürsorge*), l'angoisse, la corporéité, etc.

Ainsi, dans la mesure où la perspective proprement ontologique qui est la sienne lui dicte certaines limites, l'exposé de l'analytique existentiale dans *Être et temps* ne peut être tenu pour exhaustif. Autrement dit, parce que l'analytique du *Dasein* dans *Être et temps* a pour finalité l'ontologie fondamentale, elle ne peut remplir la fonction de ce que Heidegger lui-même appelle « une fondation ontologique de l'anthropologie (*eine ontologische Grundlegung der Anthropologie*) » [4]. Telle est toutefois la condition d'une psychiatrie phénoménologique qui entend ne pas faire

1. Comme le montre l'ouvrage, publié quelques années auparavant, en 1954, par Medard Boss, et qui n'en est pas moins fortement marqué par la pensée de Heidegger. M. Boss, *Introduction à la médecine psychosomatique*, trad. fr. W. Georgi, Paris, P.U.F., 1959.

2. H. Tellenbach, *La mélancolie*, trad. fr. L. Claude, D. Macher, A. de Saint-Sauveur, C. Rogowski, Paris, P.U.F., 1979.

3. C'est pourquoi l'amour ne doit pas être placé *aux côtés* du souci, comme le pense Binswanger mais doit être compris *à partir* du souci.

4. M. Heidegger, *Être et temps*, § 42, p. 250.

abstraction de l'être de ses patients et dont le renouveau est étroitement lié à l'élaboration d'une nouvelle anthropologie.

Anthropologie et psychiatrie

Contrairement à ce qu'on peut lire sous la plume de Hans Blumenberg comme de Peter Sloterdijk [1], la phénoménologie heideggérienne ne refuse pas toute forme d'anthropologie pas plus qu'elle ne refuse la psychologie, la psychopathologie ou encore la sociologie. En vérité, elle reconnaît la pleine légitimité de ces disciplines et en affirme simplement la dépendance vis-à-vis de l'analytique du *Dasein*, dont les existentiaux constituent le point de départ de l'élaboration de leurs concepts fondamentaux. Il n'est donc nullement absurde de se demander ce que pourrait être une anthropologie existentielle. Cependant un tel projet soulève immédiatement de multiples objections.

Première objection : on pourrait considérer que l'anthropologie, depuis les travaux fondateurs de Lévy-Bruhl sur la mentalité primitive, de Marcel Mauss sur le don et de Lévi-Strauss sur les structures de la parenté, est de fait une discipline autonome à laquelle il revient de se fixer ses principes en partant de son propre champ d'expérience et qui, à l'instar de la psychologie ou de la sociologie, n'a que faire de la phénoménologie fût-elle existentielle. Une telle affirmation, en dépit de son apparente évidence, est en vérité relativement obscure et confond déjà deux disciplines distinctes : l'ethnologie qui est l'étude comparative des sociétés humaines et l'anthropologie qui traditionnellement tente de répondre à la question : qu'est-ce que l'homme ? En outre, soutenir que l'anthropologie doit procéder empiriquement et tirer ses principes de l'expérience, c'est ignorer qu'il n'y a pas de recherches empiriques sans présupposés ontologiques et que, comme l'écrit Heidegger, les principes « sont toujours déjà “là” dès lors que du matériel empirique est seulement *amassé* » [2]. Par conséquent, plutôt que de les laisser secrètement gouverner la recherche, l'anthropologie doit établir explicitement ses principes en interrogeant l'analytique existentiale pour autant qu'elle est en mesure de répondre non pas à la question kantienne : qu'est-ce que l'homme ? mais bien plutôt à la question proprement phénoménologique : quel est le mode d'être de l'homme ou *Dasein* ?

1. H. Blumenberg, *Description de l'homme*, trad. fr. D. Trierweiler, Paris, Éditions du Cerf, 2011, p. 74 ; A. Dirakis, « Penser de l'être, penser de l'homme », *Le Débat*, N°180, mai-août 2014, p. 101.

2. M. Heidegger, *Être et temps*, p. 82.

Deuxième objection : cette dernière question, comme celle du reste à laquelle elle prétend se substituer, n'est-elle pas désormais dépourvue de sens ? Si le marquis de Sade ou Jean-Jacques Rousseau pouvait s'interroger au XVIIIe siècle sur la nature humaine, on peut considérer désormais que depuis *La philosophie zoologique* de Lamarck (1809) et *L'Origine des espèces* de Darwin (1859), toute interrogation de ce genre semble définitivement discréditée. Dans un article consacré à « La question de l'homme aujourd'hui » et publié dans la revue *Le Débat*, Francis Wolff rappelle que l'idée de nature humaine est historiquement liée à une biologie fixiste. Il écrit à ce propos : « Prétendre aujourd'hui enfermer une espèce dans une définition autre que nominale (...), c'est implicitement nier que tout vivant soit le fruit particulier de l'adaptation évolutive à son milieu ; c'est refuser d'admettre que les frontières d'une espèce sont floues, ce serait revenir à une biologie pré-darwinienne » [1]. On pourrait formuler l'objection d'une autre manière et demander si l'homme de Neandertal est oui ou non un *Dasein* et, sinon, à partir de quel moment dans l'évolution conduisant à l'*homo sapiens* surgit le *Dasein* en tant que tel [2].

Il n'est à vrai dire pas si difficile de répondre à cette objection, quitte à prendre sur ce point quelque distance avec Heidegger. Dans son cours de 1929-1930 en effet, Heidegger s'interroge sur le fossé ontologique qui sépare l'homme de l'animal et développe la thèse selon laquelle, contrairement à l'homme qui est « configurateur de monde », « l'animal est pauvre en monde » tandis que la pierre est sans monde [3]. Mais ce cours, tout en critiquant certains présupposés ontologiques du darwinisme [4], n'envisage à aucun moment en elle-même l'hypothèse de l'évolution des espèces, dont la discussion, à vrai dire et en toute rigueur, ne relève pas de la phénoménologie. Si on s'interroge néanmoins sur cette hypothèse et si on reconnaît l'origine animale de l'homme, se pose alors inévitablement la question des modalités de son hominisation. De ce point de vue, force est de reconnaître qu'un fossé sépare l'homme de l'animal et, par conséquent, que l'homme *n'est plus* un animal, au sens où son animalité

1. F. Wolff, « La question de l'homme aujourd'hui », *Le Débat*, N°180, p. 18.

2. Une interrogation analogue se pose au niveau ontogénétique : en quel sens un nourrisson est-il un *Dasein* et à partir de quel âge a-t-il la possibilité d'être soi ou de ne pas être soi, d'exister sur le mode de l'authenticité ou de l'inauthenticité ? Dira-t-on que le nourrisson est un *Dasein* en puissance ?

3. M. Heidegger, *Les concepts fondamentaux de la métaphysique. Monde-finitude-solitude*, trad. fr. D. Panis, Paris, Gallimard, 1992, p. 277 *sq.* F. Dastur, « L'homme et l'animal », *Heidegger et la question anthropologique*, Louvain-Paris, Éditions Peeters, 2003, p. 47 *sq.*

4. M. Heidegger, *Les concepts fondamentaux de la métaphysique*, p. 377, 382, 385.

appartient à un passé révolu. Comme l'écrit Etienne Bimbenet : « *Bien sûr*, l'homme fut un animal ; et pourtant *il ne l'est plus* » [1]. On pourrait même dire que l'homme est désormais privé, au sens aristotélicien [2], de son animalité et que cette privation est le corrélat d'un événement qui est le surgissement de l'être humain ou *Dasein* [3]. Un tel événement, à la fois ontologique, parce qu'il affecte l'être de l'homme, et métaphysique, parce qu'il ne peut être ressaisi à même sa phénoménalité, permet alors de concilier l'historicité de l'être humain et son essentialité [4]. En d'autres termes, l'événement-avènement de l'être humain nous permet d'échapper au nominalisme et de penser l'être de l'homme tout en reconnaissant qu'il est lui-même le fruit d'une évolution qui, certes, ne se réduit nullement à une adaptation évolutive du vivant à son milieu comme on le croit parfois naïvement.

Enfin, troisième objection, on peut non sans raison rester sceptique quant à la fécondité pour la psychopathologie et la psychiatrie d'une authentique anthropologie phénoménologique. L'une et l'autre n'ont-elles pas mieux affaire que d'écouter les phénoménologues ? Plutôt que d'envisager cette question dans toute sa généralité, posons-la brièvement en prenant en considération un phénomène précis. Soit l'interdit de l'inceste. Quelle est la signification de cet interdit ? Relève-t-il d'un *a priori* constitutif de l'être de l'homme ou de son histoire ? Comment s'articule-t-il avec la loi d'exogamie ? S'agit-il d'une simple convention parmi d'autres, variable selon les cultures, comme certaine prescriptions relatives à la mort, au divin, à la nourriture, etc., ou bien au contraire d'une loi transhistorique de l'existence individuelle et collective, qui

1. E. Bimbenet, *L'Animal que je ne suis plus*, Paris, Gallimard, 2011, p. 22.

2. « Privation se dit en un sens, quand un être n'a pas un des attributs qu'il est naturel de posséder, même sans que le sujet lui-même soit fait pour le posséder : par exemple, on dit qu'une plante est privée d'yeux », Aristote, *Métaphysique*, Δ 22, trad. fr. J. Tricot, Paris, Vrin, 1970, p. 306 ; nouvelle traduction du Livre Delta par R. Bodéüs, A. Stevens, Paris, Vrin, 2014, Δ 22, p. 183.

3. C'est à un tel événement que se réfèrent aussi bien Sartre avec la notion d'acte ontologique que Renaud Barbaras lorsqu'il envisage l'archi-événement comme scission au sein de l'archi-mouvement du monde, qui doit être reconstruit, à la manière du trauma en psychanalyse, à partir de ses effets. J.-P. Sartre, *L'Être et le néant*, Paris, Gallimard, 2008, p. 115 ; R. Barbaras, *Métaphysique du sentiment*, Paris, Éditions du Cerf, 2016, p. 76 *sq.*

4. Dans son texte : « Historialité et non-historialité de l'homme », Michel Haar s'emploie, « parfois contre la lettre du texte heideggérien », à défendre « l'hypothèse d'une essence non–historiale de l'homme ». M. Haar, *Heidegger et l'essence de l'homme*, Grenoble, Jérôme Millon, 1990, p. 236.

structure les relations sociales [1] ? *Être et temps* n'aborde à aucun moment, même de loin ou indirectement, cet aspect de l'existence, de même qu'il n'y est pas plus question de la différence sexuelle ou du désir charnel. A dire vrai, de telles considérations n'ont pas leur place dans une ontologie fondamentale élaborée en vue de la question de l'être.

Il n'en va pas de même dans le cadre d'une analytique existentiale anthropologiquement orientée, qui ne peut ignorer les multiples questions que pose l'interdit de l'inceste *alias* la loi d'exogamie – loi qui est pour Lévi-Strauss le fait primitif dont l'interdit de l'inceste est la conséquence. En outre, compte tenu de l'importance que la psychanalyse freudienne et post freudienne lui confère dans l'évolution psychosexuelle de tout être humain [2], il est difficile pour la psychiatrie phénoménologique de ne pas s'interroger sur la place de cet interdit dans le développement de l'individu, sur la réalité effective des désirs incestueux comme de ce qu'on appelle le complexe d'Œdipe et le complexe de castration, sans oublier, *last not least*, les effets sans aucun doute dramatiques de la transgression dudit interdit sur ceux qui en sont les victimes. Une tâche ainsi se dessine : en repartant de l'analytique existentiale, tenter, comme l'écrit Heidegger, « de clarifier ontologiquement ce qui a été dévoilé ontiquement » [3], c'est-à-dire de ressaisir d'un point de vue ontologique ce que nous apprennent les recherches actuelles en anthropologie et en psychologie sur l'interdit de l'inceste et la manière dont il structure les relations amoureuses. Telle serait, parmi d'autres, la tâche de l'anthropologie phénoménologique.

Conclusion

Qu'est-ce que la psychiatrie peut attendre de la phénoménologie existentielle ? Quel peut-être l'avenir d'une psychiatrie phénoménologique ? Il serait puéril de se masquer le déclin de cette dernière alors même que la rencontre de la phénoménologie et de la psychiatrie paraissait si prometteuse. Dans ces circonstances et afin de préparer comme un renouveau de la psychiatrie phénoménologique, il

1. Compte tenu des connaissances actuelles de l'anthropologie, c'est ce deuxième terme de l'alternative qui semble s'imposer et que l'on peut résumer ainsi : « tous les peuples, malgré quelques exceptions apparentes (en Perse, par exemple, dans la famille royale) prohibent l'union d'une mère et de son fils, d'un père et de sa fille, d'un frère et de sa sœur ». L. Scubla, *Donner la vie, donner la mort. Psychanalyse, anthropologie, philosophie*, Lormont, Le Bord de l'eau, 2014, p. 46-47.

2. Le complexe d'Œdipe est le « noyau des névroses », S. Freud, *Introduction à la psychanalyse*, trad. fr. S. Jankélévitch, Paris, Payot, 1974, p. 317.

3. M. Heidegger, *Être et temps*, p. 84.

semble que la tache de la phénoménologie existentielle soit avant tout de clarifier ses propres concepts et d'élaborer dans le prolongement de l'analytique existentiale les éléments d'une anthropologie existentielle. Dans cette perspective, nous nous proposons d'étudier dans un premier chapitre cinq phénomènes fondamentaux [1] : l'angoisse en tant que disposition à la fois existentielle et pathologique ; la *libido* ou plutôt, car il est peut-être temps de se débarrasser des spéculations freudiennes autour de l'amour, le désir charnel ; le rêve, son prétendu monde et son insurmontable étrangeté ; l'expérience délirante ou délire dont le contenu n'est pas moins déconcertant que la certitude qui l'accompagne ; et, enfin, l'opposition si précieuse du normal et du pathologique, mieux : de la santé et la maladie, qu'il est toujours possible de récuser verbalement mais dont la psychiatrie comme la médecine en général ne sauraient se passer.

1. Sans doute y aurait-il bien d'autres notions à clarifier, et nous venons d'évoquer celles de corps, d'interdit de l'inceste et de différence sexuelle. L'idéal serait de pouvoir un jour les réinscrire toutes au sein d'une anthropologie systématique.

CHAPITRE PREMIER

ÉLÉMENTS POUR UNE ANTHROPOLOGIE ET UNE PSYCHOPATHOLOGIE EXISTENTIELLES

ANGOISSE EXISTENTIELLE, ANGOISSE PATHOLOGIQUE

Quelques années avant sa mort, Sartre soutient que, même s'il lui est arrivé d'écrire sur de tels sujets, il ignore aussi bien l'angoisse que le désespoir. Avec la sincérité – semble-t-il – d'un homme délivré du qu'en-dira-t-on, l'auteur de *L'Être et le néant* déclare : « j'ai parlé de désespoir, mais c'est de la blague, j'en ai parlé parce qu'on en parlait, parce que c'était la mode : on lisait Kierkegaard », et il ajoute à propos de l'angoisse : « je n'ai jamais eu d'angoisse. Ce sont des notions clefs de la philosophie de 1930 à 1940. Cela venait aussi de Heidegger, c'est des notions dont on se servait tout le temps, mais qui ne correspondaient pour moi à rien » [1]. Reconnaissons que ces propos sont embarrassants et, ce, d'autant plus que *L'Être et le néant* accorde une place décisive à l'angoisse qui est pour le sujet sartrien la conscience même de sa liberté [2]. A vrai dire, la déclaration de Sartre a le mérite de nous mettre en garde en nous rappelant une dimension fondamentale de l'angoisse : son absence d'*évidence*. Non pas au sens technique que ce terme revêt chez Descartes ou Husserl mais au sens simplement de sa relative et déroutante indétermination, tout du moins pour un certain nombre d'entre nous. En d'autres termes, alors que chacun sait ce qu'est la colère, la joie ou la tristesse, l'angoisse résiste à qui veut s'en emparer au point que nul ne semble en mesure de distinguer en tout rigueur l'angoisse, de la peur, de la crainte, de l'effroi, de l'anxiété ou de la détresse. On sait du reste que la langue allemande, par exemple, ne distingue pas nettement entre la peur et l'angoisse et l'expression *Angst*

1. J.-P. Sartre, B. Lévy, *L'Espoir maintenant*, Lagrasse, Verdier, 1991, p. 24.
2. J.-P. Sartre, *L'Être et le néant*, p. 66.

haben peut être traduite aussi bien par « avoir peur » que par « éprouver de l'angoisse ». De même, en anglais, le mot *anxiety* peut être traduit selon les circonstances par anxiété, inquiétude ou angoisse [1]. Ainsi que signifie précisément être angoissé ?

L'angoisse est incontestablement une notion des plus courantes. On dit parfois qu'on est angoissé pour désigner un simple malaise dont on dira après coup que ce n'était rien. Elle peut prendre la forme de violentes crises qui se terminent dans les larmes. On sait l'importance que Freud et ses successeurs lui ont accordée. De fait, l'angoisse est l'objet en psychanalyse d'une élaboration théorique toute particulière et se décline sous les formes de la phobie ou hystérie d'angoisse, de la névrose d'angoisse, du signal d'angoisse, de l'angoisse de castration, etc. Elle est par ailleurs au centre du cas clinique, évoqué par Binswanger et sur lequel nous reviendrons, d'une jeune fille qui est « assaillie d'une angoisse indomptable » lorsqu'elle remarque qu'un talon ne tient pas solidement à la chaussure. De son côté, le *Dictionnaire de psychiatrie et de psychopathologie clinique*, tout en reconnaissant que la distinction entre angoisse et anxiété est difficile à faire, propose la définition qui suit : « Ensemble de sentiments et de phénomènes affectifs caractérisé par une sensation interne d'oppression et de resserrement et par la crainte réelle ou imaginaire d'un malheur grave ou d'une grande souffrance devant lesquels on se sent à la fois démuni et totalement impuissant à se défendre ». Cette définition s'appuie à sa manière sur l'étymologie qui nous apprend que le mot angoisse vient du latin *angustus* qui signifie : étroit, resserré. Ainsi l'angoisse n'est-elle pas un phénomène purement psychique mais présente une dimension somatique et neurovégétative : constriction œsophagienne, douleurs thoraciques (précordialgie), difficultés respiratoires (dyspnée), tachycardie, tremblements, hypersudation, diarrhée, etc. [2]

Ces considérations préliminaires nous conduisent ainsi à nous interroger non seulement sur l'angoisse en tant que disposition affective mais en outre sur sa parenté avec l'angoisse en tant que trouble psychopathologique. Autrement dit, l'angoisse éprouvée par un agoraphobe est-elle assimilable à celle que peut connaître tout un chacun ou bien est-elle de nature profondément différente ? Et si l'angoisse, comme nous allons le voir, est

1. Nous retrouvons cette indétermination dans le texte d'Eschyle qui évoque l'angoisse à partir d'un terme très ordinaire signifiant crainte (deima). *Cf.* J.-J. Alrivie, « L'angoisse dans l'*Agamemnon* d'Eschyle à la lumière d'*Être et temps* de Martin Heidegger », *Philosophie*, N°140, janvier 2019, p. 39.

2. J. Postel (éd.), *Dictionnaire de psychiatrie et de psychopathologie clinique*, Paris, Larousse, 1993, p. 34.

à la source selon Heidegger d'un mode d'existence authentique, quelle est la nature de cette angoisse pathologique que Michel Haar, pour sa part, qualifie d'inauthentique [1] ? Afin de répondre à ces questions, nous voudrions tout d'abord envisager les différentes descriptions de l'angoisse d'un point de vue phénoménologique. Puis, nous rappellerons brièvement les grandes lignes la théorie freudienne de l'angoisse. Enfin, à partir de l'analyse de deux ou trois cas, nous essayerons de déterminer en quel sens la phobie est synonyme d'angoisse.

L'angoisse en tant que disposition fondamentale

Le concept d'angoisse tel que nous allons le développer est, de fait, étroitement lié à un certain type de philosophies que l'on peut appeler les philosophies de l'existence. Sans doute trouve-t-on chez Aristote une analyse des différentes passions humaines et, entre autres, de la crainte (*phobos*). Mais il semble que Aristote ignore l'angoisse en tant que telle (quand bien même, soutient Heidegger en 1924, il aurait frôlé le phénomène de l'angoisse à propos de la mort) [2]. Lorsque Heidegger soutient : « le phénomène de l'angoisse n'est pas une trouvaille de ma part », et qu'il s'interroge sur les analyses qui ont pu précéder la sienne, il cite saint Augustin, Luther dans son commentaire de la *Genèse* et Kierkegaard [3]. Cela dit, on peut distinguer deux grandes conceptions de l'angoisse, qui ne nous semblent nullement contradictoires dans la mesure où elles sont relatives à l'être de l'homme en tant qu'être-au-monde, et que nous allons envisager successivement. D'une part, la conception heideggérienne qui tient l'angoisse pour une disposition affective fondamentale (*Grundstimmung*), qui révèle au *Dasein* son mode d'être et dont l'analyse phénoménologique occupe un rôle décisif dans l'économie de l'ontologie fondamentale ; d'autre part, la conception kierkegaardienne et sartrienne qui envisage l'angoisse comme « le vertige de la liberté ». Parce que ces analyses sont déjà plus ou moins connues, nous nous contenterons ici d'en rappeler les traits essentiels.

Selon Heidegger, l'angoisse est une disposition fondamentale du *Dasein* de telle sorte que exister et être angoissé sont une seule et même chose. Un concours de circonstances exceptionnelles n'est donc pas

1. M. Haar, *Heidegger et l'essence de l'homme*, p. 81.

2. C. Sommer, *Heidegger, Aristote, Luther. Les sources aristotéliciennes et néo-testamentaires d'*Être et temps, Paris, P.U.F., 2005, p. 171.

3. M. Heidegger, *Prolégomènes à l'histoire du concept de temps*, trad. fr. A. Boutot, Paris, Gallimard, 2006, p. 421. J. Greisch, *Ontologie et temporalité*, Paris, Gallimard, 1994, p. 236.

nécessaire pour qu'elle survienne. Il suffit, au contraire, d'un événement anodin pour que, sans crier gare, l'angoisse s'insinue voire s'empare du *Dasein*. Il va de soi que cette circonstance n'est jamais que l'occasion du surgissement de l'angoisse et non sa cause. De même, si l'angoisse présente une évidente dimension physiologique, elle ne saurait avoir une simple origine physiologique, comme le voudrait une approche naturaliste de ce type de phénomènes. Heidegger souligne précisément que « le déclenchement physiologique de l'angoisse n'est possible que parce que le *Dasein*, dans le fond de son être, s'angoisse ». Le *Dasein*, en effet et en dépit des apparences, ne cesse d'être angoissé. Simplement, il se masque l'angoisse qui l'habite en s'oubliant dans de multiples préoccupations qui relèvent de ce mode d'existence que *Être et temps* tient pour inauthentique. Cette fuite permanente du *Dasein* peut rappeler le divertissement au sens pascalien du terme [1]. Elle s'en distingue cependant dans la mesure où le libertin pour Pascal fuit la misère d'une existence sans Dieu, tandis que selon Heidegger, c'est l'existence en tant que telle qui est la source de l'angoisse et que fuit le *Dasein*. Heidegger reprend à cette occasion le concept théologique de chute (*Verfallenheit*) tout en lui donnant une signification différente : la chute désigne la fuite du *Dasein* dans ce monde familier que régit la puissance anonyme du On et, ce, afin de se soustraire à l'angoisse qui le hante.

Mais afin de mieux saisir cette conception de l'angoisse, il convient de distinguer – avec Heidegger mais aussi le psychologue français Pierre Janet [2] – la peur et l'angoisse [3]. La peur (*Furcht*), comme la colère ou la frayeur, est une émotion qui se rapporte à un objet. Elle est toujours peur de quelque chose, c'est-à-dire d'un étant quelconque qui apparaît ici ou là et qui nous menace d'une manière ou d'une autre. De son côté, l'angoisse n'a pas à proprement parler d'objet. En effet, ce devant-quoi l'angoisse est angoisse n'est pas un étant déterminé comme un chien qui gronde ou un précipice; ce n'est pas quelque chose qui se trouve dans le monde et qui, par suite, se trouverait ici ou là-bas. Mais ce devant-quoi

1. Selon Pascal, l'homme ne cesse de se masquer la misère de sa condition au moyen d'activités qui le « détourne » de la vue de sa misère : « Les hommes n'ayant pu guérir la mort, la misère, l'ignorance, ils se sont avisés, pour se rendre heureux, de n'y point penser », B. Pascal, *Pensées, Œuvres complètes*, Paris, Seuil, 1963, fragment 133, p. 516.

2. P. Janet, *De l'angoisse à l'extase*, 2 vol., Paris, Alcan, 1926-1928; J. Boutonier, *L'Angoisse*, Paris, P.U.F., 1949, p. 14.

3. *Cf.* M. Heidegger, *Être et temps*, § 30. Pour Christian Sommer, cette opposition est principalement configurée par celle, néotestamentaire, entre crainte mondaine et servile (*timor servilis*) et crainte pure de Dieu (*timor castus*), C. Sommer, *Heidegger, Aristote, Luther…*, p. 153.

l'angoisse s'angoisse, c'est l'être-au-monde lui-même : dans l'angoisse, le *Dasein* se rapporte à la totalité de l'étant et découvre un monde qui surgit dans son étrangeté (*Unheimlichkeit*). Une telle expérience n'a rien d'extraordinaire et on peut rappeler à ce propos la sentence de Pascal : « Le silence éternel de ces espaces infinis m'effraie » ; ou le vers non moins célèbre de Lamartine : « Un seul être vous manque, et tout est dépeuplé ». L'effroi pascalien ou la solitude du poète romantique, par-delà la singularité de leurs perspectives, renvoient en effet à une même expérience fondamentale de déréliction (*Geworfenheit*) que l'on peut également rapprocher de l'état de détresse ou désaide (*Hilflosigkeit*) du nourrisson [1]. Ainsi la fuite du *Dasein* est-elle, comme l'écrit Heidegger, « fuite devant le pas-chez-soi, c'est-à-dire devant l'étrangeté inhérente au *Dasein* en tant qu'être-au-monde jeté, livré en son être à lui-même » [2]. Et c'est grâce à ses préoccupations quotidiennes que le *Dasein* retrouve un monde qui lui est familier.

Toutefois, au sein même de ce monde familier, la mort et tout ce qui s'y rapporte constituent une occasion privilégiée pour rappeler au *Dasein* l'angoisse qui le hante. Remarquons qu'il faut à nouveau ne pas confondre l'angoisse et la peur, et que l'angoisse face à la mort n'est pas à proprement parler la peur de la mort. Celle-ci est relative à l'événement du décès et à ses multiples modalités possibles. Elle est liée à des questions existentielles telles que : vais-je souffrir ? cela dura-t-il longtemps ? qu'est-ce qui m'attend après ? Celle-là a une signification proprement ontologique dans la mesure où elle étreint le *Dasein* en lui dévoilant son être [3]. Sans doute le *Dasein* a-t-il la possibilité de se dissimuler sa mortalité derrière un rassurant « on meurt », qui concerne à la fois tout le monde et personne en particulier [4]. Il peut également s'adresser à la métaphysique afin de mieux se persuader de son immortalité [5]. Mais, ce

1. B. Pascal, *Pensées*, fragment 201-206, p. 528. A. de Lamartine, « L'Isolement », *Œuvres poétiques*, « Bibliothèque de La Pléiade », Paris, Gallimard, 1963, p. 3 ; S. Freud, *Inhibition, symptôme et angoisse*, trad. fr. J. Doron, R. Doron, Paris, P.U.F., 1993, p. 51.

2. SZ, § 40, p. 238.

3. « L'angoisse n'est rien d'autre que l'expérience pure et simple de l'être au sens d'être-au-monde. Cette expérience peut, elle ne doit pas nécessairement – puisque toute possibilité d'être est placée sous l'égide d'un "pouvoir" – se rencontrer en un sens éminent dans la *mort*, plus exactement dans le *mourir de la mort*. Nous parlons alors de l'angoisse de la mort, qui est à distinguer radicalement de la peur de la mort », M. Heidegger, *Prolégomènes à l'histoire du concept de temps*, p. 421.

4. M. Heidegger, *Être et temps*, § 51.

5. La tâche la plus essentielle de la métaphysique depuis Platon est « de nous rappeler notre participation à l'éternel et de nous inviter à dépasser ainsi la contingence et la finitude de la vie individuelle », F. Dastur, *La mort. Essai sur la finitude*, Paris, Hatier, 1994.

faisant, il se condamne à se masquer son être en tant qu'être jeté vers sa fin [1]. C'est pourquoi, Heidegger recommande au *Dasein* de ne pas fuir l'angoisse mais de l'affronter résolument. L'angoisse apparaît alors comme la condition de l'authenticité (*Eigentlichkeit*) : elle isole au sens où, comme nous allons le voir, elle singularise le *Dasein*, et « accomplit cette modification existentielle par laquelle le soi comme On se transforme en soi "authentique" » [2].

Kierkegaard, Sartre ou l'angoisse de la liberté

La conception heideggérienne de l'angoisse se réfère explicitement à Kierkegaard, même si elle ne s'inscrit pas dans le contexte théologique qui est celui du philosophe danois. Car l'angoisse pour Kierkegaard est étroitement liée à l'innocence, au péché originel et à la chute au sens biblique du terme. C'est du reste la raison pour laquelle l'analyse de Kierkegaard dans le *Concept d'Angoisse* (1844) est centrée sur les figures d'Adam et Eve. Cependant, si nous essayons de rapprocher les conceptions tant heideggérienne que kierkegaardienne de l'angoisse, il est relativement facile d'en dégager un noyau commun, même si elles ne se confondent pas.

Tout d'abord, loin de tenir l'angoisse pour un phénomène essentiellement pathologique, Kierkegaard considère comme Heidegger que tout homme est angoissé, y compris le plus heureux des hommes s'il existe. En outre, Kierkegaard et Heidegger tiennent à ne pas confondre l'angoisse qui ne se rapporte à rien d'étant, et la peur ou la crainte et ce qui leur ressemble [3]. Enfin et surtout, l'angoisse est pour l'un comme pour l'autre une épreuve de la liberté. En effet, alors que la quotidienneté de la préoccupation selon Heidegger est « aveugle au possible (*möglichkeitsblind*) » et se satisfait du simplement « effectif », il revient à l'angoisse de mettre le *Dasein* devant ses propres possibilités [4]. Ainsi non seulement l'angoisse esseule, c'est-à-dire ramène le *Dasein* à lui-même mais, en outre, elle dévoile au *Dasein* sa liberté, c'est-à-dire son « *être-libre*

1. M. Heidegger, *Être et temps*, § 50.

2. M. Heidegger, *Être et temps*, § 68, p. 405. M. Haar, *Heidegger et l'essence de l'homme*, p. 80. F. Dastur, *Heidegger et la question du temps*, Paris, P.U.F., 1990, p. 52.

3. S. Kierkegaard, *Le concept d'angoisse*, Œuvres complètes, t. 7, Paris, Éditions de l'Orange, 1973, p. 144-145 et p. 163.

4. C. Serban, *Phénoménologie de la possibilité. Husserl et Heidegger*, Paris, P.U.F., 2016, p. 128.

pour la liberté de se choisir et de se saisir soi-même » [1]. En d'autres termes, que nous empruntons à Jean Greisch, « sans angoisse, pas de liberté et réciproquement ! » [2]. De fait, nous retrouvons chez Kierkegaard une conception analogue de l'angoisse qui s'apparente au vertige, c'est-à-dire à cette étrange attraction et répulsion qu'on éprouve quand on plonge le regard dans un abîme. Et « l'objet » comme le « sujet » de cette angoisse est la liberté. Plus précisément, avec l'interdiction divine, naît la tentation. La liberté s'éveille alors et ce pouvoir de transgresser l'interdiction divine est à la fois ce qui attire Adam et le repousse de telle sorte que l'angoisse est décrite par Kierkegaard en termes de sympathie et d'antipathie. Ainsi Kierkegaard peut-il définir l'angoisse comme « le vertige de la liberté » [3]

Nous retrouvons *mutatis mutandis* cette conception de l'angoisse dans *L'Être et le néant* qui entend conjuguer l'approche kierkegaardienne de l'angoisse comme angoisse devant la liberté et l'approche heideggérienne, développée notamment dans la conférence de 1929, *Qu'est-ce que la métaphysique ?*, de l'angoisse comme saisie du néant : « ces deux descriptions de l'angoisse, écrit Sartre, ne nous paraissent pas contradictoires : elles s'impliquent l'une l'autre au contraire » [4]. Aussi Sartre reprend-il à sa manière la situation paradigmatique du vertige qui saisit le sujet au bord d'un précipice. Comme Kierkegaard, Sartre distingue entre la peur de tomber dans le précipice qui représente un danger de mort et le vertige en tant que tel : « Le vertige est angoisse dans la mesure où je redoute non de tomber dans le précipice mais de m'y jeter ». Apparaît cependant ce qui distingue l'analyse sartrienne. L'angoisse n'est pas pour Sartre ce mélange d'attirance et de répulsion qui conduit Adam et Eve aux portes du péché, mais la conscience qu'il m'est possible de m'écarter du précipice comme de m'y précipiter. En constituant une conduite comme ma conduite possible, « je me rends compte que *rien* ne peut m'obliger à tenir cette conduite ». Rien, car cette conduite échappe à l'enchaînement naturaliste des causes et des effets ; elle n'est jamais qu'une conduite future possible qui est séparée par un *néant* de mon être présent. En ce sens, l'angoisse sartrienne révèle à la conscience son mode d'être, c'est-à-dire le néant qui l'habite et qui fonde ontologiquement sa liberté.

1. M. Heidegger, *Être et temps*, p. 237.
2. J. Greisch, *Ontologie et temporalité*, p. 234.
3. S. Kierkegaard, *Le Concept d'angoisse*, p. 163. J. Wahl, *Etudes kierkegaardiennes*, Paris, Vrin, 1949, p. 220.
4. J.-P. Sartre, *L'Être et le néant*, p. 64.

Lorsque Sartre soutient que « ces deux descriptions de l'angoisse ne nous paraissent pas contradictoires » et même qu'elles « s'impliquent l'une l'autre au contraire », il ne faut sans doute pas prendre l'affirmation au pied de la lettre : il va de soi que le rien ou néant sartrien dans son opposition antithétique à l'être est distinct du rien qui ne fait qu'un avec l'étant de la conférence *Qu'est-ce que la métaphysique ?* [1] On peut noter en outre qu'en focalisant sa description de l'angoisse sur la liberté, Sartre néglige certains traits de l'angoisse heideggérienne et, notamment, la déréliction du *Dasein*. Cependant, par-delà ce qui les sépare, ces différentes conceptions nous permettent de reconnaître dans l'angoisse une disposition affective fondamentale (*Grundstimmung*), indépendante d'un objet déterminé, qui se rapporte à l'être de l'homme, en tant que liberté jetée dans un monde qui lui est étranger (*unheimlich*). Nous pouvons alors reposer notre question : cette conception de l'angoisse permet-elle d'éclairer certaines dispositions pathologiques qui, du moins en apparence, s'y apparentent au point qu'on les désigne à l'aide d'un seul et même terme ? Cependant, il nous faut auparavant brièvement évoquer la ou plutôt les conceptions freudiennes de l'angoisse auxquels on se réfère habituellement en psychopathologie.

Les conceptions freudiennes de l'angoisse

Difficile, en effet, d'aborder la question de l'angoisse en phénoménologie et en psychopathologie sans dire ne serait-ce qu'un mot de la conception freudienne de l'angoisse. Non seulement parce qu'elle a durablement marqué les esprits mais aussi parce qu'elle est à certains égards contestable – nous laisserons ici volontairement de côté ses « prolongements » relativement obscurs dans le livre X du *Séminaire* de Lacan [2].

D'une manière très générale, si nous voulons élucider l'angoisse en tant que disposition affective, il convient tout d'abord de se tenir à distance d'une conception réifiante ou chosiste de l'affectivité qui domine la manière dont

1. Dans sa postface de 1943 à *Qu'est-ce que la métaphysique ?*, Heidegger envisage le rien comme l'autre de l'étant et « le voile de l'être (*Schleier des Seins*) ». *Cf.* J.-L. Marion, *Réduction et donation. Recherches sur Husserl, Heidegger et la phénoménologie*, Paris, P.U.F., 1989, p. 274.

2. J. Lacan, *Le Séminaire*, Livre X, *L'Angoisse*, Paris, Seuil, 2004, (ce livre rassemble les leçons prononcées par Lacan au cours de l'année 1962-63). De manière bien peu convaincante, Marie-Claude Lambotte envisage l'angoisse tant d'un point de vue existentiel (Kierkegaard, Heidegger) que d'un point de vue psychanalytique (Freud, Lacan) dans « Voir et savoir : vers une critique du concept d'angoisse », dans P. Fédida, J. Schotte (éd.), *Psychiatrie et existence*, Grenoble, Jérôme Millon, 1991, p. 281 *sq*.

on l'aborde bien souvent – en prétendant par exemple mesurer l'intensité d'un sentiment – et que l'on retrouve chez Freud et ses héritiers. Pour ce qui concerne ce dernier, il suffit de réfléchir sur la dénomination même de transfert (*Übertragung*), ou sur celle de déplacement (*Verschiebung*), pour saisir immédiatement la chosification de ce que Freud appelle affect : comme s'il était possible de transférer un sentiment comme on transfère les cendres d'un homme illustre. Medard Boss écrit à ce propos : « Par le concept de transfert aussi, Freud a certes fait référence à un phénomène déterminant de tout traitement médical. Pourtant l'interprétation qu'il en a déjà donnée à travers cette appellation a au fond comme présupposition qu'il y a pour ainsi dire des sentiments en soi, détachés des choses senties ou des êtres humains perçus. Car seule l'hypothèse de sentiments isolés à la façon des choses et subsistant de manière autonome permet d'imaginer que, par exemple, un sentiment de haine puisse être détaché d'un père et, au cours d'une psychanalyse, être transféré sur l'analyste » [1]. Sans doute est-il légitime d'interroger la parenté entre l'attitude d'un patient vis-à-vis de son père, de son analyste et de la loi en général, mais parce que la haine est un sentiment, mieux : une disposition affective envers une personne qu'elle dévoile comme haïssable, elle ne saurait en tant que telle faire « l'objet » d'un quelconque transport ou déplacement de sorte que, selon la logique de l'identité substantielle, il s'agirait par-delà les apparences de la *même* haine quoiqu'elle vise une autre personne dans des circonstances temporelles distinctes.

Outre cette objection de principe, la manière même dont Freud envisage l'angoisse est également contestable. Afin de clarifier la discussion, il convient cependant de rappeler brièvement que, à la suite de Jean Laplanche [2], on peut distinguer deux théories de l'angoisse dans l'œuvre de Freud. D'une part, une théorie physiologique et économique, exposée en 1916 dans l'*Introduction à la psychanalyse*, selon laquelle l'origine de l'angoisse, comme le révélerait en particulier l'angoisse névrotique, est sexuelle. Il y aurait « une relation génétique entre la *libido* et l'angoisse » même si, comme le reconnaît Freud, « on ne voit pas tout d'abord comment l'angoisse naît de la *libido* » [3]. Pour tenter d'élucider malgré tout cette mystérieuse transmutation, Freud compare l'angoisse à du vinaigre et soutient alors que l'angoisse serait un produit

1. M. Boss, *Psychanalyse et analytique du* Dasein, trad. fr. Ph. Cabestan, F. Dastur, Paris, Vrin, 2007, p. 22.

2. J. Laplanche, *Problématique I, L'Angoisse*, Paris, P.U.F., 1980.

3. S. Freud, *Introduction à la psychanalyse*, chap. XVII, p. 379-380.

de la *libido* comme le vinaigre l'est du vin [1]. Conscient le tout premier des faiblesses d'une telle explication, Freud remanie en profondeur sa première théorie de l'angoisse et, en 1920, dans *Inhibition, symptôme et angoisse*, rapporte l'angoisse non plus à la *libido* mais au moi. Désormais, comme il l'écrit, « c'est l'angoisse qui fait le refoulement et non pas, comme je l'ai estimé jadis, le refoulement qui fait l'angoisse » [2]. En d'autres termes, c'est l'angoisse qui conduit le moi à refouler des pulsions sexuelles dangereuses, contrairement à l'idée qui était auparavant celle de Freud et selon laquelle la *libido* refoulée se transformait en angoisse. De ce point de vue, l'angoisse qui étreint le petit Hans est une angoisse de castration (déformée) qui signale le danger interne que représentent ses désirs incestueux. On voit ainsi comment cette deuxième conception de l'angoisse privilégie le modèle de ce que Freud appelle « l'angoisse de réel », c'est-à-dire la peur éprouvée face à un danger extérieur. L'angoisse névrotique devient une réaction du moi face à un danger interne. En outre, cette deuxième conception, conformément à l'idée que les affects sont d'une manière générale des reproductions d'événements anciens, envisage l'angoisse comme la répétition d'un ensemble de phénomènes physiologiques qui accompagne la naissance.

Si cette deuxième conception de l'angoisse a le mérite de ne plus tenter une improbable dérivation de l'angoisse à partir de la *libido*, elle échoue néanmoins à distinguer entre la peur et l'angoisse et à ressaisir la signification existentielle voire ontologique de l'angoisse. On dira non sans raison que telle n'est pas l'ambition de Freud dont l'objet est avant tout l'angoisse pathologique. Le défi pour la phénoménologie est donc non seulement d'offrir une description plus rigoureuse de l'angoisse mais également de rendre de compte de l'angoisse en tant que phénomène pathologique. Ne faut-il pas donner raison à Freud lorsqu'il rapproche la peur face à un danger réel et l'angoisse pathologique ?

De l'effondrement du monde dans la phobie

Si les êtres humains se soustraient tout d'abord et le plus souvent à l'empire de l'angoisse en se laissant happer par leurs différentes préoccupations ou en adoptant des conduites de mauvaise foi au sens sartrien du terme, force est de constater que certains ne « bénéficient » manifestement pas de cette possibilité au point que l'angoisse hypothèque

1. S. Freud, *Trois essais sur la théorie de la sexualité*, trad. fr. B. Reverchon-Jouve, Paris, Gallimard, 1980, p. 186, note de 1920.

2. S. Freud, *Inhibition, symptôme et angoisse*, p. 24.

gravement leur existence. Kimura Bin, psychiatre et philosophe japonais, lecteur et traducteur de Binswanger, écrit à ce propos : « Dans tous les troubles psychopathologiques on retrouve l'angoisse comme phénomène commun. Elle représente l'indice le plus essentiel des crises de l'existence humaine et des ébranlements psychiques » [1]. Une semblable affirmation soulève une double question : la première, que nous connaissons déjà, concerne le lien éventuel entre l'angoisse que décrivent les philosophies de l'existence et l'angoisse pathologique qu'éprouvent certains malades. La seconde est de savoir si, selon les troubles en question : schizophrénie, mélancolie, hystérie, névrose obsessionnelle ou névrose de contrainte, etc., il s'agit à chaque fois de la même forme d'angoisse. Nous nous limiterons ici à l'angoisse dans la phobie que nous pouvons tout d'abord envisager à partir du cas présenté par Binswanger d'une phobie hystérique du talon [2].

Il s'agit d'une jeune femme de vingt et un ans qui, dans sa cinquième année, alors qu'elle détachait ses patins, avait eu le talon de sa chaussure coincé dans le patin. Depuis, cette jeune femme est assaillie d'une angoisse (*Angst*) irrépressible, au point de s'évanouir si elle ne peut pas s'enfuir, lorsqu'elle remarque qu'un talon ne tient pas solidement à la chaussure, que quelqu'un se touche le talon, ou parle simplement d'un talon. Cependant, est-il adéquat dans le cas de cette jeune femme de parler d'angoisse ? Phobie et angoisse sont à première vue bien distinctes : l'angoisse, avons-nous répété, est sans objet alors que la phobie est toujours la peur ou la crainte de quelque chose tel que la rupture du talon. Plus précisément, la phobie est une peur dite pathologique dans la mesure où elle est disproportionnée et sans fondement véritable, contrairement à la peur suscitée par l'apparition d'un animal féroce ou la vue d'un précipice. Toutefois, n'accordons-nous pas trop d'importance à l'objet au point d'occulter l'angoisse éprouvée par le malade *à l'occasion* de cet objet phobique ?

Disciple de Freud, Binswanger commence par mettre de côté l'explication à partir de ce qui s'était produit dans la cinquième année : loin d'être la cause explicative de la phobie, l'événement de la rupture du talon est « innocent en soi ». Binswanger fait sienne, en effet, la thèse freudienne selon laquelle ce sont les fantasmes qui se rattachent à un

1. B. Kimura, *Écrits de psychopathologie phénoménologiques*, trad. fr. J. Bouderlique, Paris, P.U.F., 1992, p. 51.

2. L. Binswanger, « Sur la direction de recherche analytico-existentielle en psychiatrie » (1946), *Analyse existentielle et psychanalyse freudienne. Discours, parcours, et Freud*, trad. fr. R. Lewinter, Paris, Gallimard, 1970, p. 68-69.

tel événement ou le précèdent, qui agissent de façon pathogène. Mais parce qu'elle ne permet pas de rendre compte pourquoi « l'événement ou le fantasme en question, précisément chez *cette personne-là*, a eu ces conséquences-là », cette analyse demande à être approfondie. Il convient alors de ne pas s'en tenir aux phantasmes et de remonter derrière les fantasmes jusqu'à ce que Binswanger dénomme le « projet-de-monde (*Weltentwurf*) » de la jeune femme [1]. Ce concept, qui peut rappeler celui de choix originel dans *L'Être et le néant* [2], désigne la manière dont les étants, les hommes aussi bien que les choses, se dévoilent. Il va de soi, en effet, qu'un chêne n'a pas le même sens selon le monde et le projet de monde dans lequel il s'inscrit et que le chêne d'un chasseur n'est pas celui d'une jeune femme romantique ou d'un marchand de bois prosaïque [3]. D'un point de vue psychopathologique, il est également possible de distinguer les mondes et les projets-de-mondes du maniaque ou du schizophrène : « Etudier et établir le monde de ces malades signifie, ici comme ailleurs, étudier et établir de quelle manière l'étant devient accessible à ces formes d'être-présent (*Dasein*) » [4].

Pour Binswanger, on peut certes montrer d'un point de vue psychanalytique que derrière le talon branlant ou détaché se cachent des fantasmes de naissance et de séparation d'avec la mère qui impliquent une rupture de continuité entre la mère et l'enfant. Mais ces fantasmes comme la phobie du talon doivent être rapportés au projet-de-monde de cette jeune femme, dont le fil conducteur est la catégorie de la continuité. Binswanger écrit : « Tout ce qui rend le monde signifiant tombe sous la domination de cette seule catégorie. C'est elle seule qui confère au monde, et à l'être en lui, leur assise. De là, l'angoisse devant toute rupture de continuité » [5]. Comprenons : si la séparation d'avec la mère prend chez cette jeune femme une importance telle que tout événement de séparation, aussi anodin soit-il en apparence, en vient à la symboliser, ce n'est donc pas à cause d'un attachement œdipien originaire à la mère mais parce que cet attachement lui-même et son caractère excessif trouvent sa source dans un projet-de-monde *restreint* à la notion de continuité qui, nous reprenons

1. Reprenant ce cas de phobie, Alice Holzhey-Kunz laisse curieusement de côté cette notion qui est pourtant au cœur de la tentative d'élucidation de Binswanger. A. Holzhey-Kunz, *Introduction à la* Daseinsanalyse. *Un regard existential sur la souffrance psychique et sa thérapie*, trad. fr. L. Defago, Argenteuil, Le Cercle Herméneutique, 2016, p. 146 *sq.*

2. J.-P. Sartre, *L'Être et le néant*, p. 524.

3. L. Binswanger, « Sur la direction de recherche analytico-existentielle en psychiatrie », p. 61.

4. *Ibid.*, p. 66.

5. *Ibid.*, p. 70.

délibérément la phrase de Binswanger, « seule confère au monde, et à l'être en lui, leur assise » [1]. Ainsi, dans le monde de cette jeune femme hystérique, toute solution ou rupture de continuité met le monde en crise et devient une expérience traumatique.

D'une manière générale, comme l'écrit Binswanger, l'angoisse survient « lorsque le "*monde*" se met à chanceler ou menace de disparaître (*wenn die "*Welt*" ins Wanken gerät oder zu verschwinden droht*) » [2]. De ce point de vue, ce qui distingue l'homme sain de l'homme qui est en proie à des crises d'angoisse, c'est que son monde est suffisamment bien établi pour ne pas risquer de s'écrouler à l'occasion de tel ou tel événement qui n'en ébranle qu'un aspect. En revanche, le monde du malade est un monde appauvri en fonction d'un projet-de-monde pathologique et, par suite, particulièrement fragile. Comme nous l'avons vu, dans le cas de la phobie du talon rompu, le monde est vidé ou restreint parce qu'il est ressaisi à partir de la seule catégorie de la continuité. Il n'a pas cette richesse faite de la multiplicité des connexions et des rapports de sens. « Phobie, écrit Binswanger, signifie toujours essai d'assurer un "monde" restreint, appauvri; angoisse signifie perte de cette sécurisation, effondrement du "monde", et donc être-livré du *Dasein* au rien, à l'intenable et terrible "horreur nue" (*Ausgeliefertsein des Daseins an des Nichts, an das unaushaltbare, fürchterliche "nackte Grauen"*) ». Remarquons que cette conception de la phobie en tant que conduite permettant de prévenir un possible accès d'angoisse n'est pas sans rapport avec celle de Freud. Binswanger évoque explicitement la distinction freudienne entre la phobie comme symptôme et la *libido* comme véritable objet de l'angoisse. Même si ce qui pour lui est en jeu dans l'angoisse est tout autre qu'un objet, fût-il la *libido*, puisqu'il s'agit du rapport du malade au monde.

Cette idée d'un monde qui menace de s'effondrer renvoie explicitement à Heidegger et, plus précisément, à la conception développée en 1929 dans la conférence, *Qu'est-ce que la métaphysique?* où le devant-quoi de l'angoisse est alors non plus tant l'être-au-monde que le rien, le monde réduit à rien, si l'on peut dire. « L'angoisse, déclare Heidegger, manifeste le rien (*Nichts*) » [3]. De même, pour Binswanger, le malade fait dans l'angoisse l'expérience fondamentale de l'indifférenciation

1. Binswanger rapproche cette angoisse du talon de l'angoisse du bouton décousu, qui ne tient plus qu'à un fil, ou encore de l'angoisse de la rupture du fil de salive, ou de l'évacuation des selles. Dans un cas comme dans l'autre nous retrouvons un même projet-de-monde restreint à la catégorie de la continuité. *Ibid*, p. 71-72.

2. *Ibid.*, p. 72.

3. M. Heidegger, *Qu'est-ce que la métaphysique ?*, trad. fr. R. Munier, *Cahier de L'Herne : Martin Heidegger*, 1983, p. 51.

de l'étant. Ainsi, contrairement aux apparences, la phobie ne doit pas être confondue avec la peur d'un quelconque danger mais elle est une angoisse pathologique qui, confrontée à la possibilité d'un effondrement du monde, n'est pas fondamentalement différente de l'angoisse en tant que disposition du *Dasein*. Cependant, elle s'en distingue à un double titre : d'une part, en fonction de ses conditions d'apparition liées à un projet-de-monde pathologique ; d'autre part, en raison de son inauthenticité. En effet, comme l'écrit Binswanger à propos d'une de ses patientes, dont il publie le cas en 1949, tandis que l'angoisse dévoile la possibilité d'un pouvoir-être authentique, « Lola reste jetée dans l'angoisse, sans aucune possibilité de se récupérer elle-même à partir d'elle » [1]. En ce sens, la phobie peut être qualifiée à bon droit d'angoisse inauthentique [2]. On voit ainsi comment Binswanger, le psychiatre, fait sienne la conception heideggérienne de l'angoisse tout en la réélaborant d'un point de vue psychopathologique alors que, soulignons-le, la perspective de Heidegger est strictement commandée par la question de l'être ou *Seinsfrage* [3].

Phobie et vertige de la liberté

Mais la phobie peut également être étroitement liée à la liberté et à ce vertige de la liberté que nous avons analysé avec Kierkegaard et Sartre. C'est ce que nous pouvons montrer à partir de la brève analyse de deux cas. Le premier est évoqué à la fin de la *Transcendance de l'ego* [4] par Sartre, qui l'emprunte lui-même à l'ouvrage de Pierre Janet, *Les Obsessions et la psychasthénie* (1903). Il s'agit d'une jeune mariée qui avait la terreur quand son mari la laissait seule, de se mettre à la fenêtre et d'interpeller les passants à la façon des prostituées. Sartre écrit à son propos : « Rien dans son éducation, dans son passé, ni dans son caractère ne peut servir d'explication à une crainte semblable. Il nous paraît simplement qu'une circonstance sans importance (lecture, conversation, etc.) avait déterminé chez elle ce qu'on pourrait appeler un vertige de la possibilité. Elle se trouvait monstrueusement libre et cette liberté vertigineuse lui apparaissait *à l'occasion* de ce geste qu'elle avait peur de faire » (nous soulignons).

1. L. Binswanger, *Le cas Lola Voss. Schizophrénie. Quatrième étude*, trad. fr. Ph. Veysset, Paris, P.U.F., 2012, p. 57.

2. Sur le sens de cette notion, *cf.* C. Romano, « Heidegger et l'achèvement de l'authenticité », *Être soi-même. Une autre histoire de la philosophie*, Paris, Gallimard, 2019, p. 557-598.

3. Signalons que Heidegger, dans ses entretiens avec Medard Boss, récuse explicitement cette analyse de Binswanger à laquelle il reproche son caractère subjectiviste et formel. M. Heidegger, *Séminaires de Zurich*, p. 282-283.

4. J.-P. Sartre, *La Transcendance de l'ego et autres textes phénoménologiques*, Paris, Vrin, 2003, p. 128 et p. 196, note 99.

Cette interprétation de ce qu'on pourrait appeler une phobie obsessionnelle peut non sans raison faire sourire. Selon Sylvie Le Bon, Sartre serait lui-même revenu sur son analyse en jugeant notamment « enfantine » sa mise entre parenthèses de l'éducation comme du passé et du caractère de la jeune mariée [1]. Toutefois, elle n'en mérite pas moins de retenir l'attention en raison de la manière dont elle reprend la notion kierkegaardienne de vertige et dont elle articule la peur, l'angoisse et l'obsession. En effet, il y a, occupant le premier plan, une peur excessive qui a pour objet une conduite qui ne sied absolument pas à une jeune mariée : se mettre à la fenêtre et interpeller les passants comme une vulgaire prostituée. Cette phobie doit pouvoir, au moins pour une part, se comprendre à partir de l'histoire de cette jeune mariée, de sa vie sexuelle et de ce que Binswanger appellerait son projet-de-monde. Mais par-delà cette conduite redoutée, l'analyse découvre l'angoisse qui n'a pas à proprement parler d'objet dans la mesure où elle est un vertige de la liberté, c'est-à-dire un vertige qui a pour « objet » et « sujet » la liberté. En tant que tel, ce vertige est indépendant de l'éducation comme du caractère pour la simple raison qu'il est constitutif de l'être de la conscience et peut être provoqué par « une circonstance sans importance ». Enfin, cette phobie présente un caractère obsessionnel que Sartre ressaisit à partir de l'idée – énigmatique – selon laquelle la conscience est susceptible de devenir captive d'elle-même, comme dans le cas où, ne voulant pas penser à tel événement, elle y pense précisément pour cela [2]. Quoi qu'il en soit, retenons qu'il est possible en droit de distinguer dans cette terreur de la jeune mariée ce qui relève de la phobie et de l'angoisse.

Le deuxième cas est tiré d'un article du psychiatre Alfred Kraus, consacré aux phobies dites spatiales, telles que la claustrophobie, l'agoraphobie ou encore phobie de la hauteur ou phobie de la chute. Dans cet article, inspiré de la lecture de la phénoménologie sartrienne, Kraus étudie « Les phobies de l'espace du point de vue de l'analyse existentielle et leur traitement » [3]. Il insiste tout d'abord sur les transformations corporelles qui, d'une manière générale, accompagnent les émotions et qu'il ne faudrait pas séparer de la conscience comme de la conduite de la personne prise de phobie. Car ces modifications corporelles participent

1. J.-P. Sartre, *La transcendance de l'ego*, p. 80, note 74. Cette remarque de Sylvie Le Bon, fille adoptive de Simone de Beauvoir, se trouve dans l'édition de ce texte paru en 1988.

2. Ph. Cabestan, « Spontanéité et captivité de la conscience », *L'Être et la conscience. Recherches sur la psychologie et l'ontophénoménologie sartriennes*, Bruxelles, OUSIA, 2004, p. 125 *sq*.

3. A. Kraus, « Existenzanalytische Aspekte der Raum-Phobien und ihrer Behandlung », *Jahrbuch für phänomenologische Anthropologie und Psychotherapie* 20, 2004, p. 237-254.

de la transformation du rapport de la conscience au monde. Plus précisément, et Alfred Kraus s'inspire ici explicitement de l'*Esquisse d'une théorie des émotions* de Sartre, dans la phobie comme dans l'émotion en général, le sujet se rapporte aux choses et au monde sur un mode magique et non plus sur un mode pragmatique [1]. Ainsi des relations nouvelles et fondamentalement irrationnelles s'établissent dans la phobie entre les choses et le sujet. Ces nouvelles relations se substituent aux relations objectives entre les objets et le sujet, dont les actions visent à transformer *réellement* le monde, et le monde est alors comme frappé de déréalisation. Par exemple, dans la phobie, la conscience perd toute distance non seulement vis-à-vis de ce qu'elle éprouve mais également vis-à-vis des objets auxquels elle se rapporte et qui la menacent. Dans la phobie un danger relativement éloigné perd son éloignement et la menace qu'il représente devient imminente et inévitable.

Pour illustrer son propos, Kraus reprend parmi d'autres cas celui d'un psychiatre qui souffre d'une phobie étroitement liée à la phobie de la hauteur et de la chute et qui est la phobie des voyages en avions. Ce psychiatre, Dörr-Zegers, a lui-même décrit la manière dont la phobie s'empare de lui et, notamment, comment tout à coup il n'est plus lui-même (dépersonnalisation) : « je ne suis plus celui que j'étais, ma famille, mon enfance, mon travail… tout a disparu ». Ses mains sont moites, il a l'impression d'avoir un trou dans le ventre, il éprouve un sentiment d'oppression dans la poitrine, ses jambes sont comme de plomb et il a le sentiment d'être un corps plutôt qu'un esprit. Contrairement aux autres passagers qui voyagent à ses côtés, il a perdu la capacité, dit-il, d'appréhender l'avion comme s'il s'agissait d'une sorte de salon ou d'hôtel dans lequel il serait assis. Il se sent absolument seul et comme suspendu dans le vide sans pouvoir se raccrocher à quoi que ce soit : tout a disparu [2]. Nous retrouvons ainsi l'idée développée par Binswanger selon laquelle la phobie implique pour le malade une expérience angoissée du rien, au sens d'une dissolution des étants, et du dévoilement de l'être du *Dasein* en tant qu'être jeté dans un monde qui lui est étranger. Toutefois, Kraus ne s'en tient pas à une approche heideggérienne de la phobie et interroge ce vertige caractéristique de la phobie. Dans le cas de ce psychiatre qui

1. L'émotion en tant que conduite est pour Sartre une forme de conscience qui, contrairement à une appréhension pragmatique du monde, le transforme magiquement : « dans l'émotion, c'est le corps qui, dirigé par la conscience change ses rapports au monde pour que le monde change ses qualités », J.-P. Sartre, *Esquisse d'une théorie des émotions*, Paris, Hermann, 2010, p. 44.

2. O. Dörr-Zegers, « Phénoménologie de l'angoisse », dans J. Pélicier (éd.), *La lecture du monde. Mélange en hommages à Yves Pelicier*, Paris, P.U.F., 1998.

souffre d'une phobie de l'avion, le vertige doit se comprendre comme un vertige de la liberté, au sens à la fois kierkegaardien et sartrien, vertige qui s'empare du sujet précisément au moment où il envisage de monter en avion et choisit ce faisant de risquer sa vie. Il ne s'agit pas en l'occurrence de la peur de mourir qui est un aspect de la phobie des avions mais de l'angoisse ou vertige d'une liberté qui a le choix entre risquer sa vie ou ne pas la risquer. Il est ainsi possible de distinguer dans la phobie, ce qui relève, d'une part, de la peur d'un accident mortel, de la peur de la mort et, d'autre part, de l'angoisse existentielle qui concerne l'être du sujet comme être-au-monde.

Conclusion

Lorsqu'il s'agit de l'angoisse, il convient d'être prudent. Car il n'y a en la matière rien d'évident, et nul n'est assuré de ne pas surinterpréter le phénomène en question [1]. Il semble cependant que l'on puisse tenir pour acquise l'idée que l'angoisse n'a pas d'objet, y compris d'objet intérieur tel que la *libido*, qu'elle est en tant que telle distincte de la peur, comme de la crainte ou de l'anxiété, et que ce qui y est en question n'est autre que l'être de l'homme. De ce point de vue, ne confondons pas la peur de la mort et l'angoisse liée à notre être mortel ou mortalité, même si dans les faits, lorsque nous sommes confrontés à la mort d'un proche, nous ne savons pas au juste pourquoi nous pleurons : outre la peur de la mort et la tristesse liée à la disparition d'un être cher, n'est-ce pas en effet sur nous-mêmes que nous pleurons, c'est-à-dire sur notre propre détresse au sein d'un monde proprement angoissant ?

Sans doute reprochera-t-on à cette analyse de pratiquer un certain éclectisme et d'ignorer non seulement la perspective proprement ontologique de Heidegger mais aussi ce qui le sépare de Kierkegaard et de Sartre. Il va de soi que l'analyse de l'angoisse dans *Être et temps* comme dans *Qu'est-ce que la métaphysique ?* – et Heidegger ne cesse de le répéter – n'est pas menée en vue d'une anthropologie et encore moins d'une psychopathologie phénoménologique. Dès lors, faire appel au concept d'angoisse afin d'élucider certains troubles pathologiques exige un remaniement de son concept qui ne peut être mécaniquement appliqué en dehors de la perspective ontologique pour laquelle il a été initialement élaboré. Comme le souligne Binswanger, l'angoisse pathologique n'a nullement la positivité de l'angoisse décrite dans *Être et temps*, en tant que disposition fondamentale qui dévoile à la liberté la possibilité de

1. M. Zarader, *Lire* Être et temps, Paris, Vrin, 2012, p. 320-340.

l'authenticité. L'angoisse pathologique se présente tout à l'inverse comme une angoisse inauthentique au sens où, comme l'écrit Heidegger à propos de la peur, elle est une disposition qui « ramène le *Dasein* à son être-jeté, mais de telle manière que celui-ci soit justement fermé » [1].

Enfin, l'analyse de certains troubles psychopathologiques conduit à réinterroger l'origine de l'angoisse, c'est-à-dire son devant-quoi qui, comme nous l'avons vu avec les cas de la phobie du vol en avion se rapporte aussi bien à l'effondrement du monde qu'à la liberté. On objectera peut-être qu'à vouloir conjuguer différentes approches de l'angoisse, on en vient à lui conférer un « objet » relativement indéterminé. Il serait cependant malheureux de vouloir spécialiser l'angoisse, et nous avons vu au contraire que l'angoisse précisément est relative à l'être-au-monde en tant que tel. D'un point de vue psychopathologique, il n'y a pas de raison de limiter l'angoisse au dévoilement du rien, sous prétexte que telle serait la thèse de Heidegger dans sa conférence de 1929. Comme le montre Kimura, l'angoisse peut se rapporter à d'autres aspects de l'être-au-monde, que ceux que nous avons jusqu'ici envisagés et notamment à sa temporalité : il y a, par exemple, dans la personnalité schizoïde une angoisse typique vis-à-vis de l'avenir tandis que la mélancolie est hantée par le passé [2]. Ainsi l'angoisse pathologique peut-elle prendre de multiples formes, dont l'exploration relève naturellement de la clinique. Elle n'en demeure pas moins une disposition affective spécifique qui ne se confond pas plus avec l'ennui qu'avec la culpabilité.

PULSIONS LIBIDINALES *VERSUS* DÉSIR CHARNEL

Il fut un temps où tout avait une signification politique et sexuelle. Le rêve d'un enfant qui enfonce son doigt dans le trou d'une serrure, les recherches scientifique sur l'origine de l'univers, la tendresse d'un père pour sa fille, le lien entre les individus d'une foule, etc. Rien n'était « innocent ». Cependant, cette hypertrophie du sexuel n'était pas sans fondement. Elle se plaçait volontiers sous l'autorité de Freud et de sa conception des pulsions sexuelles, exposée notamment dans les *Trois*

1. M. Heidegger, *Être et temps*, § 68, p. 402-403. Nous retrouvons cette compréhension de l'angoisse selon la double modalité possible de l'authenticité et de l'inauthenticité dans la lecture par Jean-Jacques Alrivie d'*Agamemnon*, qui oppose l'angoisse inauthentique du Chœur des Vieillards à l'angoisse authentique de Cassandre. J.-J. Alrivie, « L'angoisse dans l'*Agamemnon* d'Eschyle à la lumière d'*Être et temps* de Martin Heidegger », p. 49.

2. B. Kimura, « Le temps et l'angoisse », *Écrits de psychopathologie phénoménologique*, p. 48-63.

essais sur la théorie de la sexualité. Elle invoquait parfois la théorie platonicienne selon laquelle, loin de se réduire à l'hétérosexualité génitale, *Eros* élève « celui qui est droitement initié » de la contemplation des beaux corps à la contemplation de la beauté absolue en passant par la vertu et les sciences [1].

Notons toutefois que ces deux conceptions, tout en conférant à l'amour une ampleur inaccoutumée et contestable, sont, en un sens, diamétralement opposées. Contrairement à Platon, Freud ne tient nullement l'amour charnel pour une modalité seconde et dégradée du désir, et ne saurait assimiler sa sublimation à sa purification. Mais ce qui frappe dans un cas comme dans l'autre, et comme nous allons essayer de le montrer à propos de Freud, c'est le caractère hautement spéculatif d'une théorie qui prétend, pour une part tout du moins, s'appuyer sur l'expérience [2]. En effet, la conception freudienne de la sexualité repose sur un étrange présupposé quant à la nature de la *libido* en tant que pulsions qui semblent *posséder* l'individu dès sa naissance.

Ainsi nous voudrions dans les pages qui suivent nous demander ce qu'une phénoménologie du désir peut retenir de la « découverte » freudienne de la sexualité. Dans cette perspective, nous allons envisager tout d'abord le concept même de pulsion ; puis, nous nous interrogerons sur la réalité et les modalités d'une *libido* infantile, telles que l'autoérotisme et le narcissisme. Enfin, nous dégagerons certains présupposés à la fois ontiques et ontologiques de la conception freudienne afin de mettre en question le « sexualisme » freudien.

« Une autre philosophie de la psychanalyse »

Reconnaissons que, forte de ses propres « acquis », la psychanalyse ne recherche guère le dialogue et pense pouvoir fort bien se passer des critiques de la philosophie. Freud lui-même, lorsqu'il ne la rejette pas purement et simplement au nom de la Science, entretient avec la philosophie des rapports fortement ambivalents [3]. Et pourtant, plutôt que

1. Platon, *Le Banquet*, trad. fr. L. Brisson, Paris, GF-Flammarion, 2016.

2. Freud toutefois a parfaitement conscience de ce caractère spéculatif de sa théorie de la *libido*, lui qui écrit : « Il appartient à l'avenir de décider s'il y a plus de délire dans ma théorie (de la *libido*) que je suis prêt à l'admettre ou s'il y a davantage de vérité dans le délire de Schreber qu'on est prêt à le croire », S. Freud, *Cinq psychanalyses*, trad. fr. M. Bonaparte, Paris, P.U.F., 1970, p. 321.

3. Pour Freud, si « la philosophie emprunte parfois à la science ses méthodes », elle « s'en éloigne en se cramponnant à des chimères, en prétendant offrir un tableau cohérent et sans lacunes de l'univers ». Et Freud de rappeler cette boutade de Henri Heine selon qui le

de se calfeutrer dans un discours dont les présupposés fondamentaux ne sont jamais vraiment mis en question, la psychanalyse n'a-t-elle pas tout à gagner d'un « dialogue constant entre réflexions *philosophiques* et réflexions *psychanalytiques* » [1] ? Si nous citons d'entrée de jeu ces propos de Rudolf Bernet, c'est parce que son ouvrage, *Force, Pulsion, Désir. Une autre philosophie de la psychanalyse*, est sans aucun doute appelé, dans ce débat qui met aux prises depuis des décennies la phénoménologie et la psychanalyse, à figurer aux côtés de celui de Paul Ricœur, *De l'interprétation. Essai sur Freud* ou encore de Michel Henry, *Généalogie de la psychanalyse* [2], quoique ces lectures de Freud soient bien différentes les unes des autres.

Loin de chercher à établir la légitimité de la pensée freudienne dans son ensemble, Rudolf Bernet entreprend une lecture critique, éminemment sélective de l'œuvre de Freud. Non sans raison, il n'hésite pas à reconnaître le caractère « extravagant » [3] de certaines spéculations freudiennes et, le cas échéant, à faire droit à la lecture lacanienne de Freud. En outre, il est loin de faire sienne la thèse de Ricœur quant au fossé séparant la phénoménologie de la psychanalyse. Selon Ricœur, en effet, la phénoménologie n'est pas la psychanalyse pour la simple et forte raison que la phénoménologie est une discipline réflexive qui se place *mutatis mutandis* dans le prolongement du *cogito* cartésien alors que la psychanalyse n'est pas et ne peut pas être une discipline réflexive. Or, la profondeur de ce fossé est peut-être étroitement liée au privilège accordé par Ricœur à la question de l'inconscient psychique, dont une phénoménologie réflexive n'a effectivement pas grand chose à dire. Laissant de côté la question de l'inconscient, dont il dégage les prémices dans les philosophies de Leibniz et de Schopenhauer [4], Rudolf Bernet lui préfère la théorie freudienne de la pulsion, qui relève selon lui bien plus d'une eidétique au sens husserlien que d'une véritable métaphysique. C'est la raison pour laquelle, ajoute Rudolf Bernet, « nous n'éprouverons

philosophe « avec ses bonnets de nuit et des lambeaux de sa robe de chambre, bouche les trous de l'édifice universelle », S. Freud, « D'une conception de l'univers », *Nouvelles conférences sur la psychanalyse*, trad. fr. A. Berman, Paris, Gallimard, 1971, p. 212.

1. R. Bernet, *Force, Pulsion, Désir. Une autre philosophie de la psychanalyse*, Paris, Vrin, 2013, p. 8.

2. P. Ricœur, *De l'interprétation. Essai sur Freud*, Paris, Seuil, 1965.

3. Ainsi R. Bernet n'hésite-t-il pas à qualifier de spéculation méta-physico-biologique gratuite la thèse selon laquelle la mort serait le but de toute vie, R. Bernet, *Force, Pulsion, Désir*, p. 270 et p. 191.

4. *Ibid.*, p. 114 et p. 173.

aucune peine à amorcer un dialogue fécond entre Freud et Husserl sur la problématique des pulsions, désirs et souhaits » [1].

Ainsi, nous voudrions envisager à notre tour, avec et contre Freud et en nous inspirant pour une part des travaux de Rudolf Bernet, la place que la phénoménologie existentielle peut accorder au concept de pulsion (*Trieb*). Que cette notion décisive n'aille pas de soi et soulève bien des interrogations, c'est ce dont Freud – et c'est ce qui fait sans doute l'intérêt de sa pensée – était parfaitement conscient au point de lui dénier son caractère scientifique. « La doctrine de la pulsion, écrit-il en 1932, est pour ainsi dire notre mythologie. Les pulsions sont des êtres mythiques, formidables dans leur indétermination. Nous ne pouvons dans notre travail faire abstraction d'elles un seul instant et cependant nous ne sommes jamais certains de les voir nettement » [2].

Pulsion ou désir d'être

Comme le souligne Anne Montavont, il y a de fait chez Husserl une doctrine phénoménologique de la pulsion qui est alors une sorte de « vouloir » et de « faire » [3], doctrine que Husserl lui-même aurait qualifiée, dans un manuscrit de juin 1934, d'« anticipation de la psychanalyse freudienne » [4]. Pourtant le concept de pulsion n'est pas sans susciter des résistances au sein même de la phénoménologie sinon husserlienne du moins post husserlienne. Dans les *Zollikoner Seminare*, Heidegger repousse sans hésiter la notion de pulsion au nom du souci (*Sorge*) en tant que structure fondamentale de l'être-au-monde. En effet, la pulsion désigne pour Heidegger ce qui me pousse par-derrière vers quelque chose. Ainsi, quand on dit à propos d'une action quelconque : « j'y suis poussé », on néglige le fait que l'action a pour mobile une tâche qui est à faire et qui suppose que je sois en avant de moi-même. Bref, la notion de pulsion fait abstraction de la temporalité du *Dasein* qui est toujours à la fois en avant de lui-même et en arrière de lui-même [5]. Si tel est bien le cas, on ne peut que donner raison à Heidegger. Cependant, cette critique semble rétrospectivement quelque peu sommaire dans la mesure où elle

1. *Ibid.*, p. 14.

2. *Ibid.*, p. 183. S. Freud, « Angoisse et vie pulsionnelle », *Nouvelles conférences d'introduction à la psychanalyse*, trad. fr. A. Berman, Paris, Gallimard, 1984, p. 129.

3. A. Montavont, *De la passivité dans la phénoménologie de Husserl*, Paris, P.U.F., 1999, p. 245 *sq.*

4. R. Bernet, *Force, Pulsion, Désir*, p. 315.

5. M. Heidegger, *Séminaires de Zürich*, p. 240-242.

ignore l'élaboration freudienne de la notion de pulsion qui ne se réduit jamais à une poussée (*Drang*) par derrière. On sait, en effet que la pulsion freudienne possède en outre – et Medard Boss, interlocuteur de Heidegger lors de ces séminaires de Zollikon, aurait tout de même pu le lui rappeler – une source psychosomatique qui permet de la spécifier ainsi qu'un but et un objet intentionnel grâce auquel elle cherche à atteindre son but [1]. En tant que telle, la pulsion n'est pas un phénomène purement biologique mais, à la limite du psychique et du biologique, possède une structure à la fois temporelle et intentionnelle.

Il va de soi que Freud n'invente pas le concept de pulsion qui a derrière lui une longue histoire et dont les sources sont philosophiques et notamment aristotéliciennes. Ainsi, adoptant alors un point de vue ontologique qui est étranger à Freud, Bernet interroge l'être de la pulsion, qu'on ne saurait assimiler à celui d'une chose quelconque au sens d'un étant présent subsistant. Dès lors, loin de se réduire à la poussée aveugle d'une force au sens de la mécanique classique, la pulsion, à l'instar de la *dynamis* aristotélicienne, a pour Bernet le mode d'être d'un étant temporel dans la mesure où elle est tournée vers l'avenir, où elle est une attente habitée par une tension et où elle est en tant que telle toujours en avant d'elle-même. Le mode d'être de la pulsion est donc non pas celui de la présence mais celui du « pas encore », c'est-à-dire de l'actualisation différée [2]. Rudolf Bernet écrit à ce propos : « la pulsion est le mode d'être d'un étant dont la vie est comme suspendue dans le vécu d'une attente tendue » [3]. Son projet est alors, à la fois avec et contre Heidegger, d'élaborer une ontologie fondamentale de la pulsion qui se veut « plus fondamentale que toute ontologie du sujet humain ou *Dasein* » [4]. Cette phénoménologie de la pulsion trouve également dans l'œuvre de Leibniz la possibilité d'un précieux approfondissement et, en particulier, grâce à la notion leibnizienne d'inquiétude. En effet, l'inquiétude pour Leibniz, contrairement à Locke, n'est pas seulement provoquée par l'absence d'une chose qui donnerait du plaisir mais elle trouve sa source dans une insuffisance, une imperfection irrémédiables. Comme l'écrit Rudolf Bernet : « Qu'il se laisse emporter par ses pulsions charnelles, qu'il oriente sa volonté vers une bonne action, qu'il s'adonne à des spéculations théoriques, l'homme, pour Leibniz, reste toujours

1. S. Freud, *Métapsychologie*, « Pulsions et destins des pulsions », trad. fr. J. Laplanche, J.-B. Pontalis, Paris, Gallimard, 1968, p. 19 ; R. Bernet, *Force, Pulsion, Désir*, p. 227 *sq*.
2. *Ibid.*, p. 20.
3. *Ibid.*, p. 16.
4. *Ibid.*, p. 20.

inquiet »[1]. En d'autres termes, l'homme est habité par un manque que ne saurait combler un quelconque objet, qui se situe au-delà ou en deçà du principe de plaisir et qui est, à proprement parler, de nature ontologique. Il convient donc de distinguer entre l'inquiétude (*uneasiness*) au sens de Locke et l'inquiétude (*Unruhe*) au sens de Leibniz ; entre le manque d'un objet et le manque d'être ou « manque à être » (Lacan)[2] ; entre les désirs psychologiques et le désir ontologique ou désir d'être qui transforme nos désirs particuliers relativement définis en des désirs quasi indéfinis. Ce faisant nous passons d'une métaphysique de la pulsion comme pouvoir-faire (*Poros*) à une phénoménologie du désir comme manque (*Penia*).

Il n'est pas sans intérêt de constater qu'on retrouve une conception analogue du désir dans la conception sartrienne de la conscience comme néant et comme manque[3]. En effet, comme le dévoile la description du *cogito* préréflexif dans *L'Être et le néant*, la conscience surgit à partir d'une négation qui se révèle un manque : avoir conscience, exister, c'est désirer, c'est être hanté par un manque et toute la question est alors de parvenir à définir la nature de ce manque. Dans cette perspective, il convient de distinguer entre ce qu'on peut appeler l'objet ultime du désir et son objet provisoire ou objet empirique. Afin d'expliciter ce point, il faut reprendre la description canonique de la soif dans *L'Être et le néant* : « le sens de ce trouble subtil par quoi la soif s'échappe et n'est pas soif, en tant qu'elle est conscience de soif, c'est une soif qui serait soif et qui la hante »[4]. En d'autres termes, on ne boit pas seulement pour étancher sa soif et combler un besoin mais aussi en vue d'une impossible synthèse de l'en-soi (une soif qui serait soif) et du pour-soi (la conscience de soif). Si on s'autorise à mêler les terminologies freudiennes et sartriennes, on peut dire que la soif en tant que besoin ou pulsion d'auto-conservation peut sans doute être satisfaite par un verre d'eau ; mais que la soif, en tant qu'elle sert de support – et nous pensons ici à la notion freudienne d'étayage ou d'adossement (*Anlehnung*) – au désir ontologique, vise par-delà le verre d'eau à boire un objet rigoureusement impossible. Car ce qui manque ontologiquement au sujet n'est pas un objet empirique que le sujet pourrait se procurer d'une manière ou d'une autre mais un « objet » inatteignable car contradictoire. Sommes-nous si loin de la psychanalyse ? Nous venons de souligner *via* la notion d'étayage la proximité avec Freud.

1. *Ibid.*, p. 98.
2. J. Lacan, *Le moi dans la théorie de Freud et dans la technique de la psychanalyse, Séminaire II*, Paris, Seuil, 1977.
3. R. Bernet, *Conscience et existence. Perspectives phénoménologiques*, Paris, P.U.F., 2004. R. Bernet, *Force, Pulsion, Désir*, p. 100.
4. J.-P. Sartre, *L'Être et le néant*, p. 125.

Et, comme l'écrit Rudolf Bernet, il n'est pas difficile de retrouver dans la description sartrienne les linéaments de la conception lacanienne du désir – qui s'en inspire sans doute plus qu'elle ne le reconnaît [1] – au sein de laquelle l'objet empirique n'est rien d'autre qu'un bouche-trou, une pâle copie dirait Platon, qui ne compensera jamais la chose dont l'objet petit a est comme le schème [2].

De la sexualité infantile

Nous voyons ainsi comment les notions solidaires de pulsion et de désir permettent de croiser fructueusement phénoménologie et psychanalyse. Mais cela ne signifie pas que la phénoménologie puisse *in extenso* faire sienne la conception freudienne de la sexualité et, en particulier, de la sexualité infantile. On sait que ce sont les phénomènes de la sexualité infantile et leur retour dans les perversions comme le sadisme ou l'exhibitionnisme, qui servent à Freud de « fil conducteur (*Leitfaden*) », au sens phénoménologique du terme [3]. Ainsi l'observation de la sexualité infantile doit-elle permettre d'élucider la vie sexuelle normale ou pathologique des individus, et c'est dans cette perspective qu'on peut relire les *Trois essais sur la théorie de la sexualité* (1905), texte inaugural dont nous voudrions ici souligner certaines limites [4]. Freud n'a-t-il pas, en effet, surévalué l'importance des pulsions sexuelles, au point d'imaginer une sexualité orale du nourrisson, et sous-évalué la dimension fondamentalement intersubjective de la relation érotique ?

1. C. Leguil, *Sartre avec Lacan. Corrélation antinomique, liaison dangereuse*, Paris, Éditions Navarin-Le Champ freudien, 2012, p. 111.

2. R. Bernet, *Conscience et existence. Perspectives phénoménologiques*, p. 179. R. Bernet, *Force, Pulsion, Désir*, p. 237-238. Bernard Baas expose une conception analogue de l'objet a dans son livre, *Le Désir pur. Parcours philosophiques dans les parages de J. Lacan*, Louvain, éditions Peeters, 1992, p. 69. Il faudrait ici approfondir la discussion en prenant en compte la thèse de Renaud Barbaras selon laquelle « le désir est en son fond désir du monde » de sorte que le désir transcendantal est l'essence du désir empirique qui peut être décrit comme une « désublimation », R. Barbaras, *Le Désir et le monde*, Paris, Hermann, 2016, p. 205.

3. Au sens où « un phénomène particulier et particulièrement évident présente l'avantage de faciliter notre accès à des phénomènes plus généraux et moins directement évidents ». Rudlof Bernet distingue le fil conducteur et le modèle théorique dont s'inspire l'analyse freudienne, qui est « quelque chose comme le circuit électrique, la machine à vapeur ou encore un système thermodynamique », R. Bernet, *Force, Pulsion, Désir*, p. 186 et p. 190.

4. S. Freud, *Trois essais sur la théorie de la sexualité*, trad. fr. B. Reverchon-Jouve, Paris, Gallimard, 1962. Si le propos de Freud est nouveau, l'intérêt pour la sexualité et ses perversions l'est beaucoup moins et la *Psychopathia sexualis* de Richard von Krafft-Ebing remonte à 1886.

Incontestablement à tort, on a souvent reproché à Freud d'étendre inconsidérément la notion de *libido* au point que toute activité humaine serait assujettie voire reconduite à des pulsions sexuelles. Rejetant les accusations de pansexualisme [1], Freud ne cesse d'affirmer contre Carl Gustav Jung et Arthur Schopenhauer le caractère dualiste de sa théorie des pulsions. Mais il faut bien reconnaître que, phénoménologiquement parlant, l'extension freudienne du concept de *libido via* notamment les concepts de sublimation ou d'inhibition quant au but ne va nullement de soi, y compris pour celui qui est prêt à admettre que la sexualité ne se limite évidemment pas à l'hétérosexualité génitale. Ainsi, confondre la passion amoureuse et le désir, rapporter la recherche scientifique à la curiosité sexuelle, assimiler l'amitié ou le lien social à un lien libidinal, toutes ces opérations relèvent manifestement de la spéculation. Freud peut bien, de manière relativement vague en vérité, revendiquer à son profit l'autorité du *Banquet* de Platon [2], ne lui fait pas moins défaut une eidétique rigoureuse de la relation érotique. Et même en se plaçant du point de vue de la simple observation, comme nous allons le voir, on peut s'interroger sur la solidité de la conception freudienne de la sexualité à commencer par l'idée d'un autoérotisme et d'une sexualité orale chez le nourrisson. Si un plaisir n'est pas nécessairement de nature libidinale et qu'il existe des plaisirs physiques non libidinaux [3], comme celui de boire un verre d'eau quand on a soif, ce qui est ressenti par le nourrisson tandis qu'il satisfait sa faim *via* la succion du sein maternel est-il bien de nature érotique ?

Dans ses *Trois essais*, Freud soutient que la pulsion partielle orale constitue la forme la plus primitive de la sexualité infantile. La source de cette pulsion serait selon Freud une excitation spécifique de la bouche ; son objet le sein maternel ou, à défaut, une partie du corps propre du nourrisson telle que le pouce, et son but le plaisir. La question peut paraître à la fois imprudente et d'une extrême naïveté tant la conception freudienne est parvenue à s'imposer – y compris auprès des esprits les plus prévenus contre elle – au point de passer pour une vérité de fait : le plaisir éprouvé par le nourrisson relève-t-il bien d'une sexualité non génitale ? On répondra peut-être maladroitement que le plaisir de la

1. S. Freud, *Essais de psychanalyse*, « Psychologie collective et analyse du moi », trad. fr. S. Jankélévitch, Paris, Payot, 1973, p. 110.

2. *Ibid.*

3. Affirmation qui ne va pas de soi pour Freud. Par exemple, tout en constatant que l'enfant tire un plaisir considérable de l'activité musculaire, Freud se demande « si ce plaisir a quelque rapport avec la sexualité », S. Freud, *Trois essais sur la théorie de la sexualité*, p. 102.

succion est de nature libidinale puisque la bouche est une zone érogène, ce qui présuppose que soit établi au préalable que ladite bouche est bien chez le nourrisson une zone érogène. *A contrario*, dire que la bouche est une zone érogène puisque le plaisir éprouvé par le nourrisson est libidinal revient de toute évidence à s'engager dans un cercle – que l'on pourrait aisément reformuler à propos de la sexualité anale du même nourrisson – qui n'a plus rien à voir avec les faits [1]. A vrai dire, faute d'une phénoménologie adéquate du plaisir érotique qui réinscrirait au minimum le plaisir éprouvé au sein d'une conduite intentionnelle, on pose que la bouche du nourrisson est une zone érogène et, par suite, que la succion du sein maternel relève d'une pulsion libidinale. La rigueur impose de reconnaître que la simple observation ne peut trancher la question et, par suite, de laisser dans l'indétermination la nature du plaisir suscité par la succion du sein maternel tout comme la nature de « l'inquiétude » que l'enfant cherche à calmer lorsqu'il remplace le sein maternel par un quelconque succédané.

De l'autoérotisme et du narcissisme

On pourrait dans cette affaire appeler à la barre un phénoménologue d'autant plus convaincant qu'il ne passe pas pour inféodé à la psychanalyse freudienne. Sartre, en effet, décrit dans ses *Carnets de la drôle de guerre* la manière dont l'un de ses compagnons, Pieter, « se lèche les lèvres pour se toucher comme les jeunes garçons se tripotent à travers leur poche » [2]. A première vue, donc, Sartre fait sienne l'idée d'une pulsion sexuelle qui, sous sa forme primitive, n'implique pas nécessairement autrui et qui relève d'une auto-affection ou encore d'une réflexivité charnelle indépendante, dans le cas du nourrisson, de la constitution d'un véritable moi [3]. Cependant, il n'est pas assuré que Sartre soit ici d'un grand secours. On peut déjà objecter que Pieter et le nourrisson n'ont pas le même âge et que la sexualité est incontestable chez l'un alors qu'elle est précisément en question chez l'autre. Qu'il convient en outre de lire l'ensemble de la description sartrienne qui, dès lors, prend une autre signification. Sartre ajoute en effet : « Tout en vous écoutant, tout en vous parlant même, il prend un air furtif et sensuel et, avançant sa lèvre supérieure en gouttière, il attire sa lèvre inférieure dans sa bouche, comme un suborneur attire

1. Tout aussi malheureux serait l'argument qui invoquerait le rôle de la bouche dans les rapports amoureux entre adultes : le nourrisson n'est pas un adulte, même en miniature !

2. J.-P. Sartre, *Carnets de la drôle de guerre*, p. 326.

3. R. Bernet, *Force, Pulsion, Désir*, p. 193 et p. 205.

une fillette chez lui, il l'aspire, il la hume et, pour obéir à son appel, elle se gonfle et s'enfonce dans la bouche, énorme et turgide ». Ce qui frappe alors c'est la manière dont l'autoérotisme, sous la forme d'un quasi dédoublement réflexif, mime l'alloérotisme.

Enfin et surtout, il convient de prendre en considération le statut de ce texte : Sartre s'y livre, avec une jubilation non dissimulée, à une sorte d'exercice de style qui a pour objet une petite manie « insignifiante », dont on peut préciser néanmoins la signification à partir de la conception du désir développée trois ans plus tard dans *L'Être et le néant* [1]. Sartre y fait sienne notamment l'idée que le désir charnel ne prend pas nécessairement la forme de la génitalité hétérosexuelle et que la sexualité chez l'enfant peut précéder la maturation physiologique des organes génitaux. Cependant, et le point est décisif, Sartre tient le désir sexuel pour une modalité de notre rapport à autrui et, plus précisément, à sa chair. C'est d'ailleurs la raison pour laquelle la description phénoménologique du désir dans *L'Être et le néant* prend place dans le cadre de la description des relations concrètes avec autrui. Ainsi la phénoménologie sartrienne nous conduit-elle à rompre avec une approche « solipsiste » de la sexualité, qui conçoit l'évolution psychosexuelle de l'individu en lui attribuant pour point de départ une existence solitaire autoérotique qui se développerait énigmatiquement en direction d'une sexualité alloérotique. En vérité, il faut procéder tout à l'inverse, c'est-à-dire envisager l'autoérotisme à partir de l'alloérotisme et comme une de ses modalités, ce que confirme la présence-absence d'autrui qui hante les conduites autoérotiques. Tel est le cas, dira-t-on peut-être, de l'enfant qui suce son pouce. Toutefois, même en reconnaissant que la succion du sein maternel – ou du pouce en tant que succédané – engage une relation à l'autre sous la forme d'une intercorporéité, on ne peut en déduire le caractère érotique de la succion qui, sans être impossible, est loin d'être manifeste. Encore une fois, tout plaisir n'est pas nécessairement un plaisir érotique.

Mais c'est sans doute la théorie freudienne et post freudienne du narcissisme en tant qu'avatar de la *libido* qui suscite le plus de résistances d'un point de vue phénoménologique. Rappelons brièvement que dans son texte de 1914, intitulé « Pour introduire le narcissisme », Freud envisage la possibilité pour la *libido* de se retirer du monde extérieur et de se fixer sur le moi, comme le suggèrent le délire des grandeurs de même que l'absence d'intérêt des schizophrènes pour le monde extérieur. Ainsi Freud est-il conduit à remanier sa conception de la *libido* et à opposer

1. J.-P. Sartre, *L'Être et le néant*, p. 424-425.

désormais la *libido* d'objet à une *libido* du moi ou *libido* narcissique. En outre, dans la mesure où le retrait de la *libido* sur le moi fait suite à un investissement d'objet, Freud qualifie cet état de narcissisme secondaire qu'il envisage alors sur la base d'un narcissisme primaire [1]. Sans aller plus avant, on peut déjà s'étonner avec Bernet de cette insistante métaphore bancaire, mais aussi militaire, de l'investissement (*Besetzung*), du retrait et du transfert, qui assimile l'économie libidinale à une circulation de capitaux [2]. Pour notre part, nous voudrions simplement nous demander en quel sens il est possible de s'aimer soi-même. Certes, pour un philosophe comme Rousseau, un tel amour va de soi. Mais Rousseau parle de l'amour de soi et non de l'amour pour soi. Et cet amour de soi n'a absolument aucune signification érotique. L'amour de soi désigne ce qu'on appelle parfois maladroitement l'instinct de conservation, que Rousseau dans une note célèbre du second *Discours* oppose à l'amour propre [3].

La question est donc de savoir non pas si on peut s'aimer au sens de l'amour de soi mais s'il est possible d'éprouver pour soi une véritable passion amoureuse et si la présomption et le délire de grandeur attestent d'une telle possibilité. Pour la clarté du propos, il convient de répondre à cette interrogation en distinguant plus précisément le narcissisme primaire du narcissisme dit secondaire car postérieur et différent dans sa structure. Le narcissisme primaire, d'une part, présente une opacité spécifique dans la mesure où il caractérise un sujet qui ignore encore la distinction entre le moi et le non-moi et qui, *a fortiori*, n'a pas encore la représentation d'un moi unifié. Un tel narcissisme semble irrémédiablement contradictoire et analogue à ce que Bernet appelle « un égoïsme sans ego » [4]. En outre, cet état s'accompagnerait « d'une forme d'autosuffisance » [5] elle-même bien problématique s'il est vrai que le manque est dans l'être de la pulsion, qu'il est donc originaire et n'a pas la contingence d'un objet perdu. Mais cette question du sens de l'amour dans le narcissisme n'est à vrai dire pas plus claire lorsqu'il s'agit du narcissisme secondaire. En effet, peut-on

1. S. Freud, « Pour introduire le narcissisme », *La vie sexuelle*, trad. fr. D. Berger, J. Laplanche *et alia*, Paris, P.U.F., 1969, p. 80 *sq*.

2. R. Bernet, *Force, Pulsion, Désir*, p. 223.

3. Plus précisément, l'amour de soi est défini par Rousseau comme « un sentiment naturel qui porte tout animal à veiller à sa propre conservation » tandis que l'amour propre est un sentiment qui naît de la comparaison avec les autres et qui est « la véritable source de l'honneur ». A tout prendre, s'il faut donner un contenu au concept de narcissisme, c'est du côté de l'amour propre et de son moi imaginaire qu'il faudrait se tourner. J.-J. Rousseau, *Discours sur l'origine et les fondements de l'inégalité parmi les hommes*, *Œuvres complètes*, t. III, Paris, Gallimard, 1964, note XV, p. 219.

4. R. Bernet, *Force, Pulsion, Désir*, p. 352.

5. *Ibid.*, p. 226.

s'aimer soi-même au sens de se désirer soi-même comme on désire une autre personne ? Peut-on s'aimer soi-même au sens d'attendre de soi ce que l'amant attend de l'aimé ? Ces questions paraissent dépourvues de sens. C'est cette impossibilité d'un amour pour soi que met en scène et dénonce Ovide lorsqu'il fait dire à Narcisse après qu'il a découvert qu'il est lui-même l'objet de son amour : « L'objet de mon désir est en moi, ma richesse est aussi mon manque » ou encore : « Ah ! Que ne puis-je me séparer de mon corps ! Vœu inattendu de la part d'un amant : je voudrais que s'éloigne l'être que j'aime » [1]. Parce que l'amour, qu'il s'agisse du sentiment amoureux ou du désir charnel, implique nécessairement une relation à une altérité, l'amour *pour* soi est un amour rigoureusement impossible, une *contradictio in terminis*. Force est d'en conclure non pas que le narcissisme est un concept dépourvu de sens mais de manière plus féconde qu'il y a une spécificité de « l'autoaliénation » narcissique. Comme le suggère Rudolf Bernet, la relation du soi à un soi imaginaire pourrait être sans doute plus adéquatement ressaisi en prolongeant la réflexion d'un Pascal, d'un La Rochefoucauld ou d'un Rousseau sur le moi, l'amour propre, l'honneur et la vanité [2].

Faiblesse et intermittence du désir charnel

A dire vrai, bien plus que par la seule observation, la « découverte » freudienne de la sexualité paraît commandée par un présupposé fondamental quant à la nature de la *libido* en tant que *poussée*. Tout se passe comme si la *libido* envahissait et hantait l'enfant dès sa naissance et, ce, jusqu'à sa mort. Il est temps à présent, à partir d'une double interrogation quant à la nature de la pulsion de corriger l'idée si prégnante que Freud nous en a laissée.

La première interrogation concerne la permanence de la pulsion sexuelle en tant que poussée (*Drang*). Dans ses *Trois essais* Freud envisage la pulsion sexuelle comme « le représentant psychique (*die psychische Repräsentanz*) d'une source d'excitation à l'écoulement continu provenant de l'intérieur de l'organisme (*einer kontinuierlich fließenden, innersomatischen Reizquelle*) » [3]. Ainsi, Freud nous rappelle que la sexualité trouve tout d'abord sa source à l'intérieur et non à l'extérieur de l'organisme. A ce stade, la pulsion sexuelle est une pure et simple

1. Ovide, *Métamorphoses*, 3, p. 465-470.
2. R. Bernet, *Force, Pulsion, Désir*, p. 353.
3. S. Freud, *Trois essais sur la théorie de la sexualité*, p. 56.

auto-affection. Mais ce qui est énigmatique dans cette conception de la *libido*, c'est la « continuité » de l'excitation provenant de l'intérieur de l'organisme, que Freud oppose à la discontinuité de l'excitation extérieure. Comme l'écrit Rudolf Bernet : « Ne va-t-il pas de soi, au contraire que nos besoins naturels connaissent des trêves ? Et Freud n'écrit-il pas, également dans ses *Trois essais*, qu'avec la satisfaction orgasmique de la pulsion sexuelle "la tension de la *libido* s'éteint temporairement" ? » [1] Comment dans ces conditions maintenir la continuité de l'excitation sexuelle [2] ? Force est alors de reconnaître que Freud, loin de prendre appui sur l'expérience qu'il tient pour la seule source de légitimité scientifique, la méconnaît ici volontairement [3]. *De facto*, l'excitation sexuelle est discontinue et la pulsion sexuelle, loin d'exercer une poussée constante, loin de presser « encore quand elle fait semblant de se reposer » [4], a un mode de présence essentiellement intermittent.

Notre deuxième interrogation se rapporte aux manifestations de la sexualité avant la puberté. On admet aisément que les pulsions d'auto-conservation comme la faim et la soif sont éprouvées dès la naissance par le nourrisson. Peut-on légitimement soutenir qu'il en va nécessairement de même pour la *libido* ? On a vu que la sexualité orale du nourrisson ne peut être tenu pour un fait et que rien n'atteste du caractère érotique de la succion du sein maternel. En outre, il faut souligner non certes l'absence mais la *faible présence* de la sexualité tant chez les nourrissons que chez

1. S. Freud, *Trois essais sur la théorie de la sexualité*, p. 117 ; R. Bernet, *Force, Pulsion, Désir*, p. 197.

2. On retrouve ce thème de la continuité de la pulsion sexuelle dans les spéculations freudiennes – nettement phallocentriques – sur le refoulement organique de l'odorat et l'origine de la famille : « On peut supposer que la fondation de celle-ci coïncida avec une certaine évolution du besoin de satisfaction génitale, ce dernier ne se manifestant plus à la manière d'un hôte apparaissant soudain pour ensuite ne plus donner signe de vie de longtemps après son départ, mais comme un locataire qui s'installe à demeure chez l'individu. Par là fut donné au mâle un motif de garder chez lui la femelle ou, d'une façon plus générale, les objets sexuels ». S. Freud, *Malaise dans la civilisation*, trad. fr. Ch. et J. Odier, Paris, P.U.F., 1971, p. 49. Cette idée de permanence opposée à la périodicité de la sexualité chez les animaux est reprise par Freud dans l'*Abrégé de psychanalyse*, trad. fr. A. Berman, Paris, P.U.F., 2001, p. 14 note 1.

3. « La première chose que dit Freud de la pulsion, c'est, si je puis m'exprimer ainsi, qu'elle n'a pas de jour ou de nuit, qu'elle n'a pas de printemps ni d'automne, qu'elle n'a pas de montée ni de descente. C'est une force constante ». Et Lacan d'ajouter énigmatiquement : « Il faudrait tout de même tenir compte des textes, et de l'expérience ». On se demande bien de quelle expérience il s'agit, tant l'affirmation semble métaphysique. J. Lacan, *Les quatre concepts fondamentaux de la psychanalyse*, Paris, Éditions du Seuil, 1973, p. 185.

4. Nous nous éloignons sur ce point des analyses de Rudolf Bernet. *Cf.* R. Bernet, *Force, Pulsion, Désir*, p. 231.

les enfants qui ont bien souvent autre chose en tête. Freud lui-même le constate mais ne renonce pas pour autant à l'idée d'une surabondance de la *libido* dès l'enfance. Et c'est pourquoi il se retrouve dans la nécessité d'inventer non seulement un improbable mécanisme de sublimation qui métamorphoserait magiquement la *libido* en une pulsion dont les objets seraient socialement plus élevés ; mais aussi une période dite de latence (*Latenzperiode*) [1] marquée par un déclin du complexe d'Œdipe et une intensification du refoulement entrainant une amnésie qui frapperait les souvenirs liées à la sexualité infantile [2]. Plutôt que de multiplier les hypothèses, il semble plus simple et surtout plus juste de reconnaître la faiblesse relative des pulsions sexuelles au cours de l'enfance, faiblesse qui se retrouve à d'autres moments de l'existence et notamment chez les personnes d'un certain âge [3]. D'une manière générale, face à ce phantasme d'une *libido* débordante qui doit être canalisée, sublimée, refoulée, on peut faire sien le doute d'un Rousseau qui, tout à l'inverse, inquiet de la faiblesse du désir chez l'homme, suppose que dans les rapports entre les sexes l'amour propre se conjugue au désir en sorte que « l'un triomphe de la victoire que l'autre lui fait remporter » [4].

Remarquons enfin que l'idée d'une période de latence dans l'évolution psychosexuelle de l'individu repose en dernière instance sur un présupposé étroitement lié à l'ontologie de la subsistance. « Latence », en effet, vient du latin *latere* qui signifie « être caché ». De ce point de vue, la pulsion sexuelle possède la permanence de la chose qui ne peut pas *effectivement* disparaître puis réapparaître ; mais qui ne peut disparaître que si, en attendant de réapparaître, elle se maintient à l'être sous la forme d'une existence cachée. De manière analogue, la pulsion sexuelle pour Freud ne disparaît pas véritablement au cours de la période de latence mais subsiste cachée, refoulée, avant de réapparaître au moment de la puberté. C'est ce même présupposé que l'on retrouve à propos de l'affectivité lorsqu'elle est réifiée sous la modalité du sentiment en tant qu'état. De ce point de vue, comme l'écrit Sartre au sujet de la haine comme état, « ma haine survit comme une réalité actuelle, bien que ma pensée soit présentement occupée d'un autre objet » [5]. Nous retrouverons plus bas ce présupposé

1. Freud reconnaît lui-même la « nature hypothétique » de ce qu'il avance sur la période de latence. S. Freud, *Trois essais sur la théorie de la sexualité*, p. 71.

2. J. Laplanche, J.-B. Pontalis, *Vocabulaire de la psychanalyse*, Paris, P.U.F., 1967, p. 220.

3. Freud, dit-on, aurait à l'âge de quarante ans renoncé à toute relation charnelle avec sa femme, Martha.

4. J.-J. Rousseau, *Œuvres complètes*, « Bibliothèque de la Pléiade », t. IV, Paris, Gallimard, 1969, *Émile ou de l'éducation*, livre 5, p.692-693.

5. J.-P. Sartre, *L'Être et le néant*, p. 197.

ontologique de la permanence et de la continuité dans l'être à propos de l'hypothèse de l'inconscient. Ainsi, reconnue comme telle ou non, une ontologie de la subsistance prédétermine l'observation de la *libido* ainsi que son interprétation.

Que la sexualité infantile soit originellement orale et passe ultérieurement par un stade sadique-anal et enfin phallique relève donc moins d'une observation rigoureuse des enfants que d'une construction spéculative qui ne s'avoue pas comme telle. Soulignant le caractère originellement anarchique de la sexualité, Rudolf Bernet rappelle que Lacan, pour sa part, s'est « engouffré dans cette brèche pour contester la succession naturelle des stades sexuels chez l'enfant (...) ainsi que la subordination des pulsions partielles et de leur "*Vorlust*" au primat de la "*Endlust*" du coït ! » [1]. Mais, comme nous l'avons vu, il faut aller plus loin et interroger l'idée même d'une pulsion sexuelle continue qui, au deux sens du terme, *possèderait* l'enfant dès sa naissance et qui serait au fond la source de « tous » ses maux à venir. S'il y a bien une sexualité infantile, sa présence est vraisemblablement peu envahissante et manifestement discontinue. C'est pourquoi rien ne permet de lui attribuer l'importance que Freud lui confère. Il s'ensuit qu'il est vain de chercher systématiquement du côté des conflits psychiques opposant le sujet à sa *libido* la source des troubles qui hantent l'individu – même s'il est incontestable, comme nous le verrons en reprenant l'analyse par Binswanger de la paralysie de Regula Zürcher, que l'hystérique est bien dans certains cas aux prises avec sa sexualité. Un jour sans doute, écrit Michel Foucault qui fut à notre connaissance le premier à mettre en question l'hypothèse répressive et tout ce qu'elle a inspiré en psychopathologie comme en psychothérapie, « on se moquera du reproche de pansexualisme qui fut un moment objecté à Freud et à la psychanalyse. Mais ceux qui paraitront aveugles seront peut-être moins ceux qui l'ont formulé que ceux qui l'ont écarté d'un revers de main, comme s'il traduisait seulement les frayeurs d'une vieille pudibonderie » [2].

Conclusion

Parce que la phénoménologie est le nom d'une méthode et non d'une doctrine fixée une fois pour toutes, elle peut et doit même interroger les œuvres du passé comme du présent, dont les intuitions sont susceptibles

1. R. Bernet, *Force, Pulsion, Désir*, p. 199.

2. M. Foucault, *Histoire de la sexualité I. La Volonté de savoir*, Paris, Gallimard, 1976, p. 209-210.

de l'enrichir. De ce point de vue, loin d'être une curiosité appartenant à un passé révolu, la conception freudienne de la *libido* peut faire l'objet d'une fructueuse réélaboration qui permet de la soustraire à une métaphysique de la force au profit d'une phénoménologie du désir. La pulsion n'est plus alors cette poussée par derrière qui demeure étrangère à l'être temporel de l'homme mais une attente habitée par une tension, toujours en avant d'elle-même et dirigée vers un objet. En ce sens, la pulsion n'est plus de l'ordre de la force mais du désir, au sens où, comme nous l'avons vu avec Leibniz et Sartre, le désir est hanté par un manque irrémédiable qu'aucun objet ne saurait satisfaire. Mais cette réélaboration de la notion de pulsion doit conduire à mettre également en question ce qu'on pourrait appeler le « sexualisme » tant freudien que post freudien quand bien même il serait acquis que la sexualité ne se réduit pas à la génitalité, qu'elle puisse prendre bien d'autres formes et qu'elle se manifeste bien avant la puberté. Et il va sans dire qu'en réduisant l'importance démesurée que Freud et ses disciples confèrent à la sexualité, en allant jusqu'à imaginer une *libido* du moi (narcissisme), et qu'en la ramenant à de plus justes proportions au sein de l'existence, on est inévitablement amené à s'interroger sur la réalité de son caractère pathogène. Tout en récusant toute forme de pansexualisme au nom du dualisme des pulsions, la psychanalyse n'a-t-elle pas trop chargé la sexualité au point de lui faire endosser la responsabilité de l'ensemble des troubles de l'existence ? Et s'il est vrai que les troubles psychopathologiques s'accompagnent de perturbations de la possibilité d'aimer, est-il légitime pour autant de faire de celles-ci l'origine de ceux-là ?

LE RÊVE ET SON ÉTRANGETÉ

On peut, paradoxalement, être là sans y être. Une personne distraite, tout en étant physiquement là n'est pas là, au sens où elle a la tête ailleurs. Au point parfois d'ignorer complètement ce qui se passe autour d'elle. On dit alors qu'elle est dans la lune ou encore dans *son* monde Cette idée n'est pas sans rappeler le fragment 89 du poème d'Héraclite, repris par Kant dans son *Anthropologie* [1] et cité par Binswanger à plusieurs reprises et notamment dans *Rêve et existence* : « Les éveillés ont un seul et même monde et donc un monde commun, mais chacun des dormeurs se tourne vers son monde propre » [2]. Il y aurait donc le monde des gens éveillés qui

1. E. Kant, *Anthropologie du point de vue pragmatique*, trad. fr. M. Foucault, Paris, Vrin, 1979, p. 63.
2. L. Binswanger, *Rêve et existence*, trad. fr. F. Dastur, Paris, Vrin, 2012, p. 74.

est un monde commun (*koinos kosmos*), et le monde propre ou privé (*idios kosmos*) du rêveur, dans lequel ce qui arrive n'arrive qu'au seul rêveur.

Pourtant cette opposition ainsi que cette caractérisation du rêve ne vont pas de soi. En effet, le monde n'est-il pas nécessairement, comme le soutient Heidegger dans *Être et temps*, un monde commun (*Mitwelt*), c'est-à-dire un monde que nous partageons avec les autres [1] ? Dès lors, si l'idée d'un monde propre, d'un monde pour moi seul est absurde, qu'est-ce que le rêve, qu'est-ce que ce monde qu'on appelle le monde du rêve ? Telles sont les questions que nous voudrions poser ici en envisageant aussi bien les thèses de Binswanger et de Boss que celle de Sartre. Ce dernier retient d'autant plus notre attention que, dans son essai sur *L'imaginaire*, il soutient que la conscience onirique « a perdu son être-dans-le-monde et ne le retrouvera qu'au réveil » [2]. Mais avant d'interroger la manière dont le rêveur demeure ou non un être-au-monde, nous voudrions dans un premier temps préciser la démarche qui est ici la nôtre à l'occasion d'une question à première vue naïve et inessentielle : quand rêvons-nous ? Nous soulignerons, dans un deuxième et un troisième temps, l'indicibilité comme l'inénarrabilité du rêve dont l'interprétation se révèle bien souvent sans fondement. Nous tenterons enfin de saisir la spécificité du mode d'être-au-monde du rêveur et de son aliénation.

Quand rêvons-nous ?

La réponse s'impose d'elle-même : nous rêvons quand nous dormons. Toutefois, rêvons-nous dès que nous nous endormons ou bien seulement durant certaines phases du sommeil ? Et, dans ce dernier cas, lesquelles ? On peut tenter de répondre à ces questions soit en empruntant la voie des neurosciences soit la voie de la psychologie phénoménologique quoique, comme nous allons le voir, ni l'une ni l'autre n'apportent à ce sujet une réponse pleinement satisfaisante.

Au cours des années cinquante, grâce à la technique des électro-encéphalogrammes, on en vient à distinguer deux types de sommeil : le sommeil paradoxal accompagné de mouvement oculaire rapide (REM : *rapid-eye-movement*), marqué par un relâchement du tonus musculaire et une activité cérébrale proche de la veille ; et le sommeil lent dépourvu de mouvement oculaire. Et on croit pouvoir à cette époque limiter l'activité onirique aux phases de sommeil paradoxal : le temps du sommeil paradoxal serait donc le temps du rêve. Mais cette idée semble désormais

1. M. Heidegger, *Être et temps*, § 26, p. 160.
2. J.-P. Sartre, *L'imaginaire*, Paris, Gallimard, 1986, p. 329.

abandonnée et on considère que le rêve est loin de se limiter au sommeil paradoxal. Ainsi, Yves Pélicier, s'appuyant sur les travaux de William Dement, Nathaniel Kleitman et Eugene Aserinsky, affirme en 1989 que l'on rêve sans interruption au cours de notre sommeil et va même jusqu'à soutenir qu'il « n'y a pas, physiologiquement, de vie sans pensée ». Il remarque toutefois que les rêves sont qualitativement différents selon les phases du sommeil, et que durant le sommeil paradoxal, les rêves sont plus élaborés, mieux construits que durant le sommeil lent [1].

Reconnaissons que l'affirmation par les neurosciences de la coextensivité du rêve au sommeil demeure hautement problématique. Tout d'abord, il faut rappeler que les neurosciences n'étudient pas à proprement parler le rêve [2]. Car le rêve est un phénomène qui relève de la conscience dite onirique, qui présente alors une structure intentionnelle au sens husserlien du terme : rêver, c'est nécessairement rêver *de* quelque chose. Les neurosciences, pour leur part, étudient l'activité cérébrale durant le sommeil et lorsqu'elles affirment que nous rêvons toute la nuit, elles postulent, à vrai dire – lorsqu'elles ne revendiquent pas un matérialisme pur et dur qui ignore le rêve en tant que vécu – une sorte de parallélisme éminemment contestable entre les phénomènes observés grâce aux électroencéphalogrammes et l'activité onirique. A vrai dire, cette thèse de la coextensivité du rêve au sommeil est loin d'être propre aux neurosciences, et Kant pour sa part tient pour impossible un sommeil sans rêve [3].

Mais, dans le cas de Kant comme des neurosciences, n'est-ce pas le présupposé ontologique d'une chose ou substance pensante qui ne peut pas par nature cesser de penser, qui commande cette conception du sommeil et du rêve ? Ne doit-on pas admettre à l'inverse les intermittences sinon de la conscience [4] du moins de la conscience onirique ? De fait, mon

1. Y. Pélicier, « Présentation : entendre le rêve », M. Boss, *Il m'est venu en rêve Essais théoriques et pratiques sur l'activité onirique*, trad. fr. C. Berner, P. David, Paris, P.U.F., 1989, p. 13 et p. 32-34.

2. Comme l'écrit très justement Bernard Lahire, « l'étude de l'activité neuronale durant les différentes phases de sommeil et l'étude des rêves à proprement parler n'ont pas les mêmes objets et n'appellent ni les mêmes théories ni les mêmes méthodes. La connaissance de la neurobiologie de l'activité cérébrale durant le sommeil n'apporte aucune connaissance sur le rêve lui-même », B. Lahire, *L'interprétation sociologique des rêves*, Paris, La Découverte, 2018, p 54-55.

3. Kant soutient qu'il « ne saurait y avoir de sommeil sans rêve : si on prétend n'avoir pas rêvé, c'est qu'on a oublié son rêve », *Anthropologie du point de vue pragmatique*, p. 63.

4. Selon Medard Boss, il ne saurait y avoir d'interruption absolue de l'existence, y compris pendant les phases de sommeil profond sans rêve : « s'il en allait autrement, jamais un homme ne s'y retrouverait au réveil », M. Boss, *Il m'est venu en rêve ...*, p. 233.

réveil s'accompagne de la conviction de la continuité de mon existence personnelle; mais que ma conscience renoue avec mon être passé et que s'établisse alors la continuité entre mon existence actuelle et mon existence passée n'impliquent nullement la continuité ontologique de la conscience onirique. Il faut reconnaître en outre que, d'un strict point de vue psycho-phénoménologique, il est impossible d'affirmer que nous rêvons dès que nous dormons, pour la simple raison que cela ne correspond en aucune façon à notre expérience vécue. Si on interroge le rêve tel qu'il se donne à travers ses vestiges diurnes, c'est-à-dire à travers les souvenirs que nous laissent nos rêves au réveil, on constate que nos rêves correspondent avant tout à des phases bien particulières de notre sommeil, extrêmement brèves, puisqu'il s'agit des moments de transition entre le sommeil et la veille. En d'autres termes, le moment privilégié du rêve serait ce moment fugitif du réveil et donc du retour à la réalité qui marque le moment de sa dissolution. On comprend alors non seulement que nos rêves soient relativement brefs mais également que nous ne nous souvenions pas de rêves que nous eussions faits si on nous eût réveillés au cours de la nuit alors que nous étions plongés dans un sommeil sans rêve [1].

Ces premières considérations sur le moment et la durée du rêve nous conduisent à cette simple remarque méthodologique : s'il revient à la psychologie phénoménologie et non aux neurosciences d'étudier le rêve en tant que tel, la psychologie phénoménologique n'en est pas moins dans une situation difficile en raison de la nature des données auxquelles elle peut faire appel pour étudier le phénomène onirique. Contrairement à la perception ou au souvenir ou à l'imagination qui peuvent faire l'objet d'un retour réflexif de la conscience sur elle-même, le rêve n'offre pas une telle possibilité [2]. Comme nous l'avons dit, les seules données phénoménologiques disponibles sont des souvenirs et, qui plus est, des souvenirs évanescents dont l'objet, le rêve, est éminemment discontinu, fragmentaire, ambigu. En d'autres termes, ne me reviennent bien souvent à l'esprit que quelques vagues images au contenu relativement indéterminé,

1. Nous reprenons ainsi d'un point de vue psycho-phénoménologique une thèse initialement formulée par Edmond Goblot en 1896 mais rejetée par certains travaux récents en neurophysiologie. B. Lahire, *L'interprétation sociologique des rêves*, *op.cit.*, p. 400-401 ; F. Guénolé, A. Nicolas, « Le rêve est un état hypnique de la conscience : pour en finir avec l'hypothèse de Goblot et ses avatars contemporains », *Neurophysiologie Clinique*, 40, 2010, p. 196.

2. Sartre note qu'on ne peut le décrire « qu'en usant de la mémoire éveillée » et que « toute apparition de la conscience réflexive dans le rêve correspond à un réveil momentané », *L'imaginaire*, p. 309 et p. 311.

dont la succession est pour l'essentiel sans queue ni tête. Si nous laissons de côté les rêves présentant un caractère répétitif, on pourrait comparer le rêve à cette déroutante succession de phénomènes, qu'imagine Kant dans la *Critique de la raison pure*. Dans une telle expérience, le cinabre (ou sulfure de mercure) serait « tantôt rouge, tantôt noir, tantôt léger, tantôt lourd » de telle sorte que « l'imagination empirique ne pourrait pas associer le lourd cinabre avec la représentation de la couleur rouge » [1]. Peut-être cette comparaison éclaire-t-elle notre difficulté à nous souvenir de nos rêves, à commencer par ceux dont l'irrégularité met notre mémoire à rude épreuve.

Rêver, se souvenir, raconter

Il s'ensuit qu'il convient de distinguer, du moins en droit, entre le rêve proprement dit et le souvenir du rêve qui, avant de se dissiper, se présente lui-même comme un succédané relativement pauvre par rapport au rêve qui me semble toujours avoir été plus riche, plus vif et plus intense que ce dont on se souvient [2]. Mieux et plus précisément : il convient de distinguer entre, d'une part, le rêve, d'autre part, le souvenir du rêve et, en outre, le compte rendu ou protocole du rêve. En effet, le souvenir du rêve et son compte rendu sont deux choses bien différentes dans la mesure où le compte rendu implique une mise en forme verbale du souvenir du rêve. De ce point de vue, dès qu'on s'efforce de rendre compte d'un rêve, de rapporter ce qui s'y passe, d'en identifier les protagonistes ou même simplement d'évoquer son atmosphère, on en trahit la nature, c'est-à-dire la forme comme le contenu qui en est inséparable. De cette indicibilité, témoigne de manière exemplaire Shakespeare dans *Le Songe d'une nuit d'été*. Tentant d'évoquer son rêve, Bottom est dans l'impossibilité d'achever ses phrases et de dire ce qui lui est arrivé : « Il me semble que j'étais – mais nul ne pourrait dire ce que j'étais ; il me semble que j'étais, il me semble que j'avais, mais il faudrait être un fou bien bigarré pour se proposer de dire ce que je pensais avoir… L'œil de l'homme n'a jamais entendu, l'oreille de l'homme jamais vu, la main de l'homme jamais goûté, la langue de l'homme jamais conçu, ni son cœur jamais raconté ce qu'était mon rêve » [3].

1. E. Kant, *Critique de la raison pure*, trad. fr. A. Tremesaygues, B. Pacaud, Paris, P.U.F., 1980, p. 113.

2. S Freud, *L'interprétation des rêves*, trad. fr. I. Meyerson, P.U.F., 1967, p. 46 et p. 435-436.

3. W. Shakespeare, *Le Songe d'une nuit d'été*, acte IV, scène 2, trad. fr. J. et J.-L. Supervielle, Paris, Flammarion, 2018, p. 181.

Chacun sait, en outre, que, du compte rendu ou de la chronique au sens étymologique du terme, on a vite fait de glisser au récit du rêve, à sa mise en intrigue, qui lui confère alors l'unité artificielle d'une histoire. Car le déroulement chronologique du rêve n'a généralement ni la détermination ni la cohérence d'un récit qui, comme le rappelle Aristote à propos de la tragédie, comprend un début, un milieu et une fin, et dont les protagonistes comme les événements qui en font l'objet sont identifiables. C'est du reste la raison pour laquelle le narrateur d'un rêve est irrésistiblement tenté de falsifier le compte rendu de son rêve en y introduisant spontanément, par souci de cohérence, des éléments étrangers et en donnant à la succession des images un ordre téléologique. On en vient alors à dire, comme Sartre dans *L'imaginaire*, que le rêve « se donne à nous comme *une histoire* » [1]. A rebours de cette tentation, il faut reconnaître aussi bien l'indicibilité que l'inénarrablilité du rêve dont le simple compte rendu, comme nos l'avons vu, est déjà une traduction-trahison du souvenir du rêve qui est lui-même d'une fidélité toute relative à l'égard du rêve qui, en tant que tel, échappe à la réflexion. Il faut donner raison à Georges Perec lorsqu'il affirme : « Tout le monde fait des rêves. Quelques-uns s'en souviennent, beaucoup moins les racontent, et très peu les transcrivent. Pourquoi les transcrirait-on, d'ailleurs, puisque l'on sait que l'on ne fera que les trahir » [2].

Il faut donc se méfier de ces belles infidèles que sont les récits de rêves. Quand on lit le rêve de l'injection d'Irma, que Lacan tient pour « Le rêve initial, le rêve des rêves », comment ne pas être frappé non seulement par la précision du récit de Freud, qui comprend un étonnant luxe de détails, mais également par sa longueur et sa cohérence [3] ? De son côté, Binswanger n'hésite pas à analyser dans *Rêve et existence* deux rêves qui sont tirés du journal de Gottfried Keller, poète et romancier suisse du dix-neuvième siècle [4]. En vérité, ces récits de rêves sont doublement voire triplement trompeurs. D'une part, ils donnent au rêve une apparence « policée » et occultent du même coup sa discontinuité, son incohérence, son absurdité, bref, ce qu'on pourrait appeler sa sauvagerie – soit dit en

1. J.-P. Sartre, *L'imaginaire*, p. 322.

2. G. Perec, *La boutique obscure, 124 rêves*, Paris, Denoël, 1973, exergue. Ce thème de l'altération par le récit se retrouve dans les pages de *W ou le souvenir d'enfance* : « Mes deux premiers souvenirs ne sont pas entièrement invraisemblables, même s'il est évident que les nombreuses variantes et pseudo-précisions que j'ai introduites dans les relations – parlées ou écrites – que j'en ai fait les ont profondément altérés, sinon complètement dénaturés ». G. Pérec, *W ou le souvenir d'enfance*, Paris, Denoël, 1975, p. 22.

3. S. Freud, *L'interprétation des rêves*, p. 98 ; J. Lacan, *Le Séminaire Livre II, Le moi dans la théorie de Freud et dans la technique de la psychanalyse*, Paris, Seuil, 1978, p. 204.

4. L. Binswanger, *Rêve et existence*, p. 48-49.

passant, il serait malheureux d'attribuer cette mise en forme à quelque chose comme la censure au sens freudien du terme dans la mesure où s'il y a manifestement un mode de pensée qui échappe à une telle opération, c'est bien le rêve [1]. D'autre part, ces récits nous invitent à donner une signification (*Bedeutung*) à ce qui est, en toute rigueur, non pas dépourvu de sens (*Sinn*) – puisque rêver, c'est nécessairement rêver de quelque chose – mais énigmatique. Sans doute le sens et la motivation de certains rêves comme ceux d'un homme affamé qui rêve de nourriture se laissent-ils établir à l'occasion mais on ne peut en dire autant de la plupart de nos rêves auxquels spontanément nous n'accordons guère d'importance tant ils sont déroutants.

A cet égard, il faut donner raison à Boss lorsqu'il invite le psychothérapeute à délaisser l'interprétation symbolique des rêves et à lui rechercher un sens caché. Car rien ne nous autorise à tenir le rêve pour un mensonge que le rêveur se ferait inconsciemment à lui-même. En revanche, il est difficile de suivre Boss quand il recommande de prendre ce qui se présente dans le rêve pour ce qu'il est. Car Boss manque alors un trait fondamental du rêve que trahit précisément sa mise en forme verbale, à savoir son indétermination. C'est pourquoi, à la question de Boss : pourquoi, lorsqu'un chien vient animer le monde du rêve, lui réservons-nous un sort différent du sort réservé au chien rencontré quotidiennement à l'état de veille ? [2] on répondra que, contrairement au chien rencontré à l'état de veille qui lui est un chien et qui est soit un bouledogue, un teckel ou un berger allemand avec un museau, deux oreilles et quatre pattes, le chien onirique n'en est pas vraiment un. On dit par commodité que c'est un chien alors même que son identité est non seulement extrêmement vague mais en outre fragile et éphémère. Comme on le sait, un « chien » peut à tout moment au cours d'un rêve se métamorphoser et devenir un objet à nul autre semblable, et perdre jusqu'à sa consistance, à l'instar des montres de Dali. C'est pourquoi, même s'il est tentant de retrouver dans les chimères,

1. Wittgenstein souligne l'attitude paradoxale de Freud, qui donne souvent un sens sexuel à un rêve mais qui ne donne jamais « l'exemple d'un rêve franchement sexuel, alors que ceux-ci sont aussi courants que la pluie ». A vrai dire, certains rêves rapportés par Freud ont un sens explicitement sexuel. Ainsi, dans « Un rêve d'escalier », le rêveur (Otto Rank) frotte son sexe contre celui d'une petite fille. C'est alors l'occasion de se demander ce que peut bien faire la censure dans de telles circonstances. Mais si la censure disparaît, il en va de même de la distinction entre contenu manifeste et contenu latent. L. Wittgenstein, *Leçons et conversations sur l'esthétique, la psychologie et la croyance religieuse suivies de Conférence sur l'Ethique*, Paris, Gallimard, 1992, p. 98 ; S. Freud, *L'interprétation des rêves*, p. 315.

2. M. Boss, « L'Entente phénoménologique du rêve fondée sur l'analyse du *Dasein* », *Il m'est venu en rêve…*, p. 43.

les centaures ou les sphinx de la mythologie grecque, des *analoga* de la créativité onirique il convient néanmoins de rappeler encore et toujours l'indétermination profonde des êtres oniriques. On devine ainsi comment une approche phénoménologique du rêve invite, d'une manière générale, à remettre en question les prétentions de l'herméneutique du rêve. C'est du reste ce dont convient d'une certaine manière la psychanalyse dite anti-herméneutique qui, contre un certain Freud et contre la lecture de ce même Freud par Paul Ricœur [1], entend faire droit à l'incompréhensibilité (au sens de Jaspers) et à l'altérité radicale de l'inconscient. Toutefois, et c'est là sans doute ses limites, cette psychanalyse n'en prétend pas moins découvrir la signification véritable du rêve, que cela soit au nom du « signifiant désignifié » (Laplanche) ou du symbolique dans son rapport à l'imaginaire (Lacan) [2]. A l'opposé, il nous parait nécessaire d'accueillir le rêve dans son irréductible étrangeté et se souvenir toujours de cette belle formule de Binswanger : « Rêver veut dire : je ne sais pas ce qui m'arrive (*Träumen heiβt : ich weiß nicht, wie mir geschiet*) » [3].

Enfin, ces récits, en gommant l'incohérence du rêve et la déroute ordinaire du sens, nous suggèrent qu'il y aurait comme un monde du rêve de telle sorte que rêver signifierait plonger dans un autre monde. Or le rêve, dégagé de sa mise en forme verbale, n'est-il pas tout le contraire d'un monde ?

Rêver et être-au-monde

Afin d'interroger les notions de monde et de rêve, on peut rappeler tout d'abord l'aphorisme de Nietzsche sur le rêve dans *Aurore*. En effet, Nietzsche y tourne en dérision ces hommes qui prétendent être responsables de toutes choses, excepté de leurs rêves. Aussi Nietzsche rappelle-t-il à ces hommes que rien ne leur appartient plus en propre que leurs rêves et il écrit : « à tout prendre, rien n'est davantage *votre* œuvre ! Sujet, forme, durée, acteur, spectateur, – dans ces comédies vous

1. P. Ricœur, *De L'interprétation. Essai sur Freud*, p. 99.

2. On peut en effet se demander si, dans leur réflexion sur le rêve, Laplanche et Lacan font vraiment droit à cette altérité qui demeure encore et toujours de l'ordre du signe. Ainsi, rêver revient pour Lacan à mettre le discours symbolique sous forme figurative, et interpréter le rêve à retrouver le symbole derrière l'image, J. Lacan, *Le Séminaire Livre II* ..., p. 211. J. Laplanche, *Nouveaux fondements pour la psychanalyse*, Paris, P.U.F., 1994, p. 48 et p. 148 ; Mi Kyung Yi, « Herméneutique et psychanalyse : interprétation en question », dans H. Mesot (éd.), *Des interprétations du rêve. Psychanalyse, Herméneutique, Daseinsanalyse*, Paris, P.U.F., 2001, p. 75.

3. L. Binswanger, *Rêve et existence*, p. 84.

êtes tout vous-mêmes » [1]. Et sans doute mon rêve est-il non seulement mien au sens où il m'arrive à moi mais il est en outre étroitement lié à moi au point que je puis à l'occasion y reconnaître des événements de la veille, des personnes de mon entourage, des inclinations, des regrets comme des projets personnels, sans oublier que j'en suis tout à la fois le personnage central et le spectateur. Cependant, prenons garde à ne pas mésinterpréter le parallèle établi par Nietzsche. Car ce dont Nietzsche veut nous convaincre c'est, à rebours du sens commun, que chacun est aussi peu maître de sa vie éveillée que de son existence onirique et qu'il faut donner raison à Œdipe qui savait, écrit Nietzsche, que « nous ne sommes vraiment pas responsables de nos rêves et pas davantage de notre état de veille » [2].

On peut regretter que Nietzsche ignore ici délibérément et de manière polémique la liberté qui caractérise la vie éveillée par rapport à la vie onirique, et qu'il méconnaisse par conséquent ce qui déjà sépare le rêve de la rêverie : comme on le sait, il est possible dans la rêverie de s'y abandonner comme d'en choisir le thème ou d'en modifier le cours, alors que le déroulement du rêve échappe à toute maîtrise. Cependant, quel est le sens de cette « extériorité » ou hétéronomie du rêve par rapport au rêveur ? Est-elle analogue à celle de ce qui est perçu dans l'état de veille ? Reconnaissons que cette extériorité nous semble, à nous modernes, rigoureusement illusoire pour la simple raison que nous envisageons le rêve comme une activité qui relève précisément de l'« intériorité ». Nous souscrivons spontanément à la conception sartrienne du rêve qui, tout en reconnaissant son caractère fatal, rapporte le rêve à ce qu'il appelle la conscience imageante [3]. Cependant, force est de constater que ce qui m'arrive en rêve présente bien une certaine analogie avec ce qui se produit en dehors de moi lorsque je suis éveillé. Dans un cas comme dans l'autre, il ne dépend pas de moi, par exemple, que la pluie se mette à tomber ou qu'une voiture passe dans la rue. C'est pourquoi, selon Medard Boss, au lieu de dire : cette nuit j'ai fait un rêve, comme s'il m'était possible de faire un rêve au point de m'en considérer comme l'auteur, il est préférable de recourir à la voie moyenne et de dire : cette nuit, « il m'est venu en rêve (*Es träumte mir vergangene Nacht*) ». Mais, même en admettant que le rêve ne relève pas d'une quelconque vie psychique intérieure, peut-on

1. F. Nietzsche, *Aurore*, trad. fr. H. Albert, Paris, Hachette, 1987, § 128, p. 100-101.

2. *Ibid*.

3. Dans le rêve, écrit Sartre, « les événements se donnent comme ne pouvant pas ne pas arriver, en corrélation avec une conscience qui ne peut pas s'empêcher de les imaginer », J.-P. Sartre, *Imaginaire*, p. 327.

aller jusqu'à tenir pour *réel* ce qui me vient en rêve ? Telle est la thèse de Boss qui envisage le rêve comme une modalité de l'être-au-monde du *Dasein*, et qui soutient que ce qui est perçu en rêve est tout aussi réel que ce qui est perçu à l'état de veille.

Cette conception du rêve s'appuie, d'une part, sur l'identité des deux modes d'existence que seraient la veille et le rêve qui partageraient les mêmes caractéristiques fondamentales : « la spatialité, la temporalité, l'humeur, l'historicité, la mortalité et l'existence corporelle » [1]. Et, d'autre part, sur une réélaboration de la notion de réalité (*Wirklichkeit*) [2]. A la suite de Heidegger, Boss entend renouer avec une conception pré-moderne de la réalité comme ce qui est là devant nous, comme « ce qui a été pro-duit dans la présence », comme « la présence en elle-même achevée de ce qui se pro-duit » [3]. Cette définition de la réalité est suffisamment large pour qu'on puisse considérer le rêver comme un mode de dévoilement du réel – et même pour un mode dévoilement dont la vérité est parfois supérieure aux modes de dévoilement opéré durant la veille. On peut noter à ce propos que Boss à plusieurs reprises, lorsqu'il analyse un rêve, affirme que le rêve est l'occasion pour le rêveur de mieux voir la réalité que lorsqu'il est éveillé, comme si le rêve dévoilait mieux réalité que l'état de veille [4]. Ainsi le rêve n'a-t-il rien à voir avec l'hallucination et le rêvé ne doit en aucun cas être assimilé à « une autoproduction d'images oniriques » qui serait le produit d'une quelconque vie intérieure [5]. Parce que le *Dasein* est toujours déjà « dehors », auprès des données du monde, Boss refuse l'idée même d'intériorité et de « monde intérieur subjectif » [6]. Lorsque nous rêvons, nous percevons une chose comme une chose réelle, un animal comme un animal réel, etc. Il faut donc accepter le rêve tel qu'il apparaît.

1. M. Boss, « Il m'est venu en rêve… », p. 230.

2. M. Heidegger, *Essais et conférences*, « Science et méditation », trad. fr. A. Préau, Paris, Gallimard, 1958, p. 53-57.

3. Boss écrit : « ce que nous rencontrons en tant que rêveurs est, tout comme ce qui se montre à l'état vigile, tel qu'il est *a*mené dans le non-caché de la perception humaine, tel qu'il y est *pro*duit dans sa présence et tel qu'il "y" demeure », M. Boss, « *Il m'est venu en rêve* », p. 220.

4. M. Boss, « Il m'est venu en rêve… », p. 94.

5. *Ibid.*, p. 220.

6. *Ibid.*, p. 224.

Conscience onirique, conscience imageante

Cette conception du rêve, reprise par le disciple de Boss, Gion Condrau [1], peine de nos jours à convaincre. Nous avons déjà eu l'occasion de souligner qu'un chien rêvé n'était en aucune manière assimilable à un chien rencontré à l'état de veille et que les entités qui peuplent nos rêves sont ontologiquement distinctes de celles que nous percevons. Difficile, en outre, d'admettre la pure extériorité comme la réalité de ce qui est rêvé. Tout d'abord, cette volonté de rompre avec ce qu'il appelle la psychologie subjectiviste, dont relèvent entre autres la psychanalyse freudienne et jungienne, conduit Boss à refuser toute forme d'intériorité [2], comme si en tant qu'être-au-monde le *Dasein* ne pouvait pas être habité voire hanté par sa propre histoire, ce que Binswanger appelle « histoire intérieure de la vie » [3], c'est-à-dire par un ensemble d'expériences passées plus ou moins heureuses, qui lui sont personnelles et qui pèsent sur son existence sous la forme par exemple, de dispositions affectives, de préférences, d'inclinations, d'*habitus* qui peuvent être le cas échéant inconscients, c'est-à-dire non conscient – préconscient, si on veut se référer au vocabulaire de la psychanalyse freudienne. Par suite, Boss est condamné à laisser de côté tout ce qui dans le rêve renvoie manifestement au rêveur, à ses préoccupations personnelles, ses souvenirs, ses projets, ses souhaits, ses inclinations, etc. En outre et surtout, Boss ne propose aucune analyse de l'imaginaire en tant que tel alors même qu'il s'agit d'une dimension fondamentale de l'existence. C'est pourquoi il n'établit à aucun moment ce qui, selon lui, différencierait le rêve d'une production quelconque de l'imagination. Enfin, Boss comme Detlev von Uslar [4] prennent pour acquis que le rêveur tient pour réel ce qui lui arrive au cours

1. Pour Gion Condrau (1919-2006), « Les phénomènes du rêve dans leur facticité ne se présentent ni comme des images, ni comme des symboles. En rêvant, nous percevons les choses comme des données réelles, c'est-à-dire une chose comme une chose réelle », Gion Condrau, « L'approche phénoménologique du rêve », dans H. Mesot (éd.), *Des interprétations du rêve*, p. 189.

2. Ce refus peut rappeler la manière dont l'intentionnalité pour Sartre permet de tourner le dos à l'intériorité : « La conscience n'a pas de "dedans"; elle n'est rien que le dehors d'elle-même ». Mais Sartre n'en élabore pas moins une théorie de l'imaginaire et du rêve. J.-P. Sartre, *Situations I*, « Une idée fondamentale de la phénoménologie de Husserl : l'intentionnalité », Paris, Gallimard, 1975, p. 40.

3. L. Binswanger, « Fonction vitale et histoire intérieure de la vie », *Introduction à l'analyse existentielle*, p. 49 *sq*.

4. Detlev von Uslar, philosophe et psychologue allemand, né en 1926, enseigna longtemps à l'université de Zürich, et publia en 1964 *Der Traum als Welt. Sein und Deutung des Traums*, Stuttgart, Hirzel, 1990.

de son rêve. Or, est-il certain que le rêveur confonde la réalité et la fiction et qu'il tienne pour réel ce qui lui arrive en rêve ? Signalons simplement que l'ambition de Sartre au cours des pages qu'il consacre au rêve dans *L'Imaginaire* est précisément d'élucider le paradoxe d'une conscience qui rêve et qui semble ignorer l'irréalité de son rêve [1].

Ces considérations nous conduisent ainsi à considérer le rêve dans son étrangeté spécifique, c'est-à-dire à la fois comme ce qui m'est étranger *et* ce qui est mien, à la fois comme ce qui m'arrive de « l'extérieur » *et* ce qui se tient en étroite relation avec mon « histoire intérieure », comme ce qui me déroute au point que je ne m'y retrouve pas *et* ce qui m'est familier. De ce point de vue, on pourrait s'interroger sur la pertinence grammaticale de la voie moyenne pour décrire le rêve dans la mesure où ce qui est rêvé n'a pas l'anonymat de la pluie qui tombe, puisqu'il est étroitement lié à l'existence du rêveur, à ses préoccupations passées comme à ce qu'il a vécu la veille, sans avoir pour autant le caractère personnel de ce qui relève de la liberté. C'est pourquoi, on peut préférer la voix passive à la voie moyenne, « je suis rêvé » plutôt que « Il m'est venu en rêve ». La voix passive a le mérite de mettre en évidence cette forme spécifique d'aliénation de la conscience onirique qui ne saurait maîtriser le cours de son rêve quoique ce qu'elle rêve ne lui soit jamais totalement étranger de telle sorte que le rêve demeure *son* rêve au double sens de ce qui lui arrive à elle et de ce qui est rêvé par elle.

Si nous voulons distinguer phénoménologiquement le rêve de l'état de veille, il faut alors comprendre en quel sens, comme l'écrit Sartre, la conscience qui rêve a « perdu son être-dans-le-monde et ne le retrouvera qu'au réveil » [2]. L'affirmation est certes déroutante ! Peut-on perdre son être-dans-le-monde comme on perd une montre ou une pantoufle de vair ? Toutefois Sartre lui-même nous engage à ne pas prendre ce qu'il nous dit au pied de la lettre et il déclare dans une note de bas de page : « La question est, à vrai dire, beaucoup plus compliquée et la conscience conserve même dans le rêve son "être-dans-le-monde" au moins d'une certaine façon » [3]. A vrai dire, afin d'expliciter de quelle manière le rêveur demeure malgré tout un être-dans-le-monde, il convient de se débarrasser dans un premier temps de l'idée qu'il y a un monde du rêve. Dans cette perspective, on peut remarquer que tout ce qui est perçu et posé comme

1. Ph. Cabestan, *L'Être et la conscience*, « Phénoménologie de la conscience onirique », Bruxelles, OUSIA, 2004, p. 158 *sq*.
2. J.-P. Sartre, *L'imaginaire*, p. 329.
3. *Ibid*.

existant réellement est toujours perçu et posé comme existant réellement dans le monde en tant que horizon et qu'il y trouve sa place spatio-temporel. Alors que nos rêves demeurent non seulement sans connexion avec la réalité mais en outre absolument séparés les uns des autres. Je rêve par exemple que je parviens à résoudre aisément un problème mathématique *et* je rêve la nuit suivante que j'ai perdu ma montre : entre ces deux événements oniriques il va de soi qu'il n'y a et ne peut y avoir un quelconque lien, y compris d'un point de vue spatial ou temporel : se demander si j'ai perdu ma montre avant ou après avoir résolu le problème mathématique est dépourvu de sens.

A ce stade on pourrait déjà dire qu'il y a « autant de mondes que de rêves » [1]. Du reste, il en va des rêves comme des fictions en général qui sont toutes comme repliées sur elles-mêmes et indépendantes les unes des autres : les tourments de Lady Macbeth sont absolument sans rapport avec la visite du petit chaperon rouge à sa grand-mère et l'une comme l'autre n'ont pas leur place spatio-temporelle au sein de la réalité. Mais, dire qu'il y a autant de mondes que de rêves, c'est encore trop dire [2]. En effet, contrairement aux objets de la perception qui peuvent toujours être détaillés et qui s'insèrent au milieu d'autres objets, dans un environnement ayant lui-même ses différents horizons spatiaux temporels, l'objet onirique se donne d'une tout autre manière. Il n'est pas vrai, contrairement à ce que soutient Uslar, que chaque rêve « a en soi tout un passé et tout un futur » [3]. L'objet onirique, en effet, se présente bien plutôt « comme entourée d'une masse indifférenciée », ce que Sartre appelle alors une « atmosphère de monde ». En d'autres termes, non seulement l'objet onirique est lui-même relativement indéterminé mais il apparaît en outre entouré d'un halo à son tour relativement indéterminé : je perds ma montre mais j'ignore, par exemple, si les chiffres du cadran sont des chiffres romains ou bien des chiffres arables ou bien si c'est à Paris, à la campagne ou à l'étranger que je l'ai perdue.

Nous pouvons à présent tenter de préciser en quel sens le rêveur a perdu son être-dans-le-monde. Contrairement à la conscience qui imagine ou qui s'abandonne à la rêverie et qui, parce qu'elle est éveillée, conserve une certaine ouverture vis-à-vis de ce qui lui arrive réellement, la conscience onirique est une conscience imageante qui s'est comme

1. J.-P. Sartre, *L'imaginaire*, p. 321.
2. *Ibid.*, p. 322.
3. D. von Uslar, « Rêve et interprétation des rêves », dans H. Mesot (éd.), *Des interprétations du rêve*, p. 130.

retirée de la réalité et qui est donc dans-le-monde sur le mode du retrait. Ce qui symbolise au mieux ce retrait et cette clôture relative, ce sont les paupières closes du rêveur. Ce retrait n'est évidemment pas total puisque celui qui dort peut être à tout moment réveillé. En outre, ce retrait ne signifie pas que le rêveur se soit enfui hors du monde dans un autre monde puisque le rêveur demeure physiquement là et demeure en tant que tel dans le monde. Ainsi, comme nous l'avons vu, loin de plonger le rêveur dans un autre monde, le rêve s'apparente à une scène privée sur laquelle se succède de manière chaotique une suite d'événements dans lesquels le rêveur peut à la fois se reconnaître quoiqu'elle se caractérise avant tout par son étrangeté (*Unheimlichkeit*).

Conclusion

A la fin du chant XIX de l'*Odyssée*, la prudente Pénélope dit à Ulysse : « Etranger, dit-elle, les songes assurément ne sont pas faciles à saisir et leur sens ne se discerne pas d'abord; tout ce qu'ils annoncent est loin de se réaliser pour les hommes. Car il est deux portes pour les songes inconsistants; l'une est faite de corne, l'autre est en ivoire ». Si les premiers, les songes qui empruntent la porte faite de corne, ont une valeur prémonitoire, les seconds, précise-t-elle, « sont des mots qui ne créent point de réel sous nos yeux » [1]. Ils sont donc en tant que tels dépourvus d'intérêt puisque ni vrais ni faux. Sans doute pouvons-nous aujourd'hui comme hier faire nôtre la mise en garde de Pénélope quant à l'obscurité du rêve ; en revanche, l'idée même que certains rêves puissent révéler l'avenir nous est devenue profondément étrangère. Car, comme le souligne Binswanger, notre compréhension du rêve s'est radicalement modifiée depuis l'effondrement du monde antique, et nous souscrivons spontanément à l'idée que les rêves « qui bercent nos esprits de leurs ombres volages » n'ont nullement pour origine « les parvis des dieux » ou « les forces de l'éther » dans la mesure où, comme l'écrit le poète latin Pétrone, « chacun les fait naître en soi (*sed sibi quisque facit*) » [2]. Par suite, si les rêves dévoilent quoi que ce soit, cela ne pourra être qu'une vérité intérieure, comme le pense Freud lorsqu'il découvre dans le rêve la voie royale de la connaissance de l'inconscient.

1. Homère, *Odyssée*, chant XIX, vers 562, trad. fr. M. Dufour et J. Raison, Paris, GF-Flammarion, 2017, p. 357.

2. L. Binswanger, *Rêve et existence*, p. 68-69 ; F. Dastur, Préface à *Rêve et existence* de Binswanger, p. 19.

Issue pour une part de la phénoménologie husserlienne [1], la description sartrienne du rêve comme corrélat intentionnel d'une conscience imageante ressortit également à cette nouvelle entente du rêve. De ce point de vue, parce qu'il ignore le champ des objets réels intramondains et intersubjectifs de la perception, le rêveur existe selon le mode d'être-au-monde spécifique de l'homme endormi qui est au-monde sur le mode du retrait. Toutefois, cette conception sartrienne du rêve est loin d'en résoudre l'énigme et nous avons souligné pour notre part l'irréductible étrangeté du rêve. Autrement dit, si le rêve relève bien d'une conscience imageante, dont les objets visés sont ontologiquement distincts des objets réels de la perception et ne sauraient en tant que tels constituer un monde, il n'est pas pour autant l'œuvre de cette conscience. En ce sens, le rêve est fondamentalement différent de la rêverie et, quoi qu'en dise Sartre, rêver ne revient nullement à se raconter une histoire. D'une part, le rêve n'a ni commencement ni fin et ne peut offrir la structure téléologique d'une histoire. D'autre part, loin d'en être l'auteur, le rêveur est bien plutôt la « victime » de son rêve dont le cours lui échappe et dans lequel il peine à se reconnaître. Il faut opposer à Sartre la formule de Binswanger évoquée plus haut : « Rêver veut dire : je ne sais pas ce qui m'arrive » [2]. On peut naturellement vouloir effacer cette étrangeté du rêve en lui donnant un sens à l'aide d'interprétations plus ou moins sophistiquées ; mais le simple conflit des interprétations suffit en l'occurrence à nous convaincre de leur fragilité. On peut alors généraliser ce que dit si bien Bottom qui n'est pas si bête qu'il en a l'air : « J'ai fait un rêve tellement au-delà de la cervelle des hommes qu'elle ne pourrait pas dire ce que c'était et il faudrait être un âne pour essayer d'interpréter ce rêve » [3].

Enfin, et même si le rêve ne peut être tenu pour un phénomène pathologique, on ne peut pas ne pas s'interroger sur la parenté du rêve et de la folie et, plus précisément, du rêve et du délire. La tentation est grande en effet de rechercher dans le rêve une expérience analogue à celle de la conscience délirante et d'assimiler le rêve à une folie passagère. Il ne saurait être question de trancher ici une question aussi délicate mais on peut déjà souligner que, comme nous allons le voir en étudiant le délire, la conscience onirique en tant que conscience imageante n'est pas sans parenté avec la conscience d'image qui est selon Tatossian au principe

1. On trouvera dans le numéro 5 de la *Revue de phénoménologie ALTER*, publié en 1997, la traduction et les commentaires de différents textes de Husserl sur le rêve.

2. L. Binswanger, *Rêve et existence*, p. 84.

3. W. Shakespeare, *Le songe d'une nuit d'été*, acte IV, scène 2, p. 181.

de la conscience délirante. On y trouve en outre une forme d'aliénation comparable au sens où le rêveur ne maîtrise pas plus son rêve que le malade son délire. Sans aller plus avant, laissons le dernier mot à Gérard de Nerval qui écrit à propos de ses propres crises délirantes : « ici a commencé pour moi ce que j'appellerai l'épanchement du songe dans la vie réelle » [1].

L'EXPÉRIENCE DÉLIRANTE

Le cas d'August Strindberg intrigue depuis longtemps la psychopathologie. Karl Jaspers, entre autres, lui a consacré en 1922 un essai qui aujourd'hui encore fait date [2]. Car non seulement cet immense dramaturge suédois – dont on ne connaît en France que quelques pièces comme *Mademoiselle Julie*, *Les Créanciers* ou *La danse de mort* – souffrait de graves troubles au point de connaître plusieurs épisodes délirants de type paranoïaque ; mais il a en outre écrit sur sa propre folie dans de nombreux textes autobiographiques tels que *Plaidoyer d'un fou* et *inferno* [3]. Dans *Père*, une pièce dite naturaliste, écrite en 1887, Strindberg met en scène un homme, le capitaine Adolf, que sa femme parvient à faire interner contre son gré. Or le capitaine est-il vraiment fou ? N'est-il pas plutôt, comme il le pense lui-même, la victime d'un complot fomenté par les femmes, à commencer par sa propre femme qui ne recule devant rien pour lui imposer sa loi ? Il est vrai, cependant, que cette idée d'un complot féminin est ambiguë et peut être aisément retournée contre le capitaine. Du reste, une étrange inquiétude quant à sa paternité semble confirmer la réalité de sa folie : depuis qu'il a découvert avec effroi que nul homme ne peut être assuré de la fidélité de sa femme et, par conséquent, d'être le père de ses enfants, le capitaine Adolf est littéralement torturé par l'idée que sa fille ne serait pas sa fille. Peut-on parler pour autant d'idée délirante ? N'est-il pas vrai qu'un homme peut toujours être trompé par la mère de « ses » enfants ? Comment tenir pour délirant un homme dont l'inquiétude est, en un sens, parfaitement fondée ?

1. G. de Nerval, *Aurélia*, « Bibliothèque de La Pléiade », Paris, Gallimard, chap. 3.

2. K. Jaspers, *Strindberg et Van Gogh*, trad. fr. H. Naef, Paris, Minuit, 1953. G. Risbec, « La pathographie d'August Strindberg par Jaspers revisitée par Tellenbach et Binswanger », dans Ph. Cabestan, J.-C. Gens (éd.), *La* Psychopathologie générale *de Karl Jaspers 1913-2013*, Argenteuil, Le Cercle Herméneutique, 2013, p. 69-85.

3. A. Strindberg, *Plaidoyer d'un fou*, Paris, Sillage, 2013 ; *Inferno*, Paris, Gallimard, 2001.

Le destin du capitaine Adolf permet ainsi de poser cette simple question : à quoi reconnaît-on qu'un homme délire, y compris lorsque les thèmes de son délire : le complot, l'infidélité, la paternité, ne sont pas dépourvus de légitimité ? Traditionnellement, en effet, on tient pour délirant ceux dont les discours sont manifestement faux. Ainsi Descartes évoque-t-il, dans un célèbre passage de la première de ses *Méditations métaphysiques*, ces insensés dont « le cerveau est tellement troublé et offusqué par les noires vapeurs de la bile, qu'ils assurent constamment qu'ils sont des rois, lorsqu'ils sont très pauvres ; qu'ils sont vêtus d'or et de pourpre, lorsqu'ils sont tout nus ; ou s'imaginent être des cruches, ou avoir un corps de verre » [1]. Le délire – mélancolique si l'on en croit l'évocation des noires vapeurs de la bile – trouverait donc son origine dans un trouble des fonctions cérébrales et se manifesterait avant tout par la fausseté du jugement [2]. Toutefois, si la fausseté ne suffit pas à établir le caractère délirant d'un *discours* qui de surcroît pourrait fortuitement s'avérer exact, à quoi reconnaît-on qu'un homme délire ? Surtout et plus profondément, comment un homme peut-il en arriver à perdre tout sens commun au point de se croire, comme le président Schreber, appelé à faire le salut du monde [3] ? Autrement dit, selon quelle modalité le délirant se rapporte-il au monde et, plus particulièrement, à ce qu'on appelle la réalité ? En quel sens peut-on parler d'un « déficit de l'épreuve de réalité (*failure of reality testing*) » [4] ? Nous voudrions tenter de répondre à ces questions en nous appuyant sur l'œuvre d'Arthur Tatossian (1929-1995) dont *in fine* nous confronterons la conception à l'hypothèse des réalités multiples de Shaun Gallagher.

1. R. Descartes, *Méditations métaphysique*, IX, 14 – VII, 18, *Œuvres philosophiques*, publiées par F. Alquié, Paris, Garnier, 1963-1973, t. 2, p. 406.

2. Ce critère de la fausseté demeure au cœur de la définition du délire par la psychiatrie contemporaine. Dans le DSM-5, le délire est défini comme « une croyance erronée, fondée sur une induction incorrecte concernant la réalité extérieure, et fermement soutenue en dépit de l'opinion très généralement partagée et de ce qui constitue une preuve incontestable et évidente du contraire (*a false belief based on incorrect inference about external reality that is firmly held despite what almost everyone else believes and despite what constitutes incontrovertible and obvious proof or evidence to the contrary*) », APA (American Psychiatric Association), *Diagnostic and Statistical Manual of Mental Disorders* [DSM-5], Washington, American Psychiatric Publishing, 2013, p. 819.

3. D. P. Schreber, *Mémoire d'un névropathe*, trad. fr. P. Duquenne, N. Sels, Paris, Seuil, 1975.

4. L. Sass, *Les paradoxes du délire*, trad. fr. P.-H. Castel, Paris, Ithaque, 2010, p. 21.

Le délire en tant que conscience délirante incarnée

Phénoménologue orthodoxe, Tatossian situe le grand traité de *Psychopathologie générale* de Jaspers hors de la psychopathologie phénoménologique – même si, écrit-il, « elle en contient l'amorce » [1]. Parmi les points de désaccord, Tatossian récuse la manière dont Jaspers comprend le délire ou, plutôt, ne le comprend pas. En effet, le délire proprement dit relève de ce que Jaspers appelle les processus et qu'il tient pour fondamentalement incompréhensibles [2]. Aussi Tatossian reproche-t-il à Jaspers – et le reproche, comme nous allons le voir, est contestable – de finir pratiquement par faire « de l'incompréhensibilité le critère du délire vrai » [3] alors même que le délire *est* compréhensible [4]. Reste néanmoins à préciser en quel sens ou, si l'on préfère, de quelle manière.

Certes, qu'une femme comme Hélène Jacob [5], prise d'un délire hypocondriaque, puisse croire que son corps a été détruit par un tænia qui en aurait brisé toute l'armature interne est incompréhensible du point de vue du sens commun [6]. Mais que le délire soit, à l'instar de bien des rêves, psychologiquement incompréhensible n'implique pas qu'il le soit phénoménologiquement [7]. Aussi Tatossian s'attache-t-il à montrer que le délire d'Hélène Jacob est susceptible d'être explicité à partir des structures fondamentales de l'existence. Il s'ensuit que, d'un point de vue phénoménologique, l'essentiel n'est pas tant de savoir abstraitement à quel signe on reconnaît qu'un homme délire – Tatossian souligne du reste que « l'absence de définition rigoureuse (du délire) n'empêche pas un repérage clinique assez aisé » [8] – mais de décrire la structure eidétique de

1. A. Tatossian, *Psychiatrie phénoménologique*, Paris, ETIM, 1997, p. 93.

2. Dans son essai sur Strindberg, Jaspers note qu'il y a « des jaloux qui se laissent emporter dans leurs inventions et dans leurs actes jusqu'à se conduire comme des malades, sans l'être positivement. Ce sont des anormaux chez qui il n'y a pas de processus (…). Il en est autrement pour des malades dont la jalousie relève d'un processus », K. Jaspers, *Strindberg et Van Gogh*, p. 62.

3. A. Tatossian, *Phénoménologie des psychoses*, Argenteuil, L'art du comprendre, 1997, p. 95.

4. *Ibid.*, p. 115.

5. « Étude phénoménologique d'un cas de schizophrénie paranoïde ». Tel est le titre de la thèse de médecine d'Arthur Tatossian, consacrée au cas Hélène Jacob et soutenue à la faculté de médecine de Marseille en 1957. *Cf.* A. Tatossian, *Psychiatrie phénoménologique*, p. 11-98.

6. A. Tatossian, *Phénoménologie des psychoses*, p. 112.

7. A. Tatossian, « Étude phénoménologique d'un cas de schizophrénie paranoïde » ; A. Tatossian, *Psychiatrie phénoménologique*, p. 34.

8. A. Tatossian, *Phénoménologie des psychoses*, p. 115.

la conscience délirante. Le point de départ d'une telle entreprise est une affirmation qui va de soi pour tout phénoménologue mais qu'il n'en faut pas moins rappeler : délirer n'est pas simplement tenir des propos sans queue ni tête, encore moins un pur jeu de signifiants, mais le discours d'une conscience incarnée, d'un être-au-monde psychotique dont le rapport à la réalité, mieux : au monde, est profondément altéré. Par suite, rechercher l'essence du délire signifie tenter de dégager la structure intentionnelle d'une conscience qui, loin d'ignorer totalement sa folie, « la connaît comme telle dans un coin de son être » [1].

Contrairement à une psychiatrie d'inspiration freudienne, Tatossian entend analyser la conscience délirante telle qu'elle se présente, à savoir comme une « conscience connaissante » [2]. Elle n'est donc pas une conscience désirante qui s'ignorerait en tant que telle, de même qu'elle ignorerait l'objet véritable de son propre désir. Il faut rappeler à ce propos ce que le président Schreber écrit lui-même dans la préface de ses mémoires : « Mon dessein est uniquement celui de faire avancer la connaissance de la vérité dans un domaine d'importance vitale, le domaine religieux » [3]. Cette première caractérisation de la conscience délirante permet à Tatossian de distinguer sans ambiguïté l'élucidation phénoménologique du délire de son interprétation psychanalytique. Lorsque Freud, en effet, croit découvrir *derrière* le dessein gnoséologique de Schreber le désir d'être la femme de Dieu, qui aurait à son tour pour origine le désir d'être la femme de son père, il est clair selon Tatossian que Freud renonce à comprendre le délire lui-même ainsi que le dessein qui le sous-tend. En d'autres termes, le délire pour Freud est en tant que tel incompréhensible et n'est compréhensible qu'à conditions d'être rapporté à autre chose que lui [4]. Il ne faut donc pas confondre la compréhension (ou l'incompréhension) psychologique du délire à partir du sens commun, sa compréhension (ou son incompréhension) psychanalytique qui ressortit à ce que Paul Ricœur dénomme l'herméneutique du soupçon [5], et sa compréhension phénoménologique à partir des structures fondamentales de l'existence.

1. A. Tatossian, *Psychiatrie phénoménologique*, p. 226 ; A. Tatossian, *Phénoménologie des psychoses*, p. 115.

2. A. Tatossian, *Phénoménologie des psychoses*, p. 115. Cet aspect est également souligné par L. Sass qui écrit : « L'enjeu pour Schreber n'est pas qui commande le monde, mais qui le connaît, et, du coup, qui le constitue en tant que monde », *Les paradoxes du délire*, p. 175.

3. D. P. Schreber, *Mémoires d'un névropathe*, p. 11.

4. A. Tatossian, *Psychiatrie phénoménologique*, p. 116 ; A. Tatossian, *Phénoménologie des psychoses*, p. 115.

5. P. Ricœur, *De l'interprétation. Essai sur Freud*, p. 42.

Une fois la conscience délirante reconnue pour ce qu'elle est, il est possible de saisir sa dimension proprement pathologique qui, en effet, tient non pas à sa fausseté mais à son incorrigibilité [1]. D'une manière générale, on sait qu'il est vain de raisonner une personne en tentant de lui prouver la fausseté de ses convictions délirantes. Il est facile à ce propos de multiplier les anecdotes. On se contentera ici d'évoquer le cas d'une érotomane, Hilda, dont aucune objection, aucun argument ne put ébranler la passion amoureuse pour un prêtre. Bien que ce dernier, à bout de patience, l'eût violemment chassée de la sacristie, elle y vit une nouvelle preuve de son amour. Alors qu'on lui faisait remarquer qu'elle était « la seule à croire en l'amour du chapelain », Hilda répondit sereinement : « oui, mais l'amour voit clair ! ». Puis, surprenant le sourire en coin de son interlocuteur, Hilda ajouta moins sereinement : « On ne rit pas avec les affaires du Bon Dieu » [2]. Nul ne pouvait la tirer de « son sommeil dogmatique ». Jaspers notait déjà que non seulement le délirant est certain de ce qu'il affirme mais que rien, en outre, que ce soit l'expérience ou le raisonnement, ne peut corriger le contenu de son délire [3]. Pour sa part, Tatossian préfère parler d'infaillibilité, au sens où il s'agit d'une incorrigibilité de droit, c'est-à-dire d'une impossibilité *a priori* pour la conscience délirante de se tromper, qui est la condition de possibilité du délire [4]. La question est alors de comprendre la source de cette infaillibilité et en quel sens, comme l'écrit Minkowski, « le monde délirant diffère qualitativement du nôtre » [5].

1. K. Jaspers, *Psychopathologie générale*, p. 90.

2. P. Jonckheere, *Psychiatrie phénoménologique. Tome 1 Concepts fondamentaux*, Argenteuil, Le Cercle Herméneutique, 2009, p. 106.

3. A. Tatossian, *Phénoménologie des psychoses*, p. 95 et p. 115. Plus précisément, le délire « n'est pas susceptible d'être influencé (*Unbeeinflussbarkeit*) par l'expérience ou par une inférence rigoureuse ». K. Jaspers, *Allgemeine Psychopathologie*, p. 80. Pour Minkowski, « si on saute cette notion de conviction délirante (…), on passe à côté de l'essentiel » et il ne faut pas se laisser abuser par ce terme de conviction que nous employons également dans la vie courante. Car ces dernières peuvent être plus ou moins rigides tout en comportant une « marge vivante qui admet une certaine souplesse » et qui dans le délire disparaît totalement. E. Minkowski, « Discussion sur le problème du délire », dans B. Granger (éd.), *Eugène Minkowski. Une œuvre philosophique, psychiatrique et sociale*, Levallois-Perret, Interligne, 1999, p. 156.

4. A. Tatossian, *Phénoménologie des psychoses*, p. 116.

5. E. Minkowski, « Discussions sur le problème du délire », p. 156.

Par-delà le réel et l'irréel

L'élucidation de cette infaillibilité comme des autres traits du délire est à rechercher, selon Tatossian, du côté de la manière dont la conscience délirante se rapporte au monde. Pour le sens commun, il semble que le délirant vive non pas « sur une autre planète », à l'instar du rêveur ou de l'éternel distrait qui est « dans la lune » mais, comme on le dit couramment et de manière approximative, dans un autre monde. Autrement dit, le délirant serait enfermé dans *son* monde auquel on oppose alors le monde de la conscience commune, qui est un monde commun, que l'on peut également appeler avec Husserl « le monde de la vie (*Lebenswelt*) ». Cependant, cette formulation n'est pas pleinement satisfaisante. Car nous partageons avec la conscience délirante un seul et même monde, et ce monde est également celui dans lequel le malade est assis face au médecin qui l'écoute. Bref, le malade ne peut avoir en toute rigueur son monde privé. C'est la raison pour laquelle il est préférable de reconnaître la manière spécifique dont la conscience délirante vise son objet, de telle sorte que si la conscience délirante se rapporte nécessairement au *même* monde que la conscience non délirante cela ne signifie pas qu'elle le fasse toujours de la même manière. Il s'agit alors de savoir quelle est cette manière si particulière de se rapporter au monde qui caractérise la conscience délirante.

Afin d'élucider ce qu'on nomme parfois un déficit de l'épreuve de réalité, c'est-à-dire l'incapacité – ou prétendue incapacité – du délirant à distinguer adéquatement entre le réel et l'imaginaire, on peut interroger dans un premier temps *L'imaginaire* de Sartre qui assimile la conscience délirante à une forme de conscience imageante pathologique et qui, corrélativement, confère à l'objet de la conscience délirante le statut d'un objet imaginaire, c'est-à-dire irréel [1]. De ce point de vue, lorsque le président Schreber déclare : « Je pourrais même dire avec Jésus-Christ : mon Royaume n'est pas de ce monde », nous croyons comprendre qu'il s'agit d'un royaume imaginaire que Schreber tiendrait pour réel. Cette confusion soulève alors la question de savoir comment une conscience peut en arriver à ignorer sa propre activité et à confondre l'imaginaire et le réel alors même qu'elle devrait avoir conscience d'imaginer ce qu'elle imagine, s'il est vrai que toute conscience est nécessairement conscience de soi [2]. Mais il s'agit là peut-être d'un faux problème s'il est vrai que

1. En toute rigueur, Sartre envisage dans *L'Imaginaire* les phénomènes hallucinatoires et non l'expérience délirante en tant que telle. J.-P. Sartre, *L'Imaginaire*, p. 285 *sq.*

2. A. Tatossian, *Psychiatrie phénoménologique*, p. 66.

Schreber, à sa manière, distingue lui-même entre le réel et l'imaginaire puisqu'il reconnaît précisément que son royaume n'est pas de ce monde. Il n'est nullement assuré en outre que l'expérience délirante implique une activité du sujet qui imaginerait ce qui semble bien plutôt s'imposer à sa conscience.

Tatossian de son côté, s'opposant explicitement à la conception sartrienne, propose de revenir à Husserl et de mobiliser les notions de réduction phénoménologique et de modification de neutralité afin d'élucider la manière dont la conscience délirante se rapport au monde [1]. Il distingue alors entre la présence neutre des objets de la conscience délirante *et* l'irréalité des objets de la conscience imageante, qui présupposent un monde réel dont ils sont la négation. La conscience imagine, par exemple, des châteaux en Espagne : elle pose ces châteaux imaginaires comme des objets irréels et comme négations du réel auquel ils n'appartiennent pas. En revanche, la conscience délirante pour Tatossian pose ses objets par-delà l'affirmation ou la négation de la réalité, en tant que présence neutre, au sens husserlien de la modification de neutralité [2]. Ainsi, à propos d'Hélène Jacob, Tatossian écrit : « en perdant l'intentionnalité imageante, elle perd du même coup l'intentionnalité percevante car la conscience imageante vit sur le sol de la conscience percevante et inversement. Ou plutôt une intentionnalité en quelque sorte mixte tend à remplacer ces deux modes intentionnels, telle que l'on est porté à croire qu'Hélène a foi en la réalité de ses “images” et en l'irréalité symbolique de ses perceptions » [3].

La divergence d'analyse avec Sartre peut sembler relativement technique et sans grande conséquence. Toutefois, en assimilant la conscience délirante à une conscience imageante, Sartre ignore selon Tatossian la spécificité de la psychose qu'il ramène à une fuite dans

1. Ce rapprochement possible du délire et de la réduction phénoménologique est également évoqué par Louis Sass qui écrit à propos du président Schreber qu'à l'occasion on « croirait presque qu'il parle comme un phénoménologue en pleine recherche, mettant entre parenthèses la question du réel ». Et Sass de citer Schreber à l'appui de ce rapprochement : « je m'en tiendrai à nouveau, comme je l'ai déjà fait à l'occasion de commentaires sur des états de choses surnaturelles, à une pure et simple communication des impressions (*Eindrücke*) que j'ai ressenties, ne pouvant hasarder tout au plus que des conjectures sur la question de savoir si ces choses avaient ou non caractères de faits objectifs ». L. Sass, *Les paradoxes du délire*, p. 89.

2. A. Tatossian, *Psychiatrie phénoménologique*, p. 118. E. Husserl, *Idées directrices pour une phénoménologie*, § 109.

3. A. Tatossian, *Psychiatrie phénoménologique*, p. 70. On peut remarquer que la thèse de la neutralité de l'objet de la conscience délirante est exposée en 1964, avant donc la publication par Blankenburg en 1967 de son ouvrage consacré à la perte de l'évidence naturelle dans la schizophrénie.

l'imaginaire, comme si le délirant, à la manière du névrosé, choisissait l'imaginaire pour se défendre contre la réalité. Or, et l'argument ne nous semble nullement négligeable, cette conception revient selon Tatossian « à névrotiser » la schizophrénie, c'est-à-dire à ignorer la profondeur des troubles ou encore le gouffre qui sépare la névrose de la psychose [1]. Ainsi, ni réel ni irréel, l'objet de la conscience délirante possèderait le même statut que le monde dont la conscience, dans le cadre de la réduction phénoménologique, suspend l'existence. On se souvient de ce qu'écrit Husserl à ce propos : « Quand je procède ainsi, comme il est pleinement au pouvoir de ma liberté, je ne *nie* donc *pas* ce "monde", comme si j'étais sophiste; *je ne mets pas son existence en doute*, comme si j'étais sceptique; mais j'opère l'*épochè* "phénoménologique" *qui m'interdit absolument tout jugement portant sur l'existence spatio-temporelle* » [2]. Dans le prolongement de cette conception et en faisant siennes les recherches de Wolfgang Blankenburg sur *La Perte de l'évidence naturelle* dans la schizophrénie (1971) [3], qui laissaient toutefois délibérément de côté la question du délire, Tatossian développe l'idée d'une « *épochè* schizophrénique » [4].

Afin de se faire mieux entendre, Tatossian compare la conscience délirante à une forme de conscience qui nous est sans doute plus familière et qu'on appelle depuis Husserl la « conscience de portrait (*Bildbewußtsein*) » [5]. En effet, qu'il contemple une gravure, qu'il regarde un film ou une photographie, qu'il assiste à une pièce de théâtre ou à un opéra, à chaque fois, loin de poser ce qu'il saisit comme existant ou comme inexistant, le spectateur en suspend la position d'existence. Par exemple, comme le montre Husserl à propos de la gravure de Dürer : « Le chevalier, la mort et le diable », le chevalier n'est pas posé comme réel parmi d'autres objets réels tels que le mur auquel la gravure est attachée ou son cadre. Le chevalier n'est pas perçu comme un objet réel, mais il est

1. A. Tatossian, *Phénoménologie des psychoses*, p. 119. On pourrait adresser la même objection à Bleuler lorsqu'il compare les délires schizophréniques au rêve d'un jeune enfant qui joue au général sur son cheval de bois, ou aux fantaisies d'un poète amoureux. L. Sass, *Les paradoxes du délire*, p. 44.

2. E. Husserl, *Idées directrices pour une phénoménologie*, § 32.

3. W. Blankenburg, La perte de l'évidence naturelle. *Une contribution à la psychopathologie des schizophrénies pauci-symptômatiques*, trad. fr. J.-M. Azorin, Y. Tatoyan, Paris, P.U.F., 1971.

4. « Blankenburg nous a appris qu'il y a une *époché* schizophrénique et qu'à sa manière le schizophrène vit sous le régime de la réduction » ; A. Tatossian, *Psychiatrie phénoménologique*, p. 226-227.

5. E. Husserl, *Idées directrices pour une phénoménologie*, § 111.

visé comme un objet qui n'est ni existant ni inexistant, c'est-à-dire comme un objet neutre, sur lequel il m'est évidemment possible de discourir sans pour autant poser son existence réelle. De manière analogue, les idées délirantes et les discours délirants ne portent pas sur les objets réels du monde en tant que monde commun dont les objets peuvent être perçus par tout un chacun dans l'attitude naturelle, mais sur des objets qui ne se dévoilent qu'au sujet délirant tandis qu'il est dans cette attitude et cette visée qui est donc comparable à celles du phénoménologue ou du spectateur assistant à une pièce de théâtre.

Si un tel rapprochement permet de lever partiellement le voile de l'expérience délirante, il convient toutefois d'en souligner une limite manifeste. La conscience du phénoménologue ou du spectateur, en effet, se rapporte au monde d'une manière fondamentalement distincte dans la mesure où la neutralisation relève d'une libre décision alors que dans le cas de l'expérience délirante elle est pathologique [1]. A cet égard, il convient de ne pas se laisser égarer par certaines formules ambiguës de Tatossian, et il serait sans doute préférable de dire que les objets sont posés par-delà l'affirmation ou la négation *pour* la conscience délirante plutôt que *par* la conscience délirante. De ce point de vue, la conscience délirante est bien aux antipodes de la conscience imageante sartrienne dont la condition de possibilité est la liberté [2].

Infaillibilité, apragmatisme et universalité de la conscience délirante

Cette approche de la conscience délirante à partir de la modification de neutralité et de la conscience d'image permet à Tatossian d'en éclaircir trois traits eidétiques : son infaillibilité, son apragmatisme et son universalité ou plutôt, dirions-nous, sa solitude.

1. Il y a en effet une étrange parenté de la phénoménologie et du délire quant à la certitude qui les caractérise l'un et l'autre. En d'autres termes, si le phénoménologue en régime réductif revendique la certitude absolue pour ses connaissances relatives à ses vécus de conscience dont la validité est indépendante du monde, le délirant est habité par une certitude analogue en sorte qu'il lui est absolument impossible de corriger ses jugements. Mais c'est parce que ses jugements se rapportent non pas aux

1. A. Tatossian, *Psychiatrie phénoménologique*, p. 227.

2. « Pour qu'une conscience puisse imaginer il faut qu'elle échappe au monde par sa nature même, il faut qu'elle puisse tirer d'elle-même une position de recul par rapport au monde. En un mot il faut qu'elle soit libre », J.-P. Sartre, *L'Imaginaire*, p. 353.

objets transcendants du monde réel, dont l'existence peut être confirmée ou infirmée par autrui, mais au champ immanent de sa conscience. Ainsi, de même que le phénoménologue ne peut douter qu'il éprouve telle émotion, perçoit ou imagine tel ou tel objet intentionnel, de même Hélène Jacob ne peut douter qu'elle est la fille de Marie Stuart et de Georges V [1]. De manière analogue, il est absolument indubitable pour Suzanne Urban que le monde est menaçant et cette « atmosphérisation » de la menace en tant que vécu de conscience fonde l'incorrigibilité de la conscience délirante [2]. Ce qui manque à la conscience délirante c'est de comprendre que l'évidence de ses objets, n'équivaut pas à leur réalité effective.

2. L'apragmatisme de la conscience délirante découle également de l'expérience délirante et de la neutralité corrélative des objets visés dans le délire. En effet, que les idées délirantes ne soient pas des motifs d'action et que, par suite, elles ne donnent lieu à aucun prolongement pratique dans la réalité n'est guère étonnant si nous admettons avec le président Schreber que le royaume de la conscience délirante « n'est pas de ce monde ». Lui-même soutient que ses idées ne peuvent être des motifs d'action car elles ont trait uniquement à Dieu et à l'au-delà et qu'elles ne peuvent par conséquent « influer sur son comportement en tout ce qui concerne le monde » [3]. De manière analogue, un schizophrène accuse le médecin de détourner sa correspondance mais, contrairement à ce que laisse présager une telle accusation, il lui confie en toute quiétude son courrier. Il y a manifestement deux médecins différents ou plutôt deux manières différentes et relativement étanches d'envisager le médecin. On dira peut-être que le schizophrène est en l'occurrence discordant. Mais cette discordance elle-même est compréhensible si l'accusation portée contre médecin concerne non pas le médecin que rencontre le malade dans le cadre de l'hôpital et de la consultation mais le médecin qui relève d'une expérience délirante. L'accusation est sans conséquence pratique aussi longtemps que le malade distingue entre le médecin qui le soigne et auquel il confie son courrier et le médecin qui le détourne [4]. Comme l'écrit Tatossian, il y a « une étonnante étanchéité de la praxie et des idées

1. A. Tatossian, *Psychiatrie phénoménologique*, p. 120.

2. *Ibid.*, p. 123-124 ; L. Binswanger, *Le Cas Suzanne Urban. Etude sur la schizophrénie*, p. 40 *sq.*

3. Cité par A. Tatossian, *Phénoménologie des psychoses*, p. 118.

4. Cet apragmatisme se retrouve d'une certaine manière chez ces patients qui prétendent être morts (syndrome de Cotard) et qui n'en continuent pas moins de boire et de manger.

délirantes » [1], ce que confirme Louis A. Sass avec la notion empruntée à Bleuler de « comptabilité en partie double (*double bookkeeping*) » [2].

3. Enfin, Tatossian s'interroge sur les troubles du soi et l'étrange identité du sujet délirant. En effet, lorsque Schreber déclare : « Je pourrais même dire avec Jésus-Christ : mon Royaume n'est pas de ce monde », le Je et la subjectivité en question ne renvoient manifestement pas à l'individu psycho-physique du monde intersubjectif de la vie mais relève du champ délirant neutralisé qui, en l'occurrence, ne fait qu'un avec le royaume évoqué par Schreber. De même, dans le cas d'un malade qui se tient pour mort et qui n'en continue pas moins de se nourrir, il y a manifestement un dédoublement du soi tel que le soi qui mange est distinct du soi décédé qui appartient au délire. En outre, la conscience délirante oscille selon Tatossian entre deux pôles qui, remarquons-le, rappelle l'alternative sartrienne du regard dans *L'Être et le néant* [3] : soit elle est une chose dans un monde où autrui est une subjectivité toute puissante ; soit elle est une subjectivité toute puissante dans le monde de laquelle autrui est une apparence. Tatossian cite à ce propos le cas d'une patiente, Angèle, qui souffre à la place des malades, éprouve des sensations sexuelles issues des innombrables rapports nocturnes des couples et qui est au fond seule dans ce monde où elle finit par remplir la fonction de Mère de l'humanité. Inversement, Hélène Jacob est protégée par un mari omniprésent mais jamais rencontré directement. Toutefois, cette dualité ne saurait masquer la solitude de la conscience délirante qui, dans un cas comme dans l'autre, n'est jamais confrontée à un véritable alter ego. Close sur elle-même, elle est sans vis-à-vis.

Objections

Cette description de la conscience délirante ne va pas sans susciter quelques interrogations et, d'une manière très générale, on est toujours tenté de se demander si ce qu'on appelle délire au singulier ne recouvre pas un ensemble de phénomènes pathologiques relativement différents les uns des autres, dont il faudrait établir tout d'abord la typologie. Ainsi, la première objection concerne le champ d'application de cette conception qui semble privilégier le cas des délires schizophrènes. On peut alors

1. A. Tatossian, *Psychiatrie phénoménologique*, p 116-117.

2. Louis A. Sass relate le cas d'une patiente schizophrène qui soutient que les médecins et les infirmières veulent l'empoisonner et qui n'en mange pas moins avec satisfaction la nourriture qu'ils lui donnent. L. A. Sass, *les paradoxes du délire*, p. 48.

3. J.-P. Sartre, *L'Être et le néant*, p. 292 *sq*.

se demander si les délires mélancoliques ou paranoïaques reposent sur le même type d'expérience délirante et présentent les mêmes traits eidétiques [1]. Certes, on retrouve dans un cas comme dans l'autre cette même incorrigibilité ou infaillibilité de la conscience délirante. Tatossian note toutefois que la certitude du délirant paranoïaque, quelle que soit sa force et son incorrigibilité effective, « reste une certitude relative qui porte sur la signification des faits objectifs et n'exclut pas la possibilité de droit de la correction », alors que la certitude du délirant schizophrène est absolue [2].

La deuxième objection concerne l'apragmatisme de la conscience délirante. Sans doute Tatossian est-il le premier à reconnaître que les délirants peuvent présenter des troubles du comportement. Mais, soutient Tatossian, les actes médico-légaux d'un délirant, tels qu'une agression ou un homicide « sont l'exception qui confirme la règle » [3]. En d'autres termes, ces actes ou plutôt ces passages à l'acte seraient suffisamment rares pour ne pas infirmer la règle. Reconnaissons cependant que la réponse n'est pas vraiment satisfaisante et qu'il faudrait éclaircir les conditions desdits passages à l'acte. En outre, cet apragmatisme concerne-t-il également les autres types de délire ? Minkowski rapporte le cas d'une femme qui l'accuse de séquestrer à l'hôpital Sainte-Anne son frère pourtant mort en déportation : « c'est la seule fois au cours de ma longue carrière, écrit-il, où j'ai cru devoir prévenir la Préfecture du danger que je courais » [4]. En un sens, Minkowski confirme la thèse de Tatossian quant à l'extrême rareté du passage à l'acte ; mais il ne nous explique pas non plus pourquoi, cette fois, il s'était senti en danger. Est-ce parce qu'il pensait ne pas pouvoir « réveiller » sa patiente qui, l'assimilant irrémédiablement au bourreau de son frère, ne pouvait plus voir le médecin qui la recevait ou bien parce que cette femme était paranoïaque ?

Enfin, il faudrait interroger les troubles du soi comme la place que la conscience délirante accorde à autrui et se demander dans quelle mesure le délire est une élaboration solitaire qui ignore le point de vue des autres – quand bien même ils seraient impliqués dans le délire sous la forme d'une puissance menaçante par exemple – et leur rôle dans la constitution de

1. Qu'il y ait une spécificité du délire mélancolique et du « mode d'expérience » mélancolique comme des modes d'expérience maniaque et schizophrénique, c'est ce que montre bien Binswanger dans *Manie et Mélancolie*, trad. fr. J.-M. Azorin, Y. Totoyan, Paris, P.U.F., 1987, p. 47 et p. 129 *sq.*

2. A. Tatossian, *Phénoménologie des psychoses*, p. 116.

3. *Ibid.*, p. 117.

4. E. Minkowski, « Discussion sur le problème du délire », p. 156.

l'objectivité [1]. On peut noter à ce propos que les constructions délirantes sont essentiellement solitaires et refermées sur elles-mêmes. C'est pourquoi elles ne se confondent donc pas avec ce que Jaspers appelle une vision du monde (*Weltanschauung*), dont l'élaboration est non seulement collective mais en outre inachevée, au sens où elle reste ouverte à ce qui advient et qui est susceptible de l'infirmer ou de la confirmer [2]. De ce point de vue, on ne peut pas tenir pour délirante, au sens psychiatrique du terme, une croyance religieuse ou une idéologie politique, aussi dangereuse et criminelle soit-elle. Par ailleurs, si Minkowski évoque le cas d'un délire à deux, il s'agit toutefois d'un délire « induit par la fille chez la mère » [3]. C'est pourquoi, bien que le délire soit en l'occurrence partagé par la fille et la mère, il n'est pas l'œuvre de la mère *et* de la fille mais seulement de cette dernière qui a en quelque sorte « contaminé » sa mère. Ainsi l'idée d'un délire collectif au sens propre, c'est-à-dire d'un délire élaboré conjointement par plusieurs individus paraît plus que discutable même si on ne peut en exclure absolument la possibilité. De fait, les délires dits hystériques peuvent aussi bien être individuels que collectifs. Il s'agit toutefois de pseudo délires qui se dissipent rapidement et qui ne constituent pas une néo-réalité : « Ils s'inscrivent dans la relation hystérique de l'individu à la chose collective, dans le besoin de chacun d'avoir une grande place dans l'espace intersubjectif, afin de conquérir la centralité » [4].

L'hypothèse des réalités multiples

Cette phénoménologie de l'expérience délirante possède entre autres mérites celui de mettre en question la conception classique du délire comme un trouble du jugement et une croyance fausse liée à un déficit de l'épreuve de la réalité. D'une part, comme nous l'avons souligné dès l'introduction, la fausseté est loin d'être un caractère distinctif de la

1. Pour Husserl, il faut distinguer, d'une part, la possibilité de la constitution d'une « nature objective » à un stade solipsiste et, d'autre part, la possibilité de la constitution d'une « nature objective » au stade intersubjectif de l'expérience. E. Husserl, *Recherches phénoménologiques pour la constitution*, trad. fr. E. Escoubas, Paris, P.U.F., 1982, p. 131.

2. K. Jaspers, *Psychologie der Weltanschauungen*, München, Zürich, Piper, 1994, p. 305.

3. E. Minkowski, « Discussion sur le problème du délire », p. 156. De son côté, Paul Jonckheere distingue entre le cas d'un délire à deux, où le délire est induit chez un proche par un inducteur qui est lui-même atteint de psychose et qui transmet sa psychose, et le cas d'un délire, où l'inducteur n'est pas lui-même atteint de psychose mais dont l'attitude est psychotisante.

4. G. Charbonneau, *Introduction à la psychopathologie phénoménologique*, t. 2, p. 66.

conscience délirante qui peut fortuitement « avoir raison ». D'autre part et surtout, la croyance délirante n'est fausse que si elle est rapportée en troisième personne au monde commun de la vie quotidienne. En vérité, la personne délirante confond rarement ce qui lui arrive dans le cadre de son expérience délirante et qui est le fondement de ses convictions délirantes, et ce qui relève du monde commun. C'est pourquoi, bien placé pour connaître le caractère solitaire de son expérience, le malade est le premier étonné lorsque son médecin prétend partager son délire [1]. Ainsi, contrairement aux objets de la perception ou aux œuvres de fiction qui, comme les films ou les pièces de théâtre, s'adressent à un public, le délire possède à l'instar du rêve un caractère solipsiste ou quasi-solipsiste [2].

Cette conception du délire peut être confrontée, enfin, à certains travaux relativement récents, d'inspiration phénoménologique, comme ceux de Shaun Gallagher, qui la confortent à certains égards. Dans son article « *Delusional realities* », l'auteur entend dépasser les conceptions dites « *bottom-up* » et « *top-down* » du délire, qui, soit, cherchent la source des erreurs cognitives dans une pathologie cérébrale, soit fondent le délire sur ces mêmes erreurs cognitives. Dans un cas comme dans l'autre, remarque Shaun Gallagher, il est fait abstraction de l'être-au-monde du malade et on échoue à rendre compte du contenu à chaque fois singulier du délire. En opposition à ces deux approches du délire, Shaun Gallagher développe l'hypothèse d'un environnement constitué de réalités multiples telles que les réalités fictives, les réalités oniriques, les réalités virtuelles, sans oublier les réalités de la vie quotidienne. De ce point de vue, le délire est inséparable d'une réalité délirante (*delusional reality*) dans laquelle le malade entrerait et sortirait comme on entre et sort d'un rêve ou d'une pièce de théâtre quoique, dans certains cas extrêmes, le délire s'apparente à une pièce qui se poursuit irrémédiablement dans un théâtre dont les lumières ne peuvent être rétablies. Nous retrouvons donc l'idée que le délire est inséparable d'une expérience délirante et qu'il ne saurait se réduire à une croyance fausse fondée sur une inférence erronée relative à la réalité extérieure. Comme l'écrit Shaun Gallagher, si je crois que Hamlet a tué Polonius, c'est parce que j'ai vu la pièce, et cette croyance n'est évidemment pas une croyance fausse concernant le monde

1. S. Gallagher, « *Delusional Realities* », *in* M. Broome, L. Bortolotti (eds.), *Psychiatry as cognitive science, Philosophical persectives*, Oxford University Press (OUP), 2009, p. 249.

2. Ce caractère quasi-solipsiste du délire est développé par Louis Sass qui s'appuie à ce propos sur les analyses de Wittgenstein de la thèse éponyme. L. Sass, *Les paradoxes du délire*, p. 64 et p. 73.

objectif mais une croyance vraie fondée sur une réalité fictive [1]. Il en va de manière analogue lorsqu'il s'agit de la conscience délirante dont les affirmations passent pour fausses quand elles sont rapportées au monde quotidien alors qu'elles s'appuient sur une réalité délirante.

On le voit, cette hypothèse des réalités multiples permet à Shaun Gallagher de développer une conception du délire à la fois proche et distincte de celle de Tatossian (dont l'œuvre n'a jamais été traduite, même partiellement, en anglais). En effet, si l'un et l'autre partage l'idée qu'il y a une expérience délirante, en revanche, l'un tient les objets du délire pour des objets qui, en tant que présence neutre, sont par-delà l'affirmation ou la négation alors que l'autre pour des objets délirants *réels*. Par suite, ce qui caractérise le sujet délirant pour Shaun Gallagher c'est, fondamentalement, son incapacité à *suspendre* sa croyance en la réalité des objets de son délire, contrairement au spectateur qui est capable de suspendre sa croyance en la réalité ontologique du spectacle auquel il assiste et qui, ce faisant, sait qu'il est assis dans un théâtre. On voit ainsi comment Shaun Gallagher s'oppose à Tatossian : alors que le délirant pour ce dernier est le jouet d'une *épochè* pathologique de sorte que les objets de l'expérience délirante se posent par-delà l'affirmation ou la négation de la réalité, pour Shaun Gallagher, le délirant est incapable de suspendre sa croyance en la réalité des objets délirants, un peu comme un rêveur qui ne pourrait suspendre sa croyance en la réalité des objets oniriques. Reconnaissons que, dans ce débat sur l'expérience délirante, la thèse de Shaun Gallagher a le mérite, semble-t-il, de mieux rendre compte de l'infaillibilité de la conscience délirante mais non, en revanche, du phénomène de « comptabilité en partie double (*double bookkeeping*) » [2]. Reste que la réélaboration du concept de réalité par Shaun Gallagher laisse relativement sceptique. En effet, l'hypothèse des réalités multiples (*the multiple realities hypothesis*), empruntée *via* Alfred Schutz à William James, pose comme réel – même s'il s'agit d'un autre type de réalité que la réalité dite alors objective – ce qui manifestement ne l'est pas. Autrement dit, il paraît difficile de tenir pour réel, sinon par un abus de langage qui vide le terme de sa signification, l'objet neutralisé de la conscience d'image (*Bildbewußtsein*), ou bien l'irréel de la conscience onirique et de la conscience imageante (*Phantasie*) [3].

1. S. Gallagher, « *Delusional Realities* », p. 257.

2. Shaun Gallagher soutient que ce phénomène de double comptabilité » est relativement rare, « *Delusional realities* », p. 249 et note 3.

3. Il est vrai que sur cette question Shaun Gallagher pourrait invoquer la réélaboration par Heidegger de la notion de réalité (*Wirklichkeit*) sur laquelle s'appuie Medard Boss pour développer sa conception du rêve. Cf. *supra*, « Le rêve et son étrangeté ». En effet, loin d'être

Conclusion

Pour le sens commun, le fou est avant tout celui qui délire, c'est-à-dire qui *voit* des choses qui n'existent pas et *croit* des choses qui ne sont pas vraies. Schreber, par exemple, se voit comme une femme et se prend pour le sauveur de l'humanité. Mais il convient de rappeler au sens commun, d'une part, que tous les psychotiques ne délirent pas et que certains même en sont incapables – ce qui soulève la question des conditions d'émergence du délire [1]. D'autre part, qu'une telle caractérisation du délire est loin d'être satisfaisante tant qu'on ignore ce que signifie en l'occurrence « voir » et « croire », bref la nature de l'expérience délirante. Difficile à vrai dire, pour ceux qui n'ont jamais vécu une épreuve si étrange d'en proposer une description rigoureuse. Faute de mieux, le phénoménologue est lui-même condamné à s'appuyer sur ce que disent les malades [2] dont les descriptions sont naturellement d'une fiabilité toute relative. Non seulement parce qu'ils ne disposent pas toujours du vocabulaire adéquat mais aussi et surtout parce qu'ils sont confrontés à la difficulté de décrire ce qu'ils appréhendent avec leurs propres convictions, délirantes ou non, et qu'ils ont vécu selon une modalité quasi solipsiste.

Force est alors de reconnaître et la prudence et l'audace de Tatossian en la matière. Il convient, en effet, de ne jamais oublier le caractère éminemment énigmatique de l'expérience délirante dont Tatossian se

le produit d'une quelconque vie psychique intérieure, le rêve est une modalité de l'être-au-monde du *Dasein*, de sorte que ce qui est perçu en rêve serait, selon Boss, tout aussi réel que ce qui est perçu à l'état de veille. M. Heidegger, *Essais et conférences*, « Science et méditation », trad. fr. A. Préau, Paris, Gallimard, 1958, p. 53-57; M. Boss, *Il m'est venu en rêve Essais théoriques et pratiques sur l'activité onirique*.

1. Pour G. Charbonneau, on peut considérer que, dans certains cas de silence hébéphrénique ou de perplexité psychotique, le psychotique ne délire pas car il n'en a même pas la possibilité. De ce point de vue, délirer suppose un souci de soi et du monde, une capacité d'étonnement comme une mise en forme d'expériences multiples rapportées à un seul et même sujet. Mieux, comme l'écrit Georges Charbonneau reprenant un concept élaboré par Paul Ricœur, « sans identité narrative, il n'y a pas de délire », G. Charbonneau, *Introduction à la psychopathologie phénoménologique*, t. 2, p. 68. L'auteur note également que depuis l'avènement des psychotropes, les délires sont moins fréquents et n'ont pas le temps de se développer : « les gigantesques délires très enrichis sont devenus rares », *ibid.*, p. 65.

2. S'interrogeant sur la structure ontologique du monde délirant d'Hélène, Tatossian cite Roland Kuhn, disciple et ami de Binswanger, qui écrit : « il ne s'agit pas pour nous d'expliquer quelle opinion *nous* nous faisons sur un phénomène mais de nous laisser expliquer par le malade lui-même le sens de ce phénomène. Il ne s'agit pas d'établir ce qu'il signifie d'abord pour nous, mais ce qu'il signifie d'abord pour lui », A. Tatossian, *Psychiatrie phénoménologique*, p. 53.

garde bien d'inventer la cause comme d'en dévoiler la constitution. Aussi Tatossian ne cache-t-il pas son scepticisme vis-à-vis du dernier ouvrage de Binswanger sur le délire, que nous avons ici laissé délibérément de côté [1]. En effet, Binswanger s'y s'aventure dans une phénoménologie de l'expérience délirante à partir d'une phénoménologie constitutive de l'expérience naturelle (normale) inspirée par la lecture Szilasi [2]. Non sans raison, Tatossian s'interroge sur le caractère phénoménologique d'une entreprise dominée par ce qu'il nomme une « conception très constructiviste de la constitution » [3]. Cependant, en dépit de la diversité des formes que peut prendre l'expérience délirante, Tatossian entend, non sans audace, élaborer une eidétique du délire. Ce phénomène peut être alors défini comme un ensemble de convictions d'une conscience infaillible, qui s'enracine dans une expérience dont la description pourrait suivre le fil conducteur de la conscience d'image et de la modification corrélative de neutralité. De ce point de vue, quoique les constructions délirantes soient l'œuvre du malade, l'expérience qui leur donne naissance, en revanche, est l'expérience tragique d'une aliénation. Comme l'écrit Tatossian, « la conscience délirante n'est pas agissante mais subissante, et l'image *ou plutôt ce qui pour nous* est conscience imageante n'est pas son pouvoir mais son destin » [4]. Ce dernier terme, que l'on retrouve sous la plume de Strindberg lorsqu'il décrit sa propre folie, marque bien le fossé qui sépare la fuite névrotique dans l'imaginaire et l'expérience délirante qui relève de la psychose, c'est-à-dire d'une altération fondamentale du rapport au monde. On peut enfin se demander avec Tatossian (et Blankenburg) si cette altération fondamentale *alias l'époché* schizophrénique ne doit pas être rapportée comme à sa condition au trouble de la rencontre interhumaine (autisme) au sens où l'œuvre de constitution du monde est une œuvre communautaire qui suppose donc l'autre en tant que co-formateur du monde alors qu'elle est chez le schizophrène une œuvre solipsiste [5].

1. L. Binswanger, *Délire*, trad. fr. J.-M. Azorin, Y. Totoyan, Grenoble, Jérôme Millon, 1993.
2. W. Szilsasi, *Introduction à la phénoménologie d'Edmond Husserl*, trad. fr. A. Fournier, F. Dastur, Argenteuil, Le Cercle Herméneutique, 2011.
3. A. Tatossian, *Phénoménologie des psychoses*, p. 129.
4. *Ibid.*, p. 119. Nous soulignons la distance introduite par Tatossian entre la conscience délirante et la conscience imageante.
5. A. Tatossian, *Psychiatrie phénoménologique*, p. 227-228.

LE NORMAL ET LE PATHOLOGIQUE

Un certain conformisme conduit sans doute quelques psychiatres à reprendre de manière irréfléchie ce qui est tenu pour normal ou pour pathologique. Ils reconduisent de fait des normes de comportement sans se soucier de leur bien fondé. Mais ce constat ne saurait occulter l'inquiétude partagée par un grand nombre d'entre eux quant à la légitimité de cette opposition. Ainsi, Arthur Tatossian, non sans humour, se demande si la psychiatrie est « une science, au moins en projet, ou bien une institution sociale, comme l'est le système des règles de puériculture ou le code des bonnes manières à table » [1].

Dans un article qui fit date et consacré à cette question, Georges Canguilhem écrit : « Sans les concepts de normal et de pathologique la pensée et l'activité du médecin sont incompréhensibles ». Mais il ajoutait immédiatement après : « Il s'en faut pourtant de beaucoup que ces concepts soient aussi clairs au jugement médical qu'ils lui sont indispensables » [2]. En effet, au nom de quoi le psychiatre peut-il déclarer qu'une personne est malade ? Pour nous en tenir à des noms bien connus, Erostrate, Jeanne d'Arc, Oscar Wilde, Landru ou le Président Schreber étaient-ils des malades ? Ne faut-il pas reconnaître la relativité culturelle et historique de la frontière qui sépare le normal et le pathologique ? Cependant, qui peut se satisfaire d'un tel relativisme ? Est-il possible d'y échapper sans tomber dans cet aveuglement normatif en vertu duquel nous tenons spontanément pour naturelles et universelles les normes de notre propre société, et pour pathologique tout ce qui s'en écarte ?

Afin de répondre à ces questions, nous nous proposons dans un premier temps de rappeler brièvement certaines thèses relativistes dont l'antipsychiatrie s'est faite le héraut. Puis nous voudrions mettre en question cette idée – un peu facile et paresseuse – d'une interchangeabilité du normal et du pathologique en étudiant les concepts de norme statistique et de norme idéal et en prenant en compte le vécu des malades ainsi que leur souffrance. Enfin, nous essayerons de montrer en quel sens les pathologies de l'existence mettent en question la liberté. Henri Ey affirmait que la schizophrénie est une pathologie de la liberté [3].

1. A. Tatossian, *Psychiatrie phénoménologique*, p. 175.
2. G. Canguilhem, *La connaissance de la vie*, Paris, Vrin, 1985, p. 155.
3. Cité par A. Tatossian, *Phénoménologie des psychoses*, p. 19.

Le relativisme de l'antipsychiatrie

Il est difficile d'aborder notre question du normal et du pathologique sans au moins évoquer l'œuvre de Michel Foucault dont *L'histoire de la folie à l'âge classique* (1961) ou *La naissance de la clinique* (1963) ont indiscutablement marqué des générations de philosophes et – bien souvent à leur corps défendant – de psychiatres. Non sans raison, s'il est vrai que ces travaux, d'inspiration à la fois nominaliste et sceptique [1], mettent radicalement en question la légitimité du partage de la raison et de la folie, du normal et du pathologique. Ainsi, contrairement à ce que nous aurions tendance à penser, il n'y aurait pas d'un côté les mots et, de l'autre, les choses; d'un côté, le langage et, de l'autre, le normal et le pathologique, dont il reviendrait au philosophe de dégager l'essence transhistorique, mais avant tout des objets produits par des discours normatifs qui définissent les conditions d'existence desdits objets. Il n'y aurait donc pas en soi de comportements normaux pas plus qu'il n'y aurait en soi de comportements pathologiques, et il n'est pas absurde de dire en paraphrasant la formule de Pascal : folie en deçà des Pyrénées, santé au-delà. Comme les frontières dites naturelles de la France, celles du normal et du pathologique sont historiquement contingentes. Le scepticisme triomphe.

C'est du reste ce que, en son temps, contestant le sommeil dogmatique d'une certaine psychiatrie, l'antipsychiatrie soutenait en affirmant par exemple, par la voix de Joseph Berke, que « les expériences qui sont considérées comme « normales » dans une culture ou une sous-culture particulière, peuvent être définies comme « folles » dans un autre ensemble culturel » [2]. De fait, on sait que dans certaines sociétés les états de transe ont leur légitimité, que les hallucinations n'ont pas un caractère pathologique chez les Indiens des Plaines et que le potlatch, c'est-à-dire la dissipation de ses biens dans un dessein de prestige social, ne relève pas de la mégalomanie [3]. Comme nous l'a enseigné l'anthropologie par la voix de Marcel Mauss, il s'agit d'une institution que l'on rencontre dans certaines tribus indiennes [4]. Soulignant également cette dépendance entre la culture et les symptômes psychiatriques, Binswanger rappelle, à propos d'un malade qui offre à sa fille cancéreuse un cercueil, que pour

1. P. Veyne, *Foucault. Sa pensée, sa personne*, Paris, Le Livre de Poche, 2010, p. 67 et p. 77.

2. R. Boyers, *Ronald Laing et l'antipsychiatrie*, Paris, Payot, 1973, p. 254.

3. A. Tatossian, *Psychiatrie phénoménologique*, p. 131.

4. M. Mauss, *Essai sur le don. Forme et raison de l'échange dans les sociétés archaïques*, Paris, P.U.F., 2012.

les Chinois un cercueil est une chose d'une extrême importance, au point qu'il n'est pas rare qu'un fils en fasse cadeau à sa vieille mère pour la rassurer : « Le cercueil est placé dans le salon et l'on vit sereinement avec lui » [1].

Cependant, que la folie n'existe pas indépendamment des normes et soit en quelque sorte le fruit des pratiques et du discours psychiatriques heurte notre compréhension immédiate du pathologique. Certes, nul ne songe sérieusement à contester que le partage du normal et du pathologique au sein même de notre propre culture s'inscrit dans une histoire, que des maladies comme l'hystérie, la dépression nerveuse ou la mélancolie ont elles-mêmes une histoire et que ses formes ne sauraient être indépendantes du discours médical qui les classe et les constitue en objets d'étude. Après Kant et sa révolution copernicienne, nous avons appris à relativiser les rapports du sujet et de l'objet jusqu'à envisager la possibilité que les objets et leur objectivité se règlent sur notre pouvoir subjectif de connaître. Mais n'est-il pas possible de réconcilier la conscience de l'historicité du pathologique, et la résistance sourde que nous éprouvons face à l'affirmation de l'absolue relativité du normal et du pathologique ? Ne pouvons-nous pas faire droit à l'histoire et aux multiples appréhensions de la folie, tout en conservant la conviction que le clivage du normal et du pathologique n'est pas simplement une question de discours, de pratique et de biopouvoir, et qu'il possède un fondement transhistorique car *existential* ?

Par égard pour sa mémoire, il faut rappeler que Foucault s'est nettement démarqué de l'antipsychiatrie et de son relativisme en lui reprochant de ne pas « se confronter, ainsi qu'il l'écrit, à ce quelque chose qu'il ne faut pas coder en termes de maladie mentale ni en termes de normativité sociale, mais qui cependant fait problème » [2]. En d'autres termes, pour l'auteur de *L'histoire de la folie*, l'antipsychiatrie va un peu vite en besogne lorsqu'elle se contente d'affirmer l'interchangeabilité en droit du normal et du pathologique. Car elle manque alors ce « quelque chose » qui fait problème et qui fait de la folie autre chose qu'une conduite différentes des autres. Cependant Foucault nous invite expressément à ne pas aborder ce quelque chose en termes de normativité sociale ou en termes de maladie mentale. Or, peut-on totalement récuser l'opposition du normal et du pathologique ?

1. L. Binswanger, *Trois formes manquées de la présence*, trad. fr. J.-M. Froissart, Paris, Le Cercle Herméneutique, 2002, p. 66, note 47.

2. M. Foucault, *Dits et écrits*, t. III, Paris, Gallimard, 1994, p. 76.

L'homme moyen, l'homme idéal et l'homme souffrant

L'ethnopsychiatrie a souvent souligné que si le contenu de la norme dépend de la société, le fait qu'il y ait une norme est lui universel. Ainsi toute société est-elle régie par des normes, c'est-à-dire des règles plus ou moins explicites relatives à la mort, à la nourriture, aux relations entre les sexes, etc., au nom desquelles le sens commun juge les conduites des individus, qu'il tient pour scandaleuses, inadmissibles, extravagantes ou au contraire pour normales, honorables, héroïques, etc. À cet égard, il est vain de dénoncer la « normalisation » d'une société *via* des institutions comme l'école, le mariage ou la psychiatrie au nom d'une société qui serait comme par magie libérée de toute norme. Mais une telle conception ne nous dispense ni de nous interroger sur l'origine des normes ni de mettre en question leur valeur, c'est-à-dire, dans une perspective inspirée de la généalogie nietzschéenne, de nous demander si certaines normes n'ont pas une signification pathologique. Ce qui nous conduit derechef à rechercher un critère du pathologique comme tel.

D'une manière générale, qui s'interroge d'un point de vue *ontique* sur l'origine des normes dans notre société découvre diverses autorités spirituelles au sens large, aussi bien religieuses, scientifiques que politiques, qui ne cessent d'élaborer, parfois de manière divergente voire contradictoire, des normes juridiques, médicales, éthico-religieuses, esthétiques, linguistiques qui organisent la vie sociale. Cependant et paradoxalement, bien que ces pouvoirs normatifs soient aisément identifiables, les normes sociales en vigueur n'en restent pas moins fondamentalement anonymes. Sans doute, comme peut l'établir une enquête rigoureuse, sont-elles élaborées par telle ou telle institution, pensons par exemple à l'Académie française et à son rôle vis-à-vis de la langue française, mais ce qui importe et ce qui les constitue véritablement en tant que normes sociales, c'est qu'elles s'imposent au plus grand nombre sans qu'on sache toujours exactement comment et pourquoi. L'historien, par exemple, constate que l'internement dans des maisons strictement réservées aux fous commence à se pratiquer régulièrement au XVIIIe siècle et que « les frères de Picpus ont une maison de ce genre », de même que les Observantins à Manosque [1]. Cependant le phénomène dépasse largement ces cas singuliers qui témoignent d'un nouveau partage en vertu duquel, désormais, la folie se trouve isolée au sein de la déraison.

Mieux : au sein de la déraison, *on* isole désormais la folie. En d'autres termes, derrière les auteurs putatifs d'une norme, se profile la structure

1. M. Foucault, *Histoire de la folie à l'âge classique*, Paris, Gallimard, 1972, p. 404.

existentiale du « on » : obéir à une norme signifie se conduire comme *on* doit se conduire [1]. Ainsi, comme le rappelle Heidegger dans *Être et temps* à propos de la dictature du « on » (*das Man*) en tant que modalité de l'être-avec (*Mitsein*), ce qui est souvent appelé de manière vague le « conformisme » est inscrit dans l'être même du *Dasein* et, vivant sous l'emprise du « on », le *Dasein* est préoccupé non seulement de se conformer aux normes sociales mais en outre d'être-dans-la-moyenne (*Durchschnittlichkeit*). Heidegger écrit : « on se maintient dans la moyenne de ce qui est comme il faut, de ce qu'on vante et de ce qu'on déprécie, de ce à quoi on promet le succès et de ce à quoi on le dénie [2] ». Il est alors tentant d'assimiler le normal à ce qui est dans la moyenne de sorte que le morbide se confond avec l'anormal, au sens de ce qui présente un écart par rapport à la moyenne.

Cette conception statistique du normal dont la possibilité repose sur la déchéance du *Dasein*, et que l'on retrouve dans l'esthétique kantienne avec le concept d'idée-norme (*Normal-Idee*) [3], ne saurait évidemment servir de fondement à une détermination scientifique du pathologique. Il suffit pour s'en convaincre de comprendre qu'elle ouvre la porte au relativisme, au sens d'une interchangeabilité de droit du normal et du pathologique. C'est ce que Eugène Ionesco illustrait en 1959 avec sa pièce *Rhinocéros* : il suffit que la majorité des hommes deviennent des rhinocéros pour que l'exception devienne la règle et que l'homme-rhinocéros représente la norme [4]. Surtout, elle conduirait à tenir une longévité exceptionnelle, qui présente donc un écart important avec l'âge moyen du décès, pour un phénomène pathologique et Fontenelle, qui mourut presque centenaire en 1657, pour un grand malade. D'un point de vue psychopathologique, cette conception conduit à réserver le qualificatif normal à la médiocrité et à tenir le génie pour un phénomène pathologique assimilable à la folie. Comme l'écrit Karl Jaspers, si on établit la normalité à partir de l'aptitude

1. Pour G. Canguilhem, conformément à sa philosophie de la vie d'inspiration nietzschéenne, la normativité essentielle à la conscience humaine résulte de la vie qui est « une activité normative et qui institue des normes ». G. Canguilhem, *La connaissance de la vie*, p. 77.

2. M. Heidegger, *Etre et temps*, § 27, p. 169 *sq.*

3. « Ce pourquoi le nègre doit nécessairement posséder, sous ces conditions empiriques, une autre Idée-norme de la beauté de la forme que le blanc, le Chinois que l'Européen », Kant, *Critique de la faculté de juger*, trad. fr. A. Renaut, Paris, GF-Flammarion, 1995, § 17, p. 213 ; trad. fr. A. Philonenko, Paris, Vrin, 1993, p. 75.

4. « Daisy : « Après tout, c'est peut-être nous qui avons besoin d'être sauvés. C'est nous, peut-être, les anormaux », E. Ionesco, *Rhinocéros*, Paris, Gallimard, 1992, p. 237.

moyenne des individus, alors « être normal, c'est être un peu pauvre d'esprit » [1].

On croira peut-être pouvoir sortir de l'embarras en assimilant le normal non plus à un type statistiquement et donc empiriquement défini, mais à un type idéal, à une sorte d'idée immuable, transhistorique, transculturelle, de ce que devrait être l'existence humaine. Cependant, on voit tout de suite la difficulté d'une semblable ambition qui suppose la possibilité de fixer *a priori* un type idéal indépendamment des stéréotypes d'une culture et d'une époque. Or comment parvenir sérieusement et en toute rigueur à déterminer une telle Idée de l'homme et de son existence ? Il semble bien plutôt que l'on doive admettre qu'il y a mille et une façons de vivre, et que l'humanité se distingue précisément par cette plasticité, cette créativité de modes de vie toujours nouveaux, qu'il serait absurde de tenir d'emblée pour pathologiques. En outre, on peut s'interroger sur la vérité d'un tel type idéal auquel nulle existence réelle ne correspond. Dans ce cas, comme le souligne Canguilhem, la réalité est hors du type et comme étrangère à cet idéal normatif de telle sorte que les individus apparaissent comme autant d'accidents voire d'échecs [2]. Et la distance qui sépare les hommes de l'Idée d'homme fixe le degré d'une anormalité généralisée. Avant d'en arriver à de telles extrémités, il semble préférable de repartir des hommes réels, de leurs vécus, et de saisir leur existence conformément à l'infinie diversité de ses modalités.

Dès lors, faute de mieux, on peut vouloir opposer le normal et le pathologique à partir du critère semble-t-il difficilement contestable de la souffrance qui, bien souvent, pousse les malades à consulter un médecin. L'étymologie grecque du mot *pathos* rappelle au besoin qu'être malade signifie souffrir et que l'absence de souffrance, le bien être sont au contraire des signes sensibles de la santé. De fait, dans bien des cas, la maladie se manifeste par des crises de larmes, une insupportable angoisse ou par un profond sentiment de culpabilité auxquels le sujet ne sait comment se soustraire, à la différence de l'homme en bonne santé qui a toujours la possibilité de se divertir. Dans sa *Philosophie de la santé*, Hans-Georg Gadamer accorde une importance toute particulière à cette dimension pathique de la santé et de la maladie en remarquant que la santé est quelque chose que l'on ne ressent absolument pas, qu'elle se traduit par un oubli de soi-même alors que la maladie s'accompagne d'un

1. Aussi cet auteur refuse-il de donner un fondement rationnel rigoureux à la notion de maladie : « Le jugement « malade » dans sa généralité ne signifie donc rien du tout dans le domaine du psychique, car le terme comprend à la fois l'idiot et le génie, il comprend tous les hommes », K. Jaspers, *Psychopathologie générale*, p. 27-28.

2. G. Canguilhem, *La connaissance de la vie*, p. 157-158.

vif sentiment de déficience : quelque part, ça cloche [1]. C'est l'occasion de rappeler le mot du physiologiste français, René Leriche, qui assimilait la santé au « silence des organes ».

Cependant, on sait bien qu'il n'est pas toujours possible de se fier au malade qui ne se reconnaît pas nécessairement comme tel. En vérité, la souffrance ou son absence ne sauraient passer pour des signes incontestables de la maladie ou de la santé. Nous savons que la conscience de la maladie est en psychiatrie éminemment problématique. D'une part, toute souffrance n'est pas nécessairement pathologique, qu'il s'agisse d'une blessure d'amour propre, d'un deuil ou d'une séparation, et il y a inversement une insensibilité ou une indifférence pathologique : pensons, par exemple, à l'asthénie affective et à l'incapacité d'être triste du mélancolique [2]. Dans une perspective analogue, que penserions-nous d'un homme qui ignorerait l'angoisse, le remords, le trac ou encore la déception d'être éconduit ? D'autre part, comme le souligne Gadamer, « une bonne partie des maladies de l'âme reposent sur l'absence de tout sentiment de la maladie ou, en tout cas, sur le fait que ce sentiment est nié avec raideur » [3]. En d'autres termes, non seulement le malade n'est pas nécessairement conscient de l'être – Gadamer rappelle que le psychiatre Zutt définit les formes extrêmes de la démence par l'absence de toute conscience de la maladie [4] – mais en outre l'occultation de la maladie, sa dénégation, fait parfois elle-même partie de la maladie.

Psychiatrie du symptôme et psychiatrie du phénomène

À vrai dire, les difficultés que nous rencontrons à distinguer le normal et le pathologique reposent tout à la fois sur une confusion malheureuse et une conception contestable de la maladie. Comme nous allons le voir, il convient, d'une part, de briser cette association de l'anormal et du pathologique et de rappeler que le normal s'oppose non au pathologique mais à l'anormal, et que l'anormal n'est pas nécessairement le pathologique [5].

1. H. G. Gadamer, *Philosophie de la santé*, trad. fr. M. Dautrey, Paris, Grasset, 1998, p. 122. Du reste, le médecin allemand commence habituellement par demander à son patient : « *Na, wo fehlt's denn ?* » ce qui, traduit littéralement, signifie : « alors, où est-ce que cela manque ? ».

2. A. Tatossian, *Phénoménologie des psychoses*, p. 54.

3. H. G. Gadamer, *Philosophie de la santé*, p. 169.

4. Cité par H. G. Gadamer, *Philosophie de la santé*, p. 62.

5. K. Jasper distingue nettement l'un et l'autre à propos de la jalousie dans son essai sur Strindberg : « Il y a des jaloux qui se laissent emporter dans leurs inventions et dans leurs actes jusqu'à se conduire comme des malades [pensons au personnage de Maurice Martineau, interprété par Bernard Blier, dans *Quai des orfèvres* de H.-G. Clouzot] sans l'être positivement.

De se défaire, d'autre part, d'une conception « symptômale » de la maladie au profit d'une conception proprement phénoménologique.

L'anormal se comprend en deux sens distincts : l'anormal au sens sociologique et l'a-normal entendu rigoureusement, conformément à son étymologie, comme l'absence de norme. Par suite, quelle que soit son acception, l'anormal ne se confond pas avec le pathologique. Dans une société donnée, une conduite tenue pour déviante n'est pas nécessairement pathologique, et il faut distinguer ce qui est sociologiquement anormal car contraire aux normes anonymes d'une société donnée, et ce qui est proprement pathologique car en opposition à la santé. Ainsi, les conduites sexuelles minoritaires telles que la pédérastie dans la Grèce antique ou la vie errante du vagabond dans une société sédentaire n'ont rien d'intrinsèquement pathologique [1]. Inversement, un comportement peut être indemne de toute déviance et n'en être pas moins pathologique [2]. Tel est le cas par excellence de la mélancolie. Comme le souligne Tellenbach dans sa description du *typus melancholicus*, il y a dans ce cas une normalité pathologique caractérisée par la suridentification du malade à ses rôles sociaux, professionnels ou familiaux. Le mélancolique est, pourrait-on dire, un employé modèle, un père de famille exemplaire, un contribuable irréprochable qui craint inlassablement d'être en faute et dont la conduite témoigne d'une hypernormalité [3]. Mais celle-ci, en dépit de sa valorisation sociale, est bien pathologique dans la mesure où elle est soumission sans distance, sans liberté, aux normes sociales sur lesquelles le mélancolique prend appui pour se donner une identité chosique [4].

En ce qui concerne l'a-normal compris comme absence de norme, il n'est pas non plus possible de l'assimiler au pathologique, s'il est vrai, comme le souligne Canguilhem, que le pathologique ne correspond pas à une absence de norme mais à d'autres normes. Autrement dit, la maladie

Ce sont des anormaux chez qui il n'y a pas de processus ; ils peuvent devenir jaloux en tout temps et de toute femme qui leur tient à cœur, mais chaque fois, les circonstances, leur expérience particulière et tout leur caractère rendent la chose explicable. Il est autrement pour des malades dont la jalousie relève d'un processus », K. Jaspers, *Strindberg et Van Gogh*, trad. fr. H. Naef, Paris, Minuit, 1953, p. 62.

1. Présentation et traduction du *Banquet* par L. Brisson, Platon, *Le Banquet*, Paris, GF-Flammarion, 2016, p. 55 *sq.* ; A. Tatossian, *Psychiatrie phénoménologique*, p. 132.

2. *Ibid.*, p. 178.

3. H. Tellenbach, *La mélancolie* ; A. Kraus, *Sozialverhalten und Psychose Manisch-Depressiver*, Stuttgart, Enke, 1977 ; A. Tatossian, *Phénoménologie des psychoses*, p. 19 et p. 84.

4. De même, le délinquant ou le criminel n'est pas nécessairement un fou ou un malade, comme le reconnaît à sa manière notre droit pénal qui, dans certaines circonstances, demande au psychiatre le secours de son expertise. Article 122-1 du Code pénal, loi du 22 juillet 1992, F. Desportes, F. Le Gunehec, *Droit pénal général*, Paris, Economica, 2001, p. 575 *sq.*

n'est pas en toute rigueur a-normale mais réglée par des normes qui interdisent au sujet de poursuivre avec assurance et aisance le genre de vie qui était auparavant le sien. Canguilhem en conclut : « Nous ne pouvons pas dire que le concept de "pathologique" soit le contradictoire logique du concept de "normal", car la vie à l'état pathologique n'est pas absence de normes mais présence d'autres normes. En toute rigueur, "pathologique" est le contraire vital de "sain" et non le contradictoire logique de normal » [1]. Laissant de côté les questions que soulève l'opposition du normal et de l'anormal, nous allons désormais privilégier la distinction du sain et du pathologique, de la santé et de la maladie.

Mais il convient de noter, auparavant, que les difficultés rencontrées dans la démarcation du pathologique résultent d'une conception abstraite de la maladie qui est assimilée à une puissance souterraine maléfique, que manifestent des signes extérieurs ou symptômes qui sont appréhendés indépendamment du monde dans lequel ils se manifestent. À rebours, il y a d'un point de vue phénoménologique une évidence de la maladie qui n'est rien de caché parce qu'elle est un pur phénomène dont il revient au psychiatre d'établir la signification en tenant compte du contexte de son apparaître [2]. Deux exemples, empruntés à Binswanger, permettent d'illustrer cette thèse. Le premier a déjà été évoqué : il s'agit d'un père européen qui offre pour Noël à sa fille atteinte d'un cancer un cercueil. Son geste ne saurait évidemment avoir la même signification que celle du fils chinois dont le cadeau s'inscrit dans une tout autre culture [3]. En raison de sa distorsion (*Verschrobenheit*), la conduite de ce père présente une signification manifestement pathologique. À l'opposé, il serait dépourvu de sens de tenir pour schizophrène le père Gracian (1601-1658) qui, nous rapporte Binswanger, découpe le mot espagnol DIOS pour en tirer de

1. G. Canguilhem, *La connaissance de la vie*, p. 166. *Cf.* également, L. Binswanger, *Sur la fuite des idées*, trad. fr. M. Dupuis, Grenoble, Jérôme Millon, 2000, p. 149.

2. Cette notion étant ici comprise phénoménologiquement à partir de son sens grec, c'est-à-dire comme ce qui se montre et ce dont la signification relève d'une explicitation (*Auslegung*), M. Heidegger, *Être et temps*, § 7a.

3. L. Binswanger, *Trois formes manquées de la présence*, p. 60. Dans une perspective analogue, Blankenburg donne cet exemple : « Lorsque un paysan de la Forêt-Noire s'imagine que le "Malin" est dans l'étable et cherche même à le surprendre en l'épiant, il reste ainsi dans le cadre du monde du vivre intersubjectivement constitué de son entourage et d'un point de vue psychiatrique il est normal. Mais quand son fils voit, dans une grotte, la figure d'une madone se mouvoir et "faire le plein" d'eau avec l'idée délirante que l'eau se transformera en essence, alors le paysan l'amène à la clinique comme malade mental ». Il en conclut que « Les contenus de représentation comme tels ne permettent guère selon les circonstances de voir la différence ; ce n'est que la connaissance exacte de leur enracinement ou plutôt de leur origine dans le monde-du-vivre intersubjectivement constitué qui rend visible cette différence », W. Blankeburg, *La perte de l'évidence naturelle*, p. 197.

multiples enseignements théologiques conformes à la linguistique de son temps. Si la démarche de ce jésuite peut rappeler la manière dont Lola Voss décompose et interprète le mot « baston », cela ne nous autorise pas à confondre le maniérisme schizophrénique de cette dernière avec les spéculations théologico-linguistiques du père jésuite : ce serait faire abstraction, comme l'écrit L. Binswanger, « du projet de monde propre à l'existence chrétienne ainsi que de sa théorie du langage » [1]. Ce n'est donc qu'en saisissant la signification globale d'une conduite à partir du contexte spirituel dans lequel elle s'inscrit, qu'il est possible de décider de son caractère pathologique ou non. C'est pourquoi il est *anachronique* d'assimiler immédiatement les voix de Jeanne d'Arc à une hallucination auditive ou les stigmates de saint François d'Assise à un quelconque phénomène pathologique.

Ainsi, à une psychiatrie du symptôme, on peut opposer une psychiatrie à la fois phénoménologique et herméneutique : tandis que celle-ci envisage la maladie comme un phénomène qui s'offre à la description et dont il est possible d'établir la signification, celle-là tient la maladie pour une réalité dissimulée qui ne se donne qu'à travers des symptômes et qui échappe en tant que telle à l'intuition. L'importance pour notre propos de cette distinction s'impose dès que l'on constate avec Tatossian que « l'hypothèse du relativisme culturel n'atteint et ne met en danger que la psychiatrie du symptôme » [2] et, à l'inverse, qu'elle n'inquiète nullement une psychiatrie qui interroge le *phénomène* pathologique. En effet, la psychiatrie du symptôme s'en tient aux comportements matériels extérieurement observables, compris comme effet d'une maladie cachée et en tant que tel inaccessible. Par suite, les hallucinations d'un malade occidental et celles d'un Indien des Plaines sont un seul et même symptôme de telle sorte qu'une telle psychiatrie échoue à distinguer ce qui est normal dans une culture déterminée et ce qui est pathologique dans une autre. À l'opposé, une phénoménologie psychiatrique prend en compte le vécu du patient et la signification de sa conduite à partir de l'horizon culturel qui est le sien.

Dans ce cadre, il est alors possible de déterminer si une conduite ainsi que le mode d'existence dans lequel elle s'inscrit doivent être tenus ou non pour pathologiques. Car le pathologique, indépendamment de sa signification sociale, présente une signification existentielle fondamentale. En effet, diagnostiquer un état pathologique ne consiste pas tant à lui

1. W. Blankeburg, *La perte de l'évidence naturelle*, p. 165.
2. A. Tatossian, *Psychiatrie phénoménologique*, p. 132.

accoler une étiquette en fonction d'une nosographie toujours discutable, qu'à déterminer dans quelle mesure le mode d'existence en question s'impose et limite voire abolit la liberté du malade. « Il y a pathologie, nous dit Tatossian reprenant une définition donnée par Blankenburg, là et là seulement où il y a perte ou limitation de la liberté du sujet à l'égard de ce qu'il fait, sent ou dit » [1]. Le mélancolique ne peut pas ne pas être un employé ponctuel ou un mari fidèle, et si le mérite se mesure à la force déployée pour surmonter une inclination opposée au devoir, la fidélité ou la ponctualité du mélancolique en est totalement dépourvue. De même, un paranoïaque comme Strindberg ne peut pas ne pas soupçonner les autres, et c'est bien un mode d'existence pathologique que Gustave Flaubert évoque dans sa lettre à Louise du 9 août 1846 lorsqu'il écrit à propos de lui-même : « je marchais avec la rectitude d'un système particulier fait pour un cas spécial ». Pour Jean-Paul Sartre, l'idiot de la famille *alias* l'auteur de *Madame Bovary* dévoile ici le noyau de sa névrose en tant que système ou réaction de défense, inventé par et pour lui-même, et dont il est le captif [2].

On objectera peut-être qu'une telle définition du pathologique est bien peu scientifique et bien trop métaphysique. Mais, à nouveau et à rebours de son interprétation kantienne, il ne faut pas faire de la liberté on ne sait quelle dimension cachée (nouménale) de l'existence. De ce point de vue, la liberté n'est rien de métaphysique s'il est vrai que, comme l'écrit Tatossian, « la liberté, cela se perçoit » [3]. En d'autres termes, à moins d'être de mauvaise foi au sens sartrien du terme, chacun a conscience de sa liberté comme des limites de sa liberté, qui sont également manifestes pour autrui. En ce sens, un malade est bien ce qu'on appelait autrefois un aliéné, c'est-à-dire un être qui ne s'appartient plus car en proie à l'Autre – qu'on se gardera ici d'assimiler à l'inconscient freudien et qui n'est autre que sa maladie. Ce qui caractérise le malade, c'est qu'il n'a pas le choix de son mode d'existence ou, plus exactement, qu'il dispose d'un choix dont l'amplitude varie selon la gravité de son état. Tandis qu'à la santé s'offre un monde riche en possibilités, c'est, au contraire, dans le cadre d'une existence aux possibilités réduites que le malade est condamné à se projeter.

1. *Ibid.*, p. 178. Il va de soi que ni la haine ni la colère ni les larmes ne sont en tant qu'émotions des conduites pathologiques à moins qu'elles ne s'installent définitivement, comme dans le cas du deuil dit précisément pathologique, et deviennent un mode d'existence.

2. J.-P. Sartre, *L'idiot de la famille*, Paris, Gallimard, 1970, t. 1, p. 181.

3. A. Tatossian, *Psychiatrie phénoménologique*, p. 209.

Conclusion

Pour Minkowski si tous les hommes étaient fous, ils n'en seraient pas moins fous [1]. Aussi Minkowski rejette-t-il cette forme de relativisme qu'induit une conception statistique de la maladie : l'opposition du normal et du pathologique est indépendante du nombre des malades. Mais il convient, en outre, de dissocier le normal et le pathologique afin d'opposer une fois pour toutes le normal à l'anormal et la santé à la maladie. Un comportement dit normal, parce que se situant sociologiquement dans la moyenne, peut être pathologique et, inversement, un comportement dit anormal, au sens de déviant, n'être pas pathologique. Car la santé et la maladie dans le domaine des conduites humaines ne sont pas une affaire de normes sociales, de normes statistiques ou idéales mais avant tout de liberté et d'aliénation dans monde plus ou moins riche en possibilités. De ce point de vue, il est souhaitable que le diagnostic de la maladie ne soit pas le masque d'un verdict normatif, et que les psychiatres, soucieux avant tout de la santé de leurs patients, n'oublient pas de s'interroger quant au caractère soi-disant pathologique de certains comportements – pensons à l'homosexualité ou encore à la hantise de l'onanisme – dont la condamnation en vérité ne relève pas de la médecine.

Cette caractérisation existentielle de la maladie peut-être étoffée à l'aide de la notion antique d'équilibre. En effet, si les maladies dites mentales sont avant tout des pathologies de la liberté, elles se présentent également comme des troubles de l'équilibre. Non pas tant au sens hippocratique de la théorie des humeurs qu'au sens métaphorique du vacillement et de la chute. En d'autres termes, est malade celui dont la capacité à rester debout est mis à mal, au point de s'effondrer s'il ne bénéficie pas du secours d'autrui. Il fut un temps, du reste, où on qualifiait certains malades de « déséquilibrés ». Mais on peut également comprendre cette notion d'équilibre à partir des réflexions de H. G. Gadamer sur la santé, la maladie et la guérison comme rétablissement d'un équilibre perturbé. Ledit équilibre concerne les différents aspects de l'existence comme le travail, le sommeil, l'alimentation, la réflexion mais se rapporte fondamentalement à deux dimensions de notre être entre lesquelles nous

1. « A la place de la formule proposée sur le plan statistique : si tous les hommes étaient fous, la folie serait un événement normal : si tel était le cas – simple fiction évidemment – ils seraient bel et bien tous fous, car il ne saurait en être autrement », E. Minkowski, *Traité de psychopathologie*, Le Plessis-Robinson, Institut Synthélabo, 1999, p. 78 ; A. Tatossian, *Phénoménologie des psychoses*, p. 19.

devons tenter de maintenir l'équilibre : « notre *animalitas* et ce à quoi nous reconnaissons notre vocation d'être humain » [1].

Nous retrouvons, pour une part, cette conception de la santé et de la maladie sous la plume de Binswanger [2]. Reprenant la conception heideggérienne de la liberté selon laquelle, le *Dasein* est un être-libre et l'authenticité son pouvoir-être le plus propre [3], Binswanger caractérise alors la psychose comme chute hors du « pouvoir-être-soi authentique et libre » [4]. Dans cette même page, Binswanger explique que la malade, Lola Voss, est assujettie à un projet de monde qu'il compare à un étau enserrant l'existence de la malade et qui restreint ses possibilités d'être au point qu'elle ne peut plus être elle-même. En outre, Binswanger fait sienne à sa manière la notion d'équilibre ou plutôt de déséqulibre lorsqu'il décrit le fourvoiement présomptueux (*Verstiegenheit*) dans la schizophrénie. Il prend l'exemple de Solness le bâtisseur, ce personnage du dramaturge norvégien Henik Ibsen, dont l'existence est dominée par une forme de *disproportion* anthropologique, c'est-à-dire « un rapport déséquilibré » entre la hauteur et l'étendue, entre des aspirations et les moyens de les réaliser. Schizophrène, Solness est ainsi *bloqué* dans les hauteurs. Sa présomption pathologique lui a retiré la libre possibilité de redescendre comme de s'élever progressivement, de manière équilibrée [5]. Ce serait donc à partir de l'intuition de la liberté ou plutôt de son absence dans une existence déséquilibrée, que le psychiatre peut décider de son caractère pathologique.

Enfin la maladie se manifeste également pour Binswanger par le retrait hors de ce qu'il appelle – selon une conception plus husserlienne que heideggérienne du monde – le monde commun (*koinos cosmos*) au profit d'un monde privé (*idios cosmos*). Sans doute ce retrait prend-il des formes bien différentes selon les malades mais tous éprouvent une difficulté à être avec les autres, à nouer des relations, à collaborer, à partager les joies et les peines, etc. Dans cette perspective, Binswanger fait sienne le parallèle qu'il attribue à Héraclite [6] entre la veille et le sommeil (le rêve)

1. H. G. Gadamer, *Philosophie de la santé*, p. 70.

2. C. Abettan, *Phénoménologie et psychiatrie. Heidegger, Binswanger, Maldiney*, p. 223-235.

3. M. Heidegger, *Être et temps*, § 41.

4. L. Binswanger, *Le cas Lola Voss*, p. 41.

5. L. Binswanger, *Trois formes manquées de la présence*, p. 24-5. J. Chamond, « Binswanger et la juste proportion anthropologique », dans B. Leroy-Viémon (éd.), *Binswanger*, Argenteuil, Le Cercle Herméneutique, 2011, p. 250.

6. L. Binswanger, « L'appréhension héraclitéenne de l'homme », *Introduction à l'analyse existentielle*, p. 178.

d'une part et le monde commun et le monde privé d'autre part, et affirme dans son prolongement : « il y a des moments où l'homme doit décider s'il veut garder sa pensée individuelle, sont "théâtre privé" comme dit un malade, son arrogance, son orgueil et son défi ou bien si, entre les mains du médecin, médiateur initié entre le monde particulier et le monde en général, entre l'illusion et la vérité, l'homme veut bien s'éveiller de son rêve et prendre part à la vie universelle, au *koinos cosmos* » [1]. En d'autres termes, la guérison passe pour Binswanger par un abandon de cette scène privée, proche du rêve, dont le malade est l'unique spectateur et qui le maintient à distance de ce qu'on pense comme de ce qu'on dit et fait [2].

1. L. Binswanger, « Le rêve et l'existence », *Introduction à l'analyse existentielle*, p. 221.

2. On remarquera peut-être que pour élucider les concepts de santé et de maladie nous nous sommes gardé d'assimiler mécaniquement la santé à l'authenticité (*Eigentlichkeit*) et la maladie à l'inauthenticité (*Uneigentlichkeit*). En effet, même s'il arrive à Binswanger d'assimiler le mode d'être de ses malades à un mode d'existence inauthentique, il souligne à propos de Lola Voss l'inadéquation du concept d'authenticité. Dans ce cas, écrit-il, « le *Dasein* est "emporté" de-ci de-là d'une tout autre manière que dans l'être-On. Il ne s'en va pas dans un bavardage public, dans la curiosité et l'équivoque de la simple opinion ». Dans une perspective analogue, Blankenburg soutient que le psychiatre « a moins affaire avec l'alternative de l'authenticité et de l'inauthenticité qu'avec le fond et le sol que cette alternative présuppose ». L. Binswanger, *Le cas Lola Voss*, p. 50 ; L. Blankenburg, *La perte de l'évidence naturelle*, p. 118 ; C. Abettan, *Phénoménologie et psychiatrie. Heidegger, Binswanger, Maldiney*, p. 237 *sq*.

CHAPITRE II

NÉVROSE TRAUMATIQUE, SCHIZOPHRÉNIE, MÉLANCOLIE

DE LA FOLIE COMME POSSIBILITÉ ET COMME ÉVÉNEMENT

Deux siècles après Philippe Pinel ne serait-il pas temps de renoncer à cette notion – « courante, équivoque, empruntée à un fond incontrôlable », comme l'écrit Jacques Derrida [1] – de folie ? De nos jours, faut-il le rappeler ?, les hôpitaux accueillent et les psychiatres soignent des mélancoliques, des bipolaires, des schizophrènes, des dépressifs, des paranoïaques, etc. mais des fous, jamais. Pourquoi alors reprendre ce terme si peu scientifique ? Il semble que ce retour « en grâce » d'un terme qui veut tout dire et ne rien dire, tienne pour une bonne part à Michel Foucault et son *Histoire de la folie*. En effet, n'est-ce pas Foucault qui, d'une certaine manière, réhabilite la notion au nom d'une conception « antipsychiatrique » de la folie ? De son côté, Maldiney publie en 1991, soit trente ans après l'*Histoire de la folie*, un ouvrage intitulé, *Penser l'homme et la folie*, reprenant à son tour ce concept de folie. Mais s'agit-il bien du même concept ? Maldiney cite rarement l'œuvre de Foucault – dont il est l'aîné de plus d'une dizaine d'années [2] – et Foucault plus rarement encore celle de Maldiney [3]. Les deux hommes sont, de fait, restés à distance l'un de l'autre alors même que, sans parler de l'importance de Heidegger pour la pensée de l'un comme de l'autre, ils partagèrent un intérêt commun pour Binswanger et l'analyse existentielle [4].

1. J. Derrida, « *Cogito* et histoire de la folie », *L'écriture et la différence*, Seuil, 1967, p. 66.

2. Henri Maldiney est né en 1912 et Michel Foucault en 1926. Il y a donc entre eux un écart de quatorze ans.

3. Notre enquête est loin d'être exhaustive et nous n'avons consulté à vrai dire que l'index des noms de personnes des quatre volumes des *Dits et écrits*, M. Foucault, *Dits et écrits*, Paris, Gallimard, 1994.

4. *Cf.* E. Basso, *Michel Foucault e la Daseinsanalyse : un'indagine metodologica*, Milano, Mimesis, 2007.

A notre connaissance, Maldiney salue au moins une fois l'œuvre de Foucault. Il écrit au début de *Penser l'homme et la folie* : « Nous osons dire d'abord que si l'attitude phénoménologique avait prévalu en psychiatrie, l'anti-psychiatrie ne serait pas née. Celle-ci, pour se motiver, ne saurait trouver meilleure formule que cette phrase de Michel Foucault : « exclu au nom de la raison, le fou à notre époque est aliéné par la psychiatrie qui confirme son étrangeté et la codifie » [1]. En d'autres termes, Maldiney fait sienne la critique de la psychiatrie par l'antipsychiatrie mais, à la différence de Foucault, c'est au nom d'une autre psychiatrie *alias* la psychiatrie phénoménologique. Ainsi, nous voudrions montrer comment Maldiney, tout en se démarquant d'une certaine psychiatrie qu'il dénomme « la psychiatrie scientifique classique » [2], développe une conception phénoménologique de la folie. Dans cette perspective, Maldiney soutient que la folie est pour l'homme une possibilité « sans laquelle il ne serait pas ce qu'il est » [3]. Qu'est-ce à dire ? Serions-nous tous susceptible de sombrer un jour ou l'autre dans la folie ? Quelle est cette folie qui nous guette et que Maldiney tient pour constitutive de notre être ? Après avoir exposé la manière dont Foucault envisage la folie dans son *Histoire de la folie*, nous verrons en quel sens la folie pour Maldiney est aussi bien une possibilité qu'un événement *et* une absence d'événement qui échappent au principe de raison.

« Mais quoi ? ce sont des fous… »

Une controverse philosophique opposa en son temps Foucault, l'auteur en 1961 de *Folie et Déraison. Histoire de la folie à l'âge classique*, et Jacques Derrida. Dans une conférence de 1963, ce dernier entreprend une lecture critique de l'ouvrage – « à tant d'égards admirable » – de Foucault et, notamment, son interprétation d'un passage célèbre de la première des *Méditations métaphysiques* de Descartes [4] que nous avons déjà eu l'occasion de citer. Il s'agit de la place de la folie dans le doute méthodique de la première des *Méditations métaphysiques*.

1. H. Maldiney, *Penser l'homme et la folie*, Grenoble, Jérôme Millon, 1991, p. 8.

2. Psychiatrie qui considère le malade comme une « épithèse » de la maladie, c'est-à-dire comme ce qui vient s'ajouter de l'extérieur à la maladie et qui est donc superflu pour comprendre la maladie, PHF, p. 9.

3. H. Maldiney, *Regard, Parole, Espace*, Paris, Éditions du Cerf, 2012, p. 273.

4. Cf. *supra*, p. 71. J. Derrida, « *Cogito* et histoire de la folie », p. 51. Michel Foucault a répondu à la critique de Derrida dans un appendice à la deuxième édition de l'*Histoire de la folie*, repris dans M. Foucault, *Dits et écrits*, t. II, 1970-1975, Paris, Gallimard, 1994, p. 245-268 et p. 281-295.

Rappelons tout d'abord les propos de Descartes. S'interrogeant sur la vérité de ses connaissances sensibles, Descartes se demande en effet : « Et comment est-ce que je pourrais nier que ces mains et ce corps-ci soient à moi ? Si ce n'est peut-être que je me compare à ces insensés, de qui le cerveau est tellement troublé et offusqué par les noirs vapeurs de la bile, qu'ils assurent constamment qu'ils sont des rois, lorsqu'il sont très pauvres ; qu'ils sont vêtus d'or et de pourpre, lorsqu'il sont tout nus ; ou s'imaginent être des cruches, ou avoir un corps de verre » [1]. Ainsi Descartes se compare-t-il à ces insensés dont l'esprit ne distingue plus entre le réel et l'irréel et qui tiennent pour réels les objets irréels de leurs souhaits ou de leurs craintes [2]. Notons au passage que cette conception de la folie, en dépit de son recours à l'antique – mais toujours d'actualité au XVIIe siècle – théorie des humeurs, correspond *grosso modo* à la manière dont on se la représente actuellement. En effet, le délire reste le symptôme par excellence de la folie qui trouverait sa source immédiate dans une perturbation de l'activité cérébrale. Remplaçons les noirs vapeurs de la bile par des processus neuronaux et, si l'on peut dire, le tour est joué.

Ce qui ici retient tout particulièrement l'attention de Foucault, c'est le fait que, la comparaison à peine établie, Descartes se reprend immédiatement et ajoute : « Mais quoi, ce sont des fous, et je ne serais pas moins extravagant (*demens*) si je me réglais sur leurs exemples ». Pour Michel Foucault, le geste est sans ambiguïté : Descartes exclut la possibilité même d'être fou : « Ce n'est pas la permanence d'une vérité qui garantit la pensée contre la folie, comme elle lui permettait de se déprendre d'une erreur ou d'émerger d'un songe ; c'est une impossibilité d'être fou, essentielle non à l'objet de la pensée, mais au sujet qui pense » [3]. Ainsi, contrairement à Montaigne qui n'est jamais assuré de ne pas rêver ou de n'être pas fou, à rebours d'un Erasme dont l'*Éloge de la folie* fait la satire de son temps, Descartes exclut la folie du sujet qui doute. Il creuse, ce faisant, un abîme entre raison et déraison. Et cette

1. R. Descartes, *Méditions métaphysiques*, t. II, p. 406.

2. S'appuyant sur les cours de Ferdinand Alquié, Luc Ferry et Alain Renaut rappelle que la folie n'est pas comprise au XVIIe siècle à partir de l'hallucination mais à partir de la prévalence du jugement sur la perception. Ainsi, pour Descartes, le fou est celui qui « préfère croire son jugement, selon lequel par exemple il n'aurait pas de corps, plutôt que ses sens », *La pensée 68*, Paris, Gallimard, 1988, p. 153-154.

3. M. Foucault, *Histoire de la folie à l'âge classique*, Paris, Gallimard, 1972, p. 57. Foucault fait ici allusion à l'argument avancé un peu plus loin : « Car, soit que je veille ou que je dorme, deux et trois joints ensemble formeront toujours le nombre de cinq », Descartes, *Méditations métaphysiques*, p. 408.

décision fait écho au grand renfermement qui s'abat sur la folie à l'âge classique, c'est-à-dire la période qui va de la fin de la Renaissance à la Révolution, et qui met fin à sa libre circulation. Ainsi disparaît avec ce discours l'expérience d'une « Raison déraisonnable et d'une raisonnable Déraison » [1], ou encore la possibilité qu'un sujet pensant puisse être délirant. La folie est désormais réduite à l'autre de la raison ou déraison. Il n'y a plus de confusion possible, et s'annonce le monologue futur de la raison psychiatrique *sur* la folie objectivée, médicalisée et réduite au silence, silence dont Foucault se propose de faire « l'archéo-logie » [2].

Cette thèse ainsi que son interprétation du *cogito* cartésien sont désormais bien connues. C'est, en un sens [3], une machine de guerre contre la psychiatrie et ses psychiatres qui croyaient bien faire en soignant leurs malades et qui, du jour au lendemain, se retrouvèrent sur le banc des accusés [4]. Mais elle est surtout éminemment discutable aussi bien d'un point de vue factuel : on évalue à deux mille personnes le nombre des enfermés en 1660 [5], que d'un point de vue philosophique. Derrida, notamment, s'interroge sur la signification historique du geste cartésien : cette exclusion, si telle est bien sa signification historique, engage-t-elle véritablement son époque, « la structure historique totale », ou demeure-t-elle la décision isolée d'un philosophe [6] ? En outre, on peut s'arrêter sur la signification même de la phrase : « Mais quoi ? ce sont des fous… ». L'analyse rigoureuse de cette objection faussement naïve montre qu'il n'est pas question pour Descartes de donner congé à l'extravagance et à

1. Foucault, *Histoire de la folie à l'âge classique*, p. 58.

2. Il n'est peut-être pas inutile de souligner l'étymologie du terme afin de mieux entendre la question posée par Derrida : devant quel tribunal et quelle Raison la raison classique est-elle sommée de comparaitre ? J. Derrida, « *Cogito* et histoire de la folie », p. 57-59.

3. En un sens : cette réserve s'impose tant il est difficile de savoir dans quelle mesure Foucault fait sienne la *doxa* gauchiste dénonçant aussi bien l'asile que l'école ou la prison, et qu'il qualifie lui-même, dans un entretien de 1977, de « chansonnette antirépressive ». Cependant, lorsqu'on lui demande si « la prison produit des criminels, l'asile d'aliénés, des fous et la clinique, des malades », Foucault répond : « C'est bien cela », L. Ferry, A. Renaut, *La pensée 68*, p. 133 ; M. Foucault, *Dits et écrits*, t. II, p. 393.

4. A l'occasion d'un colloque de l'*Evolution psychiatrique* en 1969, Henri Ey qualifie l'*Histoire de la folie* d'ouvrage « psychiatricide ». *Cf.* D. Eribon, *Michel Foucault*, Paris, Flammarion, 1989, p. 151.

5. Reprenant les travaux de M. Gauchet et de G. Swain, L. Ferry et A. Renaut rappellent que le grand renfermement dont parle Foucault s'est effectivement produit, mais nullement au début de l'âge classique. L'*Histoire de la folie* retient la date de 1656 alors qu'on évalue à deux mille personnes le nombre des enfermés en 1660. Il s'élève à environ cinq mille juste après la Révolution. Il atteindra cent mille en 1914, L. Ferry, A. Renaut, *La pensée 68*, p. 157.

6. J. Derrida, « *Cogito* et histoire de la folie », p. 54.

la folie mais, tout à l'inverse, de lui faire sa place et, grâce à l'argument du rêve, puis du dieu trompeur et enfin du malin génie, de radicaliser l'objection de la folie sous la forme d'une folie totale. De sorte que la certitude du *cogito* reste inébranlable : « Que je sois fou ou non, *Cogito, sum* » [1]. Enfin, on peut se demander quelle conception de la folie en tant que telle, par-delà donc son assimilation à la déraison par la raison, sous-tend le propos de Foucault.

Folie et déraison

D'une manière générale et pour autant qu'il est possible de la cerner, nous trouvons sous la plume de Foucault une conception à la fois antipsychiatrique – au sens large [2] –, et littéraire de la folie [3]. Tout d'abord, il va de soi que la folie, pour Foucault, ne correspond absolument pas à ce que peut en dire l'institution médicale qui en vérité la produit, la défigure et l'exclut. A rebours, il convient d'inclure la folie au cœur de la raison. Ainsi, décrivant l'expérience de la folie mise en place à travers l'internement, Foucault soutient que, désormais, la déraison en tant qu'autre exclusif de la raison a cessé d'être « expérience dans l'aventure de *toute* raison humaine » [4]. La certitude, que le fou n'est plus vous et moi mais l'autre en tant qu'incarnation de la déraison, aurait désormais supplanté l'intimité de la raison et de la déraison. Corrélativement, développant une conception pourrait-on dire « littéraire » de la folie, Foucault découvre chez des auteurs comme Nerval, Hölderlin, Nietzsche, Roussel, Artaud une expérience de la déraison *alias* « l'ivresse du sensible » (Nerval), « le retour à l'immédiat » (Hölderlin), « la douloureuse ironie où s'annonce la solitude du délire » (*Le Neveu de Rameau*), etc. [5]. Ainsi la folie a-t-elle ses héros et ses hérauts, capables d'accueillir ses paroles à peine audibles « mais en les amplifiant jusqu'au cri et à la fureur », « en leur rendant leur primitive sauvagerie » [6]. Mais cette expérience, qui est à la source de leur œuvre, est également au principe de leur anéantissement et la folie

1. *Ibid.*, p. 86.

2. « Car Foucault s'est toujours distancié de l'antipsychiatrie "populaire" », P.-H. Castel, *L'Esprit malade*, Paris, Ithaque, 2009, p. 212.

3. Pour une approche plus approfondie de cette question dans l'ensemble de l'œuvre de Foucault, *cf.* F. Gros, *Foucault et la folie*, Paris, P.U.F., 1997.

4. M. Foucault, *Histoire de la folie à l'âge classique*, p. 118, nous soulignons.

5. *Ibid.*, p. 371

6. *Ibid.*, p. 371 et p. 551.

apparaît alors comme ce qu'elle a toujours été tout au long de l'histoire : du vide, du vain, du rien, en un mot : « absence d'œuvre » [1].

Cette conception de la folie recouvre cependant une ambiguïté fondamentale. En un sens, de la folie on ne peut rien dire puisque, en vertu d'une décision historique, la raison l'aurait réduite au silence et ne cesserait de parler à sa place. De ce point de vue, il ne peut y avoir d'expérience de la folie en tant que telle. C'est pourquoi Foucault parle d'une folie « dont l'état sauvage ne peut jamais être restitué en lui-même » [2]. Cependant, dire que la raison *défigure* la folie, la voile et la dévoile d'un même mouvement, c'est encore poser, à la manière de Rousseau, un état originaire, fût-il inaccessible dans sa pureté primitive [3]. Mais en vérité, comme le souligne Derrida, on retrouve sous la plume de Foucault un « sens invariant de la "folie" », comme si on disposait d'une « pré-compréhension sûre et rigoureuse du concept de folie, de sa définition nominale au moins » [4]. Ou plutôt – car définir la folie comme *hybris* ou absence d'œuvre revient encore à la ressaisir dans l'après coup du partage – comme si on pouvait remonter à cet état antérieur à la décision « qui lie et sépare à la fois raison et folie » et qui ouvre le temps de l'histoire, c'est-à-dire à cette « racine commune » dite « obscure » et qui n'en relève pas moins, à proprement parler, de la pure spéculation. C'est cette conception de la "folie" d'avant la folie, qui conduit Foucault à envisager la "folie" comme « expérience dans l'aventure de *toute* raison humaine » et qui permet d'affirmer sa présence voilée en tout être humain. Ainsi Foucault peut-il ignorer *et* savoir ce qu'est la folie et, par suite, soutenir avec Pascal que « les hommes sont si nécessairement fous

1. M. Foucault, Préface à la première édition de l'*Histoire de la folie*, *Dits et écrits*, t. 1, p. 163 ; *Histoire de la folie à l'âge classique*, p. 555. Dans un texte de 1964, Foucault revient sur « cet étrange voisinage de la folie et de la littérature » et dévoile « l'incompatibilité gémellaire de l'œuvre et de la folie », M. Foucault, *Dits et écrits*, Paris, Gallimard, 1994, t. I, p. 419.

2. M. Foucault, Préface à la première édition de l'*Histoire de la folie*, *Dits et écrits*, t. I, p. 164. J. Derrida, « *Cogito* et histoire de la folie », p. 60.

3. « Semblable à la statue de Glaucus que le temps, la mer et les orages avaient tellement défigurée, qu'elle ressemblait moins à un Dieu qu'à une Bête féroce, l'âme humaine altérée au sein de la société (…) a, pour ainsi dire changé d'apparence au point d'être presque méconnaissable », J.-J. Rousseau, *Discours sur l'origine et les fondements de l'inégalité parmi les hommes*, « Bibliothèque de La Pléiade », t. III, Paris, Gallimard, 1964, p. 122 ; M. Foucault, Préface à la première édition de l'*Histoire de la folie*, *Dits et écrits*, t. 1, p. 164.

4. J. Derrida, « *Cogito* et histoire de la folie », p. 65-66. Mais Derrida lui-même ne prétend-il pas à son tour disposer d'une pré-compréhension sûre et rigoureuse du concept de folie lorsqu'il découvre dans le *cogito* cartésien « cette pointe hyperbolique qui devrait être, comme toute folie pure en général, silencieuse ». Ou encore, lorsqu'il évoque « l'essor et la folie de la réduction husserlienne de la totalité du monde », *ibid.*, p. 89 et p. 93.

que ce serait être fou par un autre tour de folie de n'être pas fou » [1]. Mais, ce faisant, Foucault, après Pascal, après Freud analysant le cas Schreber [2], brouille les frontières et participe à l'effacement de ce qu'on pourrait appeler la différence pathologique.

On peut avancer sans craindre de se tromper que, en reprenant cette notion si problématique de folie [3], alors même qu'elle a perdu depuis longtemps toute signification médicale, Foucault entend précisément tourner le dos à la psychiatrique et à ses recherches nosographiques, qui prolongent les essais de classification des vésanies ou maladies mentales dont Pinel trouvait le modèle dans les traités d'histoire naturelle [4]. C'est pourquoi, tandis que Karl Jaspers diagnostique chez Nietzsche une paralysie générale et se demande par acquis de conscience s'il ne s'agit pas d'une combinaison de schizophrénie et de paralysie [5], Foucault tient Nietzsche comme Van Gogh ou Artaud pour fou et se refuse à aller plus avant. Tout autre est la perspective adoptée par Maldiney qui, non sans raison, n'ignore pas le fossé qui sépare le normal et le pathologique, mieux : la santé et la maladie, même si la démarche phénoménologique exige sa mise hors circuit [6], tout en affirmant que la folie est une possibilité éminemment humaine.

La folie comme possibilité

Le titre de son ouvrage, *Penser l'homme et la folie. A la lumière de l'analyse existentielle et de l'analyse du destin* [7], souligne tout d'abord une évidence qu'il n'est cependant pas inutile de rappeler : la folie, tout comme le chômage ou la tuberculose, n'existe pas en tant que telle, et

1. B. Pascal, *Pensées*, frg 412-414 ; M. Foucault, *Histoire de la folie à l'âge classique*, p. 47.

2. Nous nous permettons de citer à nouveau cette affirmation de Freud : « Il appartient à l'avenir de décider s'il y a plus de délire dans ma théorie (de la *libido*) que je suis prêt à l'admettre ou s'il y a davantage de vérité dans le délire de Schreber qu'on est prêt à le croire », S. Freud, *Cinq psychanalyses*, p. 321.

3. J. Derrida, « *Cogito* et histoire de la folie », p. 66.

4. Dans sa *Nosographie philosophique* de 1798, « Pinel, parmi les vésanies, compte la mélancolie, la manie, la démence et l'idiotisme ; à quoi il ajoute l'hypocondrie, le somnambulisme, et l'hydrophobie », M. Foucault, *Histoire de la folie à l'âge classique*, « Le fou au jardin des espèces », p. 219.

5. K. Jaspers, *Strindberg et Van Gogh*, p. 223.

6. H. Maldiney, *Penser l'homme et la folie*, p. 9

7. Alors que la notion d'analyse existentielle renvoie à Heidegger et à Binswanger, la notion d'analyse du destin ou *Schicksalsanalyse* a été élaborée par Leopold Szondi (1893-1986), médecin d'origine hongroise dont les travaux ont été influencés par Freud et Binswanger et dont Maldiney fut, avec son ami Jacques Schotte (1928-2007), un lecteur attentif. Ce sous-titre témoigne ainsi de la diversité des sources de réflexion de Maldiney.

c'est toujours un homme qui perd son emploi, qui tombe malade ou qui sombre dans la folie [1]. On ne peut donc pas tenter de comprendre la folie sans savoir tout d'abord, ne serait-ce que très grossièrement, « ce que signifie : être un homme » [2]. Et, inversement, serions-nous tenté d'ajouter, on ne peut comprendre ce que signifie être un homme si on ne s'interroge pas aussi sur la folie [3]. Il s'agit donc de penser l'homme et la folie, mieux : de penser la folie comme une possibilité éminemment humaine que nous recevons en partage en tant qu'êtres humains. Ainsi, évoquant la folie d'Ajax dans la pièce éponyme de Sophocle, Maldiney rappelle les paroles d'Ulysse : « Bien qu'Ajax me haïsse, j'aperçois en lui, dans sa folie même, quelque chose de mien » [4]. En d'autres termes, quoique la haine sépare irrémédiablement ces deux figures héroïques de la guerre de Troie, elle ne saurait les rendre absolument étrangères l'une à l'autre, et la folie, passerait-elle aux yeux de certains pour une possibilité abstraite, n'en serait pas moins pour tout être humain une possibilité profondément humaine et concrète [5]. On sait d'ailleurs qu'il est possible de produire expérimentalement des bouffées psychotiques en soumettant des sujets volontaires à des conditions d'isolement sensoriel et on parlait déjà au temps de Kraepelin de « psychoses carcérales » [6].

Contrairement à Foucault, Maldiney donne au concept de folie un sens relativement déterminé qu'il emprunte à la psychiatrie. En effet, la folie renvoie sous sa plume à la psychose et, plus précisément, à ses deux

1. C'est ce que Sartre rappelle à ses contemporains dont le marxisme dégénère en une anthropologie dite « inhumaine ». Il analyse dans cette perspective le slogan de la Pologne communiste : « La tuberculose freine la production ». Animé apparemment des meilleures intentions, l'avertissement relatif aux effets néfastes de la tuberculose sur l'économie n'en élimine pas moins le tuberculeux et lui refuse, comme l'écrit Sartre, « jusqu'au rôle élémentaire de médiateur entre la maladie et le nombre des produits usinés », J.-P. Sartre, *Questions de méthode*, Paris, Gallimard, 1960, p. 246-247.

2. L. Binswanger, *Introduction à l'analyse existentielle*, « Le Rêve et l'existence », exergue de Kierkegaard, p. 199; H. Maldiney, *Penser l'homme et la folie*, p. 294.

3. *Ibid.*, p. 6.

4. *Ibid.*, p. 12.

5. Même si Maldiney fait sienne la formule de Nietzsche, dire que « l'homme est l'animal malade par excellence » est nullement satisfaisant. D'une part, quand bien même la maladie y remplacerait la raison, cette définition de l'homme reconduit à sa manière la conception aristotélicienne de l'homme comme animal raisonnable à laquelle la phénoménologie existentielle s'efforce d'échapper. D'autre part, en affirmant que l'homme est un animal malade, elle présente l'inconvénient d'effacer « la différence pathologique ». C'est pourquoi il nous semble préférable d'envisager l'homme comme un être *vulnérable*, et de nous interroger sur cette possibilité permanente de chute qui l'habite. H. Maldiney, *Penser l'homme et la folie*, p. 300; F. Nietzsche, *Généalogie de la morale*, trad. fr. A. Kremer-Marietti, Paris, Union générale d'éditions, 1974, III, 13, p. 246.

6. P. Jonckheere, *Psychiatrie phénoménologique*, t. 1, p. 129.

figures de l'être-au-monde psychotique que sont le délire schizophrénique et la plainte mélancolique [1]. On peut relire à ce propos la première page du texte « Psychose et présence », qui reprend un article de 1976. Maldiney y oppose, d'un côté, le névrosé et l'homme bien portant « qui disposent, vis-à-vis d'eux-mêmes et des autres, d'un espace de jeu, qui leur permet justement de "jouer le jeu" » ; et, de l'autre, le psychotique qui se distingue par son incapacité à exister. Car la folie *alias* la psychose est, pour Maldiney, une forme de l'existence dominée par l'impossibilité, une forme de l'existence dite « à l'impossible » [2]. Autrement dit, le psychotique est confronté à l'impossibilité d'exister, c'est-à-dire non pas de vivre, encore que le malade puisse parfois être poussé au suicide, mais à l'impossibilité de se projeter dans le monde en fonction de possibilités concrètes. Par exemple, dominé par un idéal inatteignable, le schizophrène est pris entre l'impossibilité de réaliser son idéal, qui est alors une possibilité abstraite, et l'impossibilité d'y renoncer [3]. Le psychotique se retrouve dans la situation – décrite par Binswanger à propos de la présomption – de l'alpiniste « qui s'est fourvoyé dans une mauvaise passe de la paroi rocheuse » et qui ne peut alors ni avancer ni reculer [4].

Avec cette première définition de la folie comme « forme de l'existence à l'impossible », nous avons introduit la notion fondamentale de possibilité à laquelle se trouve étroitement liée celles d'impossibilité et de transpossibilité. Et c'est précisément à partir d'une réflexion approfondie sur le possible que Maldiney en vient à écrire que « La folie est une possibilité de l'homme sans laquelle il ne serait pas ce qu'il est » [5]. La folie n'est donc rien d'étranger ou d'extérieur à l'homme. Cependant, soulignons-le : Maldiney ne dit pas simplement que l'homme a la possibilité de sombrer dans la folie. Mais que la folie est une possibilité « sans laquelle l'homme ne serait pas ce qu'il est ». Autrement dit, la folie, contrairement à la richesse ou à la pauvreté, à la célébrité ou à l'anonymat, est une possibilité fondamentale, mieux : constitutive de l'être de l'homme, même si en toute rigueur elle n'est pas un existential au même titre que l'ouverture à l'être puisqu'elle en est, à la limite, la privation. Dans cette perspective, de même qu'un être immortel pourrait être un dieu mais ne pourrait être un homme, parce

1. H. Maldiney, *Penser l'homme et la folie*, p. 7.
2. *Ibid.*, p. 5.
3. *Ibid.*, p. 6.
4. L. Binswanger, « Le sens anthropologique de la présomption », *Introduction à l'analyse existentielle*, p. 244.
5. H. Maldiney, *Regard, Parole, Espace*, p. 273.

que la mortalité est constitutive de l'être de l'homme, de même un être qui serait absolument étranger à la folie ne serait pas un homme. De manière analogue, les animaux seraient à l'abri de la folie qui semble alors le « privilège » de l'homme. De fait, comme l'écrit Thomas Fuchs, même si on constate parfois chez quelques mammifères supérieurs, à la suite d'une défaite ou d'une exclusion sociale, que l'individu se tient passivement en retrait ou tombe en léthargie, ces états en règle générale ne durent que quelques jours. Psychoses, actes compulsifs, hallucinations ou représentations délirantes ne se produisent pas chez les animaux. La possibilité du suicide, notamment, concerne exclusivement l'être humain. Il en conclut que les animaux vivants en liberté ne connaissent pas de troubles psychiques durables, ce qui plaide en faveur d'une vulnérabilité anthropologique spécifique [1].

Mais afin de mieux comprendre la thèse de Maldiney, il convient – sans remonter jusqu'à Kierkegaard ou Aristote – de rappeler brièvement comment Heidegger réélabore une première fois la notion de possibilité. En effet, Heidegger entend rompre avec une conception traditionnelle de la possibilité, héritée de la logique, qui assimile le possible à l'irréel ou à l'imaginaire et qui le discrédite au nom de la prééminence du réel sur l'irréel ou l'imaginaire. A l'opposé, Heidegger entend rendre toute sa dignité à la possibilité qui, seule, à vrai dire, permet de saisir l'être de l'homme. De ce point de vue, contrairement à la chose qui est dotée d'une nature et qui est ce qu'elle est, l'homme est un être-possible (*Möglichsein*). Ce qui signifie que l'homme *existe* en fonction de possibilités données, de possibilité dans lesquelles il est jeté, et que c'est toujours en fonction de telle ou telle possibilité que l'homme est ce qu'il est. Ainsi la mort ou mortalité est définie par Heidegger comme possibilité de l'impossibilité de l'existence en général ; et à l'homme échoit la possibilité de se fuir, de se masquer son être mortel ou au contraire d'assumer dans l'angoisse l'être mortel qui est le sien [2]. Dans cette perspective la déchéance (*Verfallenheit*) est une possibilité au même titre que l'authenticité (*Eigentlichkeit*), et le possible est le fondement de l'être de l'homme qui est donc défini par Heidegger comme un pouvoir-être (*Seinkönnen*) [3].

1. Th. Fuchs, « Pourquoi y a-t-il des malades mentaux ? Réflexions anthropologiques sur la vulnérabilité » (article à paraître).

2. M. Heidegger, *Être et temps*, § 53, p. 317 ; H. Maldiney, *Penser l'homme et la folie*, p. 393-394.

3. M. Heidegger, *Être et temps*, § 31, p 144. Comme l'écrit Claudia Serban : « Le *Seinkönnen* (pouvoir-être) est la manifestation de ce caractère ontologique de l'existence qu'est l'être-possible, sa *ratio cognoscendi* pour ainsi dire, alors que le *Möglichsein* (être-

Cependant, dire que l'homme peut, dans son être, être ou ne pas être fou demeure encore relativement vague. Il convient alors de préciser à quel type de possibilité la folie correspond. Dans cette perspective, on peut noter tout d'abord que la folie *alias* la psychose se présente comme une altération non pas simplement d'une faculté, la raison, mais du malade au plus profond de son être. Maldiney écrit à ce propos : « Dans la schizophrénie, la défaillance commune de l'être soi et de l'être au monde est celle des deux moments conjugués d'une transcendance dont la déficience implique la leur » [1]. Autrement dit la psychose atteint l'existant jusque dans ses structures les plus fondamentales que sont « l'être soi », « l'être au monde » au point que le malade a perdu jusqu'à son pouvoir-être et sa libre transcendance. Maldiney écrit également : « Sans le dépassement de tout l'étant vers le monde (…) la présence ne peut pas plus se comporter à soi, aux autres et aux choses que ne le peuvent les choses. Seul un Soi qui est au monde à dessein de soi peut se comporter et se rapporter à… » [2]. Nous retrouvons ainsi cette première définition de la folie comme possibilité de l'impossibilité d'exister, qui condamne le soi à un mode d'existence quasi chosique.

Quasi : car il va sans dire que le psychotique n'est pas une chose et ne peut le devenir. Du reste il faudrait sans doute nuancer ces considérations selon le cas à chaque fois singulier du malade et on peut reprocher à Maldiney de privilégier dans sa réflexion les formes les plus extrêmes de la psychose. Quoi qu'il en soit, et afin de mieux la spécifier, on peut confronter la possibilité de la folie à celle de la mort. Car la folie n'est manifestement pas une possibilité du même type que la mort. La mort est une possibilité inscrite dès la naissance dans l'être de l'homme, dont on dit qu'il est toujours « assez vieux pour mourir » [3]. Cependant, même si la mort et la folie demeurent pour beaucoup une possibilité abstraite, reste que la mort est certaine et que tous les hommes sont condamnés à l'assumer d'une manière ou d'une autre, tandis que la folie est incertaine et que nul ne peut affirmer qu'il sera ou ne sera pas un jour frappé par elle. Par ailleurs, la folie en tant que possibilité échappe à la liberté. Ce qui signifie simplement que le fou n'a pas plus choisi d'être fou que d'être mortel. La folie est une possibilité qui, à l'instar de la mort, ressortit à la facticité de l'existence. Mieux : elle semble comme la mort suspendu à

possible) est le caractère d'être lui-même ou, si l'on veut, la *ratio essendi* du pouvoir-être », C. Serban, « Du possible au transpossible », *Philosophie*, N°30, 2016, Paris, Minuit, p. 59.

1. H. Maldiney, *Penser l'homme et la folie*, p. 311-312.

2. *Ibid.*, p. 312.

3. M. Heidegger, *Être et temps*, § 48, p. 299.

ce que les grecs appellent le destin, c'est-à-dire à ce qui nous arrive, nous tombe dessus et auquel il nous faut nous soumettre. C'est ainsi que la folie s'abat sur Héraclès qui, dans la tragédie d'Euripide, en vient à tuer ses propres enfants.

Névroses, psychoses et folie

Afin de préciser ce concept de folie, il convient en outre d'introduire une distinction fondamentale entre psychose et névrose, que l'on comprend bien souvent à partir de la psychanalyse freudienne mais à laquelle il est possible de conférer une signification plus rigoureuse en conjuguant à ce sujet les thèses de Sartre et de Maldiney.

La possibilité de la chute dans la névrose a fait l'objet d'une approche particulièrement remarquable de la part de Jean-Paul Sartre lorsqu'il analyse ce qu'il appelle, dans *L'Idiot de la famille*, « l'option hystérique » ou encore « l'engagement hystérique » de Gustave Flaubert [1]. Sartre cherche en effet à élucider la névrose en se tournant non pas tant du côté de la vie pulsionnelle de l'individu que du côté de son mode d'être au monde. Du point de vue de la psychanalyse existentielle, dont *L'Être et le néant*, jette les fondements, si la névrose est un choix, elle ne saurait être un libre choix, et il s'agit bien plutôt d'un choix forcé ou encore, pour reprendre une formule célèbre, de « l'issue que l'on invente dans les cas désespérés » [2]. Autrement dit la névrose est un mode d'existence que le sujet élabore lui-même parce qu'il y est acculé. Ainsi, au cours des deux années qui suivirent sa crise de 1844, que certains biographes tiennent pour une crise d'épilepsie mais que Sartre rapporte à son option hystérique, Flaubert survit en menant une vie de reclus. Décrivant son mode de vie à sa maîtresse Louise Collet, Flaubert écrit : « Je marchais avec la rectitude d'un système particulier fait pour un cas spécial ». Pour Sartre, cette dernière affirmation nous donne avec une « pénétration surprenante » la définition même de l'aliénation névrotique. En effet, l'existence de Flaubert est désormais assujettie à un ensemble de prescriptions rigoureuses, à commencer par sa séquestration volontaire, auxquelles il ne peut pas ne pas se soumettre [3].

Si nous essayons à présent, à travers le cas Flaubert, de dégager les conditions fondamentales de la névrose, il serait malheureux de se limiter à une approche strictement psychogénétique et de ne prendre en compte

1. J.-P. Sartre, *L'Idiot de la famille*, Paris, Gallimard, 1970-1971, t. 1, p. 176, t. 2, p. 1864.
2. J.-P. Sartre, *Saint Genet comédien et martyr*, Paris, Gallimard, 1952, p. 645.
3. J.-P. Sartre, *L'Idiot de la famille*, t. 1, p. 187 et t. 2, p. 1798.

que les éléments biographiques qui en relèvent : la froide indifférence de sa mère, sa place de frère cadet, ses difficultés à parler, etc. [1] Car, plus fondamentalement, et par-delà certains traits de sa personnalité et de sa liberté, la vulnérabilité névrotique de Flaubert trouve son principe dans le mode d'être qui est le sien. En d'autres termes, comme l'établit déjà *L'Être et le néant*, si l'homme est fragile, vulnérable, si l'indifférence maternelle affecte aussi profondément et durablement Flaubert, c'est parce qu'il est dans son être hanté par un désir d'être dont la satisfaction est rigoureusement impossible. Et c'est ce désir d'être, qui est désir d'échapper à l'injustifiabilité de son être ou quête de l'en-soi-pour-soi, qui est au principe des modes d'existence névrotique. Sans doute l'ontologie sartrienne et l'anthropologie qu'elle fonde peuvent être discutées. Elles n'en possèdent pas moins le mérite d'ouvrir à la compréhension des troubles de l'existence qui, parce qu'ils portent atteinte à la liberté du sujet sans toutefois mettre en question leur être-au-monde, peuvent être qualifiés de troubles névrotiques.

Reconnaissons-le néanmoins : autant cette idée de vulnérabilité semble éclairante dans le cas de certaines conduites pathologiques dites alors névrotiques, autant elle ne paraît absolument pas à la mesure de la gravité des troubles psychotiques qui ébranlent les structures même de l'être-au-monde, à commencer par l'être-au-monde lui-même et ce que Wolfgang Blankenburg dénomme la perte de l'évidence naturelle. Il semble alors que la psychose ressortisse à de tout autre principe comme en témoignent son étrangeté et le type d'aliénation qu'elle implique [2]. En effet, quitte à devoir fortement nuancer notre propos dans un second temps, on pourrait dire que, contrairement au psychotique, le névrosé reste l'auteur de sa névrose. Comme nous l'avons vu, même s'il n'a pas vraiment le choix, c'est Flaubert lui-même qui se séquestre, c'est Flaubert lui-même qui élabore « son système particulier fait pour un cas spécial ». C'est pourquoi il lui est possible de s'y reconnaître et il est possible, comme le

1. Sartre, notamment, interroge cette mélancolie que Flaubert tient pour native et que Sartre rapporte à différentes circonstances de son enfance. Sensible sans doute aux travaux de Winnicott sur la relation de la mère à son enfant, Sartre insiste sur l'indifférence de la mère de Gustave pour son fils, qui n'a pas su alors lui masquer la gratuité de son existence.

2. A vrai dire, c'est lorsqu'on se confronte à des pathologies particulièrement graves que les limites de la psychanalyse existentielle au sens sartrien du terme se manifestent avec évidence. Qu'il s'agisse d'automutilation, de constructions délirante, de suicide mélancolique ou d'hallucination, ces conduites excèdent manifestement le champ des motivations possibles dont dispose l'anthropologie sartrienne – il est du reste significatif que Sartre, dans ses différents essais de psychanalyse existentielle, ne se soit jamais risqué sur le terrain des psychoses.

montre la psychanalyse sartrienne, d'établir un lien compréhensible étroit entre la névrose et l'histoire personnelle du névrosé. En revanche, il n'en va plus de même dans la folie, c'est-à-dire dans ces pathologies que nous tenons pour psychotiques et qui paraissent, pour une part plus ou moins importante selon les cas, indépendantes de la biographie du malade. On pourrait alors dire de la névrose ce que dit Alain de la passion et affirmer que ma névrose c'est encore moi : même si c'est plus fort que moi, je m'y reconnais ; tandis que, tout en demeurant mienne parce que vécu par moi, la psychose s'impose à moi de l'extérieur comme une donnée étrangère.

Pour mieux cerner cette étrangeté des phénomènes psychotiques on peut tenter une comparaison avec l'activité onirique : certes, je me reconnais pour une part dans mes rêves qui s'alimentent à ce que j'ai pu vivre, à mes inquiétudes, mes espérances, mes regrets ; et, néanmoins, mes rêves me déconcertent au point que je ne m'y reconnais pas vraiment. Il y a une étrangeté (*Unheimlichkeit*) du rêve qui a été soulignée depuis longtemps. De manière analogue, il y a une étrangeté analogue des phénomènes psychotiques : dans le délire d'influence, par exemple, le malade se plaint qu'on lui dicte ses idées. Ce n'est plus lui qui pense mais d'autres personnes pensent à sa place sans qu'il puisse établir précisément leur identité. Ainsi, le malade ne se reconnaît nullement dans les idées délirantes qui l'envahissent et, de ce point de vue, la folie constitue une détermination avant tout facticielle de l'être malade que le malade, en tant que libre transcendance, doit assumer d'une manière ou d'une autre. C'est pourquoi, selon Jaspers, il ne faut pas confondre la jalousie sans fondement et alimentée par Iago, qui pousse Othello à se comporter *comme s'il* était un malade et à tuer Desdémone, et la jalousie proprement délirante qui s'empare du dramaturge Strindberg lors de son premier mariage [1] : si Strindberg est fou, Othello ne l'est pas et sa jalousie reste son œuvre. Dans une perspective analogue, Eugène Minkowski distingue très clairement les réactions préparanoïaques d'un homme qui se croit en bute à la malveillance et qui est conduit à des interprétations erronées, *et* la constitution proprement paranoïaque [2]. On pourrait également évoquer à ce propos l'automatisme mental de Gaëtan Gatian de Clerambault. Il y a ainsi aux sources de la psychose une forme de vulnérabilité qui n'est autre pour le malade que la possibilité d'une aliénation radicale.

1. K. Jaspers, *Strindberg et Van Gogh*, p. 62.
2. E. Minkowski, *Traité de psychopathologie*, p. 816.

La folie et son événementialité

Ces réflexions sur la vulnérabilité psychotique conduisent alors à envisager ce qu'on peut appeler avec Maldiney « l'irruption en soi de l'altérité pure », autrement dit son événementialité. Pensons, par exemple, au cas de cette patiente de Binswanger, Suzanne Urban, repris par Maldiney dans « Evénement et psychose » [1]. Tandis qu'il ausculte son mari, le médecin urologue annonce à Suzanne Urban par une mimique effroyable que son mari est condamné à mourir dans d'atroces souffrances. Simultanément, il lui impose de rester silencieuse. Telle est la scène primitive, qui marque l'entrée de Suzanne Urban dans la schizophrénie. Trois mois plus tard, Suzanne Urban délire. Maldiney cite également le cas d'une malade, rapporté par son ami le psychiatre suisse Roland Kuhn, dont le monde a été brutalement bouleversé par l'*expression* du visage de son père au moment où, dans la pièce voisine, son frère s'est tué d'un coup de fusil.

Il y a ainsi une événementialité de la psychose, qui demande pour être comprise que l'on précise avec Maldiney cette notion d'événement (*Ereignis*) [2]. D'une part, L'événement, selon Maldiney, est essentiellement d'ordre pathique : pré-intentionnel, pré-objectif, il relève du sentir, au sens de Straus, et non du percevoir en tant que tel. Maldiney note que c'est souvent « une expression, mais masquée par des circonstances extérieures plus frappantes, qui est au départ d'une schizophrénie ». Ainsi, dans le cas de la patiente de Kuhn, ce n'est pas la vue du cadavre ensanglanté de son frère suicidé qui a été décisive mais l'expression du visage de son père, assis en face d'elle au moment du coup de feu [3]. D'autre part, l'événement

1. H. Maldiney, *Penser l'homme et la folie*, p. 278. Dans une perspective analogue, Müller-Suur écrit sur « la schizophrénie comme événement » : « Tout psychiatre connaît à partir des descriptions de patients schizophrènes ces événements (*Ereignisse*) qui, comme l'éclair, peuvent transformer de fond en comble le sens de la vie d'un homme. Par leur fugacité ils se soustraient largement à la saisir compréhensive, mais cependant en eux se fonde, comme sens délirant, le nouveau sens d'une vie transformée en son essence », W. Blankenburg, « Phénoménologie différentielle de la perception délirante. Une étude sur l'événementialité psychotique », *L'art du comprendre*, N°3, juin 1995, p. 47.

2. Nous nous appuyons également sur l'essai d'herméneutique événementiale développé par Claude Romano dans *L'événement et le monde*, Paris, P.U.F., 1998, et *L'Aventure temporelle*, Paris, P.U.F., 2010. *Cf.* F. Dastur, « Phénoménologie de l'événement : l'attente et la surprise », *La Phénoménologie en questions. Langage, altérité, temporalité, finitude*, Paris, Vrin, 2004, p. 160 *sq.* B. Pachoud, « Analyse phénoménologique de la notion d'événement et ses implications pour la psychopathologie », *L'Évolution psychiatrique*, N° 70, 2005, p. 699-707.

3. H. Maldiney, *Penser l'homme et la folie*, p. 279-280, p. 317.

désigne d'abord non pas ce qui se produit en général mais ce qui m'arrive et qui m'affecte. La mort d'un proche – pensons à la mort d'Albertine pour le narrateur de la *Recherche du temps perdu* [1] – n'est pas seulement un fait biologique, constaté en troisième personne, mais un fait qui a un sens pour moi, qui fait date et qui définit un avant et un après au sein de ma propre temporalité. Enfin, loin de correspondre à l'accomplissement prévisible de ce qui était en puissance, l'événement me désarçonne alors même que je m'y attendais : l'événement, écrit Maldiney en ce sens, transcende tout attendu [2]. Il est transpossible, c'est-à-dire un impossible qui s'avère possible. Autrement dit, l'événement bouleverse le monde qui est le mien dans la mesure où l'événement ne réalise pas un possible pré-esquissé dans l'horizon du monde mais modifie le possible à sa racine de sorte que ce n'est pas tel ou tel possible mais « c'est la "face du possible", la "face du monde" qui apparaît par lui changée » [3]. Bref, l'événement ne se produit pas dans le monde, il n'obéit pas à la logique du contenu et du contenant; mais l'événement « mondifie », il instaure un monde nouveau; il est un moment « cosmogénétique » [4].

Si nous revenons à présent à la psychose en tant qu'événement, il va de soi qu'il s'agit alors d'un événement bien particulier : contrairement à une rencontre amicale ou amoureuse qui ouvre un monde riche en possibilités nouvelles, l'événement psychotique en revanche impose un monde indépassable anéantissant la possibilité de tout autre événement. Le monde de Suzanne Urban, depuis sa rencontre avec le médecin urologue, est désormais exclusivement dominé par l'angoisse. Plus rien de nouveau n'est susceptible de survenir, sauf ces pseudo-événements, comme le surgissement d'un nouveau persécuteur, qui s'inscrivent dans ce même monde fermé sur lui-même qui ne fait qu'un avec l'enfermement psychotique. Il en va ici, dans la schizophrénie, comme dans le cas de la psychose mélancolique qui est totalement dominée par la plainte : « Ah ! si seulement j'avais (ou n'avais pas) fait ceci ou cela… ». C'est pourquoi, on pourrait parler d'un anti-événement, expression que Claude Romano utilise pour caractériser le traumatisme, c'est-à-dire un événement qui

1. M. Proust, *A la Recherche du temps perdu*, t. IV, *Albertine disparue*, « Bibliothèque de La Pléiade », Paris, Gallimard, 1989, p. 58.

2. H. Maldiney, « Existence : crise et création », *Maldiney une singulière présence*, Paris, Les Belles Lettres, 2014, p. 248.

3. C. Romano, *L'aventure temporelle*, p. 31.

4. « Un événement ne se produit pas dans le monde, c'est lui au contraire qui ouvre le monde », « Existence : crise et création », *Maldiney une singulière présence*, p. 237 ; H. Maldiney, *Penser l'homme et la folie*, p. 317, p. 321.

« forclot toute possibilité de nouveaux événements » [1]. Ce que dit à sa manière Maldiney lorsqu'il affirme que « dans la psychose il n'y a plus d'événements » [2]. Car l'ouverture à l'événement suppose une ouverture non pas simplement à ce qui arrive et qui est prévisible mais ouverture à l'impossible, ouverture à ce qui est hors d'attente, transpassibilité.

Enfin, il convient de ne pas mécomprendre la nature de cette scène primitive qui n'est en aucun cas la cause de la schizophrénie qui en serait alors l'effet. Si tel était le cas, on pourrait s'étonner de la disproportion entre la cause et l'effet, une grimace et la chute dans la schizophrénie. Manifestement, il convient en l'occurrence de bannir toute forme de déterminisme. Autrement dit, contrairement à un phénomène naturel, tel qu'une averse ou la chute d'une pomme, que la science moderne insère dans un enchaînement de causes et d'effets quantifiables de sorte que le phénomène naturel est désormais prévisible avec une marge d'erreur toujours plus réduite, l'événement de la psychose n'est pas l'effet prévisible et mesurable d'une cause. Il faut ici, en psychopathologie, comme dans les sciences humaines en général, renoncer aux catégories de la substance comme de la causalité dès lors qu'il s'agit de l'existant. Ce qui ne va nullement de soi tant ce principe de raison, en vertu duquel donc « rien n'est sans raison ou aucun effet n'est sans cause (*nihil sine ratione seu nullus effectus sine causa*) », pèse lourdement sur notre manière de penser [3].

Toutefois, loin de relever d'un parti pris d'irrationalité, cette critique du principe de raison est menée au nom d'une autre raison que l'on peut appeler la raison herméneutique, qui s'attache à comprendre le sens de l'événement dans son rapport à celle ou celui à qui il arrive et qui ne s'y attend pas. De ce point de vue, il ne s'agit pas d'aller chercher dans le passé de la patiente, dans ce que la psychanalyse freudienne appellerait son évolution psycho-sexuelle, la cause de sa chute dans le délire schizophrénique. Certes, l'histoire de la malade peut présenter des éléments éclairant une certaine vulnérabilité et il n'est pas indifférent que sa sœur se suicida alors que Suzanne Urban avait 17 ans. Mais, à vrai dire, à l'instar de Hubertus Tellenbach à propos de la mélancolie, il semble plus important de s'interroger sur la personnalité de Suzanne Urban, au sens psychopathologique du terme [4]. En effet, la mélancolie ne frappe pas

1. C. Romano, *L'aventure temporelle*, p. 39.
2. H. Maldiney, *Penser l'homme et la folie*, p. 277.
3. M. Heidegger, *Le principe de raison*, trad. fr. A. Préau, Paris, Gallimard, 1962, p. 267.
4. K. Jaspers, *Psychopathologie générale*, p. 422. Pour une analyse critique de cette notion, *cf.* J. Lacan, *De la psychose paranoïaque dans ses rapports avec la personnalité*, Paris, Seuil, 1975, p. 31 *sq.*

au hasard mais guette celui qui porte en lui cette fragilité que Tellenbach dénomme le *typus melancholicus*. De ce point de vue, la psychose n'est pas un événement sans rime ni raison mais trouve l'une de ses conditions dans la personnalité même du malade [1]. Si la grimace de l'urologue est à ce point dévastatrice, c'est en raison d'une fragilité propre à Suzanne Urban. Mais de cela, dans la mesure où la personnalité pathologique est une donnée qui relève de la facticité du malade et en dépit de notre répugnance toute moderne pour ce type de considération, on ne saurait rendre raison.

Conclusion

Platon se livre dans le *Phèdre* à une apologie, déroutante à première vue, de la folie (*mania*). Le délire pythique de la prêtresse de Dodone, l'inspiration poétique comme l'enthousiasme érotique qui s'empare de l'amant à la vue de l'aimé sont en effet tenus pour autant de cadeaux des dieux. Toutefois Platon est bien loin de réhabiliter purement et simplement la folie, et les lecteurs de ce dialogue savent que Socrate y distingue la folie d'origine divine qui « naît d'une transgression divine des lois ordinaires », et la folie qui « est provoquée par des maladies humaines » [2]. Le philosophe reconnaît donc qu'il y a un type de folie dont le caractère est évidemment pathologique et qui n'a rien de divin. C'est armé de cette conviction qu'il convient, selon nous, de lire l'*Histoire de la folie*. Reconnaître l'historicité du partage de la raison et de la déraison, du normal et du pathologique comme des différents essais de nosographie, dont témoigne la succession des D.S.M. (*Diasgnostic and Statistical Manual of Mental Disorders*), ne doit pas conduire à ignorer cette folie qui ressortit à la pathologie et qui peut gravement troubler le cours d'une existence.

Lorsque Maldiney affirme que la folie est pour l'homme une possibilité « sans laquelle il ne serait pas ce qu'il est » [3], ce n'est donc pas en vue de gommer la différence pathologique et de tenir tous les hommes pour

1. On pourrait reprocher à Maldiney de négliger cet aspect de la chute dans la schizophrénie. Ainsi, Blankenburg, confrontant le vécu du poète, Rilke, et celui du malade, en conclut qu'il « semble plus raisonnable de ne pas chercher les critères du "schizophrénique" dans l'événementialité et dans l'impressionnabilité d'expériences particulières mais plutôt dans leur mode d'élaboration (*Verarbeitung*) », W. Blankenburg, « Phénoménologie différentielle de la perception délirante. Une étude sur l'événementialité psychotique », p. 74-75.

2. Platon, *Phèdre*, trad. fr. L. Mouze, Paris, Le Livre de Poche, 2012, 244a, 265a.

3. H. Maldiney, *Regard, Parole, Espace*, p. 273.

des fous mais, bien plutôt, afin de souligner la vulnérabilité essentielle de l'être humain dont la folie *alias* la psychose est éminemment humaine dans la mesure où, lorsqu'elle le frappe, elle ébranle les structures les plus fondamentales de son être-au-monde. Dans le prolongement de cette approche de la folie, on peut tenter, approfondissant une indication de Maldiney, de délimiter le champ de la psychose et de réélaborer la distinction héritée de la psychanalyse freudienne entre psychoses et névroses. Comme nous l'avons vu, les troubles qui les caractérisent respectivement ne sont pas comparables, et l'aliénation névrotique n'a ni la forme ni la gravité de l'aliénation psychotique. Mais ces distinctions une fois faites exigent immédiatement d'être nuancées voire remise en question tant est grand le danger de leur réification et de leur essentialisation. C'est pourquoi, afin de faire droit à l'extrême diversité des cas, il est sans doute préférable de parler des psychoses ou des névroses au pluriel voire de s'en tenir à repérer chez tel ou tel malade des traits psychotiques, des traits névrotiques.

Enfin, nous avons ici insisté sur l'événementialité de la psychose et privilégié l'étude de ses commencements. Il ne faudrait cependant pas négliger d'étudier les psychoses dans leur déroulement sans oublier la possibilité de la guérison. On peut alors opposer à l'événement de la chute, l'événement sinon de la guérison du moins de la rémission que nous pouvons illustrer à l'aide d'un simple récit. Binswanger, dans *Mélancolie et manie*, évoque le cas de l'un de ses patients du sanatorium Bellevue à Kreuzlingen : « Un universitaire, que nous nommerons Bruno Brandt, suisse âge de 48 ans (...) me raconta qu'un jour il avait volontairement abusé de la liberté qui lui était accordée et avait eu l'intention de se pendre à ses bretelles dans la forêt. Au cours de ses préparatifs, il aperçut une belette, ou un animal similaire, en train de flairer à travers le feuillage. Là-dessus il se dit : tu n'as encore jamais vue de belette, donne-toi le temps (un signe que la dépression n'était déjà plus très profonde). Après avoir attentivement observé le petit animal pendant une dizaine de minutes, il avait "constaté" que l'intention suicidaire s'était évaporée. Il récupéra ses bretelles déjà accrochées à une branche, s'habilla et retourna à la clinique » [1].

1. L. Binswanger, *Mélancolie et manie*, trad. fr. J.-M. Azorin, Y. Totoyan, Paris, P.U.F., 1987, p. 59-60.

Evénement et sens de l'événement

Les stoïciens se sont longuement interrogés sur le mal et la possibilité de s'y soustraire *via* l'ataraxie. Un de leurs remèdes consiste à se délivrer des opinions qui troublent l'âme. Car, comme le déclare Epictète dans son *Manuel*, « ce qui trouble les hommes, ce ne sont pas les choses, mais les jugements relatifs aux choses ; ainsi la mort n'est rien d'effrayant, car Socrate lui aussi l'aurait dans ce cas trouvée telle ; mais qu'on le juge la mort effrayante, voilà bien l'effrayant. Lors donc que nous sommes contrariés, troublés ou affligés, n'en incriminons jamais autrui, mais nous-mêmes, c'est-à-dire nos propres jugements » [1]. Un esprit fort pourrait évidemment s'étonner qu'Epictète argumente en invoquant l'autorité, grande il est vrai, de Socrate ; il pourrait en outre s'interroger sur la possibilité de surmonter l'angoisse face à la mort voire de tenir la mort pour un bien dans la mesure où elle est l'œuvre du destin (*Logos*). Il y a néanmoins une idée fondamentale, que l'on retrouve par exemple dans les *Pensées pour moi-même* de l'empereur Marc-Aurèle, et qui concerne le sens même de ce qui nous arrive. En effet, pour Epictète et, plus généralement, pour les stoïciens, le sens d'un événement comme la mort, qu'il s'agisse de ma propre mort ou de celle d'un proche, n'est pas fixé une fois pour toutes et n'est pas nécessairement identique pour tous les êtres humains puisque son sens dépend de nous, contrairement à sa survenue qui, à l'instar de la richesse, de la puissance ou de la célébrité, ne dépend pas de nous.

Qu'un événement ne possède pas en lui-même son propre sens mais que ce sens soit extrinsèque et dépende de celui qui le vit, telle est la thèse que nous retrouvons sous la plume de Binswanger dans son article consacré à Erwin Straus. Pourtant, on peut se demander si certains événements comme un cambriolage, un incendie, un viol, une séquestration ou un tremblement de terre n'imposent pas leur sens à ceux qui en sont les victimes et qui les appréhendent alors comme des événements dramatiques voire traumatisants. Plus généralement, si, à l'instar de Straus et de Binswanger, nous éliminons d'emblée l'idée d'une relation *causale* entre l'événement et le sens de l'événement, pour la simple raison que le sens d'un événement n'est pas assimilable à un phénomène naturel et, en tant que tel, ne relève pas plus du principe de causalité que son étude des sciences de la nature, reste à déterminer quelle relation il convient d'établir entre l'un et l'autre. Afin d'approfondir la discussion et ses conséquences

1. Epictète, *Manuel*, trad. fr. E. Bréhier, édition P.-M. Schuhl, *Les Stoïciens*, « Bibliothèque de La Pléiade », Paris, Gallimard, 1962, p. 1113.

pour la psychopathologie, nous allons dans un premier temps en présenter les deux protagonistes : Binswanger et Straus ; puis, nous analyserons dans un deuxième temps la thèse de Binswanger, en privilégiant sa critique de la notion de « contrainte à la prise de sens (*Zwang zur Sinnentnahme*) ». Enfin, dans un troisième temps, nous tenterons de replacer cette discussion dans le cadre plus large de la question du sens et de la donation de sens (*Sinngebung*) en phénoménologie.

« Evénement et vécu »

L'article de Binswanger, « *Geschehnis und Erlebnis* », a paru en 1931 et fut repris en 1994 dans le troisième volume de ses œuvres choisies [1]. Son sous-titre : « A propos de l'article du même nom d'Erwin Straus », renvoie donc à l'article de Straus, publié également sous le titre « *Geschehnis und Erlebnis* », un an plus tôt [2]. Le titre en français de l'article de Binswanger, « Evénement et vécu », est légèrement ambigu. *Geschehnis* désigne ici ce qui arrive, ce qui advient. Il faut donc entendre « événement » en un sens relativement large et faible de telle sorte qu'un incendie, la naissance d'un enfant mais aussi la chute d'une pomme sont ici considérées comme des événements, quand bien même il s'agirait de phénomènes naturels. On voit qu'il ne serait pas absurde de traduire *Geschehnis* par phénomène, même si cela serait inexact.

Il est vraisemblablement inutile de présenter Binswanger dont l'œuvre est désormais relativement bien connue grâce à différentes études et traductions [3]. Nous nous contenterons ici de rappeler deux ou trois éléments directement en relation avec notre sujet. D'une part, que

1. L. Binswanger, *Ausgewählte Werke*, vol. 3, Heidelberg, Roland Asanger Verlag, 1994, p. 179-204.

2. L'article, « *Geschehnis und Erlebnis* », a été édité avec d'autres articles de Straus dans l'ouvrage auquel il donne son titre : *Geschehnis und Erlebnis, zugleich eine historiologische Deutung der Psychischen Traumas und der Rentenneurose* (Evénement et vécu, une interprétation historiologique des traumas psychiques et des névroses traumatiques), Berlin, Verlag von Julius Springer, 1930, réédité par Springer en 2013. Alors que l'article de Straus n'a jamais été traduit, celui de Binswanger sur Straus a été une première fois traduit et présenté en 2014 par Camille Abettan qui l'a repris dans le recueil de textes de Binswanger publié par ses soins chez Vrin en 2016 sous le titre : *Phénoménologie, psychologie, psychiatrie*. C. Abettan, « Présentation de *Geschehnis und Erlebnis* de Ludwig Binswanger », *Philosophie*, vol. 121, N°2, 2014, p. 3-4 ; L. Binswanger, « Evénement et vécu. A propos de l'article du même nom d'Erwin Straus », *Phénoménologie, psychologie, psychiatrie*, trad. fr. C. Abettan, Paris, Vrin, 2016, p. 123-150.

3. M. Coulomb, *Phénoménologie du nous et psychopathologie de l'isolement. La nostrité selon L. Binswanger*, Paris, Le Cercle Herméneutique, 2009 ; C. Gros, *Ludwig Binswanger*, Chatou, Éditions de la Transparence, 2010.

Binswanger a lu en 1931 *Être et temps* dont la publication remonte à 1927, ce qui le conduit dans notre texte à essayer de manière plus ou moins heureuse – d'aucuns diront maladroite – à concilier le vocabulaire husserlien de la subjectivité, et notamment les notions de vécu, de corrélation noético-noématique, et le vocabulaire heideggérien de l'être-au-monde qui entend sinon totalement tourner le dos du moins prendre ses distances avec le subjectivisme husserlien [1]. D'autre part, que Binswanger à cette époque est déjà relativement célèbre non seulement en raison de ses responsabilités à la clinique de Bellevue, qu'il dirige depuis la mort de son père en 1910, mais aussi parce qu'il a déjà écrit plus d'une trentaine d'articles et, notamment, en 1928, « Fonction vitale et histoire intérieure de la vie », auquel il se réfère lui-même à plusieurs reprises dans notre texte. Il a également publié « La Psychothérapie comme métier » [2], « Le rêve et l'existence » [3], etc.

En revanche, il est sans doute nécessaire de présenter de manière un peu plus détaillée Erwin Straus dont on ne connaît habituellement que son ouvrage publié en 1935, *Vom Sinn der Sinne* [4], dont la traduction a paru en 1989, soit une cinquantaine d'années plus tard [5]. Né à Francfort en 1891, Straus est le fils d'un juif converti au protestantisme. Professeur extraordinaire à Berlin, il est exclu de l'université en 1933 et quitte l'Allemagne en 1938 pour les Etats-Unis où il enseigne la psychologie et la psychiatrie. Il meurt aux USA dans le Kentucky en 1975 [6]. Binswanger et Straus se connaissent bien et, en dépit de leurs désaccords, entretiennent

1. Sur l'importance toute relative pour Binswanger de sa lecture de *Être et temps*, *cf.* C. Abettan, *Phénoménologie et psychiatrie. Heidegger, Binswanger Maldiney*, « La rencontre avec *Sein und Zeit* », chap. III, p. 75 *sq.*

2. L. Binswanger, « La psychothérapie comme métier » (1928), *Phénoménologie, psychologie, psychiatrie*, p. 95 *sq.*

3. L. Binswanger, *Rêve et existence* (1930).

4. E. Straus, *Du sens des sens. Contribution à l'étude des fondements de la psychologie*, trad. fr. G. Thinès, J.-P. Legrand, Grenoble, Jérôme Millon, 2000. D'autres textes de Straus mériteraient sans doute d'être lus et travaillés : *Phenomenological Psychology* (1966), *Psychiatry and Phenomenology*, écrit en collaboration avec Henri Ey et Maurice Natanson (1969), *Phenomenology of Memory* (1970).

5. Regrettant le faible écho rencontré par l'œuvre de Straus, les traducteurs de cet ouvrage, Georges Thinès et Jean-Pierre Legrand, soutiennent que « La psychologie phénoménologique, considérée comme discipline positive autonome, est peut-être même plus redevable de l'originalité de ses principes à l'œuvre d'un Straus ou d'un Buytendijk, qu'à celle des fondateurs de la philosophie phénoménologique », G. Thinès, « Erwin Straus et la phénoménologie dans *Vom Sinn der Sinne* », dans J.-F. Courtine (éd.), *Figures de la subjectivité*, Paris, Éditions du CNRS, 1992.

6. *Cf.* H. Spiegelberg, *Phenomenology in Psychology and Psychiatry : A historical introduction*, Northwestern University Press, Evanston, 1972, p. 265.

des relations amicales [1]. Toutefois, ils ne travaillent pas exactement de la même manière. En effet, contrairement à Binswanger qui place ses recherches sous l'autorité de Husserl ou de Heidegger et dont les textes sont souvent surchargés de références à des œuvres extrêmement diverses, Straus cultive une certaine indépendance. Il entend partir avant tout des phénomènes eux-mêmes sans trop se soucier de savoir si ses recherches relèvent ou non de la phénoménologie. Du reste, comme bien d'autres, y compris parmi les proches disciples de Husserl, il ne reprend pas à son compte la conception husserlienne de la réduction transcendantale et se tient à distance de la phénoménologie telle que l'envisage Husserl à partir de 1907.

Straus est surtout connu pour sa critique épistémologique de la psychologie scientifique qui est, selon lui, une psychologie physiologique, issue du cartésianisme [2]. Cette psychologie est dominée à cette époque par les travaux d'Ivan Pavlov, qui tient le vivant pour une somme de réflexes, dont le comportement obéit à un schéma biologique du type stimulus-réaction, inspiré de la théorie du réflexe. A cet organisme physiologique, sujet des sensations, Straus oppose un organisme *vivant* qui est le sujet du *sentir* [3]. Dans le prolongement de cette réflexion sur la spécificité du sentir par rapport à la perception [4], dont s'est notamment inspiré Henri Maldiney, Straus s'oppose à l'idée d'une relation causale entre événement et vécu. C'est pourquoi dans son article, « Evénement et vécu », Straus entend établir entre l'un et l'autre une tout autre relation dont Binswanger entreprend la critique tout en soulignant qu'il partage avec Straus le refus d'une relation causale entre événement et vécu [5].

1. E. Straus rédige une recension du livre de Binswanger, *Einführung in die Probleme der Allgemeinen Psychologie* de 1922.

2. E. Straus, « Un produit tardif de la philosophie cartésienne : la théorie des réflexes conditionnés de Pavlov », *Du sens des sens*, p. 41 *sq.*

3. On trouvera une présentation à la fois brève et éclairante du livre de Straus, *Du sens des sens*, dans l'article de Marie Gérard, « Canguilhem, Erwin Straus et la phénoménologie : la question de l'organisme vivant », *Bulletin d'analyse phénoménologique*, vol. 6, 2010 (article en ligne).

4. Pour expliciter cette différence, on cite bien souvent une formule de Straus à propos de l'espace de la sensation et de celui de la perception : le premier serait au second ce que « le paysage est à la géographie », E. Straus, *Du sens des sens*, p. 376.

5. L. Binswanger, « Evénement et vécu », p. 126; La position de Straus, à vrai dire, souffre d'une légère ambiguïté dans la mesure où, en conclusion de son texte, il admet la possibilité d'une « analogie » entre l'événement et son sens vécu avec la relation de causalité lorsque le sens de l'événement relève de la contrainte à la prise de sens, ce qui a cependant l'avantage de rendre compte de la confusion des deux types de relation par certains psychologues, « *Geschehnis und Erlebnis* », p. 96.

*« Prise de sens (*Sinnentnahme*) »* *et « contrainte dans la prise de sens (*Zwang zur Sinnentnahme*) »*

L'article de Binswanger, d'une petite trentaine de pages, se divise en deux parties bien distinctes que, pour la clarté de notre propos, nous allons abordées successivement. Dans la première partie, intitulée : « Les Considérations générales », la réflexion de Binswanger se focalise sur la notion de sens (*Sinn*) et sur les notions développées par Straus de « prise de sens (*Sinnentnahme*) » et de « contrainte dans la prise de sens (*Zwang zur Sinnentnahme*) ». Afin d'expliciter ces notions, on peut reprendre tout d'abord deux exemples de Straus : lors d'une représentation théâtrale, un incendie se déclare. Selon Straus, l'incendie exerce sur toutes les personnes présentes une contrainte (*Zwang*) telle que l'événement de l'incendie est perçu par tous et de manière concordante comme un incendie (premier sens de l'événement), comme un danger pour la vie (deuxième sens de l'événement) et suscite une même réaction de fuite [1]. En revanche, lorsque Newton voit dans la chute d'une pomme l'effet de la gravitation universelle, le sens revêtu par l'événement de la chute ne serait pas imposé par l'événement [2]. Alors que, pour Binswanger, dans un cas comme dans l'autre, le sens n'est jamais imposé au sujet par l'événement et il n'y a donc jamais de « contrainte à la prise de sens ».

Pour mener à bien sa critique, Binswanger envisage tout d'abord la distinction établie par Straus entre événement et vécu, et s'interroge sur la possibilité d'un événement en soi. Parce qu'un événement est toujours et nécessairement un événement vécu, Binswanger en conclut que le concept de « simple événement » est « un non-concept (*Unbegriff*) » [3]. Il n'y a pas d'événement qui ferait *ensuite* l'objet d'une « représentation » (*Vorstellung*) qui lui donnerait alors un sens. Binswanger développe à ce propos trois arguments distincts et décisifs. Tout d'abord, percevoir un événement n'est pas se le représenter et la perception n'est pas à proprement parler une représentation [4] : c'est la saisie intuitive de l'objet

1. Straus envisage le cas où l'un des acteurs s'écrie : « au feu » et ne provoque aucune réaction de fuite car l'événement fait partie du spectacle, qu'il oppose au cas où le cri comme l'événement sont étrangers au spectacle et déclenchent la panique parmi les spectateurs. E. Straus, *Geschehnis und Erlebnis*, p. 85 *sq.* ; L. Binswanger, « Evénement et vécu », p. 130.

2. Straus distingue à cette occasion entre une « relation de sens ascendante (*einer ascendierenden Sinnbeziehung*) » qui est nécessaire (le feu dans le théâtre) et une « relation de sens collatérale (*einer kollateralen Sinnbeziehung*) » qui est dépourvue de nécessité (la pomme de Newton), E. Straus, *Geschehnis und Erlebnis*, p. 97.

3. L. Binswanger, « Evénement et vécu », p. 130.

4. Cette critique de la représentation (*Vorstellung*) fait suite à celle de Brentano par Husserl et recoupe celle de Sartre qui refuse d'assimiler la perception (ou l'imagination) à un petit tableau dans la conscience du sujet, qui représenterait alors le monde extérieur, et

lui-même. Ajoutons que cet événement n'est jamais perçu isolément mais s'inscrit toujours dans une situation d'ensemble au sein de laquelle il prend son sens. Dans le cas d'un incendie, la flamme n'est pas l'objet d'une perception isolée mais elle est un signal d'alarme dans une situation globale où l'individu se trouve en danger [1]. De plus, un individu confronté aux flammes ne se trouve en danger de mort que parce qu'il est mortel, ce qui signifie que ce danger ne se comprend qu'à partir de son être-pour-la mort. Ainsi ce sens de l'événement que Straus tient pour nécessaire et qui s'imposerait aux sujets ne « se laisse comprendre, écrit Binswanger, que sur la base d'une interprétation ontologique de l'être-pour-la-mort » [2]. Enfin, Binswanger souligne que cet être-pour-la-mort n'exerce aucune contrainte dans la mesure où la réaction des sujets face au danger relève non pas de la nécessité mais d'une libre décision, comme en témoigne la diversité des conduites possibles : fuir, s'opposer à la panique qui gagne la foule, tenter d'éteindre le feu, s'y jeter, etc. A chaque fois le sens de la flamme se modifie et s'inscrit dans une « totalité de tournure (*Bewandtnisganzheit*) » qui dépend à chaque fois de la libre décision de l'individu. C'est en effet « la libre décision » qui, pour Binswanger, commande la succession des vécus, y compris dans les cas qui semblent relever de la contrainte à la prise de sens.

Dans la deuxième partie du texte, intitulée : « Les applications particulières », Binswanger envisage le cas particulier des névroses dites traumatiques (*Rentenneurose*) qui se caractérisent par des réactions phobiques et hypocondriaques [3]. La question est alors de savoir, d'une part, s'il n'y aurait tout de même pas, dans le cas extrême d'un événement dit traumatisant, un sens qui s'impose nécessairement, c'est-à-dire une « contrainte à la prise de sens » et, d'autre part, s'il y a entre l'événement traumatisant et les manifestations cliniques un lien tel que l'événement traumatisant permettrait d'expliquer les manifestations cliniques de la

dénonce « l'illusion d'immanence ». J.-P. Sartre, « Une idée fondamentale de la phénoménologie de Husserl : l'intentionnalité », *Situations I*, Paris, Gallimard, 1975, p. 38 *sq.* ; J.-P. Sartre, *L'imaginaire*, p. 17.

1. L. Binswanger, « Evénement et vécu », p. 134. Binswanger renvoie à ce propos aux analyses de Heidegger dans *Être et temps* sur la mondanéité du monde et les caractères d'être de ce qui est disponible (*Zuhandenes*) que précisent les concepts de tournure ou conjointure (*Bewandtnis*) de significativité (*Bedeutsamkeit*). M. Heidegger, *Être et temps*, § 18.

2. L. Binswanger, « Evénement et vécu », p. 134

3. Depuis 1980 et le DSM 3 (*Diagnostic and Statistical Manual of Mental Disorders*), on ne parle plus guère de névrose traumatique mais de PTSD, c'est-à-dire de *Post-Traumatic Stress Disorder* ou état de stress post-traumatique. Il s'agit d'une entité dont la spécificité est relativement incontestable et qui, en tant que telle, ne relève pas plus de la névrose que de la psychose.

névrose traumatique. La réponse de Binswanger est négative dans les deux cas. En effet, un événement, quel qu'il soit, n'est pas nécessairement traumatisant. De fait, bien des poilus ont survécus à l'enfer de la Bataille de Verdun sans sombrer dans la névrose traumatique ou présenter un état de stress post-traumatique. En outre, supposer que l'événement traumatisant explique – à la manière dont un phénomène naturel en explique un autre selon une relation causale – les réactions phobiques et hypocondriaques revient à mettre entre parenthèses l'histoire intérieure de la vie tout comme la constitution du malade, bref à faire abstraction de l'homme en tant que totalité. Tout à l'inverse, c'est en prenant en compte la totalité de l'individu qu'il est possible pour Binswanger de comprendre *a contrario* qu'il y a « des constitutions individuelles qu'aucun événement bouleversant ne réussit à renverser » [1]. Nous comprenons ainsi qu'il ne saurait être question pour Binswanger d'admettre la nécessité du sens d'un quelconque événement, y compris lorsque l'événement est dit traumatisant, pour la simple raison que ce sens dépend de l'individu en tant que libre totalité singulière, et que, par suite, il n'est pas possible de considérer l'événement vécu comme la cause de la névrose traumatique [2].

La deuxième partie du texte aborde l'analyse par Straus de l'avarice [3] et permet à Binswanger de préciser le lien du sens et de posture fonda-

1. L. Binswanger, « Evénement et vécu », p. 139-140.

2. Dans les paragraphes qui suivent, Binswanger discute la caractérisation par Straus de la névrose comme tendance à la déformation, E. Straus, « *Die Deformierung* », *Geschehnis und Erlebnis*, p. 110-129 Straus y développe, en effet, une conception de la névrose mais aussi de la perversion et de l'addiction en tant que manifestations d'une tendance à la déformation (*Tendenz zur Deformierung*). La névrose se caractériserait en outre par le renoncement à soi (*Selbstaufgabe*) et la chute, au sens où le malade s'abandonne, se laisse aller, se laisse tomber (*sich fallen lassen*). Ce que Binswanger retient surtout de cette caractérisation de la névrose, c'est la dimension spirituelle de cette chute qui ne concerne pas seulement le soi mais également le monde commun et ses institutions. Ainsi, pour Binswanger, la névrose est marquée par une défaillance qui affecte le rapport aux autres, le monde commun, la capacité à vivre en société et, plus précisément, la tendance à former une communauté. L'individu alors retombe dans son monde privé qui, à l'instar du monde du rêve, est un monde sans esprit (*geistlos*), c'est-à-dire dépourvu de cette vie proprement spirituelle qui suppose la participation à un monde commun et à une culture commune. Mais, à la différence de Straus, Binswanger tient la perturbation du vivre en société pour plus fondamentale que le se-laisser-tomber qui en est la conséquence. Nous retrouvons ici ce que Binswanger écrit en 1930 dans *Rêve et existence* : « dans tout traitement psychologique sérieux et surtout dans la psychanalyse, il y a des moments où l'homme doit décider s'il veut garder sa pensée individuelle, sont "théâtre privé" comme dit un malade, son arrogance, son orgueil et son défi ou bien si, entre les mains du médecin (…), l'homme veut bien s'éveiller de son rêve et prendre part à la vie universelle, au *koinos kosmos* », *Rêve et existence*, p. 221.

3. E. Straus, *Geschehnis und Erlebnis*, « *Die historische Modalität* », p. 31 *sq*.

mentale (*Grundhaltung*) en tant que disposition affective fondamentale (*Grundbefindlichkeit*) [1]. En effet, dans l'avarice l'argent prend un sens spécifique qui ne peut être saisi qu'en revenant à l'attitude fondamentale de l'avare qui est parfaitement illustré, selon Straus et Binswanger, par la figure d'Harpagon dans *L'Avare* de Molière. Pour Straus, l'essence de l'avarice réside dans un attachement à l'argent en tant que possibilité. De ce point de vue, l'argent ne doit ni être dépensé ni donné car alors disparaissent les possibilités qu'il représente. Pour Binswanger, cette conception sans être fausse est beaucoup trop rationaliste et il convient – dans une perspective qu'il rattache de manière discutable à *Être et temps* – de ressaisir l'avarice comme une manière d'être-au-monde, ce qu'il appelle alors « un mode d'explicitation compréhensive du monde (*eine Weise der verstehenden Auslegung von Welt*) », qui est caractérisée par la possession [2].

C'est en effet à la possession en tant que posture fondamentale qu'il faut rapporter non seulement l'avarice mais aussi l'amour de l'argent, l'amour des excrément [1], l'amour en tant que désir de posséder l'aimé ou encore l'amour du collectionneur qui veut tenir entre ses mains tel timbre ou tel tableau. Dans le cas spécifique de l'avare, ce qui fait son bonheur et sa joie, c'est de remplir des caisses avec de l'or ou de l'argent. Aussi l'avarice est elle habitée par un devoir-remplir, un devoir-accumuler qui concerne aussi bien le corps en tant que caverne que les caisses, les bas de laine et les boîtes. Et c'est à partir de cette passion du remplissement que l'on comprend le refus de l'avare de dépenser et de donner. L'avare souhaite, au contraire, contempler son tas d'or, le palper physiquement ou bien, mentalement, en en faisant le décompte. S'il y a une spatialité

1. Comme pour le concept heideggérien de « totalité de tournure (*Bewandtnisganzheit*) », on voit ici à nouveau comment Binswanger s'approprie la notion heideggérienne de disposition affective ou sentiment de la situation (*Befindlichkeit*) dans une perspective subjectiviste.

2. L. Binswanger, « Evénement et vécu », p. 145-146. Cette notion d'attitude fondamentale (*Grundhaltung*) doit être rapprochée de celle de « projet-de-monde (*Weltentwurf*) » que l'on trouve par exemple dans le texte de 1946, « Sur la direction de recherche analytico-existentielle en psychiatrie », *Analyse existentielle et psychanalyse freudienne*, p. 54.

1. Sans pour autant établir, à la manière de Freud, un lien de dérivation entre l'amour de l'argent et celui des excréments. C'est du reste plutôt à l'analyse sartrienne de la possession que l'on peut penser, dans la mesure où pour Sartre, la possession est également une attitude fondamentale dont relève aussi bien la recherche scientifique qu'une activité sportive comme le ski. Cependant, cette attitude repose chez Sartre sur un désir de possession, en tant que modalité du désir de l'en-soi-pour-soi, et possède ainsi une signification ontologique qu'elle n'a pas chez Binswanger. J.-P. Sartre, *L'Être et le néant*, « Faire et avoir : la possession », p. 621 *sq.*

de l'avarice qui privilégie les espaces remplis, circonscrits, clos, cachés dans lesquels il est possible de mettre à l'abri son or ou son argent, il y a également une temporalité de l'avarice, au sens d'une explicitation du temps qui n'est pas compté en heures ou en années mais en possibilités de remplissement.

Sens, signification et donation de sens

La critique par Binswanger de « la contrainte à la prise de sens (*Zwang zur Sinnentnahme*) » doit être replacée dans le cadre de la problématique husserlienne et post husserlienne de « la donation de sens (*Sinngebung*) ». Comme nous allons le voir, cette discussion entre Straus et Binswanger oppose deux conceptions divergentes du sens qu'incarnent à leur manière Sartre et Merleau-Ponty.

D'une manière très générale, la question du sens est à la fois délicate et décisive pour la phénoménologie qui lui donne une extension nouvelle. C'est du reste ce que souligne, non sans humour, Claude Romano, dans *Au cœur de la raison, la phénoménologie*, lorsqu'il écrit : « Voulez-vous débusquer un phénoménologue ? Prenez un philosophe, examinez l'emploi qu'il fait du mot "sens" et vous serez bientôt fixé : s'il ne parle que de donner un sens à un signe et d'expliquer le sens d'une phrase, vous tenez un philosophe analytique ; s'il emploie "sens" de manière plus ample vous avez affaire à un disciple de Husserl » [1]. En d'autres termes, contrairement à la philosophie analytique qui s'interroge sur la légitimité d'une telle extension, la phénoménologie étend le champ de la « signification » au-delà de la sphère linguistique et, par suite, distingue entre le sens (*Sinn*) et la signification (*Bedeutung*). De ce point de vue, l'objet de la perception a un sens prélinguistique, antéprédicatif, qu'il ne faut pas confondre avec la signification linguistique des signes, qui relève du *logos* : percevoir, c'est nécessairement percevoir quelque chose, un arbre par exemple, en tant qu'unité de sens qui est posé comme objet de l'acte intentionnel de la perception. L'arbre avec toutes ses déterminations et son mode de donnée est le sens ou corrélat noématique de l'acte perceptif [2].

1. C. Romano, *Au cœur de la raison, la phénoménologie*, p. 135.

2. Dans le tome 1 de ses *Idées directrices*, Husserl distingue entre l'arbre qui appartient à la nature et qui peut bruler et le noème, le perçu comme tel, c'est-à-dire le sens comme corrélat noématique, qui n'a aucune propriété physique et qui ne peut pas brûler. E. Husserl, *Idées directrices pour une phénoménologie pure et une philosophie phénoménologique*, § 89. E. Housset, *Husserl et l'énigme du monde*, Paris, Seuil, 2000, p. 94.

Dans la mesure où ils reconnaissent la possibilité de l'antéprédicatif et donc d'un sens indépendant de la signification linguistique comme du langage, Straus comme Binswanger, comme Heidegger [1], Sartre ou Merleau-Ponty sont bien des disciples de Husserl. Cependant, se pose à chacun la question de l'origine du sens. On sait que Husserl dans le cadre d'une phénoménologie constitutive développe l'idée d'une « donation de sens (*Sinngebung*) » par le sujet [2]. Il revient ainsi à la subjectivité de conférer un sens à une matière ou *hylé* qui n'en a pas par elle-même. La subjectivité ou conscience intentionnelle est alors à la source du sens. A cet égard il n'est pas sans intérêt de remarquer que Straus parle non d'une donation (*Gebung*) de sens mais d'une « prise de sens (*Sinnentnahme*) », c'est-à-dire, si on « colle » à l'allemand, d'un sens que la conscience (re) tire ou prélève (*entnehmen*) de l'objet qu'elle perçoit. De ce point de vue, nous serions tenté de traduire *Sinnentnahme* par « retrait du sens », retrait qui, dans certains cas, serait imposé par ce qui arrive, au sens de « la contrainte à la prise de sens (*Zwang zur Sinnentnahme*) ». On peut alors schématiquement opposer deux descriptions de la formation ou cristallisation du sens : d'un côté, le sens est donné par la conscience à des contenus de sensation, selon un mouvement que l'on pourrait dire centripète ; de l'autre, le sens est tiré par la conscience de ce qui est senti ou *data* sensibles selon un mouvement centrifuge.

A vrai dire, Binswanger n'aborde pas explicitement cette problématique dans son texte, même s'il se situe manifestement dans le prolongement de la conception husserlienne de la donation de sens. En effet, comme nous l'avons vu, il oppose à la nécessité d'un sens imposé par la situation, la contingence d'un sens librement conféré par le sujet : le sens de la flamme dépend de la libre décision de l'individu [3]. Sur ce point, Binswanger est très proche non pas de Husserl, qui dans ses analyses de la corrélation noético-noématique laisse de côté la question de la liberté, mais de Sartre.

1. Tout du moins, le Heidegger de *Être et temps*. Ainsi Françoise Dastur rappelle-t-elle la distinction dans *Être et temps* entre le discours (*Rede*) qui peut demeurer non formulé et le langage (*Sprache*), entre le discours comme « l'articulation de ce qui est compréhensible » et le langage qui est un phénomène dérivé au sens où « les significations se muent en paroles (*Den bedeutungen wachsen Worte zu*) ». F. Dastur, « L'homme et le langage », *Heidegger et la question anthropologique*, p. 106.

2. E. Husserl, *Idées directrices pour une phénoménologie pure et une philosophie phénoménologique*, § 85.

3. C. Gros se demande si Binswanger dans ce débat n'opte pas « pour la camp de l'angélisme et du surhomme », C. Gros, « Henri Maldiney : la psychose, une forme d'existence à l'impossible ? », dans S. Meitinger (éd.), *Henri Maldiney. Une phénoménologie à l'impossible*, Argenteuil, Le Cercle Herméneutique, 2002, p. 74.

L'un comme l'autre, en effet, partagent la conviction que le sens de ce qui est dépend ultimement de la liberté du sujet et de son attitude fondamentale vis-à-vis du monde, comme nous l'avons vu à propos de l'avarice. Certes, il ne dépend pas du sujet que la terre soit ronde, qu'il y ait des flammes ou qu'il n'y en ait pas, car il s'agit là de faits et de vérités de faits. En revanche, il revient à la liberté de donner un sens à ces données de fait. Telle est l'origine du concept sartrien de situation. Face à un rocher, je puis me demander s'il est possible ou non de l'escalader. Il va sans dire qu'il ne dépend pas de moi que le rocher se prête ou non à l'escalade. Mais il revient à ma liberté de percevoir le rocher comme un-objet-à-escalader. En effet, comme l'écrit Sartre, « pour le simple promeneur qui passe sur la route et dont le libre projet est pure ordination esthétique du paysage, le rocher ne se découvre ni comme escaladable ni comme non escaladable : il se manifeste seulement comme beau ou laid » [1].

Cette introduction de la liberté au cœur de la donation de sens ne va cependant nullement de soi. Ainsi Maurice Merleau-Ponty montre dans la *Phénoménologie de la perception* comment le sens « peut être en même temps centrifuge et centripète ». Merleau-Ponty à ce propos reprend l'exemple sartrien du rocher et écrit : « Je dis que ce rocher est infranchissable, et il est sûr que cet attribut, comme celui de grand et de petit (...) ne peut lui venir que d'un projet de le franchir et d'une présence humaine » [2]. Il accorde donc à Sartre l'idée que, pour une part, le sens du rocher est bien inséparable du libre projet qui anime la perception du rocher. Cependant, Merleau-Ponty remarque que certaines de mes intentions, au sens husserlien du terme, ne relèvent pas de ma liberté et qu'elles affectent mon entourage de caractères que je ne choisis pas. Tel est le cas de ces montagnes qui m'apparaissent grandes, indépendamment de mon projet de les contempler ou de les escalader, pour la simple raison qu'elles dépassent « la prise de mon corps ». En outre, ces montagnes ne sont pas grandes seulement pour moi mais également pour les autres hommes. Merleau-Ponty en conclut qu'il y a « un sens autochtone du monde qui se constitue dans le commerce avec lui de notre existence incarnée et qui forme le sol de toute *Sinngebung* décisoire ». Il y aurait donc deux types de « donation » de sens : l'une relève de la liberté, l'autre de ce moi naturel incarné, inséparable donc de sa dimension corporelle et dont l'intentionnalité est indépendante de la liberté tout en étant la condition de la liberté.

1. J.-P. Sartre, *L'Être et le néant*, p. 533.
2. M. Merleau-Ponty, *Phénoménologie de la perception*, p. 501-502.

Conclusion

Cette discussion n'est évidemment pas sans conséquence pour la psychopathologie. En effet, on pourrait avec Merleau-Ponty donner en partie raison à Straus – et donc en partie tort à Binswanger et Sartre – lorsque Straus introduit la notion de « contrainte à la prise de sens ». Sans doute, sa distinction de l'événement et du sens de l'événement est-elle maladroite et Binswanger a beau jeu de la critiquer. En revanche, introduire la liberté pour rejeter l'idée même d'une contrainte de sens est plus que discutable, s'il est vrai que, comme le soutient Merleau-Ponty, que le sens du monde, pour une large part, échappe à la liberté du sujet. De ce point de vue, tous les spectateurs – à l'exception, certes, des schizophrènes catatoniques – attribuent aux flammes qui s'élèvent dans le théâtre le sens d'un risque d'incendie et d'un danger mortel. Mais il faut donner en partie raison à Binswanger et en partie tort à Straus dès que l'on considère que certains spectateurs, en outre, perçoivent ces flammes comme danger à combattre tandis que d'autres les appréhendent comme danger à fuir. Dans cette perspective on peut considérer que les thèses de Straus et de Binswanger se complètent selon une logique de la *Fundierung*.

Telle est la conclusion à laquelle semble parvenir également Henri Maldiney qui emprunte toutefois un chemin un peu différent en raison de sa conception de l'événement comme apparition sans prémisses [1]. Dans son texte « Evénement et psychose », Maldiney demande à propos du débat qui oppose Straus et Binswanger : « l'événement est-il l'eau pure que nous verse la fortune et que chacun, à son gré, change en vinaigre ou en vin ? Impose-t-il au contraire au vécu un sens déterminé ? Ou le sens de l'événement et le sens du vécu sont-ils entre eux dans un tout autre rapport ? » [2] Autrement dit, l'événement n'est pas, selon Maldiney, cette eau pure dont le sujet pourrait miraculeusement fixer à sa guise la signification ; mais il n'est pas non plus ce qui s'impose avec un sens déterminé, comme le pense Straus. Car il convient de distinguer dans l'événement global, d'une part, la vue des flammes qui « comporte un moment pathique signifiant », distinct du sens intentionnel, et qui est de l'ordre du subir et, d'autre part, la décision qui est l'acte par excellence qui ne relève que d'un soi. De ce point de vue, l'idée d'une contrainte à la prise de sens qui dicterait jusqu'à la conduite des spectateurs va trop loin [3].

1. C. Abettan, *Phénoménologie et psychiatrie*, p. 165.
2. H. Maldiney, « Evénement et psychose », *Penser l'homme et la folie*, p. 264.
3. *Ibid.*, p. 273.

On peut réfléchir de manière analogue à propos de Suzanne Urban, même si dans ce cas pathologique, la liberté est manifestement hors-jeu. Binswanger a sans doute raison de rappeler qu'il n'y a pas d'événement en soi et que tout événement vécu possède un sens qui dépend de l'histoire intérieure de la vie dans son ensemble. Ainsi, lorsque le médecin urologue annonce à Suzanne Urban, le cancer de son mari, sa mimique n'est traumatisante que parce que Suzanne Urban a consacré sa vie au bien et à la santé des siens, qui constituent son unique préoccupation et qu'elle a déjà enterré le frère de son mari qui est mort également d'un cancer à la vessie [1]. Cependant, on peut reconnaître à la mimique du médecin un sens premier, dramatique, mais pas nécessairement traumatisant, qui s'impose à tout être humain en tant qu'être-pour-la-mort. De ce point de vue, l'angoisse qui étreint Suzanne Urban ne se réduit pas à une réaction individuelle et purement subjective mais correspond à la disposition affective du *Dasein* confronté à la finitude de l'existence. En revanche que cette angoisse ouvre la voie à la schizophrénie relève évidemment de l'histoire personnelle de Suzanne Urban. Nous comprenons ainsi que, s'il n'y a pas en soi d'événement traumatisant, il n'y a pas non plus de *Sinngebung* sans *Sinnentnahme*, et que le sens est tout d'abord ce que Merleau-Ponty appelle « le sens autochtone du monde » [2].

TRAUMATISME ET NÉVROSES DE GUERRE : QUAND LE PASSÉ NE PASSE PAS

On peut être tenté – au risque d'une dilution du concept – de tenir pour traumatisant des événements tels que, à l'échelle d'un Etat, un Tsunami, une défaite militaire, un crac boursier ou bien, à l'échelle individuelle, le décès d'un proche, un vol avec violence, une agression sexuelle, une fausse accusation, etc. Or, en quel sens ces événements très différents les uns des autres peuvent-ils être tenus pour des événements traumatisants ? Dans quelle mesure sont-ils susceptibles de bouleverser l'équilibre de ceux ou de celui qu'ils frappent ? Nous avons vu que, quelle que soit sa gravité,

1. L. Binswanger, *Le Cas Suzanne Urban*, p. 37. On peut remarquer que c'est précisément cette dimension biographique que Maldiney met entre parenthèses lorsqu'il ressaisit la mimique du médecin comme une « expression surgie de rien », un « événement-avènement », et qu'il dérive le pathologique du pathique. H. Maldiney, *Penser l'homme et la folie*, p. 279 ; H. Maldiney, *Existence, crise et création*, La Versanne, Encre marine, 2000, p. 95 ; C. Abettan, *Phénoménologie et psychiatrie*, p. 168.

2. M. Merleau-Ponty, *Phénoménologie de la perception*, p. 501.

un événement n'est pas en soi traumatisant et que certains survivent sans grand dommage à un bombardement tandis que d'autres ne se relèvent pas d'une chute de cheval. Cependant, une fois admise cette variabilité de la vulnérabilité comme de la résilience, reste à cerner la notion même de traumatisme. On peut déjà se demander si un traumatisme peut être purement psychique ou s'il n'a pas toujours un fondement physique.

Rappelons, à ce propos, les termes du débat tel qu'il se présentait à la fin du dix-neuvième siècle : pour le psychiatre allemand Hermann Oppenheim les symptômes des névroses traumatiques sont toujours provoqués par une altération physique des centres nerveux, à l'occasion par exemple d'un accident de chemin de fer, et il ne peut y avoir de trouble indépendant de toute lésion, effraction ou commotion. Tout à l'opposé, confrontée aux névroses de guerre [1], la psychanalyse d'inspiration freudienne privilégie la thèse d'une « origine psychogène » et à la question de savoir si « les névroses de guerre sont le résultat d'une émotion ou d'une commotion » [2], Freud dans *Au-delà du principe de plaisir* soutient-il que « la guerre terrible, qui vient de prendre fin, a engendré un grand nombre d'affection de ce genre et a, tout au moins, montré l'inanité des tentatives consistant à rattacher ces affections à des lésions organiques du système nerveux, qui seraient elles-mêmes consécutives à des violences mécaniques » [3]. Cette déclaration n'est guère surprenante de la part de Freud quoiqu'elle soit relativement imprudente. Car, en toute rigueur, qui peut affirmer avec certitude que l'absence de lésions organiques constatées suffit à écarter définitivement toute approche neurologique des névroses de guerre. Il est toujours possible que des lésions demeurent invisibles compte tenu des moyens techniques dont on dispose – ou disposait.

Mais la notion de traumatisme soulève une deuxième question : comment des événements passés peuvent-il « peser » sur une existence

1. L'expression névrose de guerre est antérieure à la guerre de 14-18 et fut introduite en 1907, lors du congrès allemand de médecine interne, par le psychiatre allemand Honigman. Ce dernier tient la névrose de guerre pour une des variétés de la névrose traumatique qui fut définie quelques années auparavant, en 1889, par le psychiatre allemand Hermann Oppenheim à partir d'observations sur les rescapés d'accidents de chemin de fer.

2. S. Freud, S. Ferenczi, K. Abraham, *Sur les névroses de guerre*, Paris, Petite Bibliothèque Payot, 2010, p. 104. Ce volume comprend quatre textes de trois auteurs différents : un texte de Karl Abraham, *Contributions à la psychanalyse des névroses de guerre*, deux textes de Sàndor Ferenczi, intitulés respectivement *Deux types de névrose de guerre (hystérie)* et *Psychanalyse des névroses de guerre*, et l'introduction que Freud avait écrite pour un recueil d'articles consacré aux névroses de guerre en 1919 et qui comprenait notamment les contributions de Abraham et de Ferenczi.

3. S. Freud, *Au-delà du principe de plaisir. Essais de psychanalyse*, p. 13.

présente au point de l'aliéner, au sens de réduire ses possibilités existentielles, voire de la détruire ? C'est ce que nous voudrions étudier à travers le cas des névroses traumatiques et des névroses de guerre, en nous plaçant dans le cadre plus général d'une réflexion sur le poids du passé.

Rousseau, Mlle Lambercier et l'hystérie banale

Dans ses *Confessions* Rousseau fait le récit d'une fessée que lui administra un jour Mlle Lambercier. Cette femme, qui avait pour Jean-Jacques « l'affection d'une mère », s'aperçut néanmoins que « ce châtiment n'allait pas à son but », en d'autres termes, qu'il suscitait plus de plaisir que de peine et plus précisément encore un plaisir de nature incontestablement érotique. Mais ce qui doit retenir ici notre attention, ce n'est pas tant le caractère vaguement incestueux de la relation que la signification donnée par Rousseau à cette expérience : « Qui croirait que ce châtiment d'enfant, reçu à huit ans par la main d'une fille de trente, a décidé de mes goûts, de mes désirs, de mes passions, de moi pour le reste de ma vie, et cela précisément dans le sens contraire à ce qui devait s'ensuivre naturellement ? » [1] S'impose ici, sous une forme faussement interrogative, l'idée qu'un événement aurait une fois pour toutes décidé de la vie amoureuse d'un individu, de sorte que les péripéties de cette vie amoureuse ne seraient que la répétition, une succession d'avatars de la scène qui en fut à l'origine. Désormais, préférant l'imaginaire au réel, Rousseau rêve de fessées administrées par les femmes qu'il rencontre et qui sont, écrit-il, « autant de demoiselles Lambercier ».

Cette idée d'une scène originaire à partir de laquelle tout s'éclairerait n'est ni vraiment nouvelle ni vraiment originale : on la retrouve un siècle plus tôt sous la plume de Descartes dans sa lettre à Chanut du 6 juin 1647 à propos d'une jeune fille « un peu louche » – comprenons : qui louchait – dont il était tombé amoureux alors qu'il était enfant [2], et deux siècles et demi plus tard dans les tous premiers textes de Freud sur l'hystérie. En effet, dans ses *Etudes sur l'hystérie* qui remontent à 1895, Freud et Breuer soutiennent que l'hystérie présente une analogique évidente avec la

1. J.-J. Rousseau, *Confessions*, *Œuvres complètes*, t. 1, p. 15.

2. Lettre de Descartes à Chanut du 6 juin 1647 : « Lorsque j'étais enfant, j'aimais une fille de mon âge, qui était un peu louche ; au moyen de quoi, l'impression qui se faisait par la vue en mon cerveau, quand je regardais ses yeux égarés, se joignait tellement à celle qui s'y faisait aussi pour émouvoir en moi la passion de l'amour, que longtemps après, en voyant des personnes louches, je me sentais plus enclin à les aimer qu'à en aimer d'autres, pour cela seul qu'elles avaient ce défaut », R. Descartes, *Œuvres philosophiques*, t. III, p. 741.

névrose traumatique (*traumatische Neurose*), qui est déterminée non par une blessure physique mais par la frayeur, c'est-à-dire par un traumatisme psychique. A cette époque, Freud et Breuer distinguent entre deux types d'hystérie : d'une part, l'hystérie traumatique (*traumatische Hysterie*) qui est liée à un événement connu du malade et, d'autre par, l'hystérie banale (*gewöhnliche Hysterie*), qui est indépendante *apparemment* de tout événement traumatisant. Or, pour Freud et Breuer, dans un cas comme dans l'autre, on trouve à l'origine de l'hystérie un traumatisme psychique. Simplement, dans le cas de l'hystérie traumatique, l'accident pathogène est évident et connu du malade, et le rapport de cause à effet entre le trauma et la maladie est dévoilé par sa répétition hallucinatoire. En revanche, dans le cas de l'hystérie banale, le rapport de cause à effet est plus obscur, il peut y avoir par exemple non pas un mais plusieurs traumatismes partiels et le rapport entre ces traumatismes et les symptômes peuvent prendre une forme symbolique. Mais l'expérience montrerait que « très souvent, ce sont des événements survenus dans l'enfance qui ont provoqué, au cours de toutes les années suivantes, un phénomène pathologique plus ou moins grave » [1].

A partir de ces premières considérations, les deux auteurs proposent trois thèses décisives. Tout d'abord, d'un point de vue nosologique, ils plaident pour une extension du concept d'hystérie traumatique ou, si l'on préfère, une unification du concept d'hystérie à partir du modèle de l'hystérie traumatique. En outre, entre 1895 et 1897, ils soutiennent que le traumatisme concerne essentiellement la sexualité du malade et remonte à l'enfance du patient [2]. Enfin, *last not least*, ils comparent l'action causale du traumatisme psychique par rapport à l'hystérie à celle « d'un corps étranger qui, longtemps encore après son irruption, continue à jouer un rôle actif ». Or, cette forme de causalité contredit l'adage – adage d'origine juridique – selon lequel la cause disparaissant, l'effet cesse (*cessante causa, cessat effectus*) : l'incident continue, des années durant, à agir en dépit de sa disparition dans un passé plus ou moins lointain. Ce qui conduit Freud et Breuer à imaginer, conformément à l'ontologie qui sous-tend leur réflexion, que la cause doit bien d'une manière ou d'une autre continuer à exister puisqu'elle agit encore et qu'elle doit par conséquent être *inconsciente* puisque le malade n'en a pas conscience. Ainsi Freud et Breuer, inventant la notion de souvenir inconscient, soutiennent-ils

1. S. Freud, J. Breuer, *Études sur l'hystérie*, trad. fr. A. Berman, Paris, P.U.F., 1956, p. 2-3.

2. J. Laplanche, J.-B. Pontalis, *Vocabulaire de la psychanalyse*, « Traumatisme », p. 501.

que – et la phrase sera bien souvent reprise, à commencer par Freud lui-même [1] – « c'est de réminiscences surtout que souffre l'hystérique (*der Hysterische leidet größtenteils an Reminiszenzen*) » [2].

A vrai dire cette conception du traumatisme appartient aux commencements de la psychanalyse et on sait que Freud a été amené à minorer la portée étiologique du traumatisme au profit de la vie fantasmatique de ses patients [3]. Elle n'en permet pas moins de poser la question très générale du point de vue de la psychopathologie du lien, apparemment simple et allant de soi et pourtant énigmatique, entre un événement passé : une fessée, une agression sexuelle, etc. et le cours pathologique d'une existence. Comment concevoir ce lien ? Comment décrire rigoureusement, c'est-à-dire, phénoménologiquement ce que faute d'une meilleure métaphore on appelle le poids – plus ou moins écrasant – du passé sur le cours d'une existence ? Nous nous limiterons ici aux suites plus ou moins lointaines d'un événement traumatisant.

La notion de traumatisme et les trois moments du P.T.S.D.

Trauma en grec ancien signifie blessure. La psychiatrie distingue habituellement le traumatisme physique, lié à un choc particulièrement violent, comme la chute d'une tuile sur la tête d'un individu, qui provoque un traumatisme crânien, et le traumatisme psychique que l'on définit « comme une perturbation de l'équilibre psychique liée à une événement déterminé » [4]. De ce point de vue, un traumatisme psychique peut être lié soit à un traumatisme physique, soit à un événement qui provoque ledit traumatisme psychique indépendamment d'une quelconque lésion physique. En outre, si le traumatisme psychique ou psycho-traumatisme est lié à un événement traumatisant, il va de soi qu'un tel événement peut prendre bien des formes différentes : il peut être soudain et isolé, durer un certain temps ou bien encore se répéter dans le temps. Notons toutefois que ces événements présentent au moins deux différences notables : d'une part, un tremblement de terre est un événement traumatisant *anonyme* alors qu'une prise d'otage implique l'action d'une ou plusieurs personnes ; d'autre part, l'événement traumatisant ne met pas nécessairement en question la vie même du traumatisé. Par exemple, dans le cas d'abus sexuels répétés opérés par un proche sur un enfant, on peut considérer

1. S. Freud, *Cinq leçons sur la psychanalyse*, p. 15.
2. *Ibid.*, p. 5.
3. J. Laplanche, J.-B. Pontalis, *Vocabulaire de la psychanalyse*, « Traumatisme », p. 501.
4. B. Cordier, M. Sylvestre, J. Leyrie, « Pathologies psychiatrique post-traumatiques », EMC-psychiatrie, 1994.

que l'enfant a subi un traumatisme sans que pour autant il y ait eu menace de mort physique.

Nous avons vu qu'un événement n'est pas en soi traumatisant. On peut alors s'interroger sur les conditions de la vulnérabilité des personnes, et donc sur leur émotivité, leur maturité affective, leur insertion sociale, leur autonomie, sans oublier les événements antérieurs, parfois particulièrement douloureux, que certains ont vécus. En fait, s'il existe pour tout individu « un point de rupture », les facteurs qui le provoquent sont très variables d'un individu à l'autre. En outre, il faudrait, dans une perspective à la fois historique et ethnopsychiatrique interroger les liens éventuels entre culture et trauma. En d'autres termes, il semble qu'un événement ne soit traumatisants que dans le cadre d'une culture déterminée et – même si cela est difficile à entendre – on peut se demander si la criminalisation, au sens juridique du terme, de certains actes tenus autrefois pour un délit comme le viol, ne participe pas de sa dramatisation et de son caractère traumatisant. Bref, pour des raisons à la fois individuelles et collectives (ou culturelles), un événement n'est pas en lui-même traumatisant et, quand bien même ce serait une lapalissade, il faut répéter qu'un événement n'est traumatisant que s'il blesse la personne dite alors traumatisée. Il en résulte deux conceptions possibles du traumatisme psychique : soit on considère qu'il n'y a traumatisme psychique que lorsque l'événement constitue une menace de mort pour l'individu ; ou bien on considère qu'il y a traumatisme dès que l'événement, quel qu'il soit, suscite certains troubles spécifiques que nous allons décrire. Dans le premier cas, c'est plus la nature de l'événement que ses suites qui définit le trauma, dans le second c'est moins la nature de l'événement que ses suites qui définissent le trauma.

Depuis 1980 et le DSM 3, on ne parle plus guère de névrose traumatique mais de P.T.S.D., c'est-à-dire de *post-traumatic stress disorder* ou état de stress post-traumatique [1]. Si on suit la Classification Internationale des Maladies ou C.I.M. 10, on peut distinguer trois moments dans l'évolution du P.T.S.D. : 1. le moment de la réaction immédiate ou différée de quelques minutes, qui disparaît au bout de quelques heures ou de quelques jours ; 2. l'état de stress post-traumatique dont le délai d'apparition peut varier de quelques semaines à six mois ; 3. La modification durable de la personnalité. La réaction immédiate ou différée de quelques minutes comporte initialement un état d'hébétude, caractérisé par un certain rétrécissement du champ de la conscience et

1. Y a-t-on gagné ? Sans doute le concept de névrose n'est-il pas vraiment pertinent en l'occurrence, mais celui de stress ne l'est guère plus.

de l'attention. A cet état initial peut succéder soit un retrait croissant par rapport à l'environnement soit une agitation avec hyperactivité. En outre, on observe, selon les cas, des réactions d'angoisse, c'est-à-dire une anxiété panique accompagnée de la crainte d'une mort imminente, qui peut provoquer une conduite suicidaire ; des réactions de type hystériques (conversion, état crépusculaire, attitudes spectaculaires ou théâtrales…) ; des réactions confusionnels (obnubilation, désorientation, onirisme) ; des réactions délirantes sous la forme d'une bouffée délirante aiguë.

L'état de stress post-traumatique se caractérise par un syndrome de répétition qui se manifeste par des cauchemars réguliers au cours desquels le sujet revit l'événement traumatique, plus ou moins remanié. Il se manifeste également par des fantasmes, des ruminations mentales, des gestes et des impulsions agressives qui reproduisent symboliquement le trauma et qui improvisent les conduites de défense qui avaient fait défaut. Ce syndrome est tenu pour pathognomonique, c'est-à-dire comme suffisant à lui seul à caractériser le P.T.S.D. et à en permettre le diagnostic. En outre, l'état de stress post-traumatique se distingue par des conduites d'évitement volontaires, qui consiste alors dans des efforts pour ne pas éveiller le souvenir de l'événement, ou involontaires comme dans le cas d'une amnésie d'un aspect plus ou moins important du traumatisme. Dans les cas favorables, le syndrome de répétition comme les conduites d'évitement disparaissent progressivement. Il peut arriver, enfin, que l'on constate des modifications durables de la personnalité qui se caractérise alors (CIM-10, F62.0) par une attitude hostile et méfiante envers le monde, un retrait social, des sentiments de vide ou de perte d'espoir, l'impression d'être menacé, une forme de détachement ou de distance par rapport à tout ce qui arrive.

Pour illustrer ce point, on peut penser au baron Empain, homme d'affaires belge, héritier du groupe Empain-Schneider, qui a été séquestré en 1978 dans un pavillon de Savigny-sur-Orge pendant plus de soixante jours. Ses ravisseurs réclamèrent une rançon contre sa libération et, afin de prouver leur détermination, n'hésitèrent pas à couper une phalange de leur victime. Le baron fut finalement libéré par la police mais sortit totalement épuisé de sa captivité au cours de laquelle il avait perdu une vingtaine de kilos. Ce qui est frappant dans cette affaire, c'est la métamorphose de la victime qui, après sa libération, continua à se sentir menacée, alors qu'il était sous protection policière, et qui, profondément déçu par l'attitude de ses proches aussi bien pendant sa séquestration que lors de sa libération, décida de changer complètement de vie : il divorça, se remaria et rompit l'essentiel de ses liens avec les milieux d'affaires français. C'est un *autre* homme qui apparaît à la suite de cette affaire à propos de laquelle il déclara un jour : « ce fut un cauchemar. Je ne souhaite pas cela même à mon pire ennemi ».

Névroses traumatiques, névroses de guerre et libido

Afin de mieux saisir ce qui est en question derrière la notion de traumatisme, on peut à nouveau se tourner du côté de la littérature et lire le récit par Erich Maria Remarque (1898-1970) d'une crise de panique qui frappe un soldat au cours d'un bombardement particulièrement violent, qui est suivie d'une névrose traumatique (PTSD) [1]. Alors qu'ils n'ont ni dormi ni mangé depuis plusieurs jours, le narrateur et ses camarades se terrent dans un refuge qui manque à tout moment d'être pulvérisé par une bombe. C'est alors que « l'un des bleus a une crise ». Le narrateur poursuit : « Je l'observais depuis longtemps déjà, tandis qu'il grinçait continuellement des dents, en fermant et serrant les poings. Nous connaissons assez ces yeux exorbités et traqués. Ces dernières heures, il n'était devenu plus calme qu'en apparence : il s'était alors affaissé sur lui-même comme un arbre pourri. Maintenant il se lève ; sans se faire remarquer il rampe à travers l'abri, s'arrête un moment puis glisse vers la sortie. J'interviens, en disant : « Où veux-tu aller ?

— Je reviens à l'instant, dit-il en essayant de passer devant moi.

— Attends donc un peu, le bombardement va diminuer. »

Il dresse les oreilles et son œil devient un instant lucide. Puis il reprend cet éclat trouble qu'ont les chiens enragés ; il se tait et cherche à me repousser.

« Une minute, camarade ! » fais-je d'une voix forte.

Cela attire l'attention de Kat et, au moment où l'autre me donne une poussée, il le saisit et nous le tenons solidement.

1. Comme on le sait, la guerre de 14-18 a suscité, des deux côtés du Rhin, quelques œuvres littéraires particulièrement remarquables, écrites par des hommes qui ont combattu et qui ont subi l'épreuve du feu. Ainsi, ces auteurs tentent de retracer ce que pouvait être la vie dans les tranchées de ces jeunes gens qui se trouvent pris dans une gigantesque boucherie humaine. A ce propos, on cite bien souvent *Le Feu. Journal d'une escouade* de Henri Barbusse, qui sort en feuilleton dans les journaux dès 1916 ; *Les croix de bois* de Roland Dorgelès dont l'auteur fut très près de recevoir le prix Goncourt en 1919 ; ainsi que *Orages d'acier* (*In Stahlgewittern*) que Ernst Jünger publie en 1920. C'est toutefois sur le roman plus tardif, puisque publié en 1929, de Erich Maria Remarque, intitulé : *A l'ouest rien de nouveau*, (*Im Westen nichts neues*), que nous nous arrêtons dans la mesure où, contrairement à Henri Barbusse ou Ernst Jünger, son auteur envisage à plusieurs reprises les comportements proprement pathologiques qu'engendre l'horreur de la guerre. E. M. Remarque, *A l'ouest rien de nouveau*, trad. fr. O. Bournac, A. Hella, Paris, Le Livre de Poche, 1973.

Aussitôt le soldat entre en fureur :

« Lâchez-moi ! Laissez-moi sortir ! Je veux sortir ! »

Il n'écoute rien et donne des coups autour de lui : il bave et vocifère des paroles qui n'ont pas de sens et dont il mange la moitié. C'est une crise de cette angoisse qui naît dans les abris des tranchées ; il a l'impression d'étouffer où il est et une seule chose le préoccupe : parvenir à sortir. Si on le laissait faire, il se mettrait à courir n'importe où, sans s'abriter. Il n'est pas le premier à qui c'est arrivé.

Comme il est très violent et que déjà ses yeux chavirent, nous n'avons d'autre ressource que de l'assommer, afin qu'il devienne raisonnable » [1].

Ainsi, la crise de ce jeune soldat est suscitée par la conviction – en partie délirante – que, s'il reste là où il est, cet abri va être son tombeau et qu'il doit donc s'en échapper à tout prix. Ses camarades n'ont d'autre moyen pour le sauver que de l'assommer. On comprend aisément qu'un homme, surtout s'il n'a pas encore une longue expérience du feu, en vienne à perdre la raison et se conduise de manière « suicidaire ». Du reste, Remarque nous fait comprendre que son cas est loin d'être isolé et que si certains soldats ont réussi à surmonter ce type de crise, d'autres en revanche n'y sont pas parvenus et ont développé ce qu'on a alors appelé une névrose de guerre (*Kriegsneurose*). De quoi s'agit-il ? Comment comprendre ce type de névrose ou *post-traumatic stress disorder* ? [2]

La psychanalyse ne pouvait rester indifférent à un tel phénomène pathologique et non seulement Freud mais également Karl Abraham et Sándor Ferenczi ont tenté d'en élucider le développement [3]. Mais il faut bien reconnaître que le texte de Freud est en l'occurrence relativement décevant. Freud en effet tente, de manière bien peu convaincante, d'y défendre sa conception de la névrose et, notamment, sa conception de l'étiologie sexuelle des névroses. De ce point de vue, les névroses de guerre seraient fondamentalement de même nature que les névroses en temps de paix telles que l'hystérie d'angoisse, l'hystérie de conversion ou la névrose obsessionnelle, et on y retrouverait les différentes caractéristiques de la névrose telles que l'origine psychogène des symptômes, le rôle des pulsions inconscientes, le bénéfice primaire de la maladie

1. E. M. Remarque, *A l'ouest rien de nouveau*, p. 99-100, p. 185-186, p. 239-242.

2. En 1943, le Lieutenant général Georges Patton dut présenter ses excuses à deux soldats qu'il avait giflés alors qu'ils souffraient de ce trouble et qu'il tenait pour des simulateurs et des lâches.

3. S. Freud, S. Ferenczi, K. Abraham, *Sur les névroses de guerre*.

– qui désigne aussi bien la satisfaction trouvée dans le symptôme que les avantages sociaux liés à la fuite dans la maladie –, sans oublier le conflit entre le moi et les pulsions sexuelles qui serait à l'origine de toute névrose. Mais, reconnaît Freud avec honnêteté, ce dernier aspect n'a pas encore été vraiment établi pour ce qui concerne les névroses de guerre. Aussi, afin de frayer un chemin en direction d'une théorie libidinale des névroses de guerre, Freud décrit celles-ci en y introduisant deux éléments relativement déconcertants.

Tout d'abord, les névroses de guerre seraient favorisées par un conflit entre l'ancien moi pacifique du temps de paix et le nouveau moi guerrier du temps de guerre – conflit qu'ignorent les mercenaires ou les militaires professionnels et qui tend à s'estomper au fur et à mesure que l'individu devient un soldat aguerri. Ce conflit susciterait la fuite de l'ancien moi dans la névrose traumatique dans la mesure où le nouveau moi guerrier mettrait en péril l'ancien moi pacifique. De cette manière, Freud pense faire droit à l'angoisse de mort qui caractérise les névroses de guerre – bien que, soit dit en passant, cette dualité de l'ancien moi et du nouveau moi ainsi que l'idée d'une fuite de l'ancien moi dans la névrose soient déroutantes pour ne pas dire incompréhensibles (si le sujet fuit dans la névrose, ce ne peut être que le sujet actuel et non l'ancien). Mais en outre, les névroses de guerre seraient comme les névroses traumatiques en temps paix (accident de chemin de fer), c'est-à-dire des névroses narcissiques dans lesquelles la *libido* d'objet est remplacée par une *libido* du moi [1]. De ce point de vue, l'angoisse se trouverait liée non plus au risque de perdre la vie mais à la *libido* narcissique du patient. Ce dernier point reste relativement obscur et Freud, comme il le reconnaît lui-même, n'est pas en mesure d'en dire beaucoup plus à ce stade de sa réflexion. Quoi qu'il en soit, ce qui est frappant dans ce texte, mise à part son obscurité, c'est l'obstination théorique de Freud à défendre sa théorie libidinale des névroses et à contester, au nom de leur dimension libidinale, l'importance que tout un chacun accorde spontanément, dans les névroses traumatiques comme dans les névroses de guerre, au risque vital (*Lebensgefahr*), c'est-à-dire à l'angoisse de mort.

1. Rappelons que l'essai *Pour Introduire le narcissisme* date de 1914.

Névroses traumatiques et névroses de guerre selon Abraham et Ferenczi

Karl Abraham (1877-1925) se situe dans le droit fil de la perspective freudienne. Mobilisé pendant la première guerre mondiale comme psychiatre [1], il a donc eu l'occasion de soigner des soldats frappés de ce type de névrose. Il conteste l'idée que ces névroses ne mettraient en jeu que les seules pulsions du moi ou pulsions d'autoconservation et qu'elles n'auraient d'autre origine que la crainte de mourir. Fidèle parmi les fidèles disciples de Freud, il déclare : « les névroses de guerre restent incompréhensibles si l'on ne tient pas compte de la sexualité » [2]. En effet, Abraham part du constat que certains soldats peuvent affrontent des situations particulièrement périlleuses et en sortir psychiquement indemne alors que d'autres à la suite d'une simple chute dans un fossé sombrent dans une névrose particulièrement grave. Ainsi, pour Abraham, la guerre n'est jamais que l'occasion pour des hommes relativement fragiles de développer une névrose. Mais surtout, ces hommes prédisposés à la névrose se distingueraient par une fixation partielle de la *libido* au stade narcissique du développement. Or la guerre avec son exigence extraordinaire de sacrifice sans condition à la communauté, rend la vie particulièrement difficile pour ne pas dire impossible à ce type d'individu fondamentalement replié sur lui-même, incapable d'aimer et de se sacrifier pour qui que ce soit.

En outre, et ceci est peut-être plus intéressant parce que cela réintroduit la question de la mort, la guerre met à mal chez ces êtres fragiles « l'illusion narcissique de leur immortalité et de leur invulnérabilité [3] ». Abraham écrit : « L'effondrement, l'abattement total, l'obsession de la mort dans certaines névroses de guerre s'expliquent également par un effet particulier du traumatisme. Ces sujets prédisposés n'ont pu se maintenir jusqu'au traumatisme que par l'illusion narcissique de leur immortalité et de leur invulnérabilité. Cette croyance est brusquement entamée par les effets d'une explosion, d'une blessure ou d'un autre événement de cette sorte [4] ». Ainsi on peut retenir l'idée selon laquelle sombrent dans la névrose de guerre ceux que ne protègent plus l'illusion de leur immortalité – illusion bienheureuse et relativement indestructible dans la vie civile

1. Karl Abraham fut chargé en 1915 de créer un centre d'observation pour soldats névropathes à l'hôpital d'Allenstein, en Prusse-Orientale.

2. S. Freud, S. Ferenczi, K. Abraham, *Sur les névroses de guerre*, p. 55.

3. *Ibid.*, p. 52.

4. *Ibid.*

mais particulièrement difficile à conserver lorsqu'on est au front sous la mitraille. En d'autres termes, la témérité au sens aristotélicien du terme, c'est-à-dire cette forme de courage qui n'est plus du courage car elle est aveugle au risques qu'elle affronte, serait la condition pour survivre à la guerre et à ses combats et échapper à la névrose dite de guerre.

Ferenczi (1873-1933), surnommé l'enfant terrible de la psychanalyse, fut lui aussi mobilisé et ses propos s'appuient sur l'observation de quelque deux cents cas de névroses de guerre [1]. Sa thèse principale – avec laquelle Freud prend ses distances dans *Au-delà du principe de plaisir* – consiste à assimiler les névroses de guerre à l'hystérie et à distinguer, à partir de l'opposition entre hystérie de conversion et hystérie d'angoisse, deux types correspondants de névroses de guerre. En raison de leurs symptômes – mais n'est-il pas hasardeux de s'en tenir aux symptômes en psychiatrie ? –, un premier groupe de malades rappelle tout d'abord l'hystérie de conversion. Par exemple, tel malade souffre d'une crampe permanente de la jambe gauche ainsi que de contractions cloniques (c'est-à-dire brèves et saccadées) de cette même jambe gauche lorsqu'il tente de se lever et de se déplacer. Tel autre malade présente une contracture et un tremblement de ses deux membres droits tandis que la moitié gauche du corps est indemne. En outre, Ferenczi souligne que les contractions et tremblements sont en rapport direct avec l'événement traumatisant. Ainsi, celui qui « tient le coude fixé à angle aigu conserve également la position qu'il avait au moment de l'explosion : il était allongé pour épauler et il devait pour cela serrer le bras contre ses côtes et plier le coude à angle aigu ». En d'autres termes, le sujet est resté comme pétrifié dans la position qu'il avait juste au moment de l'événement traumatisant. Ces symptômes autorisent, selon Ferenczi, un rapprochement avec l'hystérie de conversion. L'hypothèse est alors, dans le prolongement de celle de Freud et de Breuer à propos de l'hystérie, d'une conversion « mystérieuse » d'un affect, qui ne peut pas être maîtrisé par le psychisme et qui est alors refoulé, en une innervation physique [2].

Dans un deuxième groupe de malades [3], de loin le plus nombreux, une commotion soudaine – comme le souffle ou l'explosion d'un obus – est suivie par un stade de paralysie qui disparaît spontanément au bout d'un certain temps pour, le cas échéant, laisser la place à un état chronique

1. Nommé tout d'abord médecin-chef d'un dépôt de cavalerie près de Vienne, Ferenczi fut affecté à partir de 1916 à l'hôpital Maria-Valeria de Budapest comme chef du service de neurologie.

2. S. Freud, S. Ferenczi, K. Abraham, *Sur les névroses de guerre*, p. 71.

3. *Ibid.*, p. 75 *sq.*

caractérisé par une hyperesthésie de tous les sens, telle que le sursaut au moindre bruit ou à un éclair de lumière ; et, surtout, par des troubles de la motilité qui peuvent aller jusqu'à l'abasie ou incapacité de marcher voire l'astasie, c'est-à-dire l'incapacité de se tenir debout. En outre, toute tentative de surmonter cet handicap et de se mettre à marcher provoque chez les malades des palpitations, une accélération du pouls, de la transpiration, une altération des traits du visage. Bref nous retrouverions ici tous les symptômes de l'hystérie d'angoisse, dont relèvent également l'hyperesthésie de tous les sens et le sommeil troublé de cauchemars qui correspondent, écrit Ferenczi, « à cette constante "attente angoissée" dont se plaignent les personnes qui souffrent de névrose d'angoisse » [1]. Dans cette perspective, et l'idée nous semble digne d'être retenue, les troubles de la motilité seraient assimilables à un symptôme de nature phobique, mais complètement déconnecté en l'occurrence de la sexualité, par conséquent à un dispositif (une conduite) de défense face à un danger, ayant pour finalité d'empêcher l'apparition de l'angoisse qui, comme nous l'avons vu, ne manque pas de se manifester lorsque le patient tente de surmonter son immobilité.

Le trauma et l'énigme de la répétition

Il est sans doute tentant et littérairement efficace de rapporter le cours d'une existence à un seul et unique événement qui est alors censé en éclairer le déroulement. Nous avons vu la signification que Rousseau donnait dans ses *Confessions* aux fessées que lui administrait Mademoiselle Lambercier. Nous retrouvons cette tentation dans les essais de psychanalyse existentielle de Sartre. Pensons par exemple à l'instant « fatale » du *Saint Genet, comédien et martyr* : pris sur le fait en train de voler, le jeune Jean Genet est condamné pour le reste de ses jours à être aux yeux des autres un voleur. La scène aurait même « décidé » de l'homosexualité de Genet comme de son engagement littéraire et, plus largement, de son choix du mal contre le bien, du non être contre l'être [2]. Mais on peut s'interroger sur la légitimité d'une telle « mise en intrigue » qui semble relever d'une construction à la fois rétrospective, littéraire et simplificatrice du cours d'une existence. Ce scepticisme quant à la portée d'un événement ne doit cependant pas faire oublier la possibilité de ces

1. S. Freud, S. Ferenczi, K. Abraham, *Sur les névroses de guerre*, p. 82.

2. J.-P. Sartre, *Saint Genet, comédien et martyr*, p. 26. Ph. Cabestan, *L'Être et la conscience. Recherches sur la psychologie et l'ontophénoménologie sartriennes*, p. 281 *sq.*

événements dont la violence perturbe en profondeur le sujet et, ce, en l'absence même de toute lésion physique.

D'une manière très générale, le traumatisme conduit à s'interroger sur l'importance du passé et de la mémoire dans une existence, sur les différentes modalités de cette dernière et sur l'incapacité d'un sujet à oublier comme à se défaire de l'emprise d'un événement passé qui ne passe pas. Pour mieux saisir ce qui est philosophiquement en question, il faut remarquer que, par-delà la mémoire, se pose la question proprement ontologique du rapport de l'existant à son passé et de la possibilité d'une action du passé, c'est-à-dire de ce qui n'est plus, sur le présent. Paradoxalement, l'ontologie sartrienne du pour-soi ne permet absolument pas de comprendre ce type de phénomène. En effet Sartre soutient que le pour-soi se temporalise et, par suite, ne cesse d'échapper à son propre passé de telle sorte qu'il est son passé sur le mode de l'être qui n'est pas ce qu'il est et est ce qu'il n'est pas. Il s'ensuit que, comme l'écrit Sartre, le passé est « sans force pour constituer le présent et préesquisser l'avenir » [1]. Or, il y a pourtant des événements *marquants*, au sens à la fois où ils font date dans une existence et où ils en infléchissent le cours. On ne peut donc pas dire avec Sartre que la portée d'un événement se limite à la signification que le sujet lui confère à partir de ses actions futures et que « la seule force du passé lui vient du futur » [2]. Sartre, en vérité, n'envisage que la signification donnée au passé à partir du présent et « ignore » le poids du passé.

Or le traumatisme n'est évidemment pas un événement parmi d'autres mais un événement aliénant qui s'empare d'une existence et de sa liberté. Ainsi, nous avons vu que l'état de stress post-traumatique se caractérise par un syndrome de répétition qui se manifeste par des cauchemars réguliers au cours desquels le sujet revit l'événement traumatique, plus ou moins remanié. Il se manifeste également par des fantasmes, des ruminations mentales, des gestes et des impulsions agressives qui reproduisent symboliquement le trauma et qui improvisent les conduites de défense qui avaient fait défaut. Sans entrer dans des propos relativement obscurs, fondés sur des considérations qui relèvent de ce que Freud lui-même dénomme « l'économie énergétique de l'organisme » [3], on rappellera simplement que ce sont précisément ces phénomènes qui conduisent Freud en 1920, dans *Au-delà du principe de plaisir*, à réfléchir sur la « tendance

1. J.-P. Sartre, *L'Être et le néant*, p. 541 et p. 544.
2. *Ibid.*, p. 544.
3. S. Freud, *Au-delà du principe de plaisir*, p 36.

irrésistible à la reproduction, à la répétition, tendance qui s'affirme sans tenir compte du principe de plaisir » et qui se manifeste de manière particulièrement nette, ajoute Freud, dans le cas « des rêves reproduisant l'accident traumatique » [1]. Mais si on laisse de côté l'hypothèse des pulsions de mort, que Freud tient lui-même pour de la spéculation, afin de saisir *phénoménologiquement* ce type de phénomène, force est d'admettre un certain embarras. On peut être tenté d'en appeler, fautes de grives, à la notion de synthèse passive, au sens d'une synthèse qui ne serait pas opérée par le sujet. Ces phénomènes, en effet, semblent relever de la passivité et de l'association qui est pour Husserl au principe de toute « constitution passive, aussi bien celle des vécus comme objets temporels immanents que celle de tous les objet naturels concrets du monde spatio-temporel objectif » [2]. Cependant, ce qu'il convient d'élucider dans le traumatisme c'est en particulier ces phénomènes de répétition non motivés extérieurement qui relèvent, semble-t-il, de l'intériorité d'une subjectivité traumatisée. La notion de synthèse passive est-elle alors à la hauteur d'une pareille tâche ?

Trauma et mémoire corporelle

Lorsque Freud, dans *Au-delà du principe de plaisir*, soutient que, outre les traumatismes physiques, il existe également des traumatismes purement psychiques qui doivent être étudiés et soignés en tant que tels, on peut remarquer qu'il reste manifestement prisonnier d'une problématique sinon cartésienne du moins dualiste de l'âme et du corps. En d'autres termes, même si les traumatismes psychiques sont bien indépendants d'une altération accidentelle des centres nerveux, n'impliquent-ils pas *d'une certaine manière* le corps ? Telle est la question que nous voudrions nous poser en prenant à nouveau appui sur les travaux de Thomas Fuchs, afin d'interroger la dimension corporelle du trauma et de ses suites, c'est-à-dire la manière dont un événement traumatisant bouleverse une existence et l'affecte *corporellement.* Plus précisément, nous voudrions tenter de décrire de quelle manière un traumatisme affecte ce qu'on peut appeler *la mémoire corporelle* (*Leibgedächtnis*) d'un individu, c'est-à-dire cette forme de mémoire implicite, distincte de la mémoire autobiographique ou mémoire explicite, dont la reconnaissance par la psychopathologie suppose évidemment une autre conception du corps que celle de la médecine moderne.

1. S. Freud, *Au-delà du principe de plaisir*, p. 27-28.
2. E. Husserl, *Méditations cartésiennes*, § 39.

Thomas Fruchs aborde le traumatisme en empruntant à Jaspers la notion de situation-limite (*Grenzsituation*) [1]. Il s'agit, rappelons-le, de ces situations dans lesquelles on se trouve face à une des limites de la condition humaine telles que la souffrance, la lutte ou le combat, la mort, la culpabilité, le hasard, la liberté qui sont autant de murs auxquels nous nous heurtons et qu'il est impossible de surmonter [2]. Ces limites sont par conséquent infra historiques et communes à toute existence empirique humaine. Elles n'en sont pas moins en tant que telles insupportables. C'est pourquoi, même si les situations-limites peuvent être affrontées sous la forme d'une résolution existentielle, l'homme a bien souvent tendance à fuir ces situations-limites, que ce soit en les refoulant ou en se construisant un abri quelconque plus ou moins illusoire, plus ou moins résistant. Thomas Fuchs cite le cas d'un chef du personnel d'une grande entreprise qui s'était consacré corps et âme à sa vie et à son ascension professionnelles et qui sombra dans la dépression le jour où il dut prendre sa retraite. Comme un certain nombre de nos contemporains, cet homme avait fait de son travail un abri que la retraite avait d'un seul coup pulvérisé. Ainsi certains hommes s'efforcent-ils, grâce à différents abris et avec des réussites inégales, de se protéger du désespoir [3]. Reste que le propre des situations-limites est d'ébranler l'individu, de faire voler en éclat l'abri qu'il s'est construit.

Tel est le cas également du traumatisme. En effet, le trauma est un événement au cours duquel l'homme est, par exemple, confronté à une menace de mort immédiate ou bien encore à une lésion particulièrement grave de son intégrité corporelle et psychique. Le trauma présente alors trois caractéristiques. D'une part, c'est un événement que l'on n'arrive pas intégrer dans une configuration significative rassurante et qui remet en question nos certitudes les mieux établies telles que nos convictions religieuses [4]; d'autre part, l'événement engendre un état de choc, de stupeur, de paralysie tel que la victime est dans l'incapacité absolue de répondre à ce qui s'abat sur elle; enfin, le trauma rompt la confiance originaire dans la constance et la fiabilité du monde. Comme l'écrit

1. Th. Fuchs, « De la vulnérabilité existentielle. Eléments pour une psychopathologie des situations-limites », dans Ph. Cabestan, J.-C. Gens (éd.), *La* Psychopathologie générale *de Karl Jaspers, 1913-2013*, Argenteuil, Le Cercle Herméneutique, 2013, p. 145 *sq.*

2. J.-C. Gens, « Der Bergriff der Situation bei Jaspers und Sartre », *Karl Jaspers und Jean-Paul Sartre im Dialog*, A. Hügli und M. Hackel (Hrsg.), Frankfürt am Main, Peter Lang, 2015, p. 165.

3. J.-C. Gens, « L'impact de la philosophie jaspersienne de l'existence sur la Psychopathologie générale », *La* Psychopathologie générale *de Karl Jaspers, 1913-2013*, p. 173.

4. Nous pensons à l'essai de Hans Jonas, *Le concept de Dieu après Auschwitz*, trad. fr. P. Ivernel, Paris, Rivages, 1994.

Thomas Fuchs : « Ici aussi un abri vole donc en éclats, à savoir l'abri de la quotidienneté et de ses présupposés fondamentaux relatifs au monde de la vie. Une faille s'est ouverte dans le monde à travers laquelle perce la possibilité concrète de la violence, de la déréliction et de la mort » [1]. Il s'ensuit que la victime d'un traumatisme n'est en mesure ni d'oublier l'événement traumatisant ni de le surmonter au sens de parvenir à se reconstruire après un tel choc. Ainsi, « la situation-limite du trauma demeure dans la vie un corps étranger qui ne peut être intégré » [2].

Afin d'expliciter cette métaphore du corps étranger, Thomas Fuchs s'interroge sur la mémoire corporelle et sur les implications corporelles de certaines excitations ou impressions sensibles [3]. Dans cette perspective, il analyse trois types d'implications corporelles : celles qui sont liées à un souvenir, celles qui ont une valeur prospective et celles qui sont provoquées par un Trauma. Le premier type est illustré grâce à l'épisode célèbre de la madeleine de Proust, marqué par la réactualisation involontaire d'une impression passée que réveille une sensation présente [4]. En ce qui concerne le second type d'implications corporelles, Thomas Fuchs rappelle certaines analyses de Nietzsche relatives au rôle de la douleur corporelle dans l'apprentissage de la promesse. L'homme qui promet est celui qui ne doit pas oublier sa promesse. Comment alors lui apprendre non seulement à ne pas oublier de faire ce qu'il a promis de faire mais aussi à faire ce qu'il a promis de faire. Nietzsche, dans *La Généalogie de la morale*, établit un lien étroit entre la cruauté, la douleur physique et la mémoire. Il écrit à ce propos : « On applique une chose au fer rouge pour qu'elle reste dans la mémoire : seul ce qui ne cesse de faire souffrir reste dans la mémoire » [5]. Cette efficience de la douleur se retrouve dans les phénomènes psychosomatiques qui, pour près de la moitié d'entre eux, seraient liés à des actes de violences subis antérieurement par le patient et dont on constate les implications corporelles bien des années après. Thomas Fuchs note à ce propos que l'expérience ultérieure de la violence réactive ce qu'il appelle une mémoire de la douleur (*Schmerzgedächtnis*)

1. Th. Fuchs, « De la vulnérabilité existentielle. Eléments pour une psychopathologie des situations-limites », p. 151

2. *Ibid.*, p. 152.

3. T. Fuchs, « Leibliche Sinnimplikate », *in* H.-D. Gondek, L. Tengelyi, T. N. Klass, *Phänomanologie der Sinnereignisse*, Paderborn, Wilhelm Fink Verlag, 2011, p. 291 ; P. Ricœur, *De l'interprétation. Essai sur Freud*, p. 402.

4. T. Fuchs, « Leibliche Sinnimplikate », p. 293-294.

5. F. Nietzsche, *Généalogie de la morale*, trad. fr. P. Wotling, Paris, Le Livre de Poche, 2000, II, 3.

ou encore une mémoire corporelle (*Leibgedächtnis*) qui serait à la source de certains troubles psychosomatiques.

Dans le cas d'événements traumatisants, on se trouve confronté à des formes extrêmes d'implication corporelle du souvenir. Thomas Fuchs cite deux cas : d'une part, celui d'une personne torturée qui, des années après, lorsqu'elle se trouve dans une situation de conflit aiguë, éprouve encore des douleurs dans les parties de son corps qui ont été autrefois exposées à la torture ; d'autre part, le cas d'un marin, vétéran de la seconde guerre mondiale qui se plaint d'avoir des impressions de douleur, de surdité, de froid et qui finalement se souvient que, pendant la guerre, après le naufrage de son navire, il s'était accroché à un radeau alors que l'eau était glacée et que ses camarades autour de lui perdaient conscience et se noyaient. On constate ainsi une *actualisation* du traumatisme, au sens non pas où le sujet se remémorerait l'expérience traumatisante sur le mode la présentification (*Vergegenwärtigung*), en ayant donc conscience que ce qu'il vise appartient au passé, mais au sens où il éprouve dans sa chair, comme présentes, les souffrances liées au traumatisme. De ce point de vue, les implications corporelles du traumatisme sont anachroniques au sens où elles ignorent le cours du temps et la succession temporelle. Elles se répètent à la manière d'un disque que l'on écouterait une seconde fois sans avoir conscience de la répétition. Ainsi, la mémoire corporelle, contrairement à la mémoire biographique qui situe dans le temps ses différents souvenirs, est une mémoire infratemporelle que l'on retrouve à l'œuvre dans les cauchemars des traumatisés.

Cette idée d'une mémoire dite corporelle n'est pas pour nous surprendre. Grâce à Merleau-Ponty, cette mémoire nous est, d'une certaine manière, bien connue. Dans la *Phénoménologie de la perception*, Merleau-Ponty s'interroge sur l'habitude et écrit à propos de la dactylographie : « Savoir dactylographier n'est donc pas connaître l'emplacement sur le clavier de chaque lettre, ni même avoir acquis pour chacune un réflexe conditionné qu'elle déclencherait lorsqu'elle se présente à notre regard. Si l'habitude n'est ni une connaissance ni un automatisme, qu'elle est-elle donc ? Il s'agit d'un savoir qui est dans les mains » [1]. En d'autres termes la dactylographie ne repose pas sur une pure connaissance théorique du clavier mais sur l'acquisition d'un savoir-faire « sédimenté » – mais cette métaphore husserlienne est-elle suffisante ? – dans le corps, d'un habitus qui relève en tant que tel d'une mémoire corporelle. Il faut toutefois remarquer ici qu'il s'agit d'une mémoire corporelle volontaire qui est donc à la disposition du sujet. Ce que vise en revanche l'implication

1. M. Merleau-Ponty, *Phénoménologie de la perception*, p. 168.

corporelle du trauma, c'est une mémoire corporelle *involontaire*. Cette mémoire est alors plus proche de cette habitude-automatisme qu'étudie Paul Ricœur dans le premier tome de sa *Philosophie de la volonté* [1]. En effet, certaines habitudes acquises involontairement imposent au sujet des gestes inadéquats dont il a bien de la peine à se défaire. Par exemple, l'interrupteur de la lumière des toilettes est placé par l'électricien à droite de la porte alors qu'il a été pendant vingt ans à gauche. Tous ceux qui ont vécu longtemps dans cette maison commencent spontanément par tendre leur bras vers l'interrupteur à gauche de la porte. Le corps, en raison de son passé, commande en l'occurrence une action inadéquate. Sans aller plus avant, il convient de souligner que dans le cas de l'implication corporelle du trauma, ce n'est plus un acte intentionnel involontaire qui est suscité mais un ensemble de réactions physiologiques douloureuses.

Conclusion

On a sans doute abusé – parfois de manière intéressée, afin d'obtenir des dommages et intérêts – de la notion de traumatisme. Un disciple hétérodoxe de Freud, Otto Rank, élabora même une théorie du traumatisme de la naissance dont la fragilité dénonce le caractère spéculatif. Mais la notion retrouve une incontestable consistance lorsqu'est envisagé ce qu'on a alors appelé les névroses traumatiques ou encore les névroses de guerre et que l'on désigne actuellement par l'acronyme P.T.S.D. (*post-traumatic stress disorder*). Dans ces cas, l'individu est confronté à la possibilité d'une mort imminente et l'effroi qui le saisit nous donne *a contrario* la mesure de l'oubli salvateur sans lequel l'existence serait impossible. C'est donc à ce que Jaspers appelle une situation-limite qu'est confronté l'homme traumatisé. Mais le trauma se distingue par ses suites tout au long de l'existence du traumatisé. Comme l'écrit Freud, l'événement, à l'instar d'un « corps étranger », continue à jouer un rôle actif longtemps encore après son irruption. Toutefois, par-delà la métaphore freudienne du « corps étranger » [2], comment comprendre phénoménologiquement cette puissance du passé sur le présent?

1. P. Ricœur, *Philosophie de la volonté*, t. 1, *Le Volontaire et l'involontaire*, Paris, Éditions du Seuil, 2009, partie II, chap. 3.

2. Cette métaphore du corps étranger est inlassablement reprise et susceptible de différentes interprétations. On la retrouve notamment sous la plume de Rudolf Bernet, « Le sujet traumatisé », *Conscience et existence. Perspectives phénoménologiques*, Paris, P.U.F., 2004, p. 273. Du point de vue d'un certain lacanisme, le trauma serait « un corps étranger » au sens d'un événement que le sujet n'arriverait pas à symboliser. Cette thèse a donné lieu à d'innombrables élaborations plus ou moins savantes sur le symptôme, la trace, l'après coup,

On se souvient peut-être qu'à la fin des années quatre-vingt on s'était longuement interrogé jusque dans les médias sur la possibilité d'une mémoire de l'eau. On n'avait en effet « découvert » que l'eau pouvait garder la trace de ce qu'elle avait « vécu ». Ce fer-en-bois d'une mémoire de l'eau ne résista pas longtemps à la critique. On n'avait naïvement pris au pied de la lettre une métaphore contestable pour expliciter un apparent phénomène d'hystérésis [1]. Mais s'il est absurde de parler d'une mémoire de l'eau, il n'en va pas de même quand il s'agit de la mémoire corporelle, dont la réalité est attestée par de nombreux phénomènes tels que l'habitude-automatisme analysée par Paul Ricœur. Car le corps en question n'est évidemment pas une chose ou *Körper* dont le mode d'être est celui de l'étant subsistant mais un corps vécu ou *Leib*. Sans doute cette mémoire, qui n'est pas la mémoire biographique, demeure-t-elle ontologiquement obscure dans la mesure où elle implique l'être d'un passé que l'on tient pour révolu et que l'on réduit un peu trop vite à une simple représentation. Sa réalité comme sa puissance s'imposent cependant à nous sous la forme des implications corporelles du trauma. Nul besoin dans ces conditions d'imaginer un quelconque appareil psychique inconscient. C'est bien plutôt du côté du corps et d'une mémoire corporelle que semble pouvoir s'éclairer cette forme si particulière d'aliénation [2].

la forclusion, le réel et le symbolique, etc. Cependant, quitte à passer pour particulièrement naïf, on pourrait se demander dans quelle mesure un événement peut être traumatisant si sa signification échappe totalement à celui qui le subit. En d'autres termes, la conscience d'une menace extrême n'est-elle pas la condition du trauma ? A cet égard, force est de constater que, dans le cas de Dostoïevski, la signification du simulacre d'exécution dont il est la victime est dépourvue d'ambiguïté – un tel simulacre n'a du reste rien d'extraordinaire à une époque où le tsar manifeste ainsi sa toute puissance et n'en est pas moins traumatisant. Car ce que Dostoïevski doit brutalement affronter, ce n'est rien de moins que ce que nul mortel ne peut regarder en face sans effroi, cette situation-limite au sens de Karl Jaspers qui n'est autre que l'épreuve de sa propre mort.

1. Ce genre de débat n'est à vrai dire pas nouveau. En 1943, Sartre évoque les réflexions d'un certain Chevalier qui soutient que la matière a un passé et que ce passé agit sur son état présent (hystérésis) : « De ces deux clous, l'un vient d'être fait et n'a jamais servi, l'autre a été tordu, puis détordu à coups de marteau : ils offrent un aspect rigoureusement semblable. Pourtant au premier coup l'un s'enfoncera tout droit dans la cloison et l'autre se tordra de nouveau : action du passé ». Sartre commente : « il faut être un peu de mauvais foi pour voir là l'action du passé (…). Les apparences extérieures de ces clous sont semblables, mais leurs structures moléculaires présentes diffèrent sensiblement », J.-P. Sartre, *L'Être et le néant*, p. 148.

2. Si l'existence se révèle captive du passé dans la névrose traumatique, cette captivité est bien différente de celle que l'on rencontre dans la mélancolie. La plainte mélancolique témoigne d'une forme d'aliénation qui se rapporte artificiellement à un moment du passé. En effet, comme nous allons le voir plus loin (*cf.* Le chapitre sur la mélancolie), l'événement passé qui fait l'objet de la plainte mélancolique est sans grande importance : il suffit que sa fausseté soit établie pour que le mélancolique lui en substitue un autre.

DÉDOUBLEMENT DE LA PERSONNALITÉ ET DISSOCIATION (*SPALTUNG*)

Même si l'ouvrage n'a pas eu l'immense succès de *L'Île au trésor*, *Le cas étrange du Docteur Henry Jekyll et de M. Edward Hyde*, de Robert Louis Stevenson a incontestablement marqué les esprits. Dans ce roman fantastique, qui a été plusieurs fois porté à l'écran, Stevenson imagine que son héros est capable de se dédoubler : tantôt il est cet honorable et vieux docteur Jekyll qui, comme toute créature de Dieu, est un composé de bien et de mal, tantôt il est le monstrueux M. Hyde dont la conscience morale est totalement abolie. Cette fiction littéraire, qui conjugue les figures du savant fou et de l'apprenti sorcier, n'est pas non plus sans rappeler la conception à la fois platonicienne et chrétienne de la double nature de l'homme qui est ainsi le théâtre d'un combat perpétuel entre le bien et le mal. Mais elle se distingue des œuvres qui la précèdent par son caractère scientifique ou plutôt pseudo scientifique : c'est grâce à un breuvage dont il est le seul à connaître la composition chimique que le Docteur Jekyll est en mesure de se métamorphoser et de libérer ce « moi second et inférieur », véritable moi démoniaque dont le triomphe ultime vient comme sanctionner l'*hybris* prométhéenne du « moi originel » *alias* docteur Jekyll.

La date de la publication de ce roman, 1886, n'est pas dépourvue de signification. Au même moment ou presque Pierre Janet et Sigmund Freud assistaient aux présentations du professeur Charcot dans l'amphithéâtre de la Salpêtrière Or, qu'ils soient romancier, philosophe, médecin ou cinéaste [1], ces hommes partagent une commune interrogation quant à la possible dualité voire multiplicité de l'être humain. En d'autres termes, sous la conscience normale ou conscience prime, n'y aurait-il pas place, comme certains phénomènes le suggèrent, pour une conscience seconde voire une conscience tierce ? Nous retrouvons alors les notions si controversées de dissociation et de dédoublement de la personnalité. On sait que ce dernier concept est souvent utilisé par le sens commun pour caractériser la schizophrénie voire la folie en général alors que la psychiatrie, de son côté, recourt au concept de dissociation et de trouble dissociatif de l'identité. Ainsi nous voudrions ici tenter de clarifier les notions de dissociation et de dédoublement de la personnalité, et nous demander si l'incohérence dont témoigne la conduite de certains

1. Dans son film *Psychose* (1960), inspiré du roman de Robert Bloch, *Psycho*, Alfred Hitchcock reprend à son tour cette problématique du dédoublement de la personnalité. Comme l'explique longuement un psychiatre dans l'épilogue du film, Norman Bates (Anthony Perkins) avant de devenir *in fine* exclusivement sa mère était à la fois lui-même et sa mère.

malades peut aller jusqu'à affecter l'unité du soi de ce malade. Disons-le par avance : l'idée d'un dédoublement de la personnalité au sens d'un dédoublement *de soi* nous paraît rigoureusement impossible. En revanche, comme l'attestent aussi bien l'hystérie que la schizophrénie, certains troubles psychopathologiques peuvent affecter l'être soi-même du malade.

Double vie, duplicité, dédoublement imaginaire

Avant d'aborder la question d'un point de vue proprement eidétique, nous voudrions envisager différents cas de dédoublement comme de pseudo dédoublement de la personnalité en nous appuyant sur certaines œuvres de fiction, conformément à la recommandation husserlienne selon laquelle « la fiction forme l'élément vital de la phénoménologie, comme de toute science eidétique » [1].

Dans la pièce de Feydeau, *Un fil à la patte* (1894), Bois d'Enghein s'épuise à maintenir sa maîtresse, Lucette Gautier, dans l'ignorance de ses préparatifs de mariage et, inversement, sa future épouse dans l'ignorance de sa maîtresse. Bois d'Enghein se heurte aux embarras de ce qu'on appelle une double vie. De même, à l'insu de Charles, son mari, Emma Bovary se rend régulièrement à Rouen pour y retrouver son amant, Léon. Comme Bois d'Enghein, Emma est condamnée à se dédoubler, du moins en apparence. En effet, s'il y a d'une part Emma, la femme de Charles Bovary et d'autre part Emma, la maîtresse de Léon, il va de soi qu'il n'y a qu'une Emma Bovary. Et ni Emma Bovary ni Bois d'Enghein ne peuvent être considérés comme des malades : le mensonge et la dissimulation sont les conditions de leurs double vie et leur permettent de concilier l'inconciliable. Ce type de dédoublement peut prendre bien des formes différentes et commence à vrai dire avec le moindre mensonge dans la mesure où le menteur n'est pas ce qu'il dit être. On retrouve une *duplicité* analogue chez certains auteurs qui, pour une raison ou pour une autre, conservent l'anonymat ou signent leurs ouvrages d'un nom d'emprunt. Ainsi Roman Kacew, comme dans un jeu de miroirs, multiplia les pseudonymes et fut, entre autres, François Mermont *alias* Lucien Brûlard, *alias* Emile Ajar *alias* Romain Gary, ce qui lui permit de recevoir deux fois le prix Goncourt. Une manière peut-être de mener plusieurs vies en dépit du fait que notre condition humaine ne nous en accorde qu'une.

1. E. Husserl, *Idées directrices pour une phénoménologie pure et une philosophie phénoménologique*, § 70, p. 208.

La mythomanie présente un cas de figure relativement différent. Ce terme fut créé par Ernest Dupré en 1905 pour désigner une tendance plus ou moins volontaire et consciente à l'affabulation. On se souvient peut-être du cas particulièrement dramatique de Jean-Claude Romand qui prétend être médecin et chercheur à l'OMS (Genève), qui passe ses semaines sur des aires d'autoroute avant de retrouver les siens le temps d'un week-end et qui, à bout de ressources, finit par tuer toute sa famille [1]. Mais si le caractère pathologique de la mythomanie semble ici avéré, en revanche la réalité du dédoublement de la personnalité est quant à lui discutable. En effet, à l'instar du menteur, le mythomane sait qu'il affabule et que le personnage qu'il construit n'est qu'un masque imaginaire qui lui permet de tromper son entourage. En admettant même que Jean-Claude Romand, lorsqu'il joue les médecins, est pris à son propre piège au point de se croire médecin, son dédoublement est alors comparable à celui de l'acteur pris par son rôle ou encore à celui de la conscience onirique. En effet, même si le rêveur tient l'irréel pour réel aussi longtemps qu'il rêve, il n'en est pas moins capable de distinguer à son réveil entre le réel et l'imaginaire, entre le rêveur rêvant qui est fait de chair et de sang et le rêveur rêvé, c'est-à-dire l'être irréel qui, dans le rêve, le représente [2]. On ne peut donc parler à propos de la mythomanie, de l'acteur ou de la conscience onirique de dédoublement de la personnalité au sens d'un dédoublement *réel* du soi. Comme n'importe quelle conscience imageante, le dédoublement oppose un soi réel à un soi imaginaire qui, certes, peut devenir envahissant au point d'éclipser le soi réel. Tel est le cas de Quechana, gentilhomme famélique dont la folle présomption a engendré don Quichotte, chevalier errant de la Manche, au service de Dulcinée du Toboso [3].

Il semble, en revanche, que nous tenions avec Raskolnikov un véritable cas de dédoublement de la personnalité, qui est du reste cité par Pierre Janet [4]. Dans *Crime et châtiment* (1866), Raskolnikov s'étonne de tomber sur son ami, Sviérigaïlov, en un lieu inhabituel après avoir emprunté un chemin également inhabituel. Ce dernier, tout à l'inverse, n'est nullement surpris de cette rencontre et offre l'explication de ce qui

1. E. Carrère, *L'Adversaire*, Paris, Gallimard, 2002. On pourrait évoquer, dans un registre moins tragique, « …Comme elle respire » (1998) de Pierre Salvadori avec Marie Trintignant dans le rôle d'une jeune femme mythomane.

2. J.-P. Sartre, *L'imaginaire*, p. 308-339.

3. M. de Cervantes, *L'Ingénieux Hidalgo, don Quichotte de la Manche*, trad. fr. A. Schulman, Paris, Seuil, 1997.

4. P. Janet, *L'Automatisme psychologique. Essai de psychologie expérimentale sur les formes inférieures de l'activité humaine*, Paris, Alcan, 1889, réédité en 1973 par la société Pierre Janet et avec le concours du C.N.R.S., p. 17.

n'est qu'*en apparence* un curieux concours de circonstances. En effet, il rappelle à Raskolnikov, qui l'a complètement oublié, qu'il lui a lui-même indiqué le chemin à suivre et les heures où l'on peut le trouver à cet endroit. Il précise : « à deux reprises, je vous ai donné ces indications ; l'adresse s'est gravée machinalement dans votre mémoire et elle vous a guidé à votre insu. Du reste, pendant que je vous parlais, je voyais bien que vous aviez l'esprit absent ». Janet retrouve sous la plume de Dostoïevski deux idées qui lui sont chères : d'une part, l'idée que, lorsqu'on a l'esprit ailleurs, lorsque le champ de la conscience est rétréci, une conscience seconde ou subconscience perçoit ce que la première n'entend pas ; et, d'autre part, l'idée que cette subconscience peut, à l'insu de la conscience prime ou conscience première, déterminer la conduite de la personne.

Ce sont en effet ce type de phénomènes que Janet étudie dans sa thèse lorsqu'il s'interroge sur le somnambulisme, l'hypnotisme, la magnétisme, le spiritisme, etc., phénomènes qui impliquent, dit-il, une désagrégation psychologique, dont le caractère essentiel serait la formation dans l'esprit de deux groupes de phénomènes : l'un qui constitue la personnalité ordinaire, l'autre, susceptible d'ailleurs de se subdiviser, qui forme une personnalité anormale, différente de la première et complètement ignorée par elle. Janet écrit à ce propos : « Sans entrer dans trop de détails compliqués et obscurs, on peut dire que la désagrégation psychologique revêt plusieurs formes selon les relations qui existent entre ces deux personnalités et selon le degré de leur indépendance réciproque » [1]. Ainsi Janet envisage la possibilité d'un véritable dédoublement de la personnalité sous la forme d'une dualité de consciences plus ou moins indépendantes l'une de l'autre et qui pourraient exister successivement ou bien simultanément. Parce qu'elle aurait été énoncée à la fin du XIXe siècle, n'allons pas croire que cette thèse soit tombée dans l'oubli. De fait, elle est au cœur des recherches menées par le professeur Ernest Hilgard, au cours des années soixante-dix sur le phénomène dit de l'observateur caché (*hidden observer*) dans l'hypnose expérimentale [2].

Par exemple, il serait possible d'établir expérimentalement que, tandis que le sujet est dans un état de surdité hypnotique, une seconde « conscience » assure en lui une sorte de vigilance au point d'être capable d'entendre ce qui est dit et qui échappe totalement à la conscience prime.

1. P. Janet, *L'Automatisme psychologique*, p. 348. J. Garabé, « La notion de dissociation selon P. Janet », dans D. Michaux (éd.), *Hypnose et dissociation psychique*, Paris, Imago, 2006, p. 47.

2. D. Michaux, « *L'observateur caché* et la dissociation psychique », *Hypnose et dissociation psychique*, p. 56 *sq*.

On aboutit alors à une dissociation complète entre une partie du sujet qui est hypnotisée et qui n'entend rien de ce que dit l'expérimentateur, et une partie qui reste « en un sens » consciente de tout [1]. En d'autres termes, sous hypnose, une partie de l'appareil psychique resterait « hors hypnose » et constituerait comme un observateur caché. Cependant, il convient d'accueillir ces recherches expérimentales avec prudence et de souligner qu'elles sont loin de faire l'unanimité. Dans le cas de la surdité hypnotique, il faut admettre la possibilité d'une perception inconsciente des sons. Or qu'est-ce qu'une perception inconsciente? Percevoir n'est-ce pas nécessairement avoir conscience de percevoir? En outre, cette seconde conscience ne serait pas conscience de soi. Or avoir conscience n'est-ce pas nécessairement avoir conscience de soi? Il semble bien qu'on ait affaire avec Hilgard comme avec Janet et son subconscient à une entité contradictoire, quelque chose comme une conscience inconsciente à laquelle on peut adresser un reproche analogue à celui que Sartre formule à l'encontre de la censure freudienne qui doit être contradictoirement inconsciente et consciente : inconsciente puisqu'elle relève de l'inconscient psychique et consciente puisqu'elle doit se représenter et avoir conscience de ce qu'elle censure [2].

Somatisation et division hystérique (Boss)

Dans son grand ouvrage intitulé G*rundriss der Medizin und der Psychologie* [3] – ouvrage dont Heidegger relut et corrigea l'ensemble du manuscrit avant sa publication en 1971 –, M Boss expose le cas de Regula Zürcher, femme mariée, mère d'un enfant, qu'il soigna pendant plusieurs années. Les troubles pathologiques commencèrent chez cette femme pour ainsi dire dès la naissance sous la forme d'un eczéma, et se poursuivirent par différents maux de ventre et troubles intestinaux dont la violence motiva à plusieurs reprises son hospitalisation. Nous nous contenterons ici d'évoquer l'épisode de la paralysie des jambes qui témoigne de la dissociation, mieux : de la division (*Zwiespältigkeit*) qui affecte Regula

1. J.-M. Petot, « Psychologie des phénomènes dissociatifs et théories de la conscience », dans D. Michaux (éd.), *Hypnose et dissociation psychique*, Paris, Imago, 2006, p. 19.

2. J.-P. Sartre, *L'Être et le néant*, p. 87.

3. M. Boss, *Grundriss der Medizin und der Psychologie. Ansätze zu einer phänomenologischen Physiologie, Psychologie, Pathologie, Therapie und zu einer daseinsgemässen Präventiv – Medizin in der moderne Industrie-Gesellschaft*, *(Les grandes lignes de la médecine et de la psychologie. Eléments pour une physiologie, psychologie, pathologie, thérapie, et pour une médecine préventive conforme au* Dasein *dans la société industrielle moderne)*, Bern, Verlag Hans Huber, 1971.

Zürcher corporellement : alors qu'elle revoyait dans la rue un homme qui l'avait profondément troublée quelques jours auparavant au cours d'un cocktail et dont elle craignait de tomber la tête la première amoureuse, elle se sentit comme clouée au sol et dut être conduite en ambulance à l'hôpital. Trois semaines plus tard, elle finit par retrouver l'usage de ses jambes et put quitter l'hôpital [1].

Laissant de côté l'hypothèse freudienne d'un conflit psychique qui subsisterait dans l'inconscient, Boss propose une autre compréhension de cette paralysie hystérique qui, paradoxalement, représente selon lui un premier succès de la psychothérapie. Regula Zürcher est depuis plusieurs années complètement frigide. Cette frigidité, étant données les relations que les hystériques entretiennent avec leur corps, ne surprendra guère. Elle n'étonne en tout cas pas Boss, compte tenu en outre du comportement sexuel du mari et de l'éducation que Regula Zürcher a reçue et dont elle est captive [2]. Or, pour la première fois depuis vraisemblablement sa puberté, Regula Zürcher se révèle en mesure lors de cette seconde rencontre de percevoir un homme en tant que partenaire possible d'une relation amoureuse. Et c'est précisément la raison de sa paralysie. Lors de cette rencontre Regula Zürcher se trouve divisée entre s'approcher de lui et le fuir, et c'est cette division (*Zwiespältigkeit*) que Boss place au cœur de l'événement. En effet, c'est parce qu'elle est divisée que Regula Zürcher se trouve paralysée dans ses mouvements. Et que la paralysie porte sur les jambes n'est guère étonnant s'il est vrai que les jambes sont par excellence ce qui du corps permet de s'approcher ou de fuir. Mais afin de mieux comprendre ce subit accès de paralysie, il nous faut examiner la manière dont Boss envisage le corps (*Leib*) en tant que dimension fondamentale de l'*existence*.

Dans son *Introduction à la médecine psychosomatique*, publié en 1954, Boss définit le corps à partir de l'ouverture au monde du *Dasein* et comme une sphère de l'exister (*Sphäre des Existierens*). En d'autres termes, le corps est une médiation de la réalisation de l'exister humain (*Austragungsmedium menschlisches Existieren*) [3]. Par exemple, si la panique s'empare d'une jeune fille apercevant une souris et si, du même coup, son être s'organise tout entier autour de cette seule relation au monde que constitue la fuite devant cet animal, alors cette relation au monde se réalise également corporellement sous la forme d'excitations

1. M. Boss, *Grundriss der Medizin und der Psychologie*, p. 104-105.
2. *Ibid.*, p. 35 et p. 415.
3. *Ibid.*, p. 54-55.

nerveuses et de contractions musculaires qui lui permettent de fuir. Dans cette perspective, Boss nous invite à réfléchir sur ce que signifie le verbe *leiben*, verbe qu'on rencontre relativement peu souvent, qui correspond à la forme verbale de *Leib* et que l'on peut traduire par « corporer », « vivre corporellement » ou encore, dans le cas notamment de phénomènes pathologiques, par « somatiser ». Pour Boss, *leiben* ainsi que souhaiter (*wünschen*) et vouloir *(wollen*) sont trois relations possibles, fondamentalement différentes, d'un homme à ce qui vient à sa rencontre dans le monde. Le *Leiben* (vivre corporellement) n'est donc pas un *Wünschen* (souhaiter) ou un *Sollen* (devoir), et il serait inadéquat de décrire la malade comme souhaitant s'approcher de l'homme en question et comme devant le fuir. *Leiben* et *Wünschen* sont des possibilités qui, d'une certaine manière, s'excluent l'une l'autre; et un vivre corporellement ne se transforme pas plus simplement en un souhaiter qu'un souhaiter en un vouloir. Ainsi, lors de cette rencontre, Regula Zürcher perd pied et vit corporellement (*leiben*) cette perte en tombant à terre. Il va de soi que si la malade n'avait pas saisi de manière névrotique l'homme qui l'attirait comme quelque chose de condamnable qu'il lui fallait fuir, elle aurait vécu corporellement la rencontre en allant spontanément vers lui sans y réfléchir [1].

Si l'idée d'un dédoublement de la personnalité est ici totalement inadéquate, on pourrait néanmoins être tenté de traduire par dissociation le terme *Zwiespältigkeit* que nous avons traduit par celui de division. En effet, la conduite de cette femme témoigne d'un conflit mais d'un conflit qui, comme nous allons le voir un peu plus bas avec Binswanger, est de nature bien différente de la dissociation schizophrénique. Il est donc préférable de le désigner à l'aide d'un autre terme. La difficulté est ici de comprendre pourquoi ces deux mouvements opposés d'attirance et de répulsion ne se sont pas produits sur le mode d'un examen réfléchi. Dans le cas d'une tension entre des inclinations opposées, en effet, il nous est possible d'hésiter, de délibérer et de choisir même si, parfois, comme

1. Nous voyons ainsi ce qui oppose M. Boss à Freud. D'une manière très générale, Boss refuse toute description chosiste du psychique avec ces représentations et ces conflits qui « subsistent (*vorhanden*) » dans l'inconscient ainsi que ces processus magiques tels que la conversion ou la sublimation. Mais surtout Boss reproche à Freud d'ignorer la spécificité du *Leiben* en tant que modalité fondamentale du rapport de l'homme à ce qu'il rencontre dans le monde. Et c'est précisément à partir de ce *Leiben* qu'il est possible de comprendre un trouble tel qu'une paralysie hystérique. Comme le souligne M. Boss, le *Leiben* est immédiat, et rien n'autorise la métapsychologie à intercaler entre la rencontre et la paralysie un quelconque conflit intrapsychique subsistant dans l'inconscient qui provoquerait magiquement la conversion d'une certaine quantité d'énergie libidinale en une paralysie des jambes.

l'écrit le poète latin, *video meliora proboque deteriora sequor* [1]. Mais une telle conduite, nous dit Boss, suppose encore une certaine liberté qui fait précisément défaut à Regula Zürcher tandis qu'elle est divisée et complètement dominée par les deux mouvements opposés au point de se trouver sans volonté, sans désir, sans idée.

Les masques de l'hystérie

Pour convaincantes qu'elles soient, ces analyses n'en laissent pas moins de côté deux traits distinctifs et étroitement liés de l'hystérie, que l'on peut désigner sommairement à l'aide des concepts d'inauthenticité et d'histrionisme ou encore de théâtralisme. Par suite, l'hystérique a une identité ou personnalité d'autant plus problématique qu'il paraît, à la manière d'un acteur, en avoir plusieurs.

(1) Qu'il soit surpris, triste, joyeux ou en colère, l'hystérique se distingue tout d'abord par une manière d'être à la fois excessive et affectée. Et même s'il prétend le contraire en feignant la passivité, l'hystérique prend une part active à ses propres émotions. C'est ainsi que l'hystérique peut s'attrister au point de provoquer ses propres larmes, se réjouir et sauter de joie quoiqu'à l'origine il ne ressente aucune de ces émotions [2]. On pourrait même parler de technique permettant de parvenir à une émotion – ce qui, comme le signale A. Kraus, se dit en allemand : *Affekpumpen*, et en anglais : *affectualization* [3]. Ainsi l'hystérique accomplit-il les mimiques comme les gestes de la joie et se persuade qu'il est joyeux alors même qu'il n'en est rien. La violence apparente de ce qui l'affecte ne doit donc pas à en masquer la fausseté, et son mode d'être au monde est irrémédiablement frappé d'inauthenticité. Nous empruntons ce concept à l'ontologie sartrienne dont la distinction corrélative entre deux formes de mauvaise foi se révèle ici très précieuse. En effet, alors que l'homme authentique selon Sartre renonce à son désir d'être, l'homme inauthentique au contraire s'épuise à le réaliser. Il a alors le choix entre deux attitudes antithétiques vis-à-vis de son être et deux formes de mauvaise foi ou mensonge à soi. La première consiste pour lui à être ce qu'il est en niant qu'il est toujours autre que ce qu'il est. Tel est le cas du garçon de café qui est de son état garçon de café et qui joue à *être* garçon

1. « Je vois le bien, je l'aime et je fais le mal »

2. G. Charbonneau, *La Situation existentielle des personnes hystériques. Intensité, centralité et figuralité*, Le Cercle Herméneutique, 2007, p. 123 *sq.*

3. A. Kraus, « Modes d'existence des hystériques et des mélancoliques », dans P. Fédida, J. Schotte (éd.), *Psychiatrie et existence*, Grenoble, Jérôme Millon, 1991, p. 270.

de café. Mais une autre attitude est également possible : ne pas être ce qu'on est en se posant comme radicalement autre que ce qu'on est. Que l'on pense, par exemple, à cette jeune coquette décrite dans *L'Être et le néant*, dont le soupirant prend la main, et qui fait comme si elle était pur esprit, comme si elle n'*avait* pas de corps et que cette main n'était pas sa main : dès lors, inerte et molle, la main repose telle une chose dans celle du soupirant [1]. Or, comme le montre A. Kraus, on peut aisément éclairer à partir de ces deux formes de mauvaise foi les conduites à bien des égards antithétique de l'hystérique et du mélancolique.

Alors que ce dernier ne fait qu'un avec ce qu'il éprouve, le premier semble toujours à distance : le mélancolique *est* triste, l'hystérique, comme nous l'avons vu, joue à être triste. La tristesse n'est plus chez lui un état mais une conduite qu'il surjoue et qu'il peut au besoin interrompre, reprendre, modifier de but en blanc. De manière analogue, on peut opposer à la lourdeur corporelle du mélancolique, la légèreté spécifique de l'hystérique, et tandis que le mélancolique « est » son corps, l'hystérique « a » un corps. Aussi l'hystérique peut-il traiter son corps comme un objet extérieur dont les transformations s'opèrent indépendamment de lui [2]. Cette forme de dissociation est bien illustrée par le caricaturiste allemand Wilhelm Busch, l'auteur de *Max und Moritz*, mettant en scène une mère hystérique : « Que vient-il de se passer ? » demande la jeune vierge et elle mit au monde son premier enfant [3]. Mais surtout, tandis que le mélancolique *est* un père de famille exemplaire ou un employé modèle, l'hystérique joue à être ce qu'il est censé être et, au gré des circonstances, change de rôle comme il change de chemise. Toutefois, à la différence de l'acteur qui ne confond pas qui il est avec les rôles qu'il interprète, l'hystérique s'identifie aux rôles successifs qu'il embrasse – mais il s'agit de pseudo-identifications qui ne sont pas unifiées – et ne sait plus très bien qui il est lui-même. Comme l'écrit Kraus, l'hystérique a tendance à « confondre l'inauthenticité du rôle avec l'authenticité de sa propre personne, réalisant un faux soi-même » [4].

1. J.-P. Sartre, *L'être et le néant*, p. 90. Sartre évoque également la mauvaise foi pathologique de ces femmes frigides qui « parviennent à se masquer la jouissance que leur procure l'acte sexuel » ou de ces hommes qui ont eu des relations sexuelles avec d'autres hommes et qui nient catégoriquement être homosexuels.

2. Dessin du caricaturiste Wilhelm Busch, l'auteur de *Max und Moritz*, cité par A. Kraus, « Modes d'existence des hystériques et des mélancoliques », p. 274.

3. *Ibid.*, p. 267.

4. *Ibid.*

(2) Boss laisse de côté, en outre, une seconde dimension maintes fois soulignée de l'hystérie. Etroitement liée à ce faux soi-même ou, plus rigoureusement, à cette fausse personnalité, l'histrionisme hystérique est assujetti au regard de l'autre qu'il ne cesse d'interpeler. D'une manière générale, en effet, le comportement hystérique se produit dans un rapport spécifique à autrui comme à soi-même *via* le regard d'autrui. Il faut rappeler à ce propos ce que Karl Jaspers écrit dans son traité de *Psychopathologie générale* (1913) : « les types de caractères que l'on appelle hystériques sont encore très variés. Et si l'on veut préciser quelque peu cette notion, on revient toujours à un trait essentiel. Au lieu de se contenter des qualités et des possibilités qui lui ont été données, la personnalité hystérique éprouve le besoin de paraître plus qu'elle n'est, *pour les autres et pour elle-même*, de vivre plus qu'elle n'en est capable. À la place de la façon de vivre franche, naturelle, et de son expression naturelle, il se produit une vie psychique factice, théâtrale, forcée » [1]. Nous avons déjà souligné l'inauthenticité de l'hystérie. On pourrait également parler à son propos de maniérisme au sens où, comme le rappelle H. Maldiney, « l'essence du maniérisme c'est la pose » [2]. Mais en précisant que cette pose ne peut se passer du regard d'autrui, en l'absence de qui l'hystérique ne saurait exister. C'est du reste ce que nous confirme Georges Didi-Huberman à travers son livre, *L'invention de l'hystérie, Charcot et l'iconographie photographique* de *la Salpêtrière* [3]. L'auteur y écrit l'étrange collusion de l'hystérique et de son médecin à la fin du XIXe, au cours des fameuses séances du mardi à la Salpêtrière devant un public nombreux, véritable spectacle dont Charcot était tout à la fois acteur et metteur en scène. On y retrouve également ce que Georges Charbonneau dénomme la centralité hystérique qui se traduit par le refus de rester dans les coulisses et la volonté d'être non pas le centre du monde – et la nuance est d'importance car l'hystérique n'est pas un paranoïaque – mais au centre du monde, à

1. Nous soulignons. K. Jaspers, *Psychopathologie générale*, p. 424.

2. Maldiney, « L'existant », dans P. Fédida, J. Schotte (éd.), *Psychiatrie et existence*, Grenoble, Jérôme Millon, 1991, p. 28. Cependant, il y a manière et manière, et il faudrait distinguer le maniérisme hystérique et le maniérisme schizophrénique. Comme l'écrit G. Charbonneau, « le vide schizophrénique ressemble au vide hystérique, à cette différence que le vide hystérique s'emplit et se désemplit très vite ». G. Charbonneau, « La présence maniérée. Approche phénoménologique des manières », *L'art du comprendre*, N°10, juin 2001, p. 74-85.

3. G. Didi-Huberman, *L'invention de l'hystérie, Charcot et l'iconographie photographique de la Salpêtrière*, Paris, Macula, 1982.

l'instar du mondain qui se réjouit de se rendre à une soirée où il imagine retrouver le tout Paris [1].

Si l'hystérique est si étroitement dépendant d'autrui et attentif au reflet de son être dans le regard d'autrui, ce que Sartre appelle son être-pour-autrui [2], c'est parce qu'il cherche à se voir tel que les autres le voient. Mieux : à se voir, comme l'écrit Kraus, de la façon dont il a amené les autres à le voir [3]. L'hystérique est bien de ce point de vue un simulateur et un manipulateur et, ce, non pas en vue d'un quelconque fromage, mais avant tout pour se tromper lui-même : « l'hystérique se fait confirmer par autrui de manière quasi objective l'image idéale qu'il a de soi » [4]. Nous découvrons à partir de là ce qui est au cœur de l'histrionisme hystérique. D'une part, l'hystérique, à l'instar de n'importe quel être humain, est confronté à son propre néant. En d'autres termes, il est hanté par un irrémédiable manque à être ou désir d'être, ce que Sartre appelle le désir d'être en-soi-pour-soi [5]. D'autre part, et c'est par là qu'il se démarque des autres, l'hystérique répond à ce désir d'être par une personnalité factice et composite dont la réification est suspendue au regard objectivant d'autrui. L'hystérique convoque ainsi l'autre afin que, sous son regard, le rôle qu'il joue acquiert une réalité ontologique de sorte que l'hystérique parviendrait à être ce qu'il n'est pas (une femme du grand monde, un homme qui a réussi, un être souffrant et pitoyable, etc.) sur le mode de l'être en soi, c'est-à-dire de l'être qui est ce qu'il est.

Il est tentant de vouloir conjuguer les analyses de la somatisation hystérique par Boss et de l'inauthenticité hystérique par Kraus afin d'unifier le concept d'hystérie. Mais c'est peut-être au prix de la diversité des conduites hystériques [6]. On peut cependant noter que dans un cas comme dans l'autre on n'a jamais affaire à un quelconque dédoublement de la personnalité. Et si on est tenté de découvrir *qui* se cache derrière les masques successifs de l'hystérie, il faut bien admettre que l'hystérique est avant tout dans ses masques. L'hystérique témoigne alors d'une forme d'inauthenticité spécifique : être ce qu'il n'est pas grâce au regard d'autrui.

1. G. Charbonneau, *La Situation existentielle des personnes hystériques. Intensité, centralité et figuralité*, p. 76 et 82.
2. J.-P. Sartre, *L'Être et le néant*, p. 321.
3. A. Kraus, « Modes d'existence des hystériques et des mélancoliques », p. 274.
4. *Ibid.*, p. 274.
5. J.-P. Sartre, *L'Être et le néant*, p. 125.
6. Il nous semble néanmoins possible de retrouver ces différents aspects de l'hystérie dans la nouvelle d'Arthur Schnitzler *Mademoiselle Else* (1924), et notamment dans la scène de l'évanouissement de l'héroïne qui se dénude dans le salon de musique. A. Schnitzler, *Mademoiselle Else*, trad. fr. D. Auclères, Paris, Stock, 2002, p. 104.

Schizophrénique et dissociation

C'est évidemment à la schizophrénie que l'on pense spontanément dès qu'il est question de dédoublement de la personnalité. Dans l'histoire de la psychiatrie, la schizophrénie et sa description sont inséparables des noms de Emil Kraepelin (1856-1926) et de Eugen Bleuler (1857-1939) même si, comme on le sait, Kraepelin ne parle pas de schizophrénie mais de démence précoce. En effet, en 1899, dans la sixième édition de son *Compendium der Psychiatrie*, poursuivant ses tentatives de classification fondée sur des critères cliniques objectifs, Kraepelin distingue deux entités morbides : les psychoses maniaco-dépressives, d'une part, et, d'autre part, les démences précoces, auxquelles il reconnaît trois formes cliniques différentes : la forme hébéphrénique, catatonique et paranoïde. Aussi est-ce à Bleuler que l'on doit le concept de schizophrénie, qu'il introduit dans son ouvrage de 1911, et qu'il conviendrait d'écrire au pluriel puisque Bleuler lui-même entend désigner par là un groupe de psychoses dont il distingue à son tour quatre formes : la forme paranoïde, catatonique, hébéphrénique et, enfin, la forme simple ou schizophrénie simple [1]. Mais dans chacune de ces formes se retrouve le symptôme majeur (pathognomonique) de la schizophrénie qui est, écrit Bleuler, « une scission (*Spaltung*) [2] plus ou moins nette des fonctions psychiques : si la maladie est franche, la personnalité perd son unité ; c'est tantôt l'un et tantôt l'autre des complexes qui représente la personne » [3]. Ce qui conduit Bleuler à définir la schizophrénie ainsi : « Je nomme la démence précoce “schizophrénie” parce que, comme j'espère le montrer, la scission des fonctions psychiques les plus diverses est l'un de ses caractères les plus importants ». Autrement dit, la schizophrénie se distingue par une altération de la pensée, du sentir et des relations au monde extérieur qui l'apparente, selon une métaphore suggestive – qui est à vrai dire de Kraepelin - à un orchestre sans chef d'orchestre.

Dans sa description de la schizophrénie, Bleuler oppose les symptômes primaires de la schizophrénie à ses symptômes secondaires. La scission ou dissociation relève de ces derniers mais trouve sa source dans les troubles de l'association qui font partie des premiers. Pour comprendre cette thèse, il faut rappeler l'idée que se fait Bleuler du fonctionnement psychique

1. E. Bleuler, Dementia praecox *ou groupe des schizophrénies*, trad. fr. A. Viallard, Paris, E.P.E.L., 1993.

2. H. Ey traduit *Spaltung* par dissociation dans son essai consacré à « La conception d'Eugen Bleuler » et publié à la suite de la traduction française de Dementia praecox *ou groupe des schizophrénies*.

3. E. Bleuler, Dementia praecox *ou groupe des schizophrénies*, p. 45.

normal : habituellement, l'association est dominée par la représentation du but et les idées s'enchaînent de manière cohérente en fonction d'une idée directrice. Ainsi l'association joue-t-elle *positivement*, en maintenant solidement le lien associatif mais, également, *négativement* en inhibant les autres systèmes idéiques. Ce qui caractérise l'homme normal, c'est « l'étroitesse de la conscience » au sens où il ne peut penser différentes choses à la fois [1]. Au contraire, ce qui caractérise la schizophrénie, c'est un relâchement des associations (symptôme primaire) qui serait l'origine de la prédisposition pathologique à la fragmentation de l'esprit, au délire (symptômes secondaires). De fait, la pensée du schizophrène se distingue par d'étranges coq-à-l'âne en fonction de l'assonance verbale, de l'affectivité, de certaines confusions conceptuelles, etc., qui témoigneraient donc d'un trouble de l'association, c'est-à-dire d'une absence (relative) de représentation du but et de l'abolition de ce qui normalement sépare les différents complexes idéo-affectifs. Dès lors, des idées appartenant à des champs complètement différents peuvent se mêler les unes aux autres. Par exemple : un père schizophrène pense être lui-même la mère de ses enfants ; un malade casse une vitre parce que le médecin porte des lunettes ; une patiente trouve que quand elle humecte du fil à coudre avec sa bouche, c'est comme si elle envoyait des baisers [2]. Dans chacun de ces exemples, on constate une étrange confusion d'idées qui devraient normalement être séparées.

A partir de cette description, il est possible de comprendre la manière dont Bleuler interprète le phénomène de dissociation ou scission. En effet, la conscience est habituellement occupée par un seul complexe idéo-affectif et elle a la capacité de le maintenir séparé des autres complexes qui pourraient se présenter et perturber le cours de la pensée. Dans le cas de la schizophrénie, comme on vient de le voir, on constate très souvent dans le cours conscient de la pensée des mélanges intimes d'idées qui appartiennent à des complexes différents alors même que ces complexes sont relativement isolés tout en étant reliés à la personnalité du patient. Bleuler écrit à propos de ces complexes : « C'est justement par rapport à la *personnalité* que leur isolement se manifeste de la façon la plus frappante. Au lieu qu'ils confluent, formant, comme résultante, une visée cohérente, le Moi schizophrénique est connecté tantôt à l'un et tantôt à un autre des divers complexes d'idées ». Il s'ensuit que l'identité ou encore la personnalité du schizophrène est largement brouillée. Par exemple, alors

1. E. Bleuler, Dementia praecox *ou groupe des schizophrénies*, p. 18 et p. 458.
2. *Ibid.*, p. 453-455.

qu'il s'entretient de manière tout à fait intéressante avec son médecin, le patient peut l'instant qui suit pester de façon totalement illogique contre le même médecin qu'il tient alors pour son persécuteur. Autre exemple, un malade se fait du souci pour ses proches et, sitôt après, se répand en propos haineux contre eux ou manifeste la plus grande indifférence à leur destin. Ainsi, écrit Bleuler, « les patients apparaissent-ils scindés en diverses personnalités selon leurs complexes » [1]. Toutefois, ajoute Bleuler, « le patient sait encore qui il est, il connaît son passé, s'oriente dans le temps et dans l'espace ». On peut donc en conclure que si la maladie ébranle selon Bleuler l'identité ou personnalité du schizophrène, l'unité comme la continuité du soi ne sont pas fondamentalement remises en question [2]. C'est pourquoi le malade sait très bien, dès qu'il a fini de pester contre son médecin qu'il prend pour un cordonnier, ce que celui-ci a fait en tant que médecin pendant qu'il vitupérait contre lui en l'assimilant à un cordonnier. De ce point de vue, il ne saurait être question de dédoublement de la personnalité au sens d'un dédoublement du soi.

Binswanger connaît d'autant mieux les travaux de Bleuler que, psychiatre suisse également, il achève ses études de médecine en 1906 à Zurich, dans l'hôpital psychiatrique du Burghölzli que Bleuler dirige à l'époque. Cependant, comme nous allons le voir à travers l'étude d'un cas, Binswanger remanie la conception bleulérienne de la dissociation en tournant le dos à son interprétation psychopathologique et associationniste au profit de son interprétation existentielle, fondée sur la conception heideggérienne de l'authenticité (*Eigentlichkeit*) et de l'être soi-même (*Selbstheit*), qui renvoient à une manière d'exister du *Dasein*, que *Être et temps* oppose à la déchéance et à la dictature du on [3]. En effet, dans son essai de 1956 consacré à la schizophrénie et intitulé les *Trois formes manquées de la présence humaine : la présomption, la distorsion, le maniérisme*, Binswanger s'attache à décrire le maniérisme des schizophrènes, qu'il tient pour une conduite et non pas simplement pour un symptôme, et qu'il comprend en le réinscrivant dans le cours de l'existence d'un être qui échoue à être soi-même.

Soit le cas Jürg Zünd. Il s'agit d'un universitaire qui ne parvient pas à trouver sa place dans le monde, tiraillé qu'il est depuis son enfance entre trois univers : l'univers prolétarien de la rue qui l'attire et dans

1. *Ibid.* p. 460.

2. Bleuler envisage toutefois la possibilité que, dans les cas les plus graves de schizophrénie, « le Moi soit complètement détruit », *Ibid.*, p. 460.

3. La déchéance y caractérisé par le ne-pas-être-soi-même. Nous reviendrons quelques pages plus loin sur cette notion et la distinction entre le soi et l'être soi-même.

lequel on peut à l'occasion de se bagarrer, l'univers de ses parents dont le comportement excentrique suscite les quolibets et les railleries de la rue, et l'univers de sa famille maternelle dont certains membres se comportent en grand seigneur et jouissent d'une vive considération. Ainsi l'existence de Jürg Zünd est-elle dominée par ses attirances pour ces différents univers et par « le manque de chez soi (*Heimatlosigkeit*) », qui s'expriment par son incapacité à trouver un style de vie propre. Sa présomption (*Verstiegenheit*), son idéal présomptueux, le conduit en effet à se conformer à différents modèles et, notamment à imiter le style grand seigneur de la famille maternelle, c'est-à-dire à imposer dans ses relations avec les autres une distance qui se veut emprunte « d'un raffinement aristocratique ». En même temps, il vit dans la peur du ridicule social, craint qu'on ne découvre qu'il n'est en vérité qu'un vulgaire prolétaire avec des goûts prolétariens, et tente alors d'adopter, lorsqu'il est dans la rue, une démarche la plus anodine possible, ce qui se traduit ainsi : à chaque pas qu'il fait, il projette une épaule en avant, puis l'autre, balance ostensiblement les bras de sorte que l'allure anodine recherchée se transforme en son contraire exact, en une forme de maniérisme, d'affectation, d'artifice [1].

Le cas Jürg Zünd donne ainsi à Binswanger l'occasion de souligner, d'une part, que la manière particulièrement affectée, crispée et manquant de naturel avec laquelle ce malade se déplace, n'est pas sans bénéfice pour le malade au sens où elle lui permet de « cacher ou masquer une faiblesse existentielle, une angoisse de vie ou de mort ». De ce point de vue, comme l'écrit Binswanger, le maniérisme, loin d'être dicté par on ne sait quel inconscient psychique, est « un produit de l'intentionnalité et de la réflexion » [2]. Binswanger souligne, d'autre part, qu'il ne s'agit pas pour lui d'*expliquer* la dissociation schizophrénique en termes de psychologie associative et de relâchement des associations – à l'instar de Bleuler, père de la « folie dissociative » – mais de *comprendre*, dans la perspective de la *Daseinsanalyse* [3], la division du *Dasein* à partir d'une défaillance du soi et du manque de chez soi. Dans le cas de Jürg Züng, comme nous l'avons vu, le patient schizophrène est écartelé dès son plus jeune âge entre trois univers : l'univers prolétarien de la rue, l'univers de la maison parentale et l'univers de l'étage du bas (du grand-père maternel). Aussi l'existence de Jürg Zünd est-elle hantée par une double voire une triple

1. E. Bleuler, Dementia praecox *ou groupe des schizophrénies*, p. 139.

2. L. Binswanger, *Trois formes manquées de la présence*, trad. fr. J.-M.Froissart, Paris, Le Cercle Herméneutique, 2002, p.140.

3. *Ibid.*, p. 219.

scission ou dissociation (*einer Zwie-Dreispältigkeit*), qui va de paire avec son incapacité à trouver un style de vie propre (*eigenen Lebensstil*). Il en va pour Jürg Zünd comme pour le maniérisme en art [1] : tout comme le maniérisme imite un style au lieu de prendre racine dans un style et d'acquérir par la suit un style propre, de même Jürg Zünd ne fait jamais qu'imiter différentes manières de se conduire sans parvenir à devenir lui-même. On peut dire alors que chez ce dernier l'ipséité ou l'être-soi du *Dasein* est sans cesse en échec [2]. Le maniérisme apparaît à chaque fois comme un effort intentionnel, laborieux, et le comportement pris pour modèle comme un appui artificiel qui permet au malade de dissimuler son angoisse de ne pas parvenir à être soi (*zu keinem Selbst zu gelangen*) [3]. Finalement, ce n'est qu'en renonçant à acquérir un statut dans la société et en se réfugiant dans un asile psychiatrique que Jürg Zünd a trouvé une paix relative et que son maniérisme s'est estompé.

Le soi, l'être soi-même, le faux-soi et le vrai-soi

Posons la question de manière on ne peut plus naïve : le soi peut-il se diviser ? On répondra, non sans raison, que le soi n'est pas une tarte aux pommes ou du foie gras ! En d'autres termes, si on envisage la possibilité d'une division du soi, n'est-ce pas parce qu'on l'a tout d'abord assimilé à une chose matérielle, au sens cartésien de la *res extensa*, de sorte qu'il serait par nature mesurable et divisible ? Une telle réification du soi paraît proprement absurde, et il est tout aussi inconcevable de diviser par deux ou par quatre un quelconque vécu de conscience (*Erlebnis*) que de diviser le soi lui-même. Conformément à la définition husserlienne de l'intentionnalité, tout vécu de conscience est à la fois et de manière indivisible conscience de quelque chose et conscience de soi. Pourtant on parle en psychiatrie de dissociation ou de scission. Etymologiquement, le terme schizophrénie, vient du verbe *schizein* qui signifie en grec : fendre, diviser, et la schizo-phrénie correspond étymologiquement à une division ou dissociation de l'esprit (du cerveau). Aussi a-t-on longtemps employé en France l'expression de « psychose dissociative » pour désigner la schizophrénie, le concept de dissociation (scission) traduisant ici le terme allemand *Spaltung* (du verbe *spalten* : fendre, scinder) [4]. Mais encore

1. *Ibid.*, p. 144 et p. 195.
2. *Ibid.*, p. 219.
3. *Ibid.*, p. 140.
4. Le terme n'est pas propre à Bleuler, et se retrouve sous la plume de Freud qui élabore la notion de *Ichspaltung* ou clivage du moi dans le cadre d'une réflexion sur les psychoses et le fétichisme. *Cf.* J. Laplanche, J.-B. Pontalis, *Vocabulaire de la psychanalyse*, p. 69.

faut-il saisir quelle et la nature de cette scission. Dans cette perspective, il convient de lever certaines ambiguïtés et distinguer rigoureusement entre le soi, l'être soi-même, le faux-soi et le soi intérieur [1].

Il ne faut pas se laisser égarer par l'amphibologie du soi et confondre le soi de la conscience de soi et le soi de l'être soi-même. Qu'il souffre, perçoive ou imagine, tout sujet est conscience de soi, c'est-à-dire conscience de souffrir et conscience que c'est lui qui souffre, conscience de percevoir et conscience que c'est lui qui perçoit. Sa souffrance comme sa perception sont à chaque fois les siennes [2]. Si Sartre, en 1936, rejette hors de la conscience l'*ego* cartésien comme réalité substantielle, comme ce qui, à travers la variation des comportements et des vécus, se maintient comme identique, il n'en conserve pas moins l'idée d'une unité de la subjectivité, fondée sur le soi en tant que rapport, et qui est le soi de la présence à soi ou conscience de soi. Remarquons, au passage, que dans l'introspection ou réflexion, c'est-à-dire le retour de la conscience sur ses propres vécus intentionnels, la « scissiparité réflexive » n'aboutit jamais à un véritable dédoublement du soi comme en témoigne la dépendance du réfléchi vis-à-vis du réfléchissant et réciproquement : Narcisse a beau faire, il ne parviendra jamais à se contempler comme s'il était un autre que soi [3]. En outre, ce rapport à soi a une dimension temporelle dans la mesure où la conscience se rapporte nécessairement à son être présent comme à son être à venir et passé en ayant conscience d'être, demain comme hier, la même tout en étant autre. Bref, la conscience de soi est conscience de sa continuité et de son identité non substantielle dans le temps [4]. De ce point de vue, le soi est une structure nécessaire de toute

1. Ces ambiguïtés se retrouve dans l'article de L. Sass lorsque, se référant aux travaux de Henri Ey, il soutient que le schizophrène ne peut réellement être soi-même (*oneself*) et envisage le soi du schizophrène comme « *a set of part-selves* » et, dans certains cas extrêmes la dissolution du soi, qui est alors la maladie elle-même : « *In these circumstances, it is not a question of a self that contends with symptomatic changes ; in a sens, the alteration or dissolution of the self just is the illness itself* ». Louis A. Sass, « Schizophrenic Person or Person with Schizophrenia. An Essay on Illness and the Self », *Theory and Psychology*, 17 (3), 2007, p. 395-420.

2. On retrouve chez Heidegger cette idée avec le concept de mienneté (*Jemeinigkeit*) qui caractérise le rapport ontologique du *Dasein* à lui-même : « L'être de cet étant est chaque fois à moi (*je meines*) ». M. Heidegger, *Être et temps*, § 9, p. 73-74.

3. J.-P. Sartre, *L'Être et le néant*, p. 194. Sans doute Narcisse voudrait-il pouvoir se surprendre et se contempler comme s'il était un autre mais la structure même de la réflexion, c'est-à-dire sa structure unitaire, le lui interdit.

4. On retrouve cette conception d'une identité non substantielle sous la plume de Ricœur lorsqu'il oppose à l'identité substantielle, ou identité-*idem* d'un être qui ignore le changement, l'identité du soi ou identité-*ipse* qui implique la mutation dans la cohésion d'une vie. *Cf.* P. Ricœur, *Soi-même comme un autre*, Paris, Seuil, 1990.

conscience qui se temporalise en demeurant numériquement une, et la schizophrénie ne saurait entraîner une quelconque division du soi au sens où le schizophrène se décomposerait en deux ou plusieurs soi distincts qui seraient sans communication – même s'il est toujours possible que sa continuité temporelle soit plus ou moins gravement mis à mal par des troubles de la mémoire qui, à la limite, transforment l'individu en un « voyageur sans bagage » [1].

En revanche, le sujet peut ne pas *être soi-même*. C'est ce que souligne aussi bien Sartre que Heidegger et, plus généralement, cette autre histoire de la philosophie explorée par Claude Romano [2]. Distinguant rigoureusement l'identité à soi, la conscience de soi et l'être soi-même, Heidegger écrit : « Le *Dasein* n'est pas simplement, comme tout étant en général, identique à soi-même au sens ontologico-formel où chaque chose est identique à elle-même ; le *Dasein* n'a pas non plus simplement conscience de cette identité, à la différence des choses de la nature, mais le *Dasein* comporte une identité à soi-même spécifique : l'ipséité (*Selbstheit*). Son mode d'être est tel qu'en un sens il *s'appartient en propre*, il *se possède soi-même* et pour cette seule raison peut se *perdre* » [3]. En d'autres termes, l'analytique existentiale ne se contente pas d'envisager le *Dasein* en tant que conscience de soi mais « complète » à sa manière la phénoménologie husserlienne en ouvrant l'alternative de l'être soi-même ou possession de soi et du n'être pas soi-même, c'est-à-dire de la perte de soi. C'est de cette possibilité d'être ou de ne pas être soi-même que se ressaisit Binswanger lorsque, comme nous l'avons vu, il réélabore la notion de dissociation dans le cadre de la problématique heideggérienne de l'authenticité. En effet, Heidegger montre dans *Être et temps* que si le *Dasein* authentique assume résolument sa propre existence et, avant tout sa propre finitude, c'est-à-dire son être mortel, en revanche, le *Dasein* déchu ou inauthentique fuit l'existence en se soumettant à la dictature du On. Dès lors le *Dasein* pense ce qu'on pense, dit de ce qu'on dit, fait ce

1. Nous rejoignons sur ce point la thèse de Georges Charbonneau : « Le soi est affecté dans les psychoses mais jamais, semble-t-il, ne peut s'y abolir ultimement ». Reste alors la difficile question du soi dans la démence sénile ou encore dans la maladie d'Alzheimer. Michel Malherbe écrit à ce propos : « Ce geignement est-il une plainte, dit-il la souffrance de cet homme qui garderait un reste de conscience, ou est-ce le râle de la Vie, mise en échec dans ce corps par la mort ? », M. Malherbe, *Alzheimer. La vie, la mort, la reconnaissance*, Paris, Vrin, 2015, p. 213 ; G. Charbonneau, « L'Ipséité et le soi. Approche phénoménologique et clinique », *L'Evolution psychiatrique*, 84, 2019, p. 113-126.

2. C. Romano, *Être soi-même. Une autre histoire de la philosophie*, Paris, Gallimard, 2019.

3. M. Heidegger, *Problèmes fondamentaux de la phénoménologie*, p. 210. M. Heidegger, *Être et temps*, § 38.

qu'on fait et ignore sa propre mortalité. Il existe sur le mode inauthentique de la constance dans le n'être-pas-soi, qui est une possibilité du *Dasein*.

Dans le prolongement de cette perspective, on peut considérer que la dissociation et l'incapacité corrélative du schizophrène à être soi correspondent à une forme aiguë de déchéance et d'aliénation. Cependant, il convient de bien marquer les différences et ne pas confondre la santé et la maladie, la déchéance du *Dasein* et l'aliénation schizophrénique. Car ce qui est en question dans la schizophrénie n'est plus tant la tyrannie du On que, plus précisément, l'impuissance pathologique du *Dasein* à exister sans se laisser dominer par des exigences étrangères et des modèles de comportements liés à son histoire personnelle qui le condamne à une forme d'errance (*Heimatlosigkeit*) spécifique. On serait même tenté de dire que le schizophrène, à la différence de l'hystérique qui joue sans difficulté particulière les différents rôles qui sont les siens, échoue à exister sur ce mode d'être avec autrui que constitue le On. De fait, tout le monde n'est pas capable d'être « dans le vent », de porter le dernier ruban ou veston à la mode, c'est-à-dire d'exister sur ce mode mimétique qui ressortit typiquement au On, et il ne faut pas confondre le détachement du sage vis-à-vis de la mode et l'incapacité pathologique du fou à la suivre.

Enfin, être soi-même peut s'entendre en un sens inspiré de la conception sartrienne de l'inauthenticité, que nous avons rencontré à propos de l'hystérie et ses masques [1]. Il s'agit dans ce dernier cas de l'identité d'un être qui assume son néant comme sa liberté et qui se distingue par ses projets, son histoire, son caractère, ce qu'on peut aussi appeler sa personnalité ou son style, c'est-à-dire une manière singulière d'être au monde. A l'inverse, comme le montre Ronald David Laing en 1960 dans *The Divided Self*, l'hystérique ou le schizophrène n'est pas soi-même [2]. En effet, abordant la maladie d'un point de vue « phénoménologico-existentiel » [3], Laing s'interroge sur ce qu'il dénomme le « système

1. On dira sans doute que ce recours à Sartre après Heidegger témoigne d'un éclectisme de mauvais aloi. Comme nous espérons un jour le montrer, il nous semble possible d'articuler de manière cohérente l'ontologie sartrienne et son désir d'être (transcendance) à l'analytique existentiale de Heidegger.

2. R. D. Laing, *Le Moi divisé*, trad. fr. C. Elsen, Paris, Stock, 1970, p. 128. On peut regretter que le traducteur (ou l'éditeur) ait choisi de traduire le titre de l'ouvrage, *The Divided self*, par *Le Moi divisé*, réintroduisant le vocabulaire de l'egologie que Laing évite précisément. Par ailleurs, Laing s'inspire des travaux de Winnicott qui distingue entre le vrai et le faux self. *Cf.* D. Winnicott, « Distorsion du moi en fonction du vrai et du faux "*self*" », *Processus de maturation chez l'enfant*, trad. fr. J. Kalmanovitch, Paris, Payot, 1970, p. 121.

3. R. D. Laing, « Les fondements phénoménologico-existentiels de la compréhension des psychoses », *Le Moi divisé*, p. 31 *sq.*

du faux-soi » qu'il retrouve aussi bien chez l'homme normal que chez l'hystérique et le schizophrène et qu'il oppose au vrai-soi ou soi intérieur. De nombreuses situations de la vie courante exigent que nous portions un masque et que nous nous conformions à certaines exigences sociales qui nous sont plus ou moins étrangères [1]. Cependant, il y a bien des manières d'assumer ces rôles. Ils peuvent être acceptés comme tels par un soi qu'ils ne contraignent ni n'inquiètent particulièrement quant à son identité singulière, et qui existe sur le mode de l'authenticité. Mais ils peuvent également être vécus de manière pathologique sur le mode d'une inauthenticité pathologique.

C'est ce que montre bien Laing lorsqu'il l'écrit que le faux-soi (*false self*) du schizoïde diffère aussi bien « du masque (*mask*) porté par l'homme “normal” » que de « la fausse façade (*false front*) de l'hystérique ». En effet, toujours à distance de lui-même, l'hystérique se dissocie (*dissociates himself*) de ce qu'il est comme de ce qu'il fait, et sa mauvaise foi lui permet ne pas reconnaître qu'il est dans ce qu'il fait tout en trouvant « une satisfaction par ces actions mêmes dont il nie la signification » [2]. Pour illustrer une telle attitude, Laing fait sien le portrait de la coquette dans *L'Être et le néant*, qui abandonne sa main à l'homme qui s'en est emparé, tout en feignant d'ignorer la signification de la situation afin de jouir du désir de son partenaire sans se compromettre [3]. Tout autre est le faux-soi du schizoïde qui, loin d'être au service du vrai-soi ou soi intérieur (*inner self*), est tout d'abord une défense ou une barrière contre les risques d'empiètement (*impingement*) de la réalité, c'est-à-dire d'étouffement de la fragile identité du malade par son entourage. Mais, comme l'écrit Laing et comme nous l'avons vu avec le cas Jürg Zünd, « cette défense peut devenir le mur d'une prison » dont le soi ne peut plus s'échapper. L'existence est alors dominée par le faux-soi qui est ressenti comme étranger, incontrôlable et soumis à la volonté des autres tandis que le soi intérieur perd toute identité solidement ancrée [4].

1. Ces réflexions pourraient s'inspirer des travaux de Erving Goffman quoique le sociologue américain se refuse à distinguer entre un vrai *self* et un faux *self*. Car, comme l'écrit Céline Bonicco, « le *self* est non seulement une construction sociale dont les matériaux sont fournis par les situations dans lesquelles on se trouve, mais aussi plus fondamentalement une notion plurielle : les *selves* se juxtaposent et se superposent en raison des interactions que l'on noue et de la manière dont on peut se positionner dans les situations », C. Bonicco, « Rôle social, représentation et mauvaise foi chez Erving Goffman », *Revue de phénoménologie ALTER*, N°17/2009, p. 102.

2. R. D. Laing, *Le Moi divisé*, p. 128.

3. *Ibid.*, p. 129 ; J.-P. Sartre, *L'Être et le néant*, p. 89.

4. R. D. Laing, *Le Moi divisé*, p. 193-195.

Conclusion

Au cours des années soixante-dix se développe aux Etats-Unis une étrange maladie. Des personnes toujours plus nombreuses se plaignent d'avoir plusieurs personnalités. Elles souffrent disent alors les psychiatres du syndrome de personnalités multiples. Le cas le plus célèbre est celui de Sybil Dorsett qui prétend avoir rien de moins que seize personnalités distinctes, ayant chacune ses émotions, ses talents comme ses souvenirs et ses projets. Son trouble fait l'objet d'un livre, puis d'un film en 1976 [1]. Sybil Dorsett devient vite célèbre et son cas engendre, dit-on, une véritable « épidémie ». Ainsi, au milieu des années quatre-vingt, quelque 50.000 cas de personnalités multiples ont été recensés au Etats-Unis, et le DSM-III se voit dans la nécessité de faire place à cette nouvelle entité nosographique. Mais au cours des années quatre-vingt-dix, le nombre de cas chute brutalement. Il s'avère que Sybil Dorsett, de son vrai nom, Shirley Mason, a surtout souhaité faire parler d'elle et qu'elle a bénéficié de la complicité de sa psychanalyste, Cornelia Wilbur. Cependant, cet épisode de l'histoire de la psychiatrie n'en pose pas moins une question qui revient régulièrement sur le devant de la scène : dans certains troubles particulièrement graves, un dédoublement de la personnalité est-il possible ?

Nous avons vu que l'idée d'une division ou d'un dédoublement du soi était en tant que telle dépourvue de sens et qu'une conscience, en dépit de ses absences, est numériquement une. Même dans le cas de la psychose d'influence, lorsque le malade soutient que s'imposent à lui des idées qui ne sont pas les siennes (on me fait penser, dit alors le malade), il reconnaît lui-même que, s'il n'est pas l'auteur des idées qu'il tient donc pour étrangères, ce qui implique déjà un trouble de la mienneté, il n'en est pas moins celui qui les pense et qui en a conscience. Reste que l'être-soi peut être dans certains cas profondément troublée. Ainsi, toujours à distance de lui-même et comme se regardant exister, l'hystérique joue à être ce qu'il n'est pas sous le regard objectivant d'autrui. Ce qui pourrait passer pour un dédoublement de la personnalité correspond bien plutôt à une forme pathologique de duplicité fondée sur un faux-soi dont l'hégémonie apparente occulte le vrai-soi. Dans le cas de la schizophrénie, comme le rappelle Jean Garrabé, il serait erroné de prendre les schizophrènes pour des Dr Jekyll et Mr Hyde. Aussi les psychiatres parlent-ils de dissociation. Ce que la maladie met alors à mal n'est pas le soi de la conscience de soi

1. Le livre fut écrit par une journaliste, Flora Rheta Schreiber, et publié en 1973. *Cf.* E. de Villeroy, « Les personnalités multiples, histoire d'une illusion psychiatrique », *Sciences humaines*, février 2012.

mais l'être-soi du malade. De ce point de vue, la dissociation renvoie à une forme aiguë de déchéance et d'aliénation, en un mot d'inauthenticité, au sens d'une impuissance pathologique du schizophrène à exister sans se laisser accaparer par des modèles de comportements qui le condamnent à l'errance (*Heimatlosigkeit*) [1].

PERTE DE L'ÉVIDENCE NATURELLE ET *ÉPOCHÈ* DANS LA SCHIZOPHRÉNIE

La perte de l'évidence naturelle. Une contribution à la psychopathologie des schizophrénies pauci-symptômatiques [2], du psychiatre allemand Wolfgang Blankenburg, mérite sans aucun doute de figurer parmi les grands textes de la psychiatrie phénoménologique. Publié en 1971, ce maître ouvrage a été depuis traduit non seulement en français mais également en japonais, en italien et en espagnol et continue de faire l'objet de nombreuses études. Blankenburg y entreprend d'éclairer ce que l'une de ses patientes schizophrène, Anne Rau, dénomme elle-même « la perte de l'évidence naturelle » et, dans cette perspective, compare son trouble à l'opération qui est, selon Edmund Husserl, au principe d'un changement radical d'attitude vis-à-vis du monde et de ses évidences, et qu'il appelle la réduction phénoménologique. Non sans raison, en effet, Blankenburg avance que la perte de l'évidence naturelle ne saurait être étudiée par une psychopathologie qui demeure elle-même prise dans les évidences de l'attitude naturelle et qui dès lors n'y a pas accès en tant que telle [3]. Aussi, parce qu'elle exige une rupture avec l'attitude naturelle et ses évidences, la phénoménologie husserlienne, apparaît-elle comme une voie d'accès privilégiée. L'ambition de Blankenburg est donc d'élucider l'essence de l'aliénation schizophrénique en tant qu'elle implique une « sortie hors de notre monde du vivre commun intersubjectivement constitué » [4].

Le projet est incontestablement séduisant. Mais sa mise en œuvre ne va pas de soi et soulève deux questions que nous voudrions – à la différence de Blankenburg – d'emblée distinguer. D'une part, en effet, on peut se demander si la phénoménologie grâce à sa démarche réductive parvient réellement à éclairer la perte de l'évidence naturelle dans certaines formes d'aliénation schizophrénique. D'autre part, on peut

1. Que ces questions soient plus que jamais d'actualité, c'est ce dont témoignent les discussions autour de ce qui est appelé *the Ipseity-Disturbance-Model* (I.D.M.) développé par Louis Sass et Joseph Parnas.

2. W. Blankenburg, *La perte de l'évidence naturelle*.

3. *Ibid.*, p. 108.

4. *Ibid.*, p. 188.

s'interroger sur le degré de parenté de la réduction phénoménologie et de l'aliénation schizophrénique [1]. Un tel rapprochement ne risque-t-il pas d'effacer le fossé qui sépare le normal et le pathologique ? En suivant les analyses de Blankenburg, nous voudrions montrer ici que la réduction phénoménologique est sans doute en mesure de nous dévoiler *en partie* la nature de la perte pathologique de l'évidence naturelle mais qu'elle n'en est pas moins, en tant que démarche philosophique, fondamentalement différente. Dans cette perspective, nous procéderons en quatre temps. Après quelques rapides indications sur Blankenburg, sera repris le cas de sa patiente, Anne Rau, qui nous servira ici de fil conducteur. Puis, on précisera les notions d'*épochè* et de réduction phénoménologique mobilisées par Blankenburg. Il nous faudra ensuite interroger les limites de cette comparaison. Ce qui nous conduira à rappeler *in fine*, quand bien même cela irait de soi, que la phénoménologie n'est pas la schizophrénie.

Le cas Anne Rau

Wolfgang Blankenburg [2] est né en 1928 à Bremen et commence en 1947 des études de philosophie et de psychologie, puis, à partir de 1950 des études de médecine à Freiburg. Tandis qu'il prépare son doctorat, consacré à l'étude d'un cas de schizophrénie paranoïde du point de vue de l'analyse existentielle (*Daseinsanalyse*), il entre en contact avec Heidegger et Binswanger. En 1959, il est assistant à la clinique psychiatrique de Freiburg. Il dirige quelques années plus tard la clinique psychiatrique de Heidelberg. Enfin, il est nommé en 1979 Professeur de psychiatrie à l'Université de Marburg et directeur de la clinique universitaire de Marburg. Il meurt en 2002. Ces quelques éléments permettent déjà d'inscrire Blankenburg dans cette grande et belle tradition allemande, dont Jaspers fut un éminent représentant, et qui parvient à conjuguer philosophie et psychiatrie. Ses travaux témoignent de cette double formation qui lui permet de citer aussi bien Husserl, Heidegger, Fink, Szilasi ou Sartre que Straus, Gebsattel, Zutt, Kulenkampff, etc [3].

1. Cette parenté est évidente pour Derrida qui souligne « la folie de la réduction husserlienne de la totalité du monde » et qui tient la philosophie pour une « assurance prise au plus proche de la folie contre l'angoisse d'être fou », « Cogito et histoire de la folie », *L'Écriture et la différence*, p. 92-93.

2. W. Blankenburg, *La perte de l'évidence naturelle*, p. 17.

3. Si Blankenburg a publié de nombreux articles en allemand, seuls un petit nombre d'entre eux ont été publiés en français. *Cf.* la bibliographie du site de l'École Française de *Daseinsanalyse* : www.daseinsanalyse.fr

L'approche de la schizophrénie par Blankenburg est incontestablement originale. En effet, contrairement à de nombreux travaux qui, à l'instar de Binswanger, accordent une attention toute particulière au délire et aux schizophrénies paranoïdes délirantes, Blankenburg choisit d'étudier les schizophrénies pauci-symptômatiques, c'est-à-dire relativement pauvres du point de vue de ce que la psychiatrie appelle les symptômes et qui, pour cette raison, offrent la possibilité de mieux cerner le mode d'être-au-monde des schizophrènes sans que cet être-au-monde soit occulté par le délire. En outre, même s'il a eu l'occasion de soigner un grand nombre de schizophrènes, Blankenburg privilégie parmi ses patients ceux qui se démarquent par leur réflexivité et qui sont, de plus, capables d'exprimer verbalement ce qu'ils vivent. Il va sans dire que, dans de telles conditions, la base empirique de la recherche se réduit comme une peau de chagrin. Mais il serait erroné et phénoménologiquement naïf de croire que c'est seulement à partir d'un grand nombre de cas qu'il est possible de dégager les traits caractéristiques de la schizophrénie. Car il ne s'agit pas ici de formuler sur la schizophrénie quelques généralités établies de manière inductive. Disciple de Husserl et de sa démarche eidétique, Blankenburg, privilégie le cas d'une patiente dont les propos, rapportés de manière détaillée, lui paraissent révéler avec une clarté toute particulière un des constituants essentiels de la schizophrénie et, sinon son trouble fondamental, du moins l'un de ses traits essentiels [1].

Le cas en question est celui d'une femme, Anne Rau qui est née en 1944 [2]. L'anamnèse nous apprend qu'elle est la seconde d'une famille de trois enfants qui grandissent normalement. On note juste que Anne a appris à parler et marcher assez tardivement, entre deux et trois ans. Son père est un homme relativement brutal qui fait souffrir toute la famille et plus particulièrement sa fille. Selon sa mère, « le père l'aurait traitée plus mal qu'une serpillère ». A l'école elle est très bonne élève mais doit pour cela travailler d'arrache-pied. Aussi a-t-elle a de plus en plus de difficultés à suivre l'enseignement de ses professeurs au fur et à mesure que les programmes se compliquent. Elle se serait toujours déjà sentie différentes des autres filles mais elle essaye de le masquer en faisant comme les autres et en ayant l'air à la page. Après le collège et une formation commerciale, Anne Rau trouve en 1962 une place d'employée mais elle a du mal à faire son travail et se plaint de ne pas y arriver. Elle déménage en 1964 et travaille quelques semaines dans une usine chimique. De nouveau, elle ne se sent pas à la hauteur, et répète à plusieurs reprises que « humainement,

1. W. Blankenburg, *La perte de l'évidence naturelle*, p. 64
2. *Ibid.*, p. 67.

ça lui était trop difficile ». C'est au cours de la même année, à l'âge donc de vingt ans, alors que ses parents sont en train de divorcer, qu'elle est admise à l'hôpital à la suite d'une tentative de suicide médicamenteuse avec soixante-dix comprimés de somnifère.

Anne Rau a du mal à s'exprimer et il lui arrive de balbutier. Cependant son trouble est manifestement de nature *infra* linguistique. Et c'est à ce trouble plus profond qu'il convient de rapporter sa difficulté en général à s'exprimer verbalement ainsi que sa difficulté plus particulière à dire ce qui la fait souffrir. S'efforçant de décrire son trouble, la patiente dit que « ce qui lui manque, c'est "quelque chose de Petit… mais quelque chose d'Important sans quoi on ne peut pas vivre" ». Elle s'étonne du reste que quelque chose de si petit soit en même temps si important et nécessaire à la vie. Comme nous l'avons dit en introduction, c'est à elle que Blankenburg emprunte l'expression de « perte de l'évidence naturelle » [1]. Le terme français d'évidence est équivoque. Car il ne s'agit pas de l'évidence (*Evidenz*) au sens de la théorie de la connaissance, c'est-à-dire d'une représentations dont la vérité s'impose d'elle-même au sujet – *verum index sui et falsi*, écrit Spinoza – mais de ce qui, pour le sens commun, va de soi et de ce qui, comme le dit très bien le substantif allemand, se comprend de soi-même (*Selbstverständlichkeit*) [2].

Afin de prévenir un possible malentendu, il convient de souligner que l'évidence naturelle ne ressortit pas au savoir, c'est-à-dire à ce qu'on apprend ou peut apprendre et que le schizophrène aurait oublié. Il ne s'agit donc pas d'une simple défaillance cognitive qui pourrait alors faire l'objet d'une thérapie cognitive. Mais cette perte ou ce trouble affecte, de manière bien plus profonde, le rapport même du patient au monde. Par exemple, Anne Rau sait ce qu'est un couteau, elle sait comment on se sert d'un couteau mais ce savoir demeure abstrait. De même, elle sait comment on remercie quelqu'un mais ce savoir abstrait ne peut se prolonger spontanément dans la pratique. D'une manière plus générale, Blankenburg écrit : « Anne Rau "sait" ce qu'elle a à faire, mais elle ne sait pas le faire » [3]. Aussi lui faut-il réfléchir longuement avant de pouvoir se saisir d'un couteau. Autre exemple : Anne Rau est tourmentée par la

1. W. Blankenburg, *La perte de l'évidence naturelle*, p. 103 et p. 77.

2. Pour Blankenburg ce trouble n'est pas un symptôme spécifique de la schizophrénie, pas plus que l'autisme, la distorsion ou le maniérisme mais il prend une forme extrême dans la schizophrénie. On peut lui opposer l'évidence paranoïque que tel événement doit ou ne doit pas se produire. G. Charbonneau, « Paranoïa et délire chronique », *L'information psychiatrique*, vol. 94, N°9, 2018.

3. « A. "sait" ce qu'elle a à faire, mais elle ne sait pas le faire, dans la mesure où elle l'entend, sans s'y entendre. Et elle ne s'y entend pas parce qu'elle ne s'y entend pas à ce s'y entendre (*Sich-Verstehen-auf-etwas*) », W. Blankenburg, *La perte de l'évidence naturelle*, p. 114.

question de savoir quel type d'étoffe s'accorde à tel type d'habit dans telle circonstance. Elle cherche à établir rationnellement ce qui conviendrait alors que, précisément, ce genre de question relève non d'une démarche rationnelle mais du sens commun, mieux : de ce que Pascal dénomme l'esprit de finesse [1].

Epoché *et réductions phénoménologiques*

Afin de cerner plus exactement ce qui trouble sa patiente, Blankenburg s'interroge alors sur la proximité de la perte de l'évidence naturelle et de « l'*épochè* transcendantale phénoménologique ».

On sait que Husserl est revenu à plusieurs reprises et tout au long de sa vie sur cette question décisive à ses yeux, et que la réduction phénoménologique n'a initialement, dans les *Recherches logiques* (1900-1901), que le sens d'une purification du vécu [2]. C'est au cours de l'hiver 1906-1907 que s'opère une radicalisation de la réduction phénoménologique sous la forme d'une « transcendantalisation de la réduction » dont l'ambition est alors de dévoiler le sujet transcendantal et sa structure intentionnelle. Dans ce cadre théorique, l'*épochè* prend le sens spécifique d'une suspension, mieux : d'une mise entre parenthèses ou hors circuit de l'attitude naturelle et de sa thèse portant sur l'existence spatio-temporelle du monde [3]. La phénoménologie husserlienne devient un idéalisme ontologique [4]. Toutefois, parmi les très nombreux textes consacrés par Husserl à ces notion d'*épochè* et de réduction [5], Blankenburg se réfère non pas aux *Idées directrices pour une phénoménologie* dont le premier tome est publié en 1913 mais à la *Krisis*, c'est-à-dire à *La Crise des sciences européennes et la phénoménologie transcendantale*, qui fut publié 16 ans après la mort de Husserl, en 1954 dans le volume VI des *Husserliana.*

1. *Ibid.*, p. 130-131.

2. C'est cette même conception de la réduction phénoménologique que l'on retrouve chez Sartre lorsqu'il oppose dans ses premiers essais philosophiques la réflexion pure à la réflexion impure, J.-P. Sartre, *La Transcendance de l'ego*, p. 48.

3. E. Husserl, *Idées directrices pour une phénoménologie pure et une philosophie phénoménologique*, § 30 *sq.*

4. J.-F. Lavigne, *Husserl et la naissance de la phénoménologie (1900-1913)*, Paris, P.U.F., 2005, p. 39 et p. 611.

5. Ces deux notions sont parfois employées l'une pour l'autre, indistinctement, mais on peut réserver le terme d'*épochè* à l'acte de suspension et garder celui de réduction pour désigner l'ensemble de la démarche phénoménologique qui permet au phénoménologue d'abandonner l'attitude naturelle et de dévoiler la subjectivité transcendantale.

Dans ce texte, dont le manuscrit remonte aux années 1935-1936, Husserl s'interroge longuement sur les différentes voies possibles d'accès à la subjectivité transcendantale et critique ce qu'il dénomme la voie cartésienne [1], empruntée en 1913 dans *Les Idées directrices*. Il lui oppose désormais aussi bien la voie par la psychologie que la voie par le monde de la vie (*Lebenswelt*) qui, contrairement à la voie cartésienne, procèdent par étapes, dont chacune possède le caractère d'une *épochè* [2]. Sans envisager explicitement cette question relativement technique des voies de la réduction [3], Blankenburg n'en privilégie pas moins la voie par le monde de la vie dont le caractère progressif avec ses différents stades permettrait donc au clinicien de mieux saisir les métamorphoses du rapport à soi et du rapport au monde dans la schizophrénie [4]. En outre, cette conception de la réduction permet d'unifier d'une certaine manière la phénoménologie et de rapprocher Husserl et Heidegger, le monde de la vie ou monde du vivre (*Lebenswelt*) husserlien et le monde ambiant (*Umwelt*) heideggérien, qui est manifestement un proche parent du premier [5].

Empruntant donc à son tour la voie du monde de la vie, Blankenburg distingue deux attitudes radicalement opposées : l'attitude réflexive et l'attitude naïve-naturelle ou préscientifique. Cette dernière correspond à l'attitude qui est la nôtre dans la vie quotidienne lorsque nous mettons entre parenthèses notre savoir scientifique : nous savons que la terre est une planète qui tourne autour du soleil mais, dans la vie de tous les jours, nous continuons à dire que le soleil se couche ou se lève. Cette attitude naïve-naturelle est celle de l'homme normal – pour Husserl comme pour Blankenburg –, et le monde de la vie possède une structure générale qui trouve son fondement dans un *apriori* universel qui est donc l'*apriori* universel du monde de la vie [6]. La seconde attitude dite réflexive

1. E. Husserl, *La Crise des sciences européennes et la phénoménologie transcendantale*, trad. fr. G. Granel, Paris, Gallimard, 1976, § 43 ; F. Dastur, *La Phénoménologie en question*, « Réduction et intersubjectivité », Paris, Vrin, 2004, p. 95.

2. Husserl, *La Crise des sciences européennes et la phénoménologie transcendantale*, § 35, p. 154.

3. I. Kern, « Les trois voies de la réduction transcendantale et phénoménologique dans la philosophie de Husserl », trad. fr. Ph. Cabestan, N. Depraz, *Revue de phénoménologie ALTER*, N°11, octobre 2003, p. 285-323.

4. W. Blankenburg, *La perte de l'évidence naturelle*, p. 112.

5. Heidegger, *Être et temps*, § 15. W. Blankenburg, *La perte de l'évidence naturelle*, p. 113. Merleau-Ponty note que « tout *Sein und Zeit* est sorti d'une indication de Husserl et n'est en somme qu'une explicitation du "*natürlichen Weltbegriff*" ou du "*Lebenswelt*" », M. Merleau-Ponty, *Phénoménologie de la perception*, Avant-propos, p. I.

6. W. Blankenburg souligne toutefois l'ambiguïté de cette notion dans l'œuvre de Husserl, qui hésite entre expérience préthéorique et expérience antéprédicative. W. Blankenburg, *La perte de l'évidence naturelle*, p. 166.

prend pour objet le monde du vivre lui-même et plus précisément « le comment du mode de donnée subjectif du monde du vivre et de ses objets » [1]. L'attitude réflexive implique ainsi l'abandon de l'attitude naïve-naturelle grâce à un changement d'attitude que permet d'accomplir l'*époché* transcendantale, compris comme « détachement radical vis-à-vis des évidences de l'existence quotidienne » [2]. Il s'ensuit, comme l'écrit Blankenburg à la suite de Husserl, « une inversion de l'attitude naturelle à l'égard de la vie » : ce qui était alors évident ne l'est plus [3]. En résumé, ce qui retient tout particulièrement l'attention de Blankenburg dans sa lecture de la *Krisis*, c'est, d'une part, l'enracinement, mieux : « l'ancrage de la conscience dans le monde du vivre » et, d'autre part, les modifications éventuelles de cet ancrage et « de son évidence basale », que ce soit dans la réduction phénoménologique ou bien dans la schizophrénie pauci-symptômatique.

Comparaison n'est pas raison

Reste toutefois à préciser dans quelle mesure l'*époché* phénoménologique et l'aliénation schizophrénique sont comparables tout en demeurant différentes l'une de l'autre. Ce qui les rapproche, souligne Blankenburg, c'est l'*étonnement* à l'égard de ce qu'il y a de plus évident et qui est habituellement oublié tant cela est évident [4]. Mais c'est aussi ce dé-placement, cette position d'extériorité par rapport au tourbillon de la vie qui les rapproche : alors que l'homme normal est pris par le cours des choses et qu'il a la possibilité positive de s'y perdre, le phénoménologue et le schizophrène se tiennent en-dehors. Cela dit, il ne saurait être question pour Blankenburg d'assimiler purement et simplement la perte de l'évidence naturelle et l'attitude du phénoménologue. C'est pourquoi, avec une rigueur exemplaire, Blankenburg entreprend de déterminer méthodiquement tout ce qui les sépare.

Dans cette perspective, il faut souligner tout d'abord que la perte de l'évidence naturelle possède un caractère dit endogène chez le schizophrène, c'est-à-dire qu'elle est étroitement liée à la pathologie

1. E. Husserl, *La Crise des sciences européennes et la phénoménologie transcendantale*, § 38.

2. W. Blankenburg, *La perte de l'évidence naturelle*, p. 108.

3. *Ibid.*, p. 109 ; E. Husserl, *La Crise des sciences européennes et la phénoménologie transcendantale*, p. 204.

4. Cette thèse est reprise par F. Dastur, « Phénoménologie de la surprise : horizon, projection, événement », *Revue de phénoménologie ALTER*, N°24, 2016, p. 35.

et à son évolution, alors que l'*épochè*, à l'instar du doute méthodique cartésien et contrairement à l'angoisse heideggérienne, est une décision qui relève de la libre volonté du phénoménologue [1]. En outre, chez ce dernier se trouve mise en question l'évidence de ce que, dans l'attitude naturelle, il tient pour évident et dont l'évidence échappe au schizophrène. Aussi l'opération proprement phénoménologique n'est-elle nullement à la portée du schizophrène auquel fait défaut l'évidence basale. Il faut noter également que, contrairement à la perte de l'évidence naturelle qui est involontaire et sans retour, du moins dans l'immédiat, la mise entre parenthèses du phénoménologue est une opération qui peut être à tout moment annulée et qui, de plus, suspend tout en conservant, selon une logique qui peut rappeler celle de l'*Aufhebung* quoiqu'elle en soit distincte. En effet, comme l'écrit Blankenburg à la suite de Husserl, si l'*épochè* met entre parenthèses la thèse relative à l'existence spatio-temporelle du monde, cela ne signifie pas qu'elle soit supprimée. Mais elle est conservée tout en étant *neutralisée* – neutralisation qui n'a donc rien à voir avec la dialectique hégélienne [2]. La perte de l'évidence naturelle entraîne au contraire la négation ou suppression de l'évidence sans conservation. Enfin, la réduction phénoménologique, comme nous l'avons vu, implique « une inversion de l'attitude naturelle à l'égard de la vie » et, en ce sens, une posture contre-nature. C'est pourquoi toute la difficulté pour le phénoménologue est de ne pas se laisser emporter par son inclination naturelle et retomber dans sa croyance naïve au monde. A l'inverse, toute la difficulté pour le schizophrène est de retrouver l'évidence naturelle.

On aura compris qu'il ne saurait être question d'assimiler l'*épochè* husserlienne et la perte de l'évidence naturelle dans la schizophrénie, et prétendre, au nom d'une vague analogie, expliquer la perte de l'évidence naturelle dans la schizophrénie alors même que l'une ressortit à la liberté du phénoménologue et l'autre à la maladie. Il convient ici de rappeler que « comparaison n'est pas raison ». En d'autres termes, que l'on retrouve certains traits de l'*épochè* phénoménologique dans la perte de l'évidence naturelle n'est pas une raison pour soutenir qu'il s'agit d'un seul et même

1. « La tentative universelle de doute relève du domaine de notre *entière liberté* : nous pouvons tenter de mettre en doute tout et n'importe quoi, si ferme que soit la conviction que nous en avons et même si une évidence adéquate nous en donne la certitude », E. Husserl, *Idées directrices pour une phénoménologie pure et une philosophie phénoménologique*, § 31, p. 87.

2. Ce terme d'*Aufhebung* ne doit donc pas conduire à « dialectiser » la pensée husserlienne. E. Husserl, *Idées directrices pour une phénoménologie pure et une philosophie phénoménologique*, p. 88 ; W. Blankenburg, *La perte de l'évidence naturelle*, p. 114.

phénomène. On pourrait en outre approfondir le fossé qui sépare la santé de la maladie à partir des limites qui, aux yeux de certains phénoménologues tout du moins, frappent la réduction phénoménologie. En effet, non sans raison, Maurice Merleau-Ponty rappelle dans la *Phénoménologie de la perception* que le monde se donne à nous dans une « certitude absolue » [1] de sorte que l'incertitude ne peut être que relative à telle ou telle chose particulière sur fond de la certitude du monde en tant que totalité. Si je puis, par exemple, douter de la réalité de cet arbre que je vois au loin, ce doute s'opère à partir du monde dont l'existence ne saurait être d'une manière ou d'une autre remise en question [2].

Il en résulte une autre conception de la réduction phénoménologique que l'on résume parfois à l'aide d'une formule quelque peu elliptique empruntée à l'avant-propos de la *Phénoménologie de la perception* : « Le plus grand enseignement de la réduction est l'impossibilité d'une réduction complète » [3]. Autrement dit, s'il est possible de mettre entre parenthèses certaines présuppositions susceptibles de masquer tel ou tel phénomène, on ne saurait mettre hors circuit le monde – comme s'il s'agissait d'un objet subsistant quelconque – au profit d'un *cogito* transcendantal. Pour Merleau-Ponty, la réduction phénoménologique consiste à suspendre ce mouvement de notre être qui nous porte spontanément vers le monde afin de prendre conscience de notre rapport au monde en tant que condition absolument première, *irréductible*, de toute réflexion. L'*époché* phénoménologique bien comprise consiste donc non à suspendre notre croyance en l'existence du monde mais, ce qui est bien différent, à suspendre notre familiarité avec le monde de telle sorte que notre être au monde perde sa pseudo-évidence (*Selbsverständlichkeit*) et devienne une source d'étonnement (*thaumazein*). De ce point de vue, laissant intacte notre conviction en l'existence du monde, l'*époché* phénoménologique bien comprise est, comme nous allons le voir, profondément différente de la perte pathologique de l'évidence naturelle.

1. M. Merleau-Ponty, *Phénoménologie de la perception*, p. 344.

2. Plus radicalement encore, Heidegger rejette l'idée d'une certitude, d'une croyance originaire, car le monde est « là » avant toute croyance. M. Heidegger, 2006, p. 313. Comme le note Claude Romano, cette idée de croyance originaire ou *Urdoxa* est, pour Heidegger, le « symptôme, chez Husserl, d'un reliquat de théorétisme », C. Romano, *Au cœur de la raison, la phénoménologie*, p. 565.

3. M. Merleau-Ponty, *Phénoménologie de la perception*, avant-propos, p. VIII.

Que la phénoménologie n'est pas la schizophrénie

Que la perte de l'évidence naturelle dans la schizophrénie ne présente finalement qu'une vague parenté avec l'*épochè* phénoménologique, c'est ce qui ressort finalement de l'analyse minutieuse par Blankenburg de la perte de l'évidence naturelle dans la schizophrénie [1]. Nous avons vu que la perte de l'évidence naturelle affecte tout d'abord les outils (*Zeuge*) dont le patient a perdu le maniement spontané, comme s'il n'en maîtrisait plus le mode d'emploi, les « règles du jeu » [2]. Par exemple, Anne Rau se plaint de ne pas arriver à faire la vaisselle. Mais cette difficulté essentiellement pragmatique recouvre une défaillance beaucoup plus profonde et, par suite, plus difficile à saisir, qui touche, écrit Blankenburg, la genèse passive et préconsciente de l'expérience. Il s'agit alors de ce que Husserl décrit comme la « constitution transcendantale anonyme toujours-déjà survenue, qui prescrit à notre vie quotidienne ses voies » [3].

En effet, ce qui est atteint chez Anne Rau, et qui est lui est si difficile à désigner, car les concepts en l'occurrence lui font défaut, c'est le cadre même de sa vie de tous les jours, son sol, dont la constitution précède tout ce qui se présente à elle dans l'expérience et dont le sujet sain de son côté dispose toujours déjà. Le trouble présente donc un caractère transcendantal [4] au sens où se trouvent ébranlées les conditions de possibilités de l'être-dans-le-monde. La perte de l'évidence naturelle affecte en outre la temporalité du schizophrène et, notamment, la manière dont le présent échoue à s'articuler au passé : tandis qu'on retrouve le monde tel qu'il était la veille, Anne Rau se plaint que chaque matin tout lui paraît différent comme s'il s'agissait d'un autre monde et, ce, alors même que les objets qui le constituent n'ont pas changé. Anne Rau ne souffre donc pas de troubles mnésiques, qui l'empêcheraient de reconnaître ce qui l'entoure, mais d'un manque de « rétro-continuité » : les choses présentes ne prolongent plus les choses passées. Aussi Anne Rau ignore-t-elle ce mode d'existence que Heidegger dénomme la quotidienneté, autrement

1. W. Blankenburg, *La perte de l'évidence naturelle*, p. 122-177.

2. Cette notion est associée par Blankenburg à celle de « conjointure (*Bewandtnis*) » et de « renvoi (*Verweisung*) » développées par Heidegger dans *Être et temps*. Ainsi G., un patient, déclare : « Quand je regarde consciemment quelque chose, et que ça ne me parle pas, alors c'est effrayant ! », W. Blankenburg, *La perte de l'évidence naturelle*, p. 135.

3. E. Husserl, *Méditations cartésiennes*, § 38 ; W. Blankenburg, *La perte de l'évidence naturelle*, p. 130.

4. Comme le remarque Blankenburg, le terme peut prêter à bien des malentendus mais se trouve difficilement remplaçable, W. Blankenburg, *La perte de l'évidence naturelle*, p. 133.

dit cette temporalité où les jours se succèdent « aujourd'hui et demain comme hier » [1],

La perte de l'évidence naturelle concerne également le sujet lui-même, son absence d'autonomie comme son besoin d'avoir quelqu'un sur qui il puisse s'appuyer. Anne Rau, par exemple, n'imagine pas pouvoir sortir sans quelqu'un à ses côtés, en l'occurrence sa mère. On peut être tenté de rapporter cette absence d'autonomie et ce besoin d'un appui à un manque de confiance en soi. L'expression est en vérité ambiguë. Dans le cas d'Anne Rau, il ne s'agit pas d'un manque de confiance en soi au sens psychologique et courant du terme : le sujet ne serait pas sûr d'être à la hauteur, de parvenir à surmonter l'obstacle, il souffrirait d'un complexe d'infériorité, etc. Mais d'un manque de confiance en soi plus fondamentale qui mine le sujet en tant qu'instance de fondation. Afin d'élucider cette différence, Blankenburg reprend la distinction husserlienne entre l'ego transcendantal qui est la source originaire de la vie opérante et l'ego empirique qui en est le produit [2]. Le manque de confiance en soi ne doit ainsi pas être saisi de manière psychologique, au niveau de l'ego empirique, mais d'un point de vue phénoménologique, en tant qu'il affecte la vie transcendantale du sujet. De manière suggestive, Blankenburg écrit : « celui qui, au sens habituel du mot, manque de confiance en soi, se fait moins confiance ; mais cela ne signifie pas qu'il ait moins confiance en cette confiance en tant que telle. Il ne s'agit donc pas du soi empirique ou du Je naturel, mais du soi comme fondement transcendantal de la confiance » [3].

Enfin, il convient d'envisager la perte de l'évidence naturelle sous l'angle des relations intersubjectives. Reprenant l'alternative sartrienne du regard, selon laquelle soit le sujet regarde et objective la conscience d'autrui soit il est regardé et objectivé par le regard d'autrui [4], Blankenburg note tout d'abord qu'il est impossible pour Anne de dépasser une telle alternative vers un être en commun avec autrui [5]. Mais ce qu'il entend souligner c'est le lien étroit entre la genèse de l'évidence naturelle et le développement des relations humaines de telle sorte que la perte de l'évidence naturelle se présente comme une perte de

1. M. Heidegger, *Être et temps*, § 71.

2. On retrouve une distinction analogue chez Sartre qui, tout en rejetant la notion d'ego transcendantal, envisage l'ego comme un objet mondain transcendant constitué par la réflexion impure. J.-P. Sartre, *La Transcendance de l'ego*.

3. W. Blankenburg, *La perte de l'évidence naturelle*, p. 152.

4. J.-P. Sartre, *L'Être et le néant*.

5. W. Blankenburg, *La perte de l'évidence naturelle*, p. 162.

l'évidence intersubjective dans un monde de la vie constitué lui-même intersubjectivement. Comment doit on s'habiller? Quelle couleur doit-on conjuguer avec quel tissu? etc. Il s'agit en l'occurrence de jugements esthétiques qui se rapportent au monde pré-théoriques et qui relèvent du « on », du sens commun. Malheureusement ces jugements demeurent totalement étrangers à Anne. Car ce qui lui fait défaut c'est ce qui, antérieurement à toute relation intersubjective, en est la condition, ce que Blankenburg dénomme « l'intersubjectivité pré-personnelle » et qui est cette liaison interne à autrui qui permet par avance de le comprendre et sur le fond de laquelle l'incompréhension est possible. De ce point de vue, le schizophrène est frappé dans sa capacité même de dévalement (*Verfallenheit*) [1] qui, pour Heidegger, est étroitement liée à ce mode d'être possible avec autrui que désigne le « on » et qui demeure pour le schizophrène une *terra incognita*.

Conclusion

La perte de l'évidence naturelle est un phénomène relativement rare, au dire de Blankenburg lui-même, et c'est bien plutôt son contraire, « l'insouciance schizophrénique » qui frappe son entourage, alors même que les conduites du schizophrène n'ont vont pas de soi et peuvent être déroutantes. Par exemple, un schizophrène dépose avec le plus grand naturel sous le sapin de Noël un cercueil pour sa fille qui est atteinte d'un cancer. Dans ce dernier cas, on est confronté non pas à la perte de l'évidence naturelle mais à une forme déroutante d'évidence non naturelle [2]. Tout autre est le cas d'Anne Rau à qui fait défaut « quelque chose de Petit… mais quelque chose d'Important sans quoi on ne peut pas vivre », que Blankenburg à sa suite nomme « l'évidence naturelle » et qu'on pourrait rapprocher de ce que Minkowski appelle « perte du contact vital avec la réalité » [3].

Sans doute la phénoménologie représente-t-elle une voie d'accès privilégiée à ce trouble qui frappe ce qui va inconsciemment de soi pour

1. W. Blankenburg, *La perte de l'évidence naturelle*, p. 167 note 103.

2. *Ibid.*, p. 180.

3. Minkowski définit le contact vital avec la réalité comme « l'essence de la personnalité vivante, dans ses rapports avec l'ambiance. Et cette ambiance (…) est ce flot mouvant qui nous enveloppe de toutes parts et qui constitue le milieu sans lequel nous ne saurions vivre », E. Minkowski, *La schizophrénie*, Paris, Payot, 2002, p. 106 ; A. Tatossian *La Phénoménologie des psychoses*, p. 35.

tout un chacun – y compris pour les névrosés [1] – et que la démarche réductive, de son côté, dans son effort pour se déprendre de l'attitude naturelle, s'emploie à mettre en question. Comme nous l'avons vu, Blankenburg n'hésite pas à situer la perte de l'évidence naturelle au niveau de la subjectivité transcendantale de telle sorte que ce sont les conditions de possibilités de l'être-au-monde qui sont ébranlées. En d'autres termes, c'est la structure existentiale, et non pas simplement existentielle, qui serait mise en cause dans une maladie telle que la schizophrénie. On constate ainsi non seulement que la phénoménologie est précieuse pour la psychopathologie mais, en outre, que cette dernière jette en retour un jour nouveau sur la fragilité des structures existentiales de l'être-dans-le-monde ou *Dasein*.

Il ne faudrait toutefois pas croire que la phénoménologie est en mesure d'éclairer sans reste un phénomène qui, malgré la rigueur et la précision des analyses de Blankenburg, conserve pour l'homme normal une part d'opacité. Cette relative mais irréductible cécité du phénoménologue tient sans nul doute au fossé qui sépare la réduction phénoménologique – dont Merleau-Ponty souligne le caractère toujours inachevé – et l'aliénation schizophrénique. Si on admet, en effet, la profondeur du trouble que représente la perte de l'évidence naturelle, force est d'admettre que le phénoménologue en tant que tel reste étranger à un tel ébranlement des conditions de possibilité de l'être-dans-le-monde. C'est du reste ce que montre Blankenburg lorsque, à rebours d'une certaine *Daseinsanalyse*, représentée notamment par Binswanger et Medard Boss [2], il récuse l'assimilation de la pathologie à l'inauthenticité qui, en tant que possibilités existentiales, ne concerne plus une schizophrène telle que Anne Rau. Dans son cas, en effet, c'est la possibilité même de la déchéance ou dévalement (*Verfallenheit*) et de l'être avec les autres qui est en question au point qu'il lui est impossible de partager spontanément ce qu'*on* pense qui relève du sens commun [3]. Bref, comme aurait pu l'écrire Tatossian dont nous nous sommes ici inspiré [4], la phénoménologie n'est pas la schizophrénie.

1. W. Blankenburg, *La perte de l'évidence naturelle*, p. 184.

2. Cette question de la déchéance (*Verfallenheit*) et de la psychose est reprise par Blankenburg en 1991, « La signification de la phénoménologie pour la psychothérapie », dans P. Fédida, J. Schotte (éd.), *Psychiatrie et existence*, Grenoble, Jérome Millon, 1991, p. 188. *Cf.* également à ce sujet C. Abettan, *Phénoménologie et psychiatrie. Heidegger, Binswanger, Maldiney*, p. 237-248.

3. W. Blankenburg, *La perte de l'évidence naturelle*, p. 167 note 103.

4. A. Tatossian *La Phénoménologie des psychoses*, p. 37 ; J. Naudin, *Phénoménologie et psychiatrie. Les voix et la chose*, Toulouse, Presses Universitaires du Mirail, 1997, p. 51.

MÉLANCOLIE ET *TYPUS MELANCHOLICUS*

Si l'on voulait caricaturer grossièrement la pensée de Foucault, on pourrait dire que pour l'auteur de *Surveiller et punir*, de l'*Histoire de la folie* et de *La Naissance de la clinique*, « la prison produit des criminels, l'asile d'aliénés, des fous et la clinique, des malades » [1]. Si l'idée que la société, ses normes, ses institutions portent la « responsabilité de la criminalité comme de la maladie semble difficilement soutenable, on pourrait néanmoins s'interroger sur la séduction qu'exerce encore et toujours ce genre d'explications. N'est-ce pas parce que, au terme d'une étrange alchimie spirituelle, la modernité s'imagine qu'il suffirait (sic) de changer la société pour en éradiquer la souffrance voire le mal? Dans une perspective diamétralement opposée, le psychiatre allemand Hubertus Tellenbach (1914-1994) tient la mélancolie pour un trouble endogène, c'est-à-dire fondamentalement indépendant de la société et de ses institutions, même si, comme nous allons le voir, certaines exigences sociales et certaines circonstances relativement prévisibles peuvent la susciter. Du reste, loin d'être nouvelle et propre à notre époque, la mélancolie est une maladie que les grecs connaissent bien sous le nom de bile (*kholè*) noire (*melas*) et qui, selon la théorie hippocratique des quatre humeurs, résulte d'une contamination du sang par la bile noire.

Dans *La Phénoménologie des psychoses*, Arthur Tatossian accorde non sans raison une large place à l'ouvrage de Tellenbach sur la mélancolie [2]. Explicitant l'ambition de Tellenbach, il écrit à ce propos : « l'absence d'étiologie somatique et l'incompréhensibilité psychologique de la mélancolie dans son apparition comme dans ses contenus ont forcé la psychopathologie clinique à en faire une psychose endogène » [3]. En d'autres termes, face à l'impossibilité de rapporter la mélancolie à un quelconque dysfonctionnement corporel et étant donné la difficulté de comprendre, au sens courant et jaspersien du terme, pour quels motifs psychologiques un homme sombre dans la mélancolie, Tellenbach tente une nouvelle approche de la mélancolie et, dans cette perspective, envisage la pathogenèse de la mélancolie à partir de trois notions fondamentales : les notions d'endogénéité, de type ou *typus melancholicus* et de situation. C'est à l'élucidation de ces trois différentes notions que nous voudrions nous consacrer afin de mieux saisir l'originalité théorique de la démarche

1. M. Foucault, *Dits et écrits*, t. II, p. 393.
2. H. Tellenbach, *La mélancolie*.
3. A. Tatossian, *La Phénoménologie des psychoses*, p. 80 *sq*.

de Tellenbach dont l'œuvre relève incontestablement – contrairement au texte quasi contemporain de Ludwig Binswanger [1] – de la psychiatrie phénoménologique *alias* la *Daseinsanalyse*.

Une psychose endogène

En amont du psychogène et du somatogène, Tellenbach dégage ce qu'il appelle la sphère de l'*endon*. La psychose mélancolique ne serait alors ni psychogène ni somatogène mais endogène et, plus précisément, endo-cosmo-gène. Qu'est-ce à dire ? Qu'est-ce que l'*endon*, l'endogène et l'endo-cosmo-gène [2] ? Difficile de ne pas se demander si le psychiatre n'introduit pas ici une de ces hypostases spéculatives, l'*endon*, à l'endroit desquelles la phénoménologie nourrit une méfiance légitime. Tel ne semble pas le cas, comme nous allons essayer de le montrer, pour peu que l'on se donne la peine de cerner cette notion.

D'une manière très générale et conformément à son sens étymologique, l'endogène s'oppose à l'exogène comme ce qui vient du dedans à ce qui vient du dehors. Par suite une psychiatrie de l'endogène tourne d'emblée le dos à ce qu'on pourrait alors appeler une psychiatrie de l'exogène qui rechercherait en dehors de l'individu, dans sa famille, dans l'organisation sociale et économique, l'origine de ses troubles. Cette notion d'*endon*, comme le rappelle Tellenbach, n'est pas nouvelle puisqu'elle apparaît en psychiatrie autour des années 1900, tout en demeurant particulièrement mal définie dans la mesure où elle ne parvient pas à trouver son autonomie par rapport au soma et aux phénomènes somatiques [3]. Mais si Tellenbach reprend néanmoins cette notion, c'est parce qu'il fait sienne une conception anthropologique de la pathogénèse, qu'il retrouve sous la plume de Szilasi et selon laquelle la maladie provient, paradoxalement, de la nature fondamentale (*Wesensgrund*) de celui qui la contracte. Dans le prolongement de cette thèse, Tellenbach écrit : « Tout être ne peut tomber malade que dans le cadre de sa *physis* et seulement au moment où la maladie rend autonome tel élément défini de sa propre nature et

1. *Cf.* l'article, de F. Dastur, « Binswanger, Tellenbach : deux conceptions différentes de la mélancolie », dans Ph. Cabestan, J. Chamond (éd.), *Mélancolie. Phénoménologie, psychopathologie, psychanalyse*, Argenteuil, Le Cercle Herméneutique, 2015, p. 119 *sq.*

2. H. Tellenbach revient sur cette notion bien des années plus tard dans un article publié dans le numéro 1 de la revue *Comprendre*, « Phénoménologie de l'endogénéité », 1988 (article disponible sur le site internet de l'École Française de *Daseinsanalyse*, www.daseinsanalyse.fr, bibliographie).

3. H. Tellenbach, *Mélancolie*, p. 40.

lui fait ainsi une part démesurée » [1]. Ainsi, la notion d'*endon*, telle que Tellenbach l'élabore, tente de saisir au sein de l'existant cette *physis* ou nature, au sens aristotélicien du terme [2], qui est celle du malade et qui est la condition de l'éclosion de sa psychose en tant que psychose endogène.

1. Si l'on en croit Henri Maldiney [3], Ludwig Binswanger aurait suggéré à Tellenbach ce terme grec afin de désigner un ensemble de phénomènes – et non pas de symptômes – qui constitue la nature ou encore le fond vital du *Dasein*, et que Tellenbach rapporte à son être-jeté ou déréliction (*Geworfenheit*) [4]. Comme ce dernier terme l'indique expressément, l'*endon* nous renvoie à l'analytique existentiale de *Sein und Zeit* [5], dans le cadre de laquelle l'être-jeté caractérise la facticité du *Dasein*, c'est-à-dire le fait de son existence en tant qu'être-au-monde de sorte que, comme le rappelle la *Lettre sur l'humanisme*, le *Dasein* est toujours projet jeté (*ein geworfener Entwurf*) [6]. Cet être-jeté signifie alors que le *Dasein* n'a choisi ni de naître ni de mourir, que le *Dasein* est livré à lui-même, qu'il est pour lui-même un fardeau, dont il fuit la charge dans le divertissement et l'existence inauthentique, et que sa provenance comme sa destination dans ce monde lui sont fondamentalement voilées, autrement dit que le fait d'exister demeure pour le *Dasein* « inexorablement énigmatique » [7]. Mais cette première compréhension de la facticité et de l'être-jeté est insuffisante s'il est vrai que ressortit à la facticité du *Dasein* tout ce qui échappe à sa libre disposition, tout ce dont le *Dasein* a hérité sans l'avoir choisi. Ainsi relève de la *Geworfenheit* l'ensemble des possibilités qui sont de fait celles du *Dasein* en tant qu'être-au-monde et qui constitue le pouvoir-être (*Seinkönnen*) dont il est l'héritier [8]. Par exemple, on peut remarquer avec Heidegger que « de par son être-jeté, le *Dasein* est voué à l'alternance du jour et de la nuit. L'un avec sa clarté permet de voir, l'autre retire cette possibilité » [9]. Mai si l'*endon* relève bien du domaine

1. H. Tellenbach, *Mélancolie*, p. 34.
2. Tellenbach fait sienne cette définition heideggérienne de la nature : « ce qui se produit soi-même en s'épanouissant », H. Tellenbach, *Mélancolie*, p. 71.
3. H. Maldiney, « L'existence dans la dépression et dans la mélancolie », *Penser l'homme et la folie*, p. 100 *sq.*
4. Les traducteurs du livre de Tellenbach ont repris la traduction de *Geworfenheit* par déréliction, que l'on doit à Corbin (1938), alors que de nos jours *Geworfenheit* est habituellement traduit par être-jeté (François Vezin, Emmaneul Martineau, Françoise Dastur).
5. H. Tellenbach, *Mélancolie*, p. 76.
6. M. Heidegger, *Lettre sur l'humanisme*, trad. fr. R. Munier, Paris, Aubier, 1983, p. 95.
7. M. Heidegger, *Être et temps*, § 29, p. 180.
8. *Ibid.*, § 74, p. 448.
9. *Ibid.*, § 80, p. 479. Selon Tellenbach, Heidegger vise précisément à travers cette remarque « la région ontologique intermédiaire de l'endo-cosmogénéité. Tellenbach, « Phénoménologie de l'endogénéité ».

de l'être-jeté, reste toutefois à déterminer plus précisément la place de l'*endon* au sein même de l'être-jeté du *Dasein*.

2. S'interrogeant sur le fond vital du *Dasein* et suivant en cela une indication de *Sein und Zeit* concernant la constitution ontologique de la vie [1], Tellenbach entreprend de situer l'*endon* à partir d'une interprétation privative du *Dasein* en tant qu'être-au-monde [2]. Ce faisant, Tellenbach entend dévoiler ce qu'il tient pour un stade de l'être (*Seinsstufe*) [3] et qui est constitue par les processus vitaux rassemblés dans une seule et même instance qu'il dénomme *endon*. Même s'il se manifeste psychiquement et biologiquement, l'*endo*n correspond aussi bien au métapsychologique qu'au métabiologique [4]. Les phénomènes endogènes sont alors les possibilités du *Dasein* comme, par exemple, les différentes étapes de la maturation (puberté, ménopause, vieillesse), l'acte de procréation et tout ce qui l'accompagne, les dons intellectuels, artistiques, professionnels, etc. sans oublier les dispositions héréditaires qui peuvent, selon Tellenbach, concerner aussi bien l'humeur dominante d'un individu que son type d'intelligence [5]. Mais ce sont surtout les rythmes comme le rythme circadien, le rythme veille/sommeil, le rythme des fêtes et des périodes sacrées, les besoins réguliers en nourriture, boisson, rapport sexuel, les cycles comme le cycle féminin, le cycle annuel des saisons, etc. qui constituent pour Tellenbach la forme fondamentale du cours de la vie (*die Grundgestalt des Lebensgeschehens*) [6].

Ces quelques indications permettent déjà de comprendre que les phénomènes endogènes sont en étroite corrélation avec la nature cosmique et qu'à proprement parler il s'agit de phénomènes endo-cosmo-gènes. En outre, il ne faudrait pas que la pluralité et la diversité des phénomènes endogènes masque l'unité fondamentale de l'*endon*. En effet, si Tellenbach rapporte ces différents phénomènes à une même instance,

1. M. Heidegger, *Être et temps*, p. 82 et p. 93.

2. H. Tellenbach, *Mélancolie*, p. 75. Cette interprétation privative est également présentée par Tellenbach comme une réduction phénoménologique, *cf.* Tellenbach, « Phénoménologie de l'endogénéité ».

3. Cette notion est sans doute inspirée du livre de H. Plessner que Tellenbach cite à plusieurs reprises : *Les degrés de l'organique et l'homme. Introduction à l'anthropologie philosophique*, trad. fr. P. Osmo, Paris, Gallimard, 2017.

4. H. Tellenbach, *Mélancolie*, p. 89 et p. 92.

5. H. Tellenbach, *Mélancolie*, p. 70. Par exemple, relève de l'endon la prédisposition au langage qui suppose à la fois les organes du langage et l'apprentissage de la langue maternelle. De ce point de vue, le langage est une formation endo-cosmogène, H. Tellenbach, « Phénoménologie de l'endogénéité ».

6. H. Tellenbach, *Mélancolie*, p. 42 *sq.* Remarque : *Lebensgeschehen* est traduit par « histoire vitale ».

l'*endon*, ce n'est pas seulement parce qu'ils relèvent tous du même fond vital mais c'est aussi parce que l'*endon* désigne une même forme fondamentale (*Grundgestalt*), une même empreinte (*Prägung*) prédonnée de l'individualité et du style de son rapport au monde. Tellenbach propose cette définition : « nous entendons par endogène ce qui ressort comme unité de la forme fondamentale du cours de la vie (*Lebensgeschehen*). L'*endon* est originairement la *physis* se déployant et perdurant dans les phénomènes endogènes » [1].

De ce point de vue, la mélancolie comme toutes les psychoses endogènes se distingue par certaines altération (*Abwandlungen*) endogènes du cours de la vie qui touchent aussi bien les rythmes vitaux relatifs au sommeil, à la nourriture, à la sexualité, que la mobilité du malade qui peut se réduire progressivement jusqu'à la stagnation dans la stupeur. Tellenbach se réfère à ce propos « au concept d'inhibition du mouvement vital de base » de Viktor Emil von Gebsattel (1883-1976) dont le caractère endogène est selon lui manifeste. De même, le deuil mélancolique semble bien résulter d'une altération endogène comme l'atteste sa spécificité par rapport au deuil non mélancolique. Dans ce dernier cas, le deuil est provoqué par un décès, il se développe dure et finit au bout d'un certain temps par « passer ». Alors que dans la mélancolie, le deuil échappe au temps, il est frappé de permanence et « le moi se tient en quelque sorte à côté de son deuil ». D'une manière plus générale, il faut comprendre que le mélancolique ne souffre pas comme souffre l'homme sain. Sa souffrance même lui est étrangère, incompréhensible, monstrueuse et, pour ces raisons, semble bien correspondre à une altération endogène [2]. Apparaît alors le caractère global de l'altération : dans la mélancolie, l'*endon* et, par suite, tous les éléments endogènes, ont subi une mutation spécifique [3]. Désormais l'altération de l'humeur (*Verstimmung*) ferme au *Dasein* la compréhension de lui-même et du monde comme la possibilité d'échapper au caractère pesant (*Lastcharakter*) de son être-au-monde [4].

Qu'elle est la source de cette mutation ou altération ? Il faut tout d'abord reconnaître à la mélancolie une dimension héréditaire [5].

1. H. Tellenbach, *Mélancolie*, p. 71.
2. *Ibid.*, p. 51.
3. *Ibid.*, p. 55.
4. *Ibid.*, p. 81 ; M. Heidegger, *Être et temps*, § 29.
5. Tellenbach note que, dans le cas des jumeaux maniaco-mélancoliques, le taux de concordance des monozygotes varie selon les auteurs entre 50 % et 92,6 %. Cependant, les chiffres sont nettement moins significatifs dans le cas de la mélancolie unipolaire, H. Tellenbach, *Mélancolie*, p. 63.

Tellenbach remarque du reste que Freud lui-même lie la mélancolie à « une disposition maladive (*krankhafte Disposition*) » [1]. Cependant, entendons-nous bien : ce caractère héréditaire de la mélancolie, qui relève lui-même de l'*endon* et de l'être-jeté du *Dasein*, ne peut être tenu pour la cause de la maladie dans la mesure où un gène n'est jamais que le porteur d'une possibilité qui ne se réalise pas nécessairement [2]. Tout dépend de l'entourage (*Umgebung*). De ce point de vue, il y a complémentarité de l'hérédité et de l'entourage, c'est-à-dire de la famille ou de la structure sociale, surtout lorsqu'elle valorise l'effort efficace et le sens de l'ordre qui hante le *typus melancholicus* sous la forme de l'amour de l'ordre (*Ordentlichkeit*). À partir de ces premiers éléments, il est possible d'établir dans ses grandes lignes la pathogénèse des mélancolies unipolaires : le point de départ en serait une possibilité héréditaire relevant de l'*endon* qui, selon l'entourage, donne ou non naissance au type mélancolique. Au cours de son développement, le type tend à constituer *sa* situation en situation – situation de rémanence et/ou d'includence, comme nous le verrons plus bas – qui peut alors devenir pathogène et provoquer une altération de l'*endon*, lorsque surgit un état de contradiction interne. Soit, par exemple, le cas 29 de la sténographe Elfriede B. qui doit déménager, parce que le fils du propriétaire va se marier et reprendre l'appartement, et qui est dans l'*impossibilité* de le faire [3]. Dans une telle situation, la nécessité de déménager provoque la mélancolie au sens clinique du terme, et envahit l'existence du *Dasein* au point parfois qu'il ne lui est plus possible de continuer à vivre.

Si maintenant on se demande pourquoi telle ou telle personne en dépit de certains traits mélancoliques – pensons par exemple à Antoine Roquentin, le personnage de *La Nausée* – n'a pas sombré dans la mélancolie au sens clinique du terme, il semble que la réponse, d'un point de vue pathogénétique, mieux : endo-cosmo- génétique, se trouve tout d'abord du côté de sa nature ou *endon*, c'est-à-dire du côté de cette instance vitale, constitutive de son être-jeté et de la forme fondamentale du cours de sa vie. Cette invocation de la *nature*, au sens aristotélicien, peut évidemment déconcerter voire agacer. Surtout si, imprégné d'existentialisme sartrien,

1. H. Tellenbach, *Mélancolie*, p. 64. Freud évoque en effet la possibilité d'une prédisposition morbide qui provoquerait chez de nombreuses personnes une mélancolie au lieu du deuil. Et quelques pages plus loin il caractérise cette prédisposition par « la prédominance du type narcissique de choix d'objet », S. Freud, *Métapsychologie*, « Deuil et mélancolie », p. 148 et p. 159.

2. H. Tellenbach, *Mélancolie*, p. 65.

3. *Ibid.*, p. 69 et p. 202.

on est convaincu que la nature humaine est une fiction de la liberté qui se masque ses responsabilités. Pour Tellenbach, tout au contraire, il est rigoureusement impossible de faire l'économie de cette dimension de l'existence dans le cadre d'une anthropo-pathologie existentielle. Quelle peut-être en effet la source première du besoin sexuel, de la conservation de l'espèce, de l'interdit l'inceste, sinon ce qui, en chacun, relève de la nature humaine, c'est-à-dire de la facticité et de l'être-jeté de l'existence et que Tellenbach dénomme *endon*?

On peut être tenté de rapprocher l'*endon* et l'endogène de l'hypothèse freudienne d'un inconscient psychique : dans un cas comme dans l'autre on cherche en dehors de la conscience mais au sein même du sujet la source d'une pathologie qui, dans le cas de la mélancolie, ne peut manifestement pas être réduite à des évènements plus ou moins douloureux de l'enfance. Mais un tel rapprochement reste relativement superficiel. En effet, Tellenbach situe explicitement l'*endon* en amont du psychique et du somatique et, en outre, ne cesse de rappeler le caractère phénoménal de l'*endon* qui n'a, à cet égard, aucun caractère spéculatif Aussi entend-il mettre fin à l'assimilation de l'endogène au cryptogène. Sans doute serait-il plus judicieux de rapprocher l'*endon* de cette fonction vitale (*Lebensfunktion*) que Binswanger, dans un article célèbre de 1928, oppose à l'histoire intérieure de la vie [1]. Avec toutefois cette différence non négligeable que l'*endon* est ressaisi à partir de l'analytique existentiale et relève d'une autre conception de la nature ou *physis*.

Enfin il faut souligner que cette conception de l'*endon*, permet à Tellenbach d'éclairer non seulement certains phénomènes pathologiques dits alors endogénétiques mais également d'autres phénomènes « naturels » (endogènes), à commencer par le génie qu'on a si souvent rapproché de la mélancolie. En effet, il ne faudrait pas croire que toute altération endogène est pathologique. Tellenbach, à vrai dire, distingue trois types d'altération endogènes (*endogene Abwandlungen*) : les altérations normales comme la puberté, les altérations négatives comme la schizophrénie ou la mélancolie et, *the last not the least*, les altérations positives comme le génie [2]. Ainsi, il ne suffit pas de vouloir être mélancolique, de même qu'il ne suffit pas de vouloir être un génie, pour le devenir. Bref n'est pas Mozart qui veut !

1. L. Binswanger, « Fonctions vitales et histoire intérieure de la vie », *Introduction à l'analyse existentielle*.

2. H. Tellenbach, *Mélancolie*, p. 70 et p. 89.

Qu'est-ce qu'un type ?

Dans le prolongement de cette réflexion sur le caractère endogène de la mélancolie, Tellenbach élabore la notion de *Typus Melancholicus* [1] Cependant, on peut s'interroger sur la possibilité de distinguer dans le champ de la psychopathologie différents types tels que le type hystérique, le type obsessionnel, le type mélancolique. N'y a-t-il pas que des malades qui sont autant de cas singuliers ?

a. D'un point de vue philologique, le mot est emprunté à la langue grecque. Le verbe *tuptô* signifie depuis Homère donner des coups, frapper quelqu'un plutôt que quelque chose. Le nom dérivé *typos* – postérieur, semble-t-il, à Homère – signifie certes « coup », mais surtout « marque imprimée en creux ou en saillie par un coup » comme les marques d'une blessure, les traces de pas, les empreintes des pièces de monnaie, les caractères gravés, les sculptures et les statues. On retrouve la notion de type mélancolique dans l'*Anthropologie d'un point de vue pragmatique* de Kant, à propos du caractère de la personne. Ainsi Kant distingue-t-il quatre types de tempérament ou types de sensibilité : le tempérament sanguin de celui qui a le sang léger, le tempérament colérique de celui qui a le sang chaud, le tempérament flegmatique de celui qui a le sang froid et le tempérament mélancolique de celui qui a le sang lourd. Ce dernier n'est pas à proprement parler mélancolique mais il est disposé à la mélancolie et, comme l'écrit Kant à son sujet, « il donne à tout ce qui lui arrive une grande importance ; il trouve partout des raisons de se faire du souci, et il dirige son attention d'abord sur les difficultés, tout comme le sanguin, lui, débute par l'espérance du succès. C'est pourquoi l'un pense en profondeur, l'autre en superficie » [2]. Avec cette dernière remarque sur la profondeur du mélancolique, Kant retrouve le lien si souvent établi entre génie et mélancolie [3].

b. D'une manière générale, la notion de type soulève la question de son idéalité ou de sa réalité. Affirmer la réalité d'un type revient à affirmer ce qu'on peut appeler « une articulation typique de la réalité » et le type est alors ontologiquement fondé. En d'autres termes, on peut se demander si les types en psychopathologie comme en histoire ou en sociologie sont

1. C. Abettan, « Phénoménologie et typologie : une question de méthode ».

2. E. Kant, l'*Anthropologie d'un point de vue pragmatique*, trad. fr. M. Foucault, Paris, Vrin, 1979, p. 137.

3. Ph. Cabestan, « Pourquoi les génies sont-ils mélancoliques ? », dans D. Pringuey, B. Pachoud, F. Jover (éd.), *Psychiatrie et création. Parcours de vie, génie et création*, Argenteuil, Le Cercle Herméneutique, 2014, p. 11 *sq*.

de pures et simples fictions inventées par commodité intellectuelle par l'esprit humain ou bien s'ils dévoilent une articulation de la réalité. Cette problématique est aussi ancienne que la philosophie : elle s'inscrit dans le prolongement de la grande querelle dite des universaux qui oppose depuis Platon, réalistes, conceptualistes et nominalistes [1] et qui connaît au vingtième siècle un renouveau avec Wittgenstein et ce qu'on appelle « le nouveau nominalisme », sans oublier Michel Foucault dont les travaux sur la folie, comme nous l'avons vu, reposent précisément sur une position de principe nominaliste et sceptique [2].

En effet, à rebours d'un réalisme des essences, selon lequel un concept ne peut se référer à une multiplicité d'individus que parce que ceux-ci partagent une propriété générale commune qui existe indépendamment du langage, le nominalisme traditionnel soutient qu'il n'y a qu'un faisceau de ressemblances plus ou moins vague [3]. Le nouveau nominalisme soutient de son côté que la signification d'un mot est son emploi dans le langage et non pas l'*eidos* ou idée à laquelle il renverrait selon le réalisme. Par exemple le mot livre ne renvoie pas à l'*eidos* livre que l'on obtiendrait par variation eidétique telle que la thématise Husserl mais aux règles d'usage du mot livre dans la langue française. De ce point de vue, loin que la variation eidétique permette de révéler les caractères d'essence du livre auxquels tout langage doit se conformer, c'est bien plutôt la maîtrise des règles d'usage du mot « livre » en français qui rend possible quelque chose comme la variation eidétique [4]. De manière analogue, on pourrait se demander si le *typus mélancholicus* renvoie à un *eidos* ou bien à un certain usage plus ou moins bien réglé de ce terme dans la langue médicale. On pourra remarquer à cet égard que, en dépit des efforts de classification du D.S.M. [5], cette langue souffre d'une certaine indétermination qui semble donner raison aux nominalistes.

c. Enfin, avant de préciser la réponse de Tellenbach à la question de savoir ce qu'est précisément un type, il convient de rappeler que cette

1. Traditionnellement, on distingue non pas deux, mais trois positions que l'on peut présenter succinctement ainsi : du point de vue nominaliste, le concept vient après la chose (*post rem*) ; conceptualiste, le concept est dans la chose (*in re*) ; réaliste, le concept précède la chose (*ante rem*).

2. P. Veyne, *Foucault*, cf. *supra*, p. 88.

3. Ce qui permet à Montaigne de soutenir en citant Plutarque et Térence « qu'il y a plus de distance de tel homme à tel homme qu'il n'y a de tel homme à telle bête », *Essais*, I, 42, « De l'inégalité qui est entre nous », Paris, Le Livre de Poche, 2002.

4. C. Romano, *Au cœur de la raison, la phénoménologie*, Paris, Gallimard, 2010, p. 357.

5. D.S.M. : *Diagnostic and Statistical Manual of Mental Disorders*, ouvrage publié par la société américaine de psychiatrie (APA) et dont la cinquième version a été publiée en 2013.

notion a fait l'objet de multiples élaborations à partir de la deuxième moitié du XIXe siècle. La plus célèbre d'entre elles est sans doute l'œuvre de Wilhelm Dilthey (1833-1911) qui lui reconnaît deux significations distinctes [1]. En un premier sens, le type désigne l'ensemble des traits incarnés par un individu déterminé, qui devient alors le représentant d'un ensemble d'autres individus. On pourra parler, par exemple, d'un homme de type méridional, c'est-à-dire d'un homme dont les traits physiques sont ceux des hommes du midi de la France. De manière analogue, on peut considérer que Leonard de Vinci est le type – et, afin de souligner sa typicité, on a envie de dire : le type même – de l'ingénieur de la Renaissance qui est toujours également un artiste. En un second sens, le type ne correspond à aucune réalité empirique observable mais incarne une essence. Par exemple, Harpagon est le type de l'avare, Alceste le type de l'atrabilaire amoureux. L'œuvre d'art et, en l'occurrence la comédie, est ce qui, par une accentuation et une épuration des traits en question, permet de rendre visible l'essence d'une manière d'être qui demeure habituellement brouillée dans la réalité.

Ainsi, dans son ouvrage de 1895, *Über vergleichende Psychologie*, Dilthey confie à la psychologie comparative le soin d'étudier empiriquement les « formes fondamentales typiques » dans lesquelles se combinent régulièrement les traits individuels. Grâce à la notion de type, Dilthey entend surmonter l'opposition du général et du singulier et, plus précisément, surmonter l'idée que les sciences de l'esprit, par exemple, l'histoire ou la psychologie, auraient pour objet le singulier alors que les sciences de la nature seraient au contraire des sciences du général. En revanche, au tout début de son cours de 1925, consacré à la psychologie phénoménologique, Husserl, après avoir salué la mémoire de Dilthey, regrette que ce dernier en reste à « de vagues généralisations empiriques » [2], et que sa psychologie analytique et descriptive, fondée sur l'expérience interne de la vie psychique, ne soit pas en mesure de s'élever à la généralité des lois. Dans cette perspective, Husserl constate que la psychologie de Dilthey n'offre qu'une « multiplicité de formes typiques de personnalités, de caractères, de tempéraments, d'associations, mais jamais quelque chose comme une nécessité universelle, une explication permettant de connaître à partir de lois » [3]. À cette psychologie

1. J.-C. Gens, *La pensée herméneutique de Dilthey. Entre néokantisme et phénoménologie*, Lille, Presses Universitaires du Septentrion, p. 46 *sq*.

2. E. Husserl, *Psychologie phénoménologique*, trad. fr. Ph. Cabestan, N. Depraz, A. Mazzu, F. Dastur, Paris, Vrin, 2001, p. 20.

3. *Ibid.*, p. 23.

empirique, Husserl oppose l'idée d'une psychologie phénoménologique dont l'ambition serait d'établir des lois universelles au lieu de généralités empiriques, grâce à la méthode de la variation eidétique [1].

Dans ce débat extrêmement riche autour de la notion de type, auquel participent naturellement Max Weber [2] ainsi que, du côté de la psychiatrie, Karl Jaspers [3], qui se réfère expressément à Weber, ou encore Eugène Minkowski, Tellenbach se range de toute évidence aux côtés de Husserl [4]. Aussi déclare-t-il à propos de la méthode d'accession à l'essence du « *typus melancholicus* », que l'attitude empirico-phénoménologique « permet d'entretenir avec le patient des rapports ajustés sur une intuition

1. On retrouve une ambition comparable à propos du monde social dont les phénomènes doivent faire l'objet d'une analyse intentionnelle eidétique du point de vue d'une morphologie eidétique. L. Perreau, « Le monde social selon Husserl », *Phaenomenologica* 209, Dordrecht, Springer, 2013, p. 134.

2. R. Aron note que la notion de type idéal ou idéal type, élaborée par Max Weber, dérogé aux règles de la logique aristotélicienne. Car le type idéal ne retient pas les caractères que présentent tous les individus inclus dans l'extension du concept. Il ne retient pas non plus les caractères moyens des individus considères ; mais, comme l'indique son nom, le type idéal vise le typique. R. Aron donne cet exemple : « quand on dit que les Français sont indisciplinés et intelligents, on ne veut pas dire qu'ils soient tous indisciplinés et intelligents, ce qui est improbable. On veut reconstruire un individu historique, le Français, en dégageant certains caractères qui apparaissent typiques et définissent l'originalité de l'individu ». On pourrait rapprocher cette description du Français de celle du Juif par Sartre : « Voici un Juif assis sur le pas de sa porte, dans la rue des Rosiers. Je le reconnais aussitôt pour un Juif : il a la barbe noire et frisée, le nez légèrement crochu, etc. ». M. Weber, *Essai sur la théorie de la science*, Paris, Plon, 1965 ; R. Aron, *Les étapes de la pensée sociologique*, Paris, Gallimard, 1967, p. 521 ; J.-P. Sartre, *Réflexions sur la question juive*, Paris, Gallimard, 1985, p. 76.

3. Dans une page consacrée aux méthodes de la typologie, Jaspers oppose tout d'abord espèce (*Gattung*) et type (*Typus*) : un cas relève ou non d'une espèce et on peut par exemple se demander si on a affaire ou non à un cas de paralysie qui est une espèce de trouble ; en revanche un cas d'hystérie correspond plus ou moins au type hystérique. Le concept d'espèce s'applique à une réalité qui existe effectivement et qui peut être délimitée ; le type est une configuration fictive (*fiktives Gebilde*) à laquelle correspond plus ou moins une réalité dont les limites ne sont pas fixes (*fliessend*). En outre, Jaspers distingue les types qui résultent d'une moyenne (*Duchrschnittstypen*) et les types idéaux (*Idealtypen*). Alors que les premiers sont établis grâce à un grand nombre de cas, les seconds peuvent être élaborés à l'occasion d'un cas ou deux. Le type idéal désigne alors un ensemble ou totalité dont les prémisses sont données et dont on développe toutes les conséquences. Le type idéal sert d'échelle, de norme grâce à laquelle on mesure les cas singuliers qui se présentent dans la réalité. Enfin, Jaspers remarque qu'il est possible d'élaborer une typologie partout où la recherche vise des totalités. Par exemple, il y a des types d'intelligence et des types de démence, des types de caractère, des types des syndromes, etc. K. Jaspers, *Allgemeine Psychopathologie*, p. 469-470.

4. Tellenbach souligne toutefois à plusieurs reprises l'influence de Nietzsche sur sa conception du *typus*. *Cf.* H. Tellenbach, « Sur l'histoire du concept "*Typus Melancholicus*" et sur les conséquences pour la conception d'un "*Typus Maniacus*" », *Psychologie médicale*, 1987, 19, p. 399.

vivante de l'essence (*lebendige Wesensanschauung*). Au médecin qui s'occupe ainsi des mélancoliques s'imposent avec une étonnante uniformité des traits fondamentaux qui, par la simple intuition des modes de leur comportement, de leurs actes et de leurs souffrances, se rejoignent d'eux-mêmes pour former un ensemble typique » [1]. De ce point de vue, l'attachement à l'ordre, l'amour de l'ordre s'impose comme le trait eidétique fondamental du type mélancolique et, ce, « d'après la vision immédiate (*unmittelbare Anschauung*) qu'on en a » [2].

Situation et compréhension : includence et rémanence

Envisageant la mélancolie d'un point de vue génétique, Tellenbach s'efforce notamment de déterminer les situations prémorbides afin de comprendre à la suite de quelles circonstances le type mélancolique sombre dans la mélancolie. En dépit de leurs apparentes variétés, ces circonstances ou situations prémorbides peuvent être réduites au nombre de deux et correspondent à ce que Tellenbach dénomme la constellation ou situation d'includence et la constellation ou situation de rémanence. Qu'est-ce à dire ? Pour comprendre le propos de Tellenbach, il convient de s'arrêter tout d'abord sur le concept de situation qui est au principe d'une psychologie dite situationnelle (*Situationpsychologie*).

Tout comme celui de type, le concept de situation n'est évidemment pas nouveau, ne serait-ce qu'en raison de la place que lui accordent Jaspers dans sa *Psychopathologie générale* et Sartre dans *L'Être et le néant*. Ce dernier souligne le caractère à la fois objectif et subjectif de la situation dans la mesure où toute situation est situation d'une liberté et toute liberté est liberté en situation [3]. De ce point de vue, même si la situation comprend une dimension facticielle qui échappe à la liberté (je n'ai pas choisi de naître au début du vingt-et-unième siècle, au nord de la France dans la famille Groseille ou la famille Le Quesnoy), la signification de cette situation n'en dépend pas moins selon Sartre de la liberté qui l'assume. Nous avons vu qu'une paroi rocheuse n'a pas la même signification pour un alpiniste et pour un esthète et, de ce point de vue, le sens d'une situation dépend ultimement de la manière dont le sujet choisit originellement de se rapporter au monde [4]. De cette première approche du concept situation il faut retenir l'impossibilité de séparer

1. H. Tellenbach, *La Mélancolie*, p. 95.
2. *Ibid.*, p. 114 et p. 175.
3. J.-P. Sartre, *L'Être et le néant*, p. 593 *sq.*
4. Cf. *supra*, 1re partie, chap. III, p. ???.

l'homme de *sa* situation. Mais à vrai dire, c'est au concept jaspersien de situation [1] que Tellenbach se réfère de manière privilégiée dans la mesure où, comme le regrette Tellenbach, la conception sartrienne conduit le psychiatre [2] à accorder à la liberté la place qui, dans le cas de la mélancolie tout du moins, revient manifestement à l'*endon*, c'est-à-dire à ce qui est en l'homme antérieur à la liberté et qui est nature au sens grec du terme.

Selon Tellenbach, Jaspers a le mérite d'envisager la relation homme-situation dans une double perspective : « Alors qu'une situation peut procéder du monde environnant et agir sur l'homme, Jaspers considère d'autre part l'homme comme capable de créer des situations, de les faire naître ou ne pas avoir lieu ». En d'autres termes, on trouve déjà dans cette conception l'idée non seulement que la situation peut agir sur l'homme mais aussi que l'homme situe (du verbe *situieren*) sa situation de sorte que la situation dans laquelle il se trouve est son œuvre, « sa » situation [3]. Ainsi le type mélancolique se crée des situations qui lui correspondent et les façonne selon sa nature, ce qui se vérifie aussi bien sur le plan spatial que du point de vue familial ou professionnel. Mais Jaspers envisage également, contrairement à Sartre dans *L'Être et le néant*, la possibilité qu'une situation agisse sur la personne sans que la personne sache comment. Et tel est le cas, par exemple, de la situation prémorbide qui est efficace au sens où l'entend Jaspers, c'est-à-dire sans que l'intéressé sache comment cela se passe. Tellenbach propose alors cette définition de la situation : « Nous entendons par situation des formes variables de la relation initiale de la personne et du monde, dans lesquelles deviennent visibles les dons, les qualités, les attitudes, les dispositions de la personne » [4]. Par exemple, dans le cas de la mélancolie, la personnalité prémorbide se distingue par son incapacité à s'adapter à de nouvelles exigences, à des évènements imprévus, et cette incapacité à s'adapter constitue précisément la situation prémélancolique. Cependant, ce qui caractérise mieux encore la situation du type mélancolique c'est sa manière sans mesure d'avoir de l'ordre (*Ordnung-haben*) et d'être en ordre (*In-Ordnung-sein*) que l'on retrouve en particulier dans son habitat et sa vie domestique mais également dans ses relations avec les autres ou

1. K. Jaspers, *Allgemeine Psychopathologie*, p. 271, et p. 275 pour le concept de situation-limite (*Grenzsituation*).

2. *Cf.* La critique par Tellenbach du psychiatre A. Kraus dont la réflexion s'inspire précisément de l'œuvre de Sartre. H. Tellenbach, *La Mélancolie*, p. 189.

3. H. Tellenbach, *Mélancolie*, p. 230 et p. 67.

4. *Ibid.*, p. 194.

dans sa vie professionnelle. L'attachement à l'ordre est en effet le premier des traits du type mélancolique selon Tellenbach [1].

Nous pouvons saisir à présent ce qui différencie la psychologie situationnelle (*Situationpsychologie*) de Tellenbach de la psychologie compréhensive (*verstehende Psychologie*) de Jaspers en prenant le cas d'une dépression liée à un déménagement. La psychologie compréhensive recourt à des configurations (*Zusammenhänge*) qu'elle tient pour évidentes [2]. Par exemple, on comprend que celui qui est attaqué se mette en colère et que celui qui a été trompé devienne méfiant. En revanche, qu'une personne qui se réjouit de quitter un vieil appartement pour un appartement plus grand et plus beau se retrouve dans un état d'oppression prémélancolique est, pour cette psychologie compréhensive, proprement incompréhensible. Du reste, la personne mélancolique ne trouve elle-même aucune raison plausible à son état. En revanche, si, à l'instar d'une psychologie situationnelle, on prend en compte sa situation et le type d'ordre qui la caractérise et qui régnait dans son ancien appartement, on peut comprendre l'état dans lequel elle se trouve à la suite de son déménagement. Ainsi le déménagement n'est pas le motif de son état d'oppression mais c'est le changement situationnel qui permet d'en rendre compte [3].

Dans le cadre de cette psychopathologie situationnelle, Tellenbach met alors en évidence une situation prémélancoligue typique, qu'il dénomme situation ou constellation d'includence. En effet, le type mélancolique se distingue par son amour de l'ordre et ce goût inné se manifeste dès l'enfance, quand bien même l'entourage, les parents par exemple, ne le partagerait pas. Cet amour de l'ordre conduit le type mélancolique à s'enfermer dans les limites de l'ordre qui est le sien, par exemple dans les limites de l'activité professionnelle qui est la sienne. Dès lors, s'il jouit d'une certaine autonomie à l'intérieur de ces limites, il est en revanche incapable de franchir ces limites, dans le cas par exemple d'une promotion au sein de l'entreprise avec de nouvelles responsabilités, ce qui s'apparenterait pour lui à un saut dans l'inconnu. En outre, le type mélancolique se distingue par sa méticulosité qui lui interdit de survoler les détails, et Tellenbach cite le cas d'un patient qui s'est donné pour devise d'exécuter « le mieux possible le moindre travail » [4]. On peut ainsi

1. H. Tellenbach, *Mélancolie*, chap. 3, p. 114.
2. Cf. *infra*, chap. III, p. 209.
3. *Ibid.*, p. 197 et p. 203.
4. *Ibid.*, p. 178.

comprendre l'attachement du type mélancolique à son identité de rôle, à propos duquel Kraus écrit : « Si le mélancolique est l'esclave de l'ordre, c'est pour conserver des systèmes de références auxquels il est habitué, qui lui permettent de s'accrocher à un personnage qu'il s'est trouvé une fois pour toutes et de s'y retrancher » [1].

Ainsi, la constellation ou situation d'includence, conformément à son sens étymologique [2], désigne cette situation d'enfermement dans des limites, enfermement qui devient prémélancolique lorsque le type mélancolique est dans l'impossibilité de transgresser ses limites afin de faire ce qu'il doit faire, c'est-à-dire de vivre conformément aux exigences d'ordre qui le caractérisent. Tel est le cas de la sténographe Elfriede B. qui doit déménager car le propriétaire veut récupérer pour l'un de ses fils l'appartement qu'elle occupe et qu'il lui est impossible de quitter [3]. Lorsque le déménagement implique que prenne fin cette installation mélancolique dans un mode de vie rigide chez un type qui, précisément, n'en est pas capable, « alors, écrit Tellenbach, une situation spécifiquement pathogène prend naissance qui provoque ensuite une altération endogène et mélancolique » [4]. Il va de soi toutefois que le déménagement n'est qu'une situation d'includence parmi d'autres, même si elle revêt un caractère paradigmatique. Une situation d'includence peut être également engendrée par un accident physique, telle qu'une fracture de la cheville, qui bouleverse l'ordre en interdisant au type mélancolique de continuer à faire ce qu'il faisait auparavant avec une méticulosité extrême et à quoi il ne peut renoncer. Nous pouvons alors comprendre cette définition lapidaire de l'includence : « l'includence est l'incarcération dans l'autocontradiction (*Includenz ist Eingeschlossensein in Selbstwidersprochenheit*) » [5]. Autrement dit, le type mélancolique entre dans une situation critique (de crise) lorsqu'il se trouve enfermé dans des limites dont l'observance lui interdit de répondre à des exigences nouvelles qu'il voudrait satisfaire. Le type mélancolique est alors pris dans une situation aux exigences contradictoire : se tenir dans ses limites et transcender ses limites, qui rappellent la notion de double contrainte (*double bind*) de l'École de Palo Alto telle que « tais-toi raconte ».

1. A. Kraus, « Melancholiker und Rollenidentität », *Melancholie in Forschung*, Klinik und Behandlung, Stuttgart, Thieme, 1969, affirmation reprise par Tellenbach dans *Mélancolie*, p. 180.

2. *Inkludenz* dérive du latin *includere* qui signifie enfermer ou renfermer quelque chose dans quelque chose.

3. H. Tellenbach, *Mélancolie*, cas 29, p. 202.

4. *Ibid.*, p. 203.

5. *Ibid.*, p. 211.

Si la constellation d'includence a une signification éminemment spatiale, la situation de rémanence présente en revanche une signification essentiellement temporelle et caractérise la relation du type mélancolique à son avenir comme à son passé. Dans la situation de rémanence se profile la menace d'une déchéance dans la stagnation, dans l'immobilité, dans un temps vécu auquel ferait défaut la catégorie du possible et de l'action (possibilité de manger, de travailler, de se déplacer, etc.). Cette notion de rémanence est explicitement empruntée à l'analyse kierkegaardienne de l'accablement (*Schwermut*) et signifie, conformément à nouveau à son étymologie latine [1], le fait de rester-en-arrière-de-soi-même (*Hinter-sich-selbst-zurückbleiben*). Même si Tellenbach tient à distinguer accablement (*Schwermut*) et mélancolie (*Melancholie*) [2], il retrouve dans un cas comme dans l'autre une situation analogue de rémanence qui trouve son principe dans un sentiment de faute plus ou moins marqué, qui hante le type mélancolique, le maintient dans une rétrospection permanente et qui peut donner lieu à un délire de culpabilité mélancolique dans lequel le malade se tient pour un véritable criminel [3].

« La faute, écrit Tellenbach, barre le chemin qui conduit à l'ouverture du futur. Elle oblige l'individu à se chercher toujours à l'endroit où il s'est perdu dans la faute. C'est ainsi que naît la situation paradoxale qui fait que l'individu coupable veut se rattraper dans le passé alors que, en face de l'avenir, il reste, sans espoir de salut, en arrière de lui-même (*hinter sich selbst zurückbleibt*) » [4]. Sans doute ce sentiment de faute peut-il prendre différentes formes : il peut être éprouvé par rapport à une exigence d'action propre au malade, ou bien par rapport à l'exigence plus impersonnelle d'une loi d'amour du prochain, ou bien par rapport à un ordre et des règles éthiques ou religieuses. Il peut même se rapporter à des erreurs commises

1. *Die Remanenz* du latin : *remanere* : s'arrêter, demeurer, séjourner.

2. H. Tellenbach, *Mélancolie*, p. 212. En revanche, dans son article de 1960, Tellenbach tient pour synonyme *Schwermut* et *Melancholie*. *Mélancolie.* H. Tellenbach, « Figures de la mélancolie », trad. fr. Ph. Cabestan, A. Brüssow, Ph. Cabestan, J. Chamond (éd.), *Phénoménologie, psychopathologie, psychanalyse*, Argenteuil, Le Cercle Herméneutique, 2015, p. 13-18.

3. Ce trait de la mélancolie constitue le point de départ de sa conception freudienne selon laquelle « la perte de l'estime de soi » serait l'*analogon* de la perte d'un objet aimé dans le deuil. Nous laissons ici de côté l'explication métapsychologique de la mélancolie, que le psychanalyste Pierre Marie n'hésite pas à juger « abracadabrantesque » et que l'on résume bien souvent à l'aide de la formule empruntée à Freud : « l'ombre de l'objet tomba ainsi sur le moi ». P. Marie, « *Lecture de* Deuil et mélancolie », dans Ph. Cabestan, J. Chamond (éd.), *Mélancolie. Phénoménologie, psychopathologie, psychanalyse*, p. 179 ; S. Freud, *Métapsychologie*, « Deuil et mélancolie », p. 158.

4. H. Tellenbach, *Mélancolie*, p. 226.

par les autres et dont le patient n'est nullement responsable. Mais à vrai dire peu importe ce qui paraît motiver le sentiment de faute car, l'essentiel, c'est la sensibilité à la faute dont fait preuve le type mélancolique dès son enfance. Ainsi le sentiment de faute, selon Tellenbach, « apparaît comme le facteur décisif de la rémanence » [1]. Et le danger, c'est que la distance entre être et devoir être devienne un abîme impossible à combler malgré la meilleure volonté du monde ; c'est que le type mélancolique développe le sentiment d'une faute inexpiable et sans limite et qu'il sombre dans la mélancolie proprement dite. On peut noter à ce sujet une belle formule de Tellenbach : « Il n'est pas juste de dire que la mélancolie ne fait que "travailler" sur le thème de la faute. C'est au contraire le thème de la faute qui "fabrique" par son "travail", en quelque sorte, la mélancolie. C'est comme si quelqu'un creusait une tombe – mais si profonde qu'à la fin il ne pouvait plus en sortir » [2].

Conclusion

Si, pour la clarté de notre propos, nous avons été amené à dissocier la présentation de la constellation d'includence et celle de rémanence, il ne faut pas, dans l'esprit de Tellenbach, séparer les deux phénomènes. Tellenbach écrit à ce propos : « Dans toute constellation prémélancolique apparaissent toujours ces deux phénomènes. L'un n'apparaît pas sans l'autre. Être limité (includence), c'est toujours rester en arrière (rémanence). L'on voit seulement comment la situation se présente *ici* plus clairement dans le phénomène d'includence, *là* dans celui de rémanence. Il s'agit uniquement d'accentuations différentes » [3]. Il en résulte, que l'idée d'une psychose mélancolique endogène dépourvue de sentiment de culpabilité au sens large ne peut trouver sa place dans la conception de Tellenbach.

On s'interroge depuis longtemps en psychiatrie sur le caractère primaire ou secondaire de la culpabilité dans la mélancolie. Comme le souligne Tatossian, pour Tellenbach, « la culpabilité mélancolique est toujours primaire et incompréhensible » [4]. Car s'il est toujours possible de dériver la culpabilité mélancolique d'une faute quelconque, au sens large, voire de cette culpabilité originaire qui est pour Heidegger constitutive de

1. H. Tellenbach, *Mélancolie*, p. 213.
2. *Ibid.*, p. 148.
3. *Ibid.*, p. 233-234.
4. A. Tatossian, *Phénoménologie des psychoses*, p. 62.

l'être du *Dasein* et qui est la condition ontologique de toute culpabilité [1], la disproportion entre le vécu de faute et les motifs éventuellement évoqués n'en est pas moins déroutante. Toutefois, c'est précisément cette incompréhensibilité au sens jaspersien de la mélancolie, que Tellenbach tente de surmonter en développant ce qu'il nomme une psychologie situationnelle et en réélaborant le concept de situation en relation avec celle de type. Il faut alors comprendre que la situation d'includence et de rémanence est en sens l'œuvre du type mélancolique, et qu'elle ouvre la porte à la mélancolie elle-même. Reste néanmoins une énigme : l'énigme du type mélancolique lui-même dont il faut admettre le caractère inné et qui trouve son principe dans cette dimension en partie cachée de l'existant que Tellenbach dénomme l'*endon* dont on peut trouver une première formulation sous la plume de Goethe : « Tu dois être ainsi, tu ne peux échapper à toi-même (…) et aucune durée, aucune puissance ne morcelle une forme marquée d'avance qui se déploie en vivant » [2].

1. M. Heidegger, *Être et temps*, § 58, p. 344.

2. W. Goethe, *Paroles orphiques*, citées par Cornelia Masi, « Origine et développement d'une pensée », *L'art du comprendre*, N°4, février 1996, p. 92.

CHAPITRE III

REMARQUES MÉTHODOLOGIQUES

DE LA COMPRÉHENSION ET DE SES LIMITES

En étudiant le rêve (première partie), on a été frappé par son irréductible étrangeté. Comme si chacun, tout en y reconnaissant des éléments de la veille, ne s'y retrouvait pas. Certes certains songes se laissent sans peine interpréter et il n'est pas surprenant que dans les camps des ventres affamés rêvent de nourritures et de festins, mais il s'agit de rêves relativement exceptionnels et, pour la plupart d'entre eux, on peut reprendre la formule de Binswanger : « Rêver veut dire : je ne sais pas ce qui m'arrive » [1]. Le délire (première partie) nous a de nouveau, mais selon une modalité spécifique, confrontés à l'incompréhensible. Nous avons évoqué à cette occasion le cas de Hélène Jacob, schizophrène hypocondriaque et paranoïde, convaincue que son corps a été détruit par un tænia qui en a brisé toute l'armature interne [2]. Cependant, que signifie en l'occurrence comprendre ou ne pas comprendre ? En quel sens y a-t-il de l'incompréhensible et, par suite, des limites à la compréhension ?

Nous nous proposons de répondre à ces questions en prenant pour point de départ les réflexions de Jaspers qui, comme l'écrit M. Blanchot, « ne s'est jamais incliné devant l'incompréhensible, mais n'a pas non plus tenté de le réduire en le comprenant » [3]. Sans doute Jaspers, contemporain de Heidegger, n'est-il pas à proprement parler un phénoménologue ; mais sa conception de la compréhension et de ses limites n'en est pas

1. L. Binswanger, *Rêve et existence*, p. 84.

2. A. Tatossian, *Phénoménologie des psychoses*, p. 112.

3. M. Blanchot, « La folie par excellence », étude publiée dans la traduction française de l'ouvrage de K. Jaspers, *Strindberg et Van Gogh*, trad. fr. H. Naef, Paris, Minuit, 1953, p. 12.

moins éclairante. Ainsi, distinguant la compréhension et l'explication, Jaspers soutient, d'une part, l'illimitation de l'explication, au sens où il n'y aurait pas de processus de nature physique ou psychique qui soit par principe inaccessible à une explication causale et, d'autre part, que « la compréhension, par contre, rencontre partout des limites (*das Verstehen findet überall Grenzen*) » [1] Cette conception de la compréhension se retrouve naturellement dans ses multiples enquêtes biographiques et notamment dans son essai sur August Strindberg, le dramaturge suédois : loin de prétendre pénétrer le cours d'une existence et d'en éclairer les moindres aspects, il entend au contraire « saisir le moment où l'on se heurte à l'incompréhensible » [2]. Mais quelle est la nature exacte de cet incompréhensible ? Nous voudrions dans les pages qui suivent essayer de cerner en quel sens la « maladie mentale » est bien l'expérience de l'incompréhensible et, plus fondamentalement, en quel sens la maladie offre l'occasion de mettre en question l'identification de l'être et du sens. Dans cette perspective, nous voudrions expliciter les notions jaspersiennes de compréhension statique et de compréhension génétique ; nous essayerons ensuite de préciser l'idée d'un échec nécessaire de la compréhension face à l'incompréhensible. Enfin, nous nous demanderons quelle place la phénoménologie existentielle doit à son tour accorder à l'incompréhensible.

*De la compréhension statique via la présentification (*Vergegenwärtigung*)*

Lecteur des *Idées pour une psychologie descriptive et analytique* (1894), Jaspers fait sienne la grande opposition que Wilhelm Dilthey y établit entre expliquer (*erklären*) les phénomènes naturels, et comprendre (*verstehen*) les phénomènes psychiques et, corrélativement, entre les sciences de la nature et les science de l'esprit. Cependant, Jaspers développe une conception particulière de la compréhension en distinguant la psychologie objective et la psychologie subjective ou *phénoménologie*. Alors que celle-là, la psychologie objective, s'attache à l'étude des symptômes objectifs, celle-ci, la psychologie subjective ou phénoménologie, a pour objet les vécus qui constituent le tissu la vie psychique.

Dans la vie quotidienne, règne une forme de compréhension qui repose sur ce qui est vécu ensemble (*miterlebendes Verstehen*). De cette

1. Jaspers, *Allgemeine Psychopathologie*, p. 253.
2. Jaspers, *Strindberg et Van Gogh*, p. 52, note 1.

manière se comprennent les employés d'une entreprise, les témoins d'un accident ou encore par les utilisateurs d'un ascenseur. La compréhension se confond avec l'empathie (*Einfühlung*), c'est-à-dire avec la saisie de ce qui est vécu par autrui. Mais elle en reste au stade du vécu compréhensif qui n'est pas explicité verbalement. Tel est le cas du psychiatre lorsque sa compréhension personnelle d'un malade qu'il rencontre reste pour lui un pur vécu qu'il ne cherche ni à formuler pour lui-même ni à communiquer [1]. Il n'est pas question pour Jaspers de mépriser cette forme de compréhension qui suppose notamment la capacité de se transposer (*hineinversetzen*) en autrui, qui est loin d'être donnée également à tout le monde et qu'il tient en très haute estime [2]. Toutefois, la compréhension qui est au principe de la psychologie subjective ou phénoménologie en tant que psychologie scientifique, tout en ayant le même objet que la compréhension quotidienne, le vécu, s'en distingue par son souci d'observer des phénomènes psychiques qu'elle commence par isoler. Elle cherche ainsi à saisir une perception ou un sentiment, et à les décrire. Il ne s'agit pas pour elle – comme on le reproche, non sans raison, à certains psychologues – de s'en tenir à des considérations triviales qui relèveraient d'une simple introspection, mais de parvenir à un savoir communicable en démêlant, délimitant, distinguant et décrivant des phénomènes psychiques qui sont alors « clairement présentifiés (*vergegenwärtigt*) et correctement nommés par une expression déterminée » [3].

Nous rencontrons ici l'un des concepts clefs de cette psychologie : la présentification (*Vergegenwärtigung*), concept bien connu des lecteurs de Husserl et qui est au cœur de la compréhension scientifique selon Jaspers. Rappelons brièvement que Husserl oppose au sein des actes intuitifs sensibles les présentations (*Gegenwärtigungen*) et les présentifications (*Vergegenwärtigungne*). A la différence de la présentation originaire de l'objet « en chair et en os » (*leibhaft*) dans la perception, la présentification reproduit l'objet perçu sur les modes du souvenir ou de l'imagination, modes dans lesquels l'objet est « pour ainsi dire » donné. Jaspers recourt au concept de présentification pour caractériser la manière dont le psychologue ou phénoménologue se donne les phénomènes psychiques afin de pouvoir les décrire minutieusement. En effet, comme il l'écrit dans son article de 1912, « nous ne pouvons figurer (*abbilden*) les phénomènes

1. K. Jaspers, « La direction de recherche phénoménologique en psychopathologie », trad. fr. S. Calenge, *Revue de phénoménologie ALTER*, N°19, 2011, p. 232-233.

2. *Ibid.*

3. *Ibid.*, p. 234.

psychiques, les poser devant les yeux comme un objet de perception sensible. Nous pouvons seulement multiplier les voies permettant de présentifier (*vergenwärtigen*) un phénomène déterminé » [1]. En d'autres termes, parce que les phénomènes psychiques relèvent de l'intériorité et qu'ils n'ont pas la persistance des phénomènes extérieurs qui sont saisis « en chair et en os » par la perception, le phénoménologue doit se les donner d'une autre manière. Ainsi, qui veut étudier en phénoménologue le vécu des fausses perceptions sensorielles – on peut penser aux attaques électriques qui compriment la poitrine et transpercent le dos de Strindberg – doit démêler, délimiter, distinguer le phénomène psychique en question, et déterminer les conditions et les connexions (*Zusammenhänge*) dans lesquelles ledit phénomène entre en scène. Dans cette même perspective, le phénoménologue du terme procède à des comparaisons avec d'autres phénomènes analogues, à des confrontations avec des phénomènes différents, s'inspire de représentations artistiques, etc. Ainsi la présentification correspond-elle à un mode de donation spécifique que Jaspers définit à la manière de Husserl comme un voir qui saisit le vécu psychique en tant qu'il vient remplir son concept.

En psychopathologie tout particulièrement, il est rare que le phénoménologue puisse procéder en partant de l'auto-observation et il doit le plus souvent se tourner vers les malades afin de déterminer ce qu'ils vivent effectivement. En ce sens, comme l'écrit Jaspers, « La compréhension empathique est la véritable compréhension psychologique du psychisme lui-même » [2]. Jaspers explicite lui-même ce que recouvre cette affirmation en exposant les trois possibilités qui s'offrent au phénoménologue : premièrement, l'immersion (*Versenkung*) dans la conduite du malade, ce qui est possible dans la mesure où le vécu du malade est co-vécu (*miterlebt*) par le médecin [3]; deuxièmement, l'exploration

1. K. Jaspers, « La direction de recherche phénoménologique en psychopathologie », p. 218.

2. K. Jaspers, *Allgemeine Psychopathologie*, p. 255.

3. Cette conception doit être rapprochée de la notion husserlienne d'empathie (*Einfühlung*) qui est un acte intentionnel visant les vécus d'autrui, qui alors ne font l'objet à proprement parler ni d'une présentation ni d'une présentification. En effet, selon Husserl, les vécus d'autrui ne sont aperçus que pour autant qu'il sont fondés sur la perception de son corps de sorte que si nous saisissons le corps d'autrui intuitivement, en chair et en os, en revanche il ne nous est pas donné de percevoir ce que vit autrui : je vois Pierre se tordre de douleur, je *comprends* qu'il souffre, mais je ne perçois pas sa douleur elle-même, en personne, en tant que vécu. C'est pourquoi Husserl recourt au concept d'apprésentation afin de souligner l'impossibilité pour une conscience de se *présenter* les vécus d'une autre conscience, c'est-à-dire de les saisir dans une intuition sensible originaire. N. Depraz, *Transcendance et incarnation*, Paris, Vrin, 1995, p. 170-171, E. Housset, *Husserl et l'énigme du monde*, Paris, Seuil, 2000, p. 259.

par le questionnement du malade et les renseignements que ses réponses fournissent; troisièmement, les auto descriptions (*Selbstschilderungen*) consignées par écrit qui, précise Jaspers, sont « toujours très précieuses », et qui ont une valeur absolument extraordinaire lorsqu'elles sont le fait de malades particulièrement instruits et intelligents comme c'est le cas de Strindberg [1].

De la compréhension génétique

En toute rigueur, la compréhension phénoménologique est selon Jaspers purement statique et ne se préoccupe pas de la genèse des phénomènes psychiques [2]. Toutefois, la phénoménologie *alias* la psychologie subjective n'est pas toute la psychologie et si Jaspers lui reconnaît sa pleine légitimité, il entend également accorder toute sa place à une psychologie compréhensive (*verstehende Psychologie*). Dans ce dernier cas, la compréhension n'est plus statique mais génétique. Elle a pour corrélat objectif l'âme (*Seele*), que Jaspers place entre l'esprit (*Geist*) et le corps (*Leib*), et présente un double aspect selon qu'elle demeure dans les limites de ce qui est vécu consciemment ou qu'elle s'aventure hors de la conscience.

Tout d'abord, la psychologie compréhensive s'attache aux connexions ou configurations (*Zusammenhänge*) compréhensibles de la vie psychique. Elle étudie, ainsi, la manière dont le psychique provient du psychique. La notion de compréhension est ici évidemment très ambiguë. Aussi Jaspers distingue-t-il la compréhension rationnelle par exemple d'un système délirant, de la compréhension psychologique, c'est-à-dire par empathie, de ce même système, tout en reconnaissant que la seconde n'est jamais totalement indépendante de la première. Contrairement à celle-là, celle-ci cherche à comprendre non pas tant ce que pense un individu que ce qu'il pense en le rattachant à ses dispositions affectives, à ses désirs, ses craintes, etc. Par exemple, nous comprenons que celui qui est attaqué se mette en colère ou encore que celui qui est trompé devienne méfiant [3]. Dans cette perspective, Jaspers élabore une classification particulièrement riche des pulsions à partir de laquelle il tente de comprendre « le plaisir de se goinfrer des déments » ou encore le fétichisme en tant que

1. « La direction de recherche phénoménologique en psychopathologie », p. 320 et p. 320 note.

2. *Ibid.*, p. 326-327.

3. *Ibid.*

perversion sexuelle [1]. Jaspers cite également à plusieurs reprises l'analyse nietzschéenne du ressentiment [2].

Pour Jaspers, la compréhension génétique est convaincante lorsque la connexion comprise est une relation dite « idéal-typique » – apparaît ici le lecteur et l'ami de Max Weber [3] – et qu'elle est vécue dans une évidence immédiate, en deçà de laquelle nous ne pouvons remonter. Tel est le cas, pour prendre un autre exemple, du lien entre ascèse, soif de domination et cruauté, qui permettrait de comprendre de nombreux mouvements spirituels du Moyen-âge [4]. L'évidence de la connexion idéal-typique, qui fait l'objet de la compréhension génétique, est quelque chose d'ultime, d'indépassable. Loin d'être prouvée de manière inductive par une expérience répétée, l'évidence de la connexion a sa force de conviction en elle-même. C'est sur de telles évidences, qui s'acquièrent *grâce à* l'expérience relative à des personnalités humaines, que s'édifie la psychologie compréhensive [5]. Notons toutefois que ces connexions idéal-typiques, comme leur dénomination l'indique, ne se retrouvent jamais totalement dans la réalité effective (*Wirklichkeit*) qui n'a pas la complétude de l'idéal-type, de telle sorte qu'il est toujours possible de se tromper quand on pense les retrouver. C'est pourquoi, tout en reconnaissant l'évidence de la compréhension nietzschéenne du ressentiment, Jaspers se demande si, de fait, comme le croit Nietzsche, le ressentiment est bien à l'origine du christianisme [6]. Par suite, l'idéal-type de la psychologie compréhensive permet seulement d'interpréter (*deuten*) la réalité à partir un certain nombre d'indices, et l'interprétation (*Deutung*) est d'autant plus fragile que les indices sont moins nombreux. La tâche de la psychologie compréhensive est donc d'interpréter la réalité effective à partir de connexions évidentes mais qui, bien souvent, demeurent inaperçues du commun des mortels et, en ce sens, *inconscientes*.

Prenons garde toutefois à ne pas confondre cet inconscient au sens de ce qui et vécu sans en avoir conscience avec l'inconscient qui est extérieur à la conscience. Jaspers écrit à ce propos : « L'inconscient (*das Unbewußte*) en tant qu'il est inaperçu (*als Unbermerktes*) est en fait vécu (*erlebt*). L'inconscient (*das Unbewußte*) en tant qu'il est extérieur à la conscience (*als Ausserbewußtes*) ne l'est pas. Il convient de dire de l'inconscient au

1. « La direction de recherche phénoménologique en psychopathologie », p. 268-269.
2. K. Jaspers, *Allgemeine Psychopathologie*, p. 270.
3. J.-C. Gens, *Karl Jaspers*, Paris, Bayard, 2003, p. 61.
4. K. Jaspers, *Allgemeine Psychopathologie*, p. 266.
5. *Ibid.*, p. 252.
6. *Ibid.*

premier sens qu'il est habituellement *inaperçu*, et de l'inconscient au second sens qu'il est *extérieur à la conscience* » [1]. C'est sur cet inconscient extérieur à la conscience que, nous dit Jaspers, « flotte le psychique comme une mince couche d'écume sur la mer ». La métaphore n'est évidemment pas sans rappeler l'assimilation freudienne du psychisme à un iceberg dont les neuf dixième sont immergés, quoique l'inconscient pour Jaspers demeure un concept négatif et désigne simplement ce qui n'est pas conscient, ce qui est extérieur à la conscience [2]. Jaspers envisage alors la possibilité d'un autre type de compréhension, la compréhension comme si (*als ob*), à propos de faits qu'il n'est pas possible de comprendre génétiquement à partir de ce qui est effectivement vécu, et qui est donc distinct de la compréhension qui relève de la psychologie compréhensive. Il convient cependant de souligner avec Jaspers l'incertitude spécifique de ce type de compréhension dont relève la psychanalyse freudienne [3]

Même si sa critique de la psychanalyse peut être jugée relativement grossière, elle est intéressante dans la mesure où elle permet à Jaspers de préciser son concept de compréhension. Jaspers rejette tout d'abord la comparaison freudienne entre l'archéologie et la psychanalyse. Car l'archéologue interprète ce qui fut autrefois effectif tandis que la réalité de ce que Freud suppose enfoui dans le passé du malade est hautement problématique. En outre, Jaspers reproche à Freud d'accorder une trop grande importance à ce qu'il dénomme « l'histoire intérieure de la vie (*innere Lebensgeschichte*) » – on aura reconnu la célèbre expression de Binswanger [4] – et de vouloir tout comprendre « à partir de l'enfance, l'état de nourrisson et même la vie intra-utérine ». Aussi est-il conduit à multiplier des hypothèses qui loin d'être prouvées ne sont même pas vraisemblables. Et de citer à ce propos l'hypothèse freudienne du meurtre du père primitif dans *Totem et tabou*, dont Jaspers dénonce l'indigence et la platitude [5]. L'erreur de Freud serait l'inverse exacte de celle de Wernicke (1848-1905). Ce dernier tient les maladies mentales pour des maladies cérébrales et prétend les *expliquer* entièrement à partir de l'étude du cerveau (comme le suggère les recherches sur l'aphasie). Ainsi

1. *Ibid.*, p. 254.

2. K. Jaspers, « La direction de recherche phénoménologique en psychopathologie », p. 327.

3. Jaspers définit la psychanalyse comme « une compréhension "comme si" des connexions extérieures à la conscience (*ein "als ob verstehen" außerbewußter Zusammenhänge*) », K. Jaspers, *Allgemeine Psychopathologie*, p. 452.

4. L. Binswanger, « Fonction vitale et histoire intérieure de la vie », *Introduction à l'analyse existentielle*, p. 49-78.

5. K. Jaspers, *Allgemeine Psychopathologie*, p. 302.

Wernicke est amené à imaginer des processus cérébraux et à élaborer une véritable « mythologie cérébrale » [1]. Freud, pour Jaspers, prétend tout comprendre, imagine des événements passés et, d'une part, confond, ce qui est compréhensible avec ce qui est explicable et, d'autre part, ignore les limites de la compréhension [2].

De l'incompréhensible

« L'incompréhensible, nous dit Jaspers, est de nature double et hétérogène » [3]. Qu'est-ce à dire? Comme nous allons le voir, la compréhension se heurte en effet à une double voire à une triple limite. La psychologie compréhensive se heurte, en effet, à une première limite qu'il n'est pas nécessaire ici de développer longuement, quoiqu'elle soit tout aussi importance que la seconde, et qu'il convient de rappeler ici tant elle est bien souvent passée sous silence quand elle n'est pas totalement ignorée des psychologues. Il ne s'agit de rien d'autre que de la liberté. Il va sans dire que nul ne choisit de devenir schizophrène ou maniaco-dépressif; mais celui qui sombre dans la psychose n'en est pas moins une liberté, une liberté finie, vulnérable, que la psychose précisément met en péril [4]. Ainsi, comme l'écrit Jaspers, « sous son aspect existentiel, l'incompréhensible (*das Unverständliche*), c'est la liberté ». En effet, la liberté est ce qui se manifeste par des décision inconditionnées dont il est ultimement impossible de rendre raison; elle est un incompréhensible mais un incompréhensible « par le haut », si l'on peut dire, c'est-à-dire un incompréhensible qui est le plus-que-compréhensible (*das mehr-als-Verstehbare*) et dont l'élucidation relève non de la psychologie empirique mais de la philosophie. Elle est au cœur de l'existence (*Existenz*) et de la possibilité ou de l'impossibilité d'être soi [5].

Cette introduction de la liberté aux marges de la psychopathologie ne doit pas surprendre. Après tout, Freud lui-même, contre toute attente et en dépit de sa foi dans le déterminisme psychologique, fait d'une certaine

1. J.-C. Gens, *Karl Jaspers*, p. 59; K. Jaspers, *Allgemeine Psychopathologie*, p. 448-450.

2. K. Jaspers, *Allgemeine Psychopathologie*, p. 452.

3. *Ibid.*, p. 256.

4. Dans son article, « Propos sur la causalité psychique », Lacan déclare au sujet de la folie : « Loin qu'elle soit pour la liberté une "insulte", elle [La folie] est sa plus fidèle compagne, elle suit son mouvement comme son ombre », et définit la folie que porte en lui l'être de l'homme en tant que virtualité permanente « comme la limite de sa liberté », J. Lacan, *Écrits I*, Paris, Seuil, 1999, p. 175.

5. K. Jaspers, *Allgemeine Psychopathologie*, p. 256.

manière sa part à la liberté à travers les notions de choix de la névrose (*Neurosenwahl*) et de choix d'objet (*Objektwahl*), même s'il convient de ne pas surinterpréter ces termes [1]. Mais c'est surtout à la psychanalyse existentielle d'un Jean-Paul Sartre que cette reconnaissance de la liberté fait irrésistiblement penser. Exposant les principes de la psychanalyse existentielle dans *L'Être et le néant*, Sartre développe en effet l'idée qu'il revient à chacun de choisir librement la modalité selon laquelle il entend poursuivre son désir d'être de sorte qu'en chacun de ses goûts, de ses inclinations ou de ses conduites empiriquement constatables, il est possible de retrouver le choix ou projet originel qui globalement la caractérise [2]. Et il va de soi que ce libre choix est en lui-même incompréhensible au sens où on ne peut en rendre raison et où il constitue au cœur de toute existence une énigme irréductible. Il est, en tant que tel, le terme de l'enquête existentielle, ce que Lacan dénomme dans sa critique de l'organo-dynamisme de H. Ey, « l'insondable décision de l'être » [3].

Cependant, contrairement à Sartre et sans doute avec raison, Jaspers entend accorder sa place à ces dispositions innées (*angeboren*) du caractère [4], que Sartre pour sa part pense pouvoir élucider en les rapportant à la liberté, et qui constituent pour la compréhension une nouvelle limite. De fait, les hommes sont loin de posséder les mêmes dispositions, qu'il s'agisse du bricolage, des mathématiques, du sens des affaires ou du contact avec les autres. Certains sont nés avec une certaine noblesse de caractère alors que d'autres, selon Jaspers, en sont plus ou moins dépourvus [5]. Dans le cas de Strindberg, on peut noter, au titre des dispositions innées, une prédisposition à l'hystérie, ce dont témoignent entre autres une extrême sensibilité qui provoque chez lui des réactions excessives ainsi que le fait que, dans sa jeunesse, il aurait bien aimé être

1. « Il n'est pas indifférent que, dans une conception qui se réclame d'un déterminisme absolu, apparaisse ce terme qui suggère qu'un acte du sujet est nécessaire pour que les différents facteurs historiques et constitutionnels mis en évidence par la psychanalyse prennent leur sens et leur valeur motivante », J. Laplanche, J.-B. Pontalis, *Vocabulaire de la psychanalyse*, p. 63.

2. J.-P. Sartre, *L'Être et le néant*, p. 609.

3. *Ibid.*, p. 618. J. Lacan, *Écrits I*, p. 177. Nous reprenons l'interprétation de C. Leguil, *Sartre avec Lacan*, p. 76-77.

4. Au nom de la liberté du sujet, Sartre dénonce les notions de caractère ou de tempérament. Ainsi, celui qui déclare être colérique masque un libre engagement à la colère. J.-P. Sartre, *L'être et le néant*, p. 590.

5. K. Jaspers, *Allgemeine Psychopathologie*, p. 302.

fou, tout en étant conscient qu'il ne l'était pas [1]. Il va de soi que ces traits innés de caractère sont susceptibles de se modifier avec le temps, et chacun sait que les dispositions premières d'un individu évoluent en fonction de différents facteurs et, notamment, en fonction de l'âge. Le développement de la personnalité est aussi lié à l'action réciproque des dispositions individuelles avec le milieu social ainsi qu'avec les événements extérieurs heureux ou malheureux qui peuvent susciter des conduites anormales [2]. Cependant, dans le cas de Strindberg, la maladie ne peut pas être comprise comme le simple développement d'une personnalité qui serait, comme nous venons de le voir, non pas psychotique mais hystérique [3]. Il convient alors de chercher ailleurs son origine.

La compréhension se heurte alors à une troisième limite : ne pouvant comprendre la maladie, le psychiatre en recherche une explication causale et suppose l'existence de ce que Jaspers dénomme processus (*Prozess*). Cette limite qui sépare la compréhension de l'explication ne doit pas être mal interprétée. Elle ne se confond en aucune manière avec distinction que la tradition introduit entre l'âme et le corps, le physique et le psychique, mais désigne la séparation du psychique et de l'inconscient au sens de ce qui est extérieur à la conscience (*das Ausserbewußtes*). La syphilis, par exemple, qui frappa en son temps Maupassant et qui est un des facteurs constants de la paralysie générale ou démence paralytique, échappe à proprement parler à toute compréhension [4]. En d'autres termes, tout ce qui est extérieur à la conscience, que cela soit psychique ou physique, est en tant que tel incompréhensible et n'est susceptible au mieux que d'une explication causale. Pour éclaircir ce point, nous pouvons reprendre la notion décisive de processus à laquelle recourt Jaspers pour éclairer la jalousie morbide de Strindberg. Jaspers écrit à ce propos : « Il y a des jaloux qui se laissent emporter dans leurs inventions et dans leurs actes

1. Jaspers, *Strindberg et Van Gogh*, p. 50-51. « La prédisposition de Strindberg à l'hystérie le portait, d'une part, à souffrir de son insignifiance et, d'autre part, à se hausser dans sa propre estime en s'enflant d'une vie intérieure factice », p. 125.

2. Cette évolution ou développement est compréhensible. Par exemple, les gens qui dépendent des autres deviennent à la longue aigris, de même que des travaux physiques pénibles produisent une forme d'abrutissement. K. Jaspers, *Psychopathologie générale*, p. 431.

3. Cette analyse est toutefois contestable d'un point de vue clinique comme le montre Guy Risbec dans son article publié dans ce même volume et intitulé : « La pathographie de August Strindberg par Karl Jaspers revisitée par Tellenbach et Binswanger ». Pour la distinction entre développement de la personnalité et processus, *cf.* K. Jaspers, *Psychopathologie générale*, p. 385 et p. 431.

4. K. Jaspers, *Allgemeine Psychopathologie*, p. 251.

jusqu'à se conduire comme des malades, sans l'être positivement. Ce sont des anormaux chez qui il n'y a pas de processus (*Prozess*) ; ils peuvent devenir jaloux en tout temps et de toute femme qui leur tient à cœur, mais chaque fois, les circonstances, leur expérience particulière et tout leur caractère rendent la chose compréhensible. Il en est autrement pour des malades dont la jalousie relève d'un processus, et qui, une seule fois dans leur vie, souffrent de ce délire qui ébranle jusqu'aux assises de leur existence intime » [1].

Il ne faut donc pas confondre la jalousie normale et compréhensible d'un homme trompé par sa femme, ou d'une femme trompée par son mari, la jalousie anormale car excessive d'un homme dont la jalousie reste toutefois compréhensible à partir des circonstances, du passé, du caractère de l'individu – pensons à la jalousie d'Othello attisée par Iago ; et, enfin, la jalousie pathologique de Strindberg à l'égard de sa première femme en 1887, qui relève de la psychose et qui est proprement incompréhensible [2] : loin de se laisser comprendre à partir de l'homosexualité dont sa femme lui avait fait l'aveu, le délire de jalousie trouve manifestement son principe à l'extérieur de la conscience, dans « des causes profondes et inconnues » qui échappent en tant que telles non seulement à la compréhension mais aussi à la connaissance causale. En un mot, la jalousie chez Strindberg relève de ce que Jaspers appelle processus qui peut être soit de nature physique soit de nature psychique [3]. Dans certains cas, comme celui où la jalousie est liée à des lésions cérébrales définies, le processus est de nature physique et la jalousie est susceptible d'une explication causale. Mais dans d'autres cas, comme celui de Strindberg, « l'échec de la compréhension va de pair avec l'absence à peu près parfaite de savoir causal » [4]. Le délire de jalousie dans son incompréhensibilité relève alors, pour Jaspers, d'un processus psychopathologique qui est l'*analogon* de la notion de lésion cérébrale et du processus physique [5].

1. K. Jaspers, *Strindberg et Van Gogh*, p. 62.

2. *Ibid.*, p. 61.

3. « Il n'y a pas de processus effectif, de nature physique ou de nature psychique, qui soit par principe inaccessible à une explication causale, et les processus psychiques peuvent être également soumis à une explication causale », AP, p. 253.

4. G. Lantéri-Laura, « La notion de processus dans la pensée psychopathologique de K. Jaspers », *Evolution psychiatrique*, 27 (4), 1962, p. 465.

5. *Ibid.*, p. 468.

De la compréhension inauthentique

On a pu penser que Lacan avait une fois pour toutes réglé son compte à la *Psychopathologie générale* de Jaspers en qualifiant son auteur – avec un humour et une suffisance dont il avait le secret – de « directeur de conscience en fonte et de maître à penser de fer-blanc » [1]. N'oublions pas cependant que Jaspers est en 1932 une référence essentielle pour Lacan – comme en témoigne sa thèse de médecine : « De la psychose paranoïaque dans ses rapports avec la personnalité » – et que « Les premières réflexions cliniques et théoriques de Lacan doivent tout, ou presque, à la lecture de Karl Jaspers » [2]. Il n'en va évidemment plus de même, en 1946, lorsque Lacan intervient au colloque de Bonneval et qu'il s'y oppose à Henri Ey au nom de la psychogenèse de la folie [3]. A vrai dire, dans sa critique de Jaspers, Lacan est loin d'être isolé, et il est frappant de constater que si des psychiatres comme Georges Lantéri-Laura ou Arthur Tatossian tiennent la *Psychopathologie générale* pour un monument, il s'agit cependant d'un monument du passé. Ainsi Tatossian situe-t-il l'ouvrage de Jaspers « hors de la psychopathologie phénoménologique – même si elle en contient l'amorce ». Et l'auteur de la *Phénoménologie des psychoses* d'ajouter : « elle est moins le début d'une nouvelle psychiatrie que le "dépôt de bilan" de la psychiatrie classique » [4].

Parmi les points décisifs en discussion, c'est notamment la conception jaspersienne de la compréhension qui, pour Tatossian comme pour Lantéri-Laura, constitue l'élément le plus discutable de cette psychopathologie. Car, pour l'un comme pour l'autre, la compréhension du malade par le psychiatre ne saurait se confondre avec cette compréhension d'autrui qui, chez Jaspers et en dépit de ses dénégations, relève de l'empathie et du sens commun. Partant de la conception heideggérienne du comprendre (*Verstehen*) et de sa déchéance (*Verfallenheit*) sous l'emprise du « On » [5], Lantéri-Laura rappelle non sans raison que pour l'auteur de *Être et temps*, la compréhension banale, c'est-à-dire inauthentique de la mort, loin de permettre d'en dévoiler le phénomène, cherche au contraire à en « masquer la réalité et l'instance ». Dans cette perspective, il tient la

1. J. Lacan, *Ecrit I*, p. 421.

2. Ce n'est qu'en 1946, au cours des Journées psychiatriques de Bonneval, que Lacan rompt avec Jaspers, C. Leguil, *Sartre avec Lacan*, p. 35.

3. J. Lacan, *Écrits I*, « propos sur la causalité psychique », p. 155.

4. A. Tatossian, *La Phénoménologie des psychoses*, Argenteuil, *L'art du comprendre*, 1997, p. 93.

5. M. Heidegger, *Être et temps*, § 27.

compréhension psychologique des malades mentaux par le sens commun pour une interprétation qui relève de l'auto-explicitation quotidienne du *Dasein* et qui, à la fois, dévoile et masque les troubles : qui les dévoile puisqu'elle en parle; mais qui les masque en tentant de les ramener à des phénomènes bien connus. Ainsi, la compréhension quotidienne de la jalousie pathologique cherche à saisir celle-ci comme *on* comprend la jalousie habituellement. Du même coup, le délire de jalousie se retrouve assujetti aux catégories ordinaires de la compréhension. Qui pis est, le psychiatre attend du malade qu'il lui confie ses troubles en les travestissant, autrement dit en leur donnant l'aspect d'une histoire semblable en tout point aux histoires de la vie quotidienne, alors qu'elle est « une histoire de fou » et qu'elle est précisément incompréhensible pour le sens commun [1].

Loin de porter sur un point marginal de la réflexion psychopathologique de Jaspers, cette critique de la compréhension psychologique est à vrai dire décisive du point de vue d'une phénoménologie existentielle. Car c'est la notion de processus ainsi que l'opposition corrélative du comprendre et de l'expliquer, qui se trouvent remises en question avec elle. En effet, comme nous l'avons vu, la notion de processus psychopathologique est introduite par Jaspers pour rendre compte de ce qui échappe à la compréhension. Aussi l'incompréhensibilité d'un phénomène pathologique devient-elle le signe manifeste de l'action d'un facteur hétérogène à la compréhension, que Jaspers nomme processus. Dans le cas de Strindberg, par exemple, l'incompréhensibilité du délire de jalousie est rapportée à l'action d'un processus psychopathologique censé *expliquer* ce qui ne peut être compris [2]. Mais il va de soi que si ce délire devient d'une manière ou d'une autre compréhensible, on perd toute raison d'imaginer derrière lui un quelconque processus. En outre, parce que le processus ne se manifeste pas en tant que tel mais toujours à travers un ensemble de signes cliniques, la psychopathologie de Jaspers est amenée à privilégier la recherche des signes caractéristiques ou des symptômes primaires de telle ou telle maladie. Triomphe alors, pour reprendre une distinction que nous avons vu à propos du normal et du pathologique [3], une psychiatrie du symptôme au détriment d'une psychiatrie du phénomène.

Quelque pertinentes que soient ces critiques, il nous semble toutefois qu'elles ne rendent pas pleinement justice à l'œuvre de Jaspers dont la

1. G. Lantéri-Laura, « La notion de processus dans la pensée psychopathologique de K. Jaspers », p. 496.

2. *Ibid.*, p. 468.

3. Cf. *supra*, chap. I, p. 93.

probité oblige la psychiatrie à se poser une question fondamentale que l'on pourrait formuler ainsi : dans l'étude de la folie, la psychiatrie ne doit-elle pas faire malgré tout sa part à l'incompréhensible ? En effet, une fois la compréhension inauthentique de la folie récusée, le psychiatre peut-il pour autant proclamer que son incompréhensibilité s'est du même coup volatilisée, sans reste ? N'est-ce pas précisément celui qui vit sous l'emprise du on qui prétend « avoir-tout-compris » [1] ? Sans doute les concepts de compréhensibilité et d'incompréhensibilité sont-ils étroitement solidaires, et l'incompréhensible au sens de Jaspers n'est tel que pour une psychologie qui demeure celle du sens commun. Ainsi Binswanger, tout en reconnaissant « l'illisibilité du texte délirant » du point de vue de l'expérience commune, soutient qu'il est possible de comprendre l'expérience délirante en saisissant la manière dont la conscience délirante est « sortie de ses gonds » [2]. Tatossian, de son côté, soutient que « le comprendre heideggérien est tel que la notion même d'incompréhensibilité devient caduque ». Et Tatossian de préciser : « En tant qu'existential le comprendre est constitutif de la Présence humaine [*Dasein*] qui ne peut pas ne pas comprendre ce qu'elle rencontre parce qu'elle baigne dans "une complicité pré-réflexive" avec lui » [3]. Qu'est-ce à dire ? Le *Dasein* aurait-il l'intelligence infinie du Dieu des chrétiens ?

De la compréhension authentique et de ses formes dérivées

Il convient, en effet, de préciser le sens de ce comprendre primordial et illimité [4], tel qu'il est élaboré dans les paragraphes 31 et 32 de *Être et temps*. Afin de lever une première ambiguïté, il faut rappeler que le Comprendre (*Verstehen*) – que nous écrivons volontairement avec une majuscule – est envisagé ici sur un plan ontologico-existential par rapport auquel expliquer et comprendre s'opposent en tant que genres possibles de connaissance et modes dérivés du Comprendre, au même titre que l'intuition de l'essence [5]. Comme l'écrit Heidegger dans *Les Problèmes fondamentaux de la phénoménologie*, Le *Comprendre* est une *détermination* originaire de *l'existence* du *Dasein*, « abstraction faite de la question de savoir si le *Dasein* pratique une science qui relève

1. M. Heidegger, *Être et temps*, p. 225.
2. L. Binswanger, *Délire*, p. 163.
3. A. Tatossian, *Phénoménologie des psychoses*, p. 97.
4. Comprendre authentique que contrefont « curiosité à tous vents et omniscience infatigable », M. Heidegger, *Être et temps*, p. 225.
5. M. Heidegger, *Etre et temps*, § 31, p. 187-188 et p. 192.

de l'explication ou de la compréhension » [1]. En effet, ce Comprendre originaire est inséparable de l'existence du *Dasein* et se trouve présupposé par n'importe quel comportement vis-à-vis de l'étant : bricoler un dimanche matin, par exemple, suppose d'appréhender ce qui est là à porté de ma main *en tant que* marteau. Cette appréhension est bien une Compréhension qui saisit le sens de l'outil et son être à-portée-de-main ou disponibilité (*Zuhandenheit*). Ainsi, avant d'être une capacité théorique du *Dasein*, le Comprendre est avec la disposition (*Befindlichkeit*) l'un des deux existentiaux qui caractérisent l'ouverture originaire du *Dasein*; il est (avec la disposition) une structure de son être en tant que présence au monde et présence à soi. Ainsi il y a bien entre le *Dasein* et le monde une forme de complicité, pour reprendre le terme de Tatossian, et le monde possède d'une manière générale un sens, une significativité (*Bedeutsamkeit*).

C'est au sein de ce Comprendre originaire, qui est illimité dans la mesure où tout phénomène y trouve son sens, qu'il faut replacer la distinction seconde de l'expliquer et du comprendre. En effet, de même que l'étant intramondain dévoile son être en tant qu'objet à-portée-de-main ou en tant qu'objet subsistant dont l'étude relève des sciences de la nature (explication), de même le *Dasein* se comprend dans son être comme être possible, comme être-jeté, être-au-monde, etc., et son exploration ressortit alors aux sciences de l'esprit (compréhension). Ainsi les différents existentiaux ouvrent-ils la possibilité d'une compréhension existentielle authentique des conduites concrètes du *Dasein*, radicalement distincte de l'explication d'un quelconque phénomène naturel par les sciences de la nature. Si nous retrouvons donc l'opposition de Dilthey, il convient cependant de ne pas confondre une compréhension existentielle authentique, fondée sur l'analytique existentiale, et une compréhension existentielle inauthentique qui relève du on et qui, de prime abord et la plupart du temps, comprend le *Dasein* à partir des choses [2]. Dans le prolongement de cette distinction, nous pouvons en outre opposer deux formes d'empathie (*Einfühlung*) et, corrélativement deux formes d'incompréhension d'autrui, selon qu'elles trouvent leur principe dans une compréhension authentique ou inauthentique d'autrui. Comme l'écrit Heidegger à propos de l'empathie : « Son herméneutique spéciale aura à montrer comment les différentes possibilités d'être du *Dasein* lui-même

1. M. Heidegger, *Les problèmes fondamentaux de la phénoménologie*, p. 332.

2. M. Heidegger, *Les Problèmes fondamentaux de la phénoménologie*, p. 347 ; M. Heidegger, *Être et temps*, p. 173.

faussent et bloquent l'être-en-compagnie et le se-connaître qu'il implique en sorte qu'un "comprendre" véritable est étouffé et que le *Dasein* se réfugie dans des succédanés ». Et Heidegger d'ajouter à l'intention pour ainsi dire des psychiatres (mais aussi des ethnologues) : « elle (son herméneutique spéciale) aura à montrer quelle condition existentiale positive une parfaite compréhension de ce qui est étranger présuppose pour devenir possible ». Cette condition existentiale, nous en connaissons le principe : rompre avec la compréhension comme avec l'incompréhension inauthentiques d'autrui que caricature magnifiquement Montesquieu, dans ses *Lettres persanes*, lorsque Rica rapporte les propos que tiennent les parisiens à son sujet : « Ah ! Ah ! Monsieur est Persan ? c'est une chose bien extraordinaire ! Comment peut-on être Persan ? » [1]

Conclusion

A la différence de l'explication, la compréhension pour Jaspers rencontre partout des limites et son champ se révèle relativement étroit par rapport à celui de l'incompréhensible qui est celui des processus. Toutefois, d'un point de vue phénoménologique, cette compréhension demeure trop proche du sens commun, c'est-à-dire de l'auto-explicitation quotidienne du *Dasein.* C'est, par suite, au nom d'une autre conception de la compréhension que s'élabore la psychiatrie phénoménologique qui trouve ses principes dans l'auto-compréhension originaire du *Dasein* déchu en tant qu'être-au-monde [2]. Cette compréhension enveloppe aussi bien la compréhension de soi que celle d'autrui, et elle est à la fois première et illimitée puisqu'il lui revient de donner sens au monde et aux étants intramondains [3]. La compréhension en psychiatrie phénoménologique n'est authentique que si elle dérive de ce comprendre originaire et de son explicitation de l'être du *Dasein.* Mais cette compréhension est à son tour limitée et ne cesse de se heurter à de l'incompréhensible qui peut prendre une double forme. Il y a, d'une part, l'incompréhensibilité *relative* et *provisoire* qui peut être celle d'un acte criminel ou d'une conduite pathologique, et que dissipe l'exploration des motivations, des

1. Montesquieu, *Lettres persanes*, Paris, GF-Flammarion, 2016, Lettre XXX, p. 98.

2. C'est cette compréhension ontologique de soi, distincte de la connaissance psychologique qui en dérive, que Heidegger dénomme « transparence à soi (*Durchsichtigkeit*) », M. Heidegger, *Être et temps*, p. 191.

3. Dans une perspective analogue, Heidegger écrit que le *Dasein* est « configurateur de monde », M. Heidegger, *Les concepts fondamentaux de la métaphysique. Monde-finitude-solitude*, p. 290.

circonstances sociales et économiques, du passé, tout ce que Binswanger rassemble sous le titre d'« l'histoire intérieure de la vie » [1].

D'autre part, il y a l'incompréhensibilité absolue qui peut à son tour prendre quatre formes distinctes. (1) Comme nous allons le voir en interrogeant les neurosciences dans le chapitre qui suit, la compréhension échoue nécessairement à combler le fossé qui sépare les phénomènes qui relèvent du corps vécu (*Leib*) et du corps physique (*Körper*) : quoi qu'on fasse, en effet, il est impossible d'accorder les phénomènes qu'expliquent les neurosciences, selon une terminologie et des méthodes qui relèvent des sciences de la nature, et les phénomènes dont la description et la compréhension relèvent des sciences de l'esprit, comme la psychopathologie. (2) En outre, comme nous l'avons vu avec Jaspers, la compréhension doit faire sa part à la liberté. S'il est toujours possible d'indiquer les conditions et les motivations d'une décision et ainsi de la comprendre, reste dans cette décision une part irréductible d'obscurité qui est celle de la liberté. Comme le souligne Sartre exposant les principes de la psychanalyse existentielle, le choix originel « est antérieur à la logique », il est un irréductible au-delà duquel il est donc impossible de remonter, mieux : il est « un mystère en pleine lumière » [2] : un mystère puisqu'il est impossible d'en *rendre raison*; en pleine lumière étant donné qu'il se concrétise à travers mille et un choix qui le manifestent.

(3) Mais cette impossibilité de rendre raison concerne d'autres aspects de l'existence tels que les dispositions innées d'un individu. On peut penser, par exemple, à la prédisposition à l'hystérie de Strindberg ou encore, comme nous le verrons un peu plus loin [3], à l'orientation sexuelle d'un individu qui, en tant que donnée de fait, échappe alors à toute tentative de compréhension psychogénétique. Dans une perspective analogue, nous avons vu que la mélancolie requiert, selon Tellenbach, la précondition du *typus melancholicus*. (4) Enfin, on s'est demandé si l'événement de la maladie, son irruption ainsi que sa guérison, n'échappaient pas à son tour au principe de raison suffisante et, en ce sens, à toute tentative de

1. L. Binswanger, « Fonctions vitales et histoire intérieure de la vie », *Introduction à l'analyse existentielle*, p. 48 *sq*. Dans *Questions de méthode*, Sartre reprend et approfondit cette notion de compréhension en développant ce qu'il dénomme « La méthode progressive-régressive » : « Pour saisir le sens d'une conduite humaine, il faut disposer de ce que les psychiatres et les historiens allemands ont nommé “compréhension”. Mais il ne s'agit là ni d'un don particulier, ni d'une faculté spéciale d'intuition : cette connaissance est simplement le mouvement dialectique qui explique l'acte par sa signification terminale à pâtir de ses conditions de départ ». J.-P. Sartre, *Questions de méthode*, p. 212.

2. J.-P. Sartre, *L'Être et le néant*, p. 616.

3. Cf., *infra*, « Phénoménologie existentielle et psychanalyse », p. 248.

compréhension. Si la maladie s'inscrit dans une histoire, si elle relève de ces « aléas cruels du sort » auquel se trouve exposé le *Dasein* en tant qu'être historial [1], il faut convenir que, dans certains cas tout du moins, l'événement de la maladie bouleverse cette histoire au point de ne pouvoir s'y inscrire de manière compréhensible. La maladie n'est-elle pas alors comme la rose sans pourquoi d'Angelus Silesius, qui fleurit parce qu'elle fleurit ? Et, ce, même si nous savons avec Heidegger que « nous ne pouvons nous empêcher de demander pourquoi. Car nous ne pouvons, par un saut, nous évader de l'époque présente » [2].

LE DÉFI DES NEUROSCIENCES

Depuis de nombreuses années et, notamment, depuis la publication de *L'homme neuronal* de J.-P. Changeux en 1983, la psychiatrie phénoménologique doit faire face à l'audience grandissante des neurosciences au point qu'il ne se passe pas une semaine sans que les médias fassent état de nouvelles découvertes concernant l'autisme, la maladie d'Alzheimer ou l'épilepsie. Il serait absurde de nier l'importance de ces travaux mais également naïf d'en conclure qu'en dehors des neurosciences il n'y a point de salut. Par suite, il convient d'établir les places respectives de chacun et de déterminer les modalités selon lesquelles la psychiatrie phénoménologique et les neurosciences peuvent ou non collaborer. Dans cette perspective, et plutôt que de se perdre dans une littérature plus qu'abondante, on peut prendre pour fil d'Ariane l'ouvrage particulièrement remarquable de Thomas Fuchs, *Ecology of the brain. The Phenomenology and Biology of the Embodied Mind* [3]. Quand bien même, comme on le verra, nous n'en partageons pas totalement les conclusions, cet ouvrage se révèle fort utile pour qui veut trouver son chemin dans ce débat hanté par la tentation de la naturalisation voire du naturalisme [4].

1. Heidegger, *Etre et temps*, § 74.

2. M. Heidegger, *Le principe de raison*, p. 267.

3. T. Fuchs, *Ecology of the brain. The Phenomenology and Biology of the Embodied Mind*, Oxford University Press, 2018.

4. Le concept de naturalisation peut être compris en fonction de l'opposition établie par Dilthey entre expliquer et comprendre et, corrélativement, entre les sciences de la nature et les sciences de l'esprit. L'espoir est alors de parvenir à accorder la *compréhension* phénoménologique des vécus intentionnels et *l'explication* des phénomènes neurobiologiques. Ce concept de naturalisation n'en comporte pas moins une certaine ambiguïté et on peut dire pour simplifier qu'il renvoie soit à une réduction pure et simple des vécus intentionnels à des phénomènes naturels étudiés par les sciences modernes de la nature telles que la neurobiologie,

We are our brains

Professeur de philosophie et de psychiatrie à l'université de Heidelberg, titulaire de la chaire Karl Jaspers, Thomas Fuchs demeure relativement peu connu en France en dépit de sa notoriété internationale et l'importance de ses travaux d'inspiration phénoménologique. Le titre, *Ecology of the brain*, renvoie à Gregory Bateson, un des fondateurs de l'École de Palo Alto (Californie) et auteur de *Steps to an Ecology of Mind* (1972) [1], mais aussi et surtout à la phénoménologie husserlienne du monde de la vie. En plaçant sa recherche sous le titre de l'écologie, au sens étymologique du terme, Thomas Fuchs entend ainsi souligner le rôle décisif de l'environnement pour comprendre le cerveau humain. En effet, on n'a que trop tendance à considérer ce dernier abstraitement, comme si le cerveau pouvait exister par lui-même dans une simple cuve (*a brain-in-a-vat*), indépendamment de l'organisme dont il fait partie et de l'environnement dans lequel il s'inscrit et interagit. A l'opposé, dans une perspective proprement *holistique*, le cerveau apparaît comme un organe de relation et d'interaction non seulement avec le corps dont il est une partie mais également avec l'environnement immédiat de l'organisme ainsi qu'avec l'environnement social et culturel. Comme nous allons le voir, ce point de vue « personnaliste » conduit Thomas Fuchs à opposer trois grandes critiques au naturalisme *alias* le réductionnisme neurobiologique, puis à s'interroger sur l'articulation du corps, de la personne et du cerveau.

Depuis les années cinquante et le développement de l'électroencéphalographie (EEG), la connaissance de l'activité cérébrale s'est de fait considérablement enrichie. Ces travaux ne pouvaient laisser indifférents sinon les phénoménologues du moins certains d'entre eux qui se sont alors interrogés sur la possibilité d'articuler le plan intentionnel et le plan

ce qui conduit tout droit au naturalisme dénoncé par Husserl ; soit à une articulation spécifique des vécus intentionnels et des phénomènes naturels. Cette articulation peut prendre à son tour la forme soit d'une connexion qui se contente de « corréler » formellement et statistiquement les deux plans (connexionnisme), soit d'une co-productivité dans le cadre d'une « phénoménalisation de la nature ». E. Husserl, *La philosophie comme science rigoureuse*, trad. fr. Marc B. de Launay, Paris, P.U.F., 1989, p. 18. D. Janicaud, *L'intentionnalité en question entre phénoménologie et recherches cognitives*, Paris, Vrin, 1995. E. J. Varela, « The Naturalisation of Phenomenology as the Transcendence of Nature », *Revue de Phénoménologie ALTER*, N°5, 1997, p. 355-385 ; N. Depraz, *Le Sujet de la surprise : un sujet cardial*, Bucarest, Zeta Books, 2018, p. 121 *sq.*

1. G. Bateson, *Vers une écologie de l'esprit*, trad. fr. F. Drosso, L. Lot, E. Simion, Paris, Seuil, 1990.

neuronal ainsi que sur les apports des neurosciences à la connaissance de la conscience, et inversement [1]. L'arbre de cette collaboration, cependant, ne doit pas cacher la forêt, et force est de constater que nombreux sont ceux, et notamment du côté de la neurobiologie, qui n'en voient pas l'utilité. Car ils assimilent purement et simplement la pensée au cerveau qu'ils n'hésitent pas alors à faussement « personnaliser » en affirmant, par exemple, que le cerveau souffre, calcule, interprète, décide, etc. [2] La thèse de Dick F. Swaab, professeur de neurologie à l'université d'Amsterdam, est certes légèrement différente. Avec bien d'autres, il soutient dans un ouvrage de 2014, *We are our brains : a neurobiography of the brain, from the womb to Alzheimer's*, que ce qu'on « appelle esprit est le produit de l'interaction de ces milliards de neurones. De même que les reins produisent l'urine, le cerveau produit l'esprit ». La comparaison manque sans doute d'élégance. On n'est matérialiste ou on ne l'est pas ! Le plus curieux est peut-être ce retour de l'irrationnel au cœur de la recherche scientifique. Nul n'ignore, en effet, comment les reins produisent l'urine ; en revanche nul ne sait par quel tour de magie le cerveau produit l'esprit. En recherchant comment transformer le plomb en or ou en argent, les alchimistes étaient sans doute plus rigoureux.

Empruntant l'expression à Bennett et Hacker [3], Thomas Fuchs dénomme « *mereological fallacy* » (l'adjectif est construit à partir du mot grec *méros* qui signifie partie, et se rapporte aux relations des parties avec le tout) l'identification illusoire de la pensée au cerveau qui, en tant qu'organe, est lui-même une partie de l'organisme qui est lui-même inscrit dans un environnement. Affirmant, d'une manière générale, l'irréductibilité de la subjectivité intentionnelle à des processus neuronaux, Thomas Fuchs établit un lien étroit entre cette première illusion et celle des aires cérébrales (« *localization fallacy* ») qui, dans le droit fil de la phrénologie de Franz Joseph Gall, permet de manière à nouveau illusoire de localiser dans le cerveau différentes activités.

1. *Cf.* F. Varela, E. Thompson, E. Rosch, *L'Inscription corporelle de l'esprit. Sciences cognitives et expérience humaine*, trad. fr. V. Havelange, Paris, Seuil, 1993 ; F. Varela, « Neurophenomenology : A methodological remedy to the hard problem », *Journal of Consciousness Studies* 3, 1996, p. 330-350 ; « La Neurophénoménologie : un remède méthodologique pour le "problème difficile" », F. Varela, *Le Cercle créateur. Écrits (1976-2001)*, sous la responsabilité de M. Bitbol, Paris, Seuil, 2018, p. 285-331.

2. T. Fuchs, *Ecology of the brain*, p. 43 *sq.* Avec sa simplicité et sa profondeur, Paul Ricœur disait à Jean-Pierre Changeux : « Je ne comprends pas la phrase : "la conscience se développe dans le cerveau" », J.-P. Changeux, P. Ricœur, *La Nature et la règle. Ce qui nous fait penser*, Paris, Odile Jacob, 1998, p. 60.

3. M. R. Bennet, P. M. S. Hacker, *Philosophical fondations of neuroscience*, Malden, Blackwell Publishing, 2003.

Par exemple, la mémoire serait située dans le lobe temporal tandis que la peur se logerait dans l'amygdale. Il ne s'agit naturellement pas de nier la spécialisation de certaines régions du cerveau mais seulement la possibilité qu'une région soit *per se* en mesure de produire l'activité qui lui est rapportée et qui, en vérité, implique l'organisme en tant que totalité dans son rapport à l'environnement [1]. Ainsi, dans un cas comme dans l'autre, la partie est prise pour le tout. Enfin, Thomas Fuchs aborde la question du déterminisme qui domine la réflexion en neurobiologie, et souligne à cette occasion le caractère paradoxal de cette négation de la liberté par les neurosciences. Car, qu'est-ce que le cerveau sinon cet organe dont la complexité croissante permet d'échapper à la rigidité de conduites qui répondent à des *stimuli* et qui, en ce sens, est « l'organe de la liberté » [2] ?

Une question de points de vue

Qui s'interroge en phénoménologue sur le cerveau doit poser avant tout la question de la nature de ce corps humain dont fait partie la boite crânienne avec sa matière grise. Husserl, en effet, opère une distinction stricte entre le corps vécu ou *lived body* (*Leib*) et le corps physique ou *physical body* (*Körper*) dont le point de départ est l'expérience canonique de la réversibilité du sentir, telle que la main droite touchant la main gauche et réciproquement [3].

1. Dans cette perspective, la critique par Jean-Pierre Changeux de la phrénologie est insuffisante dans la mesure où elle ne quitte pas le champ du cerveau au lieu de le replacer au sein de l'organisme qui est lui-même en relation avec le monde. Dans son dialogue avec Paul Ricœur, Jean-Pierre Changeux déclare : « La conception classique de la phrénologie (...) doit être sérieusement amendée. La spécialisation fonctionnelle des aires corticales, certes, existe, je l'ai mentionné. Mais ces aires sont très richement interconnectées les unes aux autres. Elles peuvent se regrouper en ensembles fonctionnels très vastes beaucoup plus globaux », J.-P. Changeux, P. Ricœur, *La Nature et la règle. Ce qui nous fait penser*, p. 59.

2. T. Fuchs, *Ecology of the Brain*, p. 53

3. Selon les traducteurs, *Leib* est traduit par corps propre, corps vivant, corps vécu ou encore par chair. Merleau-Ponty reprend cette description et soutient à son tour que « quand ma main droite touche ma main gauche, je la sens comme une "chose physique", mais au même moment, si je veux, un événement extraodrinaire se produit : voici que ma main gauche aussi se met à sentir ma main droite, *es wird Leib*, es empfindet ». Commentant non sans humour cette expérience, Claude Romano écrit à propos de ce coup de théâtre : « d'objet qu'elle était, ma main "devient chair", comme la Belle au bois dormant s'éveille d'un long sommeil sous le baiser du prince ». E Husserl, *Recherches phénoménologiques pour la constitution*, p. 207 ; E. Husserl, *Méditations Cartésiennes*, § 44 ; M. Merleau-Ponty, *Phénoménologie de la perception*, p. 210 ; C. Romano, *Les Repères éblouissants. Renouveler la phénoménologie*, Paris, P.U.F., 2019, p. 186.

En effet, lorsque de ma main droite je touche ma main gauche, celle-ci est un objet rugueux ou lisse, une chose physique. Cependant cette même main gauche est aussi le lieu de sensations tactiles localisées en elle. En ce sens, elle n'est plus une simple chose physique (*Körper*) mais une chair ou corps vécu (*Leib*). Cette distinction que l'on peut étendre à l'ensemble du corps est pour Thomas Fuchs décisive dans la mesure où elle ouvre la possibilité de surmonter le dualisme de la pensée (*mind*) et du cerveau (*brain*) [1]. L'émotion, par exemple, n'est plus un pur phénomène mental dont il faudrait explorer la base cérébrale, mais un phénomène qui affecte l'être vivant en tant que subjectivité incarnée, qui doit être envisagée comme une totalité. La question de l'union de l'âme et du corps ou de la pensée et du cerveau – *the "mind-body problem" or "mind-brain" problem* – devient alors celle de l'articulation au sein de l'être vivant comme totalité entre les deux aspects de sa corporéité : le corps subjectif ou corps vécu et le corps objectif ou corps physique. Le corps-sujet correspond au point de vue en première *et* en deuxième personne, ce qu'on peut appeler également la perspective du nous (*we-perspective*) tandis que le corps-objet, qui est étudié par la physiologie comme par la neurologie, relève du point de vue en troisième personne. Dans ce dernier cas, en effet, l'autre n'est plus saisi en tant que personne dont on partage la situation voire les émotions, comme lorsqu'on bavarde ou rit ensemble, ce qui correspond au point de vue en deuxième personne, mais il est objectivé et observé dans une attitude dite naturaliste.

Ce point de vue en troisième personne est susceptible de se décomposer à son tour en un point de vue proprement physique et un point de vue biologique : l'un envisage son objet comme une réalité matérielle, l'autre comme un organisme dans un environnement. Mais l'élément décisif de cette approche de la corporéité est l'affirmation par Thomas Fuchs de la *complémentarité* du corps vécu (*Leib*) et du corps vivant (*Körper*) qui, loin de s'exclure, formeraient selon lui une unité dialectique au sens où tout en étant distincts ils caractériseraient un seul et même être vivant [2]. Et ce n'est qu'à la condition de saisir le sujet comme un être vivant enveloppant cette dualité d'aspect que l'on peut espérer surmonter le dualisme de la pensée et du cerveau. Ainsi, il est inexact de poser le corps (*Körper*) comme ce qui est seul réel et qui, en tant que tel, engendrerait à titre de produit dérivé (*by-product*) – de même que les reins produisent l'urine – ce qui relève du corps vécu. C'est en posant la complémentarité du *Leib* et du *Körper* que Thomas Fuchs envisage l'activité cérébrale qui

1. T. Fuchs, *Ecology of Brain*, p. 75.
2. *Ibid.*, p. 80.

s'inscrit alors dans un double mouvement, c'est-à-dire un mouvement à la fois vertical : l'interaction du cerveau et de l'organisme, et un mouvement horizontal : l'interaction, médiatisée par le cerveau, de l'être vivant et de son environnement.

A nouveau, il s'agit de saisir les processus neuronaux en les replaçant dans le milieu intérieur de l'organisme que le cerveau régule (homéostasie) et dont l'interaction continuelle avec le milieu extérieur serait la source primitive de la conscience sous la forme de ce que Antonio Damasio dénomme le proto-soi (*Protoself*) [1]. Cette conception permet à Thomas Fuchs de rejeter vigoureusement la relation linéaire qui est habituellement établi entre un stimulus de l'environnement, le cerveau et la réaction motrice de l'organisme, à laquelle il oppose une conception globale de l'organisme et de l'environnement qui constituent un circuit ouvert (*open loop*) et sans lequel il ne peut y avoir le moindre *stimulus* ni le moindre commencement d'action. En toute rigueur, par exemple, une piqûre infligée par une aiguille ne fait pas mal au sens où elle produirait une douleur qui déclencherait un mouvement du corps : elle n'est que le *stimulus* issu de l'environnement auquel répond l'être vivant en tant que totalité qui enveloppe le corps vécu aussi bien que le corps physique. En outre, afin de comprendre la réaction de l'organisme il convient de prendre également en considération la plasticité du cerveau humain qui, comme l'écrit Thomas Fuchs, est « non seulement le plus complexe des organes mais aussi le plus adaptable » dans la mesure où il ne cesse de se transformer en fonction des expériences passées [2].

Retour critique sur les neurones miroir

Si on suit sans peine Thomas Fuchs dans son examen critique des neurosciences et dans son refus de considérer le cerveau isolément, il faut reconnaître que la thèse de la complémentarité du *Leib* et du *Körper* comme de l'unité dialectique du corps propre de l'individu peut susciter un certain scepticisme. N'est-ce pas tenter d'unir ce qui ne peut définitivement pas l'être comme le pense une certaine phénoménologie ? C'est ce que nous voudrions montrer en reprenant brièvement la discussion autour des neurones miroir (*mirror neurons*) et, ce faisant, la question de la naturalisation de la phénoménologie.

1. A. Damasio, *Self comes to mind : Constructing the conscious brain*, New York, Pantheon Book, 2010.
2. T. Fuchs, *Ecology of Brain*, p. 139.

La « découverte » – nous mettons volontairement le terme entre guillemets car si découverte il y a, nul ne sait au fond très précisément ce qui a été découvert – des neurones miroir remonte aux années quatre-vingt-dix par Rizzolatti et Gallese. A partir de leurs travaux on a considéré que l'empathie et la compréhension d'autrui trouvaient leurs fondements non dans l'esprit, au sens des théories de l'esprit (*Theories of Mind*), mais dans des processus neuronaux dont il est possible de déterminer précisément les zones cérébrales et de dégager certains traits spécifiques. En effet, des recherches chez le singe macaque et chez l'homme ont montré que l'observation aussi bien que l'exécution d'actes moteurs, comme saisir une graine, engagent des processus neuronaux commun dans le cortex prémoteur (l'aire F5 pour le singe et les aires A44 et A45 pour l'homme, qui correspondent à l'aire de Broca). On constate ainsi une forme de *résonance* motrice au sens où je ne puis observer une action qui est accomplie dans un but déterminé par un autre sans que, au plan neuronal, je simule la même action, et réciproquement. Selon certains chercheurs, il en irait de manière analogue pour les émotions, et les mêmes processus neuronaux propres à l'expérience émotionnelle se retrouveraient dans la perception des émotions d'autrui. Par exemple, si une personne observe chez d'autres une réaction de dégoût provoquée pas une perception olfactive désagréable, cela active une région du cerveau qui est impliquée dans ses propres réactions de dégoût. Et si cette région du cerveau est atteinte à la suite d'un choc, la personne non seulement n'est plus capable d'éprouver elle-même une réaction de dégoût mais en outre échoue à saisir les réactions de dégoût des autres [1].

Ces travaux ont suscité une vaste littérature et ont retenu d'autant plus l'attention des phénoménologues que certains, soucieux de scientificité, ont cru y trouver la possibilité d'une naturalisation de la phénoménologie *via* une fondation neurobiologique de la conception husserlienne de l'intersubjectivité [2]; tandis que d'autres y ont souligné cet entrelacement de la motricité et de la perception, mis en avant par Merleau-Ponty, en sorte que « voir c'est faire, et surtout voir faire, c'est faire encore » [3]. Il est vrai, en même temps, que certains chercheurs et non des moindres ont tenté de tempérer l'enthousiasme suscité par les neurones miroir, notamment en

1. T. Fuchs, *Ecology of Brain*, p. 189.

2. J.-L. Petit, « Empathie et intersubjectivité », dans A. Berthoz, G. Jorland, *L'empathie*, Paris, Odile Jacob, 2004, p. 131.

3. E. Bimbenet, *Après Merleau-Ponty. Etudes sur la fécondité d'une pensée*, Paris, Vrin, 2011, p. 209 *sq*.

ce qui concerne les émotions [1]. Thomas Fuchs, pour sa part, aborde cette théorie avec une prudence manifeste. Il note ainsi que la dénomination de « neurones miroir » est particulièrement malheureuse dans la mesure où elle conduit à une conception mentaliste (*representationalist*) du rapport à autrui. Tout se passe alors comme s'il y avait dans le cerveau une représentation interne produite par les neurones – une représentation du dégoût par exemple – qui, projetée ensuite sur l'autre, était au principe de l'empathie [2]. En outre, la capacité des simples neurones à percevoir autrui paraît dans cette théorie quasi miraculeuse alors que cette perception engage une situation sensori-motrice très complexe qui s'inscrit la plupart du temps dans une relation dynamique d'intercorporéité – comme c'est le cas entre la mère et l'enfant, où l'un et l'autre entrent en *résonance* et forme comme un seul système dynamique [3]. Enfin, jamais des neurones ne pourront « réfléchir » quoi que ce soit (*neurons cannot mirror anything*) pour la simple raison que, contrairement à la réflexion d'un rayon lumineux qui est un phénomène physique, la réflexion qui est ici en jeu avec les neurones dits miroir est un acte qui relève par excellence de la conscience. Seule une conscience *incarnée* est en mesure de se regarder dans un miroir et de saisir dans le miroir une image de soi ; seule une conscience *incarnée* peut saisir une représentation comme reflet ou image spéculaire de l'action d'autrui.

La complémentarité problématique du corps physique et corps vécu

Mais à vrai dire cette critique elle-même suscite un certain embarras qui se retrouve, d'une manière très générale, dès qu'on entreprend de naturaliser l'intentionnalité. Il s'agit, en l'occurrence, non pas de réduire et d'assimiler les vécus intentionnels de la conscience à des phénomènes

1. G. Hickok, *The myth. Of mirror neurons : the real neuroscience of communication and cognition*, New York, Norton & Co, 2014 ; J. Decety rapporte le cas d'un patient souffrant d'une paralysie faciale bilatérale qui est donc incapable d'exprimer des émotions par des expressions faciales. Malgré cette paralysie faciale complète, cette personne n'a aucun déficit dans la reconnaissance des expressions faciales des autres personnes ». J. Decety, « Composants, mécanismes, développement et fonctions de l'empathie », *EMC-Psychiatrie* 13(1), 2013 : 1-8 [Article 37-090-A-20].

2. On peut distinguer avec Max Scheler l'empathie de la sympathie : à la différence de cette dernière qui est le partage des mêmes émotions, l'empathie se limite à la conscience des émotions éprouvées par l'autre. Ainsi, la pitié éprouvée face à la misère d'autrui relève de l'empathie alors que la tristesse partagée avec autrui ressortit à la sympathie. M. Scheler, *Nature et formes de la sympathie. Contribution à l'étude des lois de la vie émotionnelle*, trad. fr. M. Lefebvre, Paris, Payot, 1928.

3. T. Fuchs, *Ecology of Brain*, p. 187.

neurobiologiques mais d'intégrer les uns et les autres dans un processus plus large à la fois perceptif, moteur et intercorporel. On espère alors parvenir à accorder la *compréhension* phénoménologique des vécus intentionnels et *l'explication* des phénomènes neurobiologiques. Certes, il n'est plus question de personnaliser le cerveau en soutenant que des neurones calculent, imaginent ou perçoivent. Cependant, en intégrant les vécus intentionnels dans un processus englobant le cerveau et les neurones miroir, ne risque-t-on pas d'associer des éléments qui ne peuvent pas l'être parce qu'ils sont par nature incompatibles [1] ? Et ne retombons-nous pas *mutatis mutandis* dans cette personnalisation du cerveau que l'on rejetait auparavant ? Afin d'éclaircir l'objection, il convient de revenir sur la distinction du corps vécu ou vivant (*Leib*) et du corps comme objet physique (*Körper*).

Le sens de cette distinction ne va, en effet, nullement de soi et peut faire l'objet de différentes interprétations. Pour Husserl, le corps physique (*Körper*), le corps vécu (*Leib*) puis l'âme (*Seele*) apparaissent dans l'attitude naturaliste comme des couches distinctes qui sont entre elles dans une relation causale et qui constituent l'être humain en tant que réalité psycho-physique [2]. Nous avons vu que Thomas Fuchs, pour sa part, oppose le corps vécu (*Leib*) saisi en première et en deuxième personne au corps physique (*Körper*) qui est appréhendé en troisième personne tout en conservant l'idée de l'unité des deux mode d'apparaître du corps qui demeure donc une seule réalité [3]. A l'opposé, on peut considérer que le corps vécu et le corps physique sont sur des plans exclusifs l'un de l'autre et, par suite, sans aucune relation intelligible. Ainsi, pour Sartre [4], le corps vécu, mon corps tel qu'il est pour moi ou corps comme être-pour-soi (*Leib*), et le corps physique, c'est-à-dire mon corps tel qu'il est pour autrui ou corps-pour-autrui (*Körper*) relèvent de deux points de vue totalement distincts : le point de vue de la conscience sur elle-même en tant que conscience incarnée, qui correspond au point de vue en première

1. Ce hiatus est à l'origine du passage de la neurophénoménologie à la cardiophénoménologie qui tente, à partir de la pliure corporelle-affective du cœur (*Herz/Gemüt*), d'articuler le corps physique et le corps vécu. N. Depraz, *Le Sujet de la surprise : un sujet cardial*, p. 140.

2. E. Husserl, « La Constitution de la nature animale », *Recherches phénoménologiques pour la constitution*, p. 137 *sq.* Ph. Cabestan, « La constitution de l'animal dans les *Ideen* », *Revue de phénoménologie ALTER*, N°3, 1995.

3. Cette thèse de l'unité du corps en dépit de la diversité de ses modes d'apparition est également celle développée par Medard Boss. *Cf.* M. Boss, *Introduction à la médecine psychosomatique*, p. 50.

4. J.-P. Sartre, *L'Être et le néant*, p. 342-344. Ph. Cabestan, « La constitution du corps selon l'ordre de ses apparitions », *Qui suis-je ? Sartre et la question du sujet*, Paris, Hermann, 2015, p. 156 *sq.*

personne, et le point de vue d'autrui qui est un point de vue extérieur et qui correspond alors au point de vue réifiant appelé parfois point de vue en troisième personne. Par suite, le corps vécu et le corps physique ressortissent à deux plans ontologiques antithétiques et incommunicables qui sont ceux du pour-soi et de l'en-soi, du néant et de l'être [1].

Ainsi, ne confondons pas, d'une part, la vue qui est « la collection de tous les objets visibles en tant que leurs relations objectives et réciproques se réfèrent toutes à (...) un certain centre de perspective » et, d'autre part, l'œil avec sa rétine et son cristallin [2]. La vue relève du corps comme être-pour-soi et elle est conscience de voir et de voir ceci et cela; tandis que mon œil n'est visible que de l'extérieur et fait partie du corps comme être-pour-autrui. Sans doute est-on toujours tenté de rapporter un plan à l'autre et de soutenir que c'est avec nos yeux que nous voyons. Mais en toute rigueur, l'analyse de la vue et celle de l'œil sont distinctes et ne peuvent être exposées à l'aide du même vocabulaire. Dans cette perspective, on ne peut plus dire qu'une piqûre fait mal ni même, avec Thomas Fuchs, qu'une piqûre par elle-même ne peut pas faire mal car elle n'est que le *stimulus* auquel répond l'être vivant en tant que totalité; mais il faut dire que la piqûre, en tant que phénomène physique dont on peut établir la cause et mesurer la profondeur, et la sensation de douleur, qui est un vécu que la conscience éprouve à même son corps (*Leib*), qu'elle peut redouter, oublier, remémorer, etc. sont sur deux plans ontologiquement incommunicables. De ce point de vue, la naturalisation de la phénoménologie est un projet vide de sens et à jamais irréalisable, et ce que nous apprennent les neurosciences, dont on ne saurait contester la légitimité scientifique, restera toujours juxtaposé à ce que dévoile la phénoménologie qui, en toute rigueur, ne se rapporte pas au même « objet ».

Monde de la vie et sciences modernes de la nature

Remarquons toutefois qu'il est possible de parvenir à une conclusion analogue quoique cela soit à partir d'une autre compréhension de la distinction husserlienne du *Leib* et du *Körper*. Dans *Les Repères éblouissants. Renouveler la phénoménologie*, Claude Romano s'interroge sur la légitimité de cette distinction du point de vu de ce que Husserl dénomme dans la *Krisis* « le monde de la vie (*Lebenswelt*) » qui est le

1. Plus rigoureusement : de l'être qui est ce qu'il est (en-soi) et de l'être qui n'est pas ce qu'il est et qui est ce qu'il n'est pas (pour-soi).
2. *Ibid.*, p. 358.

monde préscientifique que dévoile la mise entre parenthèses de ses déterminations culturelles et scientifiques [1]. En effet, il convient de ne pas confondre le monde de la vie quotidienne et son objectivation par les sciences qui lui substituent « un royaume d'idéalités qui lui demeure à jamais hétérogène » [2]. La question est alors de savoir si le corps en tant que chose physique (*Körper*) relève bien du monde de la vie. Pour Claude Romano, la réponse s'impose : dans le monde de la vie, le corps phénoménal ou corps primordial, qu'il s'agisse de mon corps ou du corps d'autrui n'est jamais une chose physique (*Körper*) en tant que substrat de déterminations physico-biologiques mais toujours un corps vivant (*Leib*) [3].

Il s'ensuit que dans le monde de la vie quotidienne, je puis saisir la couleur des yeux qui me regardent; je puis également décider si ce regard est amical ou ne l'est pas. Mais il m'est à jamais impossible de voir l'œil d'autrui avec sa rétine et son cristallin en tant qu'organe du corps physiologique ou *Körper*. Impossible? Pour la simple raison qu'une telle observation suppose des connaissances scientifiques qui sont, par définition, étrangères au monde de la vie quotidienne [4]. Il est vrai que ce corps neurophysiologique de même que les innombrables cellules qui le composent ne tombent pas du ciel. D'un point de vue phénoménologique, il convient de montrer comment il *dérive* du corps vivant ou *Leib* en tant que corps primordial, de même que la géométrie euclidienne comme l'univers infini de l'astrophysique *dérivent* du monde de la vie dont Husserl affirme l'antériorité et l'autonomie. Mais ce corps neurophysiologique comme l'univers de l'astrophysique constituent ce qu'on peut appeler avec Husserl, « un vêtement d'idées (*Ideenkleid*) »

1. E. Husserl, *La Crise des sciences européennes et la phénoménologie transcendantale*, p. 57 *sq*.

2. C. Romano, « Après la chair », *Les Repères éblouissants. Renouveler la phénoménologie*, p. 179.

3. Claude Romano retrouve à sa manière l'objection que Merleau-Ponty adresse à la conception sartrienne de l'intersubjectivité lorsqu'il rappelle que le regard n'est pas nécessairement objectivant : « En réalité le regard d'autrui ne me transforme en objet, et mon regard ne le transforme en objet, que si l'un et l'autre nous nous retrions dans le fond de notre nature pensante, si nous faisons l'un et l'autre regard inhumain, si chacun sent ses actions, non pas reprises et comprises, mais observées comme celles d'un insecte ». Cependant, pouvons-nous ajouter, il s'en faut de beaucoup, c'est-à-dire de toutes les opérations méthodique d'abstraction et d'idéalisation propres aux sciences de la nature, pour que ce regard inhumain qui observe l'autre le transforme en objet biologique (*Körper*). M. Merleau-Ponty, *Phénoménologie de la perception*, p. 414.

4. C. Romano, *Les Repères éblouissants*, p. 181 note 1.

qui vient recouvrir le monde de la vie [1]. On ne peut donc plus confondre le *Leib* et le *Körper*, le corps vivant d'une conscience et le corps en tant qu'idéalité et construction théorique des sciences modernes de la nature, qui font précisément abstraction de la conscience. Un tel corps est mesurable et calculable, il est décrit en termes de cellules, de neurones, de neurotransmetteurs ; mais il serait aussi ridicule de confondre les couleurs d'un coucher de soleil et les longueurs d'onde du spectre électromagnétique que de vouloir rendre compte grâce à la sérotonine de l'émotion suscitée par une rencontre amoureuse.

Conclusion

Il fut un temps, pas si éloigné encore, où l'on cherchait le gène de l'homosexualité comme celui de l'instinct maternel ou de la criminalité. Il semble désormais que tout, y compris le génie ou la mélancolie, soit une affaire de neurones et de processus cérébraux. Face à ce « cérébrocentrisme » [2] – stade suprême du naturalisme ? – on peut être reconnaissant à Thomas Fuchs de vouloir replacer le cerveau dans son environnement et de conserver à la liberté de l'être humain la place qui lui revient. Mais en considérant le cerveau comme ce médiateur qui offre au sujet différentes possibilités et, en un mot, comme l'organe de sa liberté [3], Thomas Fuchs tente, à la manière de Descartes et sa glande pinéale, de réunir verbalement ce qui ne peut l'être ontologiquement. S'il est vrai que le cerveau qu'étudient les neurosciences, même saisi en interactions horizontales avec son environnement et verticales avec le corps dont il fait partie, partage le mode d'être de ce qui est objectivé par la science moderne, il ne saurait y avoir de place pour quoi que ce soit comme le temps ou la liberté qui dans son être est la négation de toute forme de réification. Il faut donc ne pas hésiter à soutenir que le champ de recherche de la phénoménologie est totalement distinct de celui de la neurobiologie et qu'il est vain, comme nous l'avons vu à propos de l'empathie et ses neurones miroir, de vouloir accorder ce qui ne peut l'être.

1. E. Husserl, *La Crise des sciences européennes et la phénoménologie transcendantale*, p. 60.

2. Comme le suggère Thomas Fuchs au terme de son ouvrage, on peut rapporter ultimement ce « cérébrocentrisme » et le corps physique (*Körper*) à la position excentrique de l'homme au sens de Helmut Plessner, c'est-à-dire à la possibilité proprement humaine de se considérer réflexivement et comme du dehors. T. Fuchs, *Ecology of Brain*, p. 280 et p. 286. H. Plessner, *Les degrés de l'organique et l'homme. Introduction à l'anthropologie philosophique*, trad. fr. P. Osmo, Paris, Gallimard, 2017.

3. T. Fuchs, *Ecology of Brain*, p. 53.

Sans doute peut-on constater empiriquement entre l'un et l'autre certaines régularités. Ainsi, contrairement à mon voisin de campagne que l'alcool rend mauvais, je sais que le vin « dissipe la tristesse qui pèse sur mon cœur » (Ambroise Thomas), que l'aspirine *alias* l'acide acétylsalicylique calme mes maux de tête et que les neuroleptiques ont une action anti délirante. Je le sais mais j'ignore et ignorerai toujours comment.

PHÉNOMÉNOLOGIE EXISTENTIELLE ET PSYCHANALYSE

Quand on est philosophe de formation, on éprouve quelques scrupules à jeter sur la psychanalyse un regard critique alors que – et c'est notre cas – on n'est pas soi-même psychanalyste. Savons-nous bien de quoi il s'agit ? Nous avons déjà argué en introduction de notre humanité pour nous autoriser à écrire sur des troubles que nous n'avons ni soignés ni vécus mais, dans le cas de la psychanalyse, certaines expériences fondamentales ne sont-elles pas la condition d'un discours légitime ? Combien de fois, en effet, n'avons-nous pas croisé le regard condescendant de celui qui fut « enanalyse » [1] et qui sait, lui, de quoi il parle ! Et si, tout à l'inverse, une certaine distance avec la psychanalyse ne garantissait pas cette liberté sans laquelle il n'est pas d'éloge flatteur ? Et si la relation analytique elle-même, dans la mesure où elle neutralise l'esprit critique, était en l'espèce un handicap ? Du reste, invoquer l'autorité de l'expérience se révèle en la matière d'autant plus naïf qu'il s'agit de la vie inconsciente du sujet, dont il n'est justement pas possible de faire l'expérience [2]. Ce qui est en jeu, à vrai dire, ce ne sont pas des faits mais leur interprétation à l'aide de concepts aussi rigoureux que possibles.

Nous avons à maintes reprises évoqué et critiqué l'œuvre de Freud, que ce soit à propos de l'angoisse, de la sexualité, du rêve ou encore des névroses de guerre. Cela n'est guère étonnant compte tenu de

1. J. Derrida, *Résistances*, Paris, Galilée, 1996, p. 14.

2. Sans parler du cercle qui, selon une démarche vaguement inspirée de la méthode expérimentale, conduit à trouver la confirmation de la légitimité des concepts fondamentaux (l'inconscient, le refoulement, le transfert, la libido narcissique, etc.) dans une « expérience » dont la signification est commandée par ces mêmes concepts fondamentaux. Freud a lui-même caricaturée cette situation dans un court texte consacré à la négation : que le patient dise oui ou non, peu importe : il confirme dans un cas comme dans l'autre l'interprétation de son analyste. Puisque, s'il repousse l'interprétation proposée par l'analyste, son attitude est dictée par des résistances dont l'éveil atteste de la justesse de l'interprétation. S. Freud, « La Négation », dans *Résultats, idées, problèmes II*, trad. fr. J. Laplanche *et alia*, Paris, P.U.F., 1998.

l'importance prise par la psychanalyse tout au long du vingtième siècle, quoiqu'elle semble de nos jours sur son déclin comme si, à l'instar du matérialisme historique ou de la religion naturelle, elle était désormais irrémédiablement datée. Ce qui signifie non pas que l'on pourrait ignorer purement et simplement sa contribution à l'anthropologie et à la psychopathologie mais qu'il nous faut tirer les leçons de cette aventure afin de mieux la poursuivre. C'est dans cette perspective que nous lisons Freud en évitant aussi bien de vouer son œuvre aux gémonies que de l'identifier à une quelconque révolution copernicienne [1]. Ainsi, dans le prolongement des différentes remarques que nous avons été amenés à faire tout au long de cet ouvrage et que nous allons rappeler brièvement pour certaines d'entre elles, nous voudrions prendre la mesure de ce qui sépare la phénoménologie existentielle de la psychanalyse et déterminer s'il lui est possible de faire sienne l'hypothèse de l'inconscient psychique.

Angoisse, pulsion et appareil psychique

Nous avons vu que Freud et Heidegger confèrent à l'angoisse une place décisive mais que le fossé qui sépare la conception freudienne de l'angoisse de son analyse heideggérienne n'en est pas moins grand. Celle-ci serait même aux antipodes de celle-là, selon Jean Greisch [2]. Car, fondamentalement, l'angoisse est pour Freud angoisse face aux exigences de la *libido* alors que pour Heidegger l'angoisse est dépourvue de signification sexuelle et n'a pas d'objet. Freud établit au contraire un parallèle entre l'angoisse face à un danger extérieur et l'angoisse face à ce danger intérieur que représenteraient les exigences de la *libido* [3]. Freud, du même coup, ignore la distinction heideggérienne, reprise par Sartre dans *L'Être et le néant* et empruntée à Kierkegaard, entre la peur qui est toujours peur de quelque chose et dont l'objet peut être déterminé tandis que l'angoisse est angoisse de rien. En outre, Freud croit pouvoir, d'un point de vue économique, c'est-à-dire énergétique, établir une relation génétique entre l'angoisse et la *libido* au sens où l'angoisse naîtrait d'une *libido* inemployée qui se transformerait, mieux : se déchargerait

1. C. Meyer (éd.), *Le Livre noir de la psychanalyse. Vivre, penser et aller mieux sans Freud*, Paris, Les Arènes, 2005 ; M. Robert, *La Révolution psychanalytique*, Paris, Payot, 1964. M. Gyemant, D. Popa (éd.), *Approche phénoménologique de l'inconscient*, Europaea Memoria, Georg Olms Verlag, 2015, Introduction, p. 6.

2. J. Greisch, *Ontologie et temporalité*, p. 230.

3. S. Freud, *Introduction à la psychanalyse*, p. 382.

sous la forme d'angoisse. Il faut bien reconnaître que, d'un point de vue phénoménologique, l'idée même d'une métamorphose de l'énergie libidinale en disposition affective est un mystère d'une opacité comparable à celle de la conversion hystérique.

Toutefois, dans la mesure où l'angoisse dans *Être et temps* est étroitement liée à un sentiment d'étrangeté (*Unheimlichkeit*), la possibilité d'un rapprochement entre Heidegger et Freud semble de nouveau possible. En effet, l'angoisse est l'occasion pour le *Dasein* d'éprouver l'étrangeté du monde au sens où le Dasein ne s'y sent pas chez soi. En ce sens, la familiarité rassurante avec laquelle le *Dasein* est au monde concerne en vérité le *Dasein* qui existe sous l'emprise du sens commun et ne vise qu'à masquer, selon Heidegger, un sentiment d'étrangeté [1]. Freud, comme on le sait, consacre au sentiment d'étrangeté – ou, selon certaines traductions, d'inquiétante étrangeté – un petit essai au cours duquel il analyse en particulier le fameux conte de E. T. A. Hoffmann, *L'Homme au sable* [2]. Freud, à l'instar de Heidegger, interroge l'étymologie du terme *Unheimlich*, dont la racine *Heim*, comme dans *Heimat* (pays) ou *Heimweh* (mal du pays), désigne le foyer, la maison, et l'un et l'autre s'accordent à comprendre l'inquiétante étrangeté comme un ne-pas-être-chez-soi. Mais ici s'arrête sans doute la parenté des deux analyses : alors que Heidegger oppose l'étrangeté à l'être-chez-soi du *Dasein* inauthentique qui s'évade dans le monde rassurant de la quotidienneté, Freud interprète l'étrangeté dans le prolongement de sa conception du refoulement : *Unheimlich* serait alors « tout ce qui aurait dû rester caché, secret, mais se manifeste » [3]. Dans cette perspective, Freud privilégie dans son interprétation du conte de « L'Homme au sable » tout ce qui a trait aux yeux, fort de la conviction que la crainte de devenir aveugle, de perdre ses yeux ou de se crever les yeux, comme Œdipe à la suite de son double crime, serait autant de substituts de l'angoisse inconsciente de castration.

Nous avons vu également que Heidegger rejette le concept de pulsion, qu'il réserve au comportement (*Benehmen*) animal comme celui, par exemple, du ver de terre qui s'enfuit devant la taupe qui le pourchasse [4].

1. M. Heidegger, *Séminaires de Zurich*, p. 238.

2. S. Freud, « L'Inquiétante étrangeté », *Essais de psychanalyse appliquée*, trad. fr. M. Bonaparte, E. Marty, Paris, Gallimard, 1978, p. 163-210.

3. S. Freud, « L'Inquiétante étrangeté », p. 173.

4. M. Heidegger, *Séminaires de Zurich*, p. 240 *sq.* ; M. Heidegger, *Concepts fondamentaux de la métaphysique*, p. 347. F. Dastur, « L'homme et l'animal », *Heidegger et la question anthropologique*, p. 47 *sq.* C. Romano, « Le monde animal : Heidegger et Uexküll », *L'inachèvement d'*Être et temps *et autres études d'histoire de la phénoménologie*, p. 186.

On ne saurait en effet expliquer une conduite humaine par quoi que ce soit de non humain et la pulsion, lorsqu'elle est assimilée à une force ou à une quantité d'énergie, relève purement et simplement de la mécanique. Or l'homme n'est pas plus une machine qu'un vivant. C'est pourquoi, comme nous l'avons souligné, la compréhension d'une conduite humaine, aussi futile soit-elle en apparence, pensons par exemple à un simple geste de pudeur, exige de repartir de l'être du *Dasein* en tant qu'être-au-monde et de la structure temporelle du souci. A la remarque de Boss, qui se fait un instant l'avocat de Freud : « mais, monsieur Heidegger, vous vous êtes cependant senti *poussé* de façon pressante à cet entretien. Une pulsion est donc là qui vous y a conduit, l'entretien a donc en son essence fondamentale un caractère pulsionnel » [1]. Heidegger répond qu'une telle interprétation est fondamentalement abstraite : « ce qui est déterminant n'est pas une poussée ou une pulsion qui me poussent et me forcent par-derrière vers quelque chose, mais c'est quelque chose qui me précède, une tâche qui me mobilise, quelque chose qui m'est donné à faire » [2]. La conduite est donc inséparable d'un être-en-avance-sur-soi. Cependant, en prenant appui sur la réinterprétation du concept de pulsion par Rudolf Bernet, nous avons vu qu'il était possible de comprendre la pulsion en termes de manque à être ou désir d'être dont le désir charnel n'est alors qu'une modalité parmi d'autres. Ce faisant nous réduisons l'empire freudien de la *libido* sur le cours d'une existence dont l'inquiétude fondamentale est ontologique et non pas libidinale.

Plus généralement, qu'il s'agisse de notions aussi décisives pour la psychanalyse que celles de refoulement, de pulsion, de représentation, d'introjection, de transfert, d'affect [3], Heidegger oppose à chaque fois une fin de non recevoir à une conceptualité réifiante qui occulte plus qu'elle ne dévoile ce qui est en question. C'est la raison pour laquelle, Boss distingue soigneusement – et peut-être artificiellement – entre, d'une part, la psychanalyse en tant que mode de traitement des troubles névrotiques au moyen de la libre association et, d'autre part, la métapsychologie. Dans le premier cas, elle est une *praxis* fondée sur la conviction que les symptômes ont un sens qui renvoie à une histoire et que la découverte de ce sens permet de supprimer les symptômes. Elle se caractérise en outre

1. M. Heidegger, *Séminaires de Zurich*, p. 241.

2. *Ibid.*

3. Les notion de représentation, d'introjection, de transfert, d'affect sont étudiées plus ou moins brièvement par Heidegger au cours de ces entretiens de Zurich. M. Heidegger, *Séminaires de Zurich*, p. 230-235.

par la reconnaissance de deux phénomènes centraux : la résistance et le transfert. Tel est pour Boss le grand apport de Freud. Dans le second, elle est un ensemble de réflexions théoriques sur les forces de la vie psychique que Freud lui-même, comme le rappelle à l'envi Boss, tenait pour « une superstructure spéculative dont on peut sacrifier ou échanger sans dommage ni regret chaque élément dès qu'il se révèle insuffisant » [1].

Ce qui, d'un point de vue heideggérien, ne saurait trouver sa place dans une psychologie digne de ce nom et qui est au cœur de la psychanalyse, c'est l'assimilation freudienne du psychisme à un appareil (*Apparat*). A l'instar de l'appareil digestif ou d'un appareil électroménager, le psychisme effectuerait alors un certain *travail* tel que le travail du rêve (*Traumarbeit*) ou le travail du deuil (*Trauerarbeit*). Cette thèse est développée dès 1895 dans le *Projet de psychologie scientifique* et se retrouve dans *La Naissance de la psychanalyse* où Freud soutient que « La tension sexuelle se transforme en angoisse dans tous les cas où, tout en se produisant avec force, elle ne subit pas *l'élaboration* psychique qui la transformerait en affect » [2]. Cette notion d'élaboration psychique (*psychische Verarbeitung*) n'a en effet de sens que du point de vue d'un appareil qui accomplit – ou n'accomplit pas parce qu'il en est empêché – un certain travail (*labor*) orienté vers la diminution de la tension. Il ne faudrait pas croire que cette idée d'appareil psychique relève d'une quelconque préhistoire de la psychanalyse freudienne. Elle est reprise en 1900 dans le chapitre VII de *L'Interprétation des rêves* et Freud y recourt à nouveau à la fin de sa vie, en 1938 exactement, dans son *Abrégé de psychanalyse* [3]. Afin de saisir mieux saisir en quel sens une pareille assimilation du psychisme à un appareil est phénoménologiquement inacceptable, il suffit sans doute de rappeler que pour Heidegger le *Dasein* est dans son être ouverture au monde et projet-jeté alors que l'appareil, à l'instar de la machine, est sans monde. De ce point de vue, le *Dasein* ne saurait pas plus être un appareil qu'une pierre ou une machine, fût-elle désirante, comme on le soutiendra quelques décennies plus tard.

1. M. Boss, *Psychanalyse et analytique du* Dasein, p. 17. S. Freud, *S. Freud présenté par lui-même*, trad. fr. F. Cambon, Paris, Gallimard, 1984, p. 55.

2. S. Freud, *La Naissance de la psychanalyse*, trad. fr. A. Berman, Paris, P.U.F., p. 84 (nous soulignons).

3. S. Freud, *Abrégé de psychanalyse*, « L'Appareil psychique et le monde extérieur », trad. fr. A. Berman, revue et corrigée par J. Laplanche, Paris, P.U.F., 2001, chap. VIII.

La critique de l'inconscient dans les Séminaires de Zurich

Heidegger et Freud ne se sont jamais rencontrés. Freud ignore vraisemblablement tout de Heidegger jusqu'à son nom [1]. En revanche, même s'il est difficile de déterminer ce que Heidegger a pu lire de Freud, l'auteur de *Être et temps* est loin d'ignorer l'œuvre du fondateur de la psychanalyse. Certes, il n'est pas plus fait mention dans *Être et temps* de la psychanalyse que de ses concepts fondamentaux comme ceux de *libido*, de refoulement ou d'inconscient. Heidegger, du reste, afin d'établir la spécificité de l'analytique existentiale, n'y consacre que quelques lignes à la psychologie en général [2]. De plus, dans une lettre contemporaine de la publication de *Être et temps*, Heidegger précise à l'un de ses étudiants : « Je me suis depuis toujours *très peu* intéressé à la psychanalyse, parce qu'elle me semble insuffisamment pertinente du point de vue des problèmes fondamentaux de la philosophie » [3]. En d'autres termes, Heidegger sait bien qu'il n'a rien à attendre de la psychanalyse freudienne dans sa quête d'une ontologie fondamentale. Il n'en va cependant plus de même une trentaine d'années après *Être et temps*, lorsque Heidegger tient plusieurs fois par an, de 1959 à 1969, en collaboration avec Boss, un séminaire dont l'ambition est d'envisager ce que pourrait être une médecine dont les principes seraient en accord avec l'analytique existentiale développée dans *Être et temps*.

Dans l'avant-propos, Boss établit un parallèle suggestif entre Freud et Heidegger. Il rappelle tout d'abord la fameuse thèse de la blessure narcissique que Freud aurait infligée à l'humanité et que l'on peut résumer par l'affirmation : « le moi n'est pas maître dans sa propre maison ». En d'autres termes, qui sont ceux de Boss, « Freud a essayé de montrer que

1. Il n'est pas impossible que Binswanger ait parlé de Heidegger à Freud à l'occasion d'un de leurs entretiens. En revanche, Binswanger ne mentionne à aucun moment le nom de Heidegger dans sa correspondance avec Freud. S. Freud, L. Binswanger, *Correspondance* (1908-1938), trad. fr. R. Menahem, M. Strauss, Paris, Calmann-Lévy, 1995.

2. M. Heidegger, *Être et temps*, § 10.

3. Lettre de Heidegger à Karl Löwith du 20 août 1927. Dans cette même lettre, Heidegger se demande « *si* la psychanalyse du philosopher, *l'explication ontique-psychologique du philosopher factuel, est déjà elle-même la philosophie*, ou si celle-ci est et doit être quelque chose d'autre, pour que la question psychanalytique *comme telle puisse avoir un sens* ». En d'autres termes, sans rejeter absolument la possibilité d'une psychanalyse du philosopher, Heidegger subordonne la psychanalyse – de même que la psychologie ou l'anthropologie – à une réforme en profondeur du philosopher, entamer dans *Être et temps*. Ce n'est qu'à partir d'un autre philosopher que l'enquête psychanalytique peut elle-même se déployer sur de nouveaux fondements et avoir un sens. J. Greisch, *Ontologie et temporalité*, p. 118, note 5.

la conscience humaine est dominée par “les forces du ça”, comme il les appelle, dont la provenance et l’essence sont inconnues, et qui tirent les hommes à hue et à dia » [1]. Ainsi, tout en prenant ses distances vis-à-vis de la terminologie freudienne [2], Boss retient de Freud sa volonté de délivrer l’homme de son ego-centrisme comme de sa prétention à la maîtrise de soi. De cette manière, Freud rejoint Heidegger dans sa critique de l’humanisme métaphysique et d’un sujet qui prétendrait être « l’alpha et l’oméga de tout ce qui est », conception à laquelle Heidegger oppose, pour sa part, un autre « humanisme » pour lequel « ce qui est essentiel, ce n’est pas l’homme, mais l’être » [3].

Cependant, lorsqu’il s’agit de l’hypothèse de l’inconscient psychique, Heidegger place curieusement l’œuvre de Freud dans le prolongement de la pensée de Kant : elle serait le résultat du « transfert de la philosophie néokantienne *sur* l’être humain » [4]. On pourrait s’étonner d’une telle interprétation. Même s’il arrive à Freud d’évoquer l’œuvre de Kant, le philosophe de Königsberg est loin d’être l’une ses références privilégiées. Toutefois, comprenons que ce qui est en question n’est pas tant telle ou telle affirmation de Kant qu’une certaine manière d’envisager les phénomènes. A cet égard, il est relativement facile de montrer que la conception freudienne de la vie psychique partage les mêmes présupposés ontologiques que la conception kantienne de la connaissance objective de la nature [5]. En effet, en plein accord avec la science de la nature des temps modernes, Kant envisage les phénomènes naturels, y compris donc les phénomènes psychiques, conformément à la table des catégories et aux principes de l’expérience établis dans la *Critique de la raison pure* et donc comme un enchaînement de causes et d’effets, au sein duquel une solution de continuité est aussi impensable qu’un effet sans cause ou une cause sans effet.

1. S. Freud, « Une difficulté de la psychanalyse », *Essais de psychanalyse appliquée*, p. 146; M. Heidegger, *Séminaires de Zurich*, p. 17.

2. Au cours de l’entretien du 24 avril au 4 mai 1963, Heidegger rapporte la tripartition freudienne du moi, du ça et du surmoi à la subdivision de l’âme en sensibilité, entendement et raison ou loi morale. M. Heidegger, *Séminaires de Zurich*, p. 243.

3. M. Heidegger, *Lettre sur l’humanisme*, p. 85. F. Dastur, « Métaphysique et humanisme (*Lettre sur l’humanisme*) », *Heidegger et la question anthropologique*, p. 65 *sq*.

4. M. Heidegger, *Séminaires de Zurich*, p. 286.

5. Heidegger rappelle de manière générale « qu’il n’y a pas d’étude scientifique d’un domaine d’objet sans une ontologie explicite ou implicite ». De ce point de vue, Kant fournit à la psychanalyse l’ontologie qui commande souterrainement ses élaborations théoriques. M. Heidegger, *Séminaires de Zurich*, p. 193.

Or, pour Freud comme pour Heidegger, ce qui caractérise à l'évidence la suite des vécus de conscience, c'est précisément leur absence de continuité : tout d'un coup j'oublie un nom, une idée me vient à l'esprit, laisse provisoirement la place à une autre, réapparaît, etc. sans que je sache pourquoi. C'est la raison pour laquelle, postulant avec Kant comme avec les sciences de la nature, l'absence de solution de continuité, Freud élabore son hypothèse de l'inconscient. Autrement dit, au lieu d'être attentif au mode d'être du phénomène en question, il élabore l'hypothèse de l'inconscient afin de rétablir la continuité supposée de la vie psychique. Ce faisant, et se trouve ainsi dévoilée l'origine véritable de l'hypothèse, Freud répond au postulat du déterminisme universelle et à l'exigence « d'explicabilité intégrale du psychique ». A l'appui d'une telle interprétation du freudisme, on peut du reste citer Freud lui-même qui soutient, dans un article de 1915, que l'hypothèse de l'inconscient est nécessaire « parce que les données de la conscience sont extrêmement lacunaires » [1]. Ou encore, Rudolf Bernet, fidèle lecteur de Freud, qui écrit à propos du concept descriptif de l'inconscient : « Freud dit que l'inconscient n'a pas d'autre choix que de se servir de la conscience s'il veut se manifester. Il y apparaît cependant sous forme d'un écart, d'une rupture, de l'étrangeté. Son irruption dans la conscience se signale par une interruption de la continuité et de la cohérence de la vie consciente » [2]. Les exemples paradigmatiques de l'oubli ou de l'acte manqué sont donc des manifestations de l'inconscient qui brisent la continuité supposée de la vie psychique, que l'hypothèse de l'inconscient permet de rétablir.

Cette fin de non recevoir opposé par Heidegger à ce qu'il dénomme lui-même « la fatale distinction du conscient et de l'inconscient » [3], conduit Boss à reconsidérer la manière dont la psychanalyse interprète les phénomènes pathologiques. Nous nous contenterons ici d'illustrer la démarche de Boss à l'aide de deux exemples. Le premier, que nous avons déjà eu l'occasion d'évoquer, est un cas de paralysie hystériques. On se souvient que la chute et la paralysie de Regula Zürcher doivent être comprises, selon Boss, à partir du corps en tant que *Leib* ou corps vivant,

1. L'hypothèse de l'inconscient est nécessaire « parce que les données de la conscience sont extrêmement lacunaires ; aussi bien chez l'homme sain que chez le malade, il se produit fréquemment des actes psychiques qui, pour être expliqués, présupposent d'autres actes qui, eux, ne bénéficient pas du témoignage de la conscience », S. Freud, « L'Inconscient », *Métapsychologie*, p. 66.

2. R. Bernet, « L'inconscient entre représentation et pulsion », *Philosophie*, N°50, juin 1996, p. 68.

3. M. Heidegger, *Séminaires de Zurich*, p. 351.

l'attirance et la répulsion étant vécues corporellement par Regula Zürcher sous la forme d'un subit accès de paralysie. Aussi Boss reproche-t-il à Freud d'ignorer la spécificité du *Leiben* en tant que modalité fondamentale du rapport de l'homme à ce qu'il rencontre dans le monde alors que c'est précisément à partir de ce *Leiben* qu'il est possible de comprendre un trouble tel qu'une paralysie hystérique. Comme le souligne M. Boss, le *Leiben* est immédiat, et rien n'autorise la métapsychologie à intercaler entre la rencontre et la paralysie un quelconque conflit intrapsychique subsistant dans l'inconscient qui provoquerait magiquement la conversion d'une certaine quantité d'énergie libidinale en une paralysie des jambes.

Le deuxième exemple est celui d'une femme qui oublie son sac chez l'homme à qui elle a rendu visite. On pourrait être tenté d'interpréter cet oubli comme l'expression du souhait inconscient de pouvoir retourner chez cet homme. Pour Heidegger, une telle interprétation fait fausse route et repose sur une invention inutile [1]. Sans doute est-il décisif de noter, pour comprendre l'oubli du sac par cette femme, que l'homme en question ne lui est pas indifférent. C'est du moins ce qui permet de comprendre que cette femme soit auprès de lui au point qu'en partant elle y reste encore, tandis que son sac n'est plus du tout là pour elle. Heidegger écrit à son propos : « Lorsqu'elle part, le sac reste là parce que déjà, en étant dans la pièce, elle était tellement auprès de son ami que le sac n'était déjà pas là » [2]. On devine ainsi de quelle manière une phénoménologie de l'oubli comme de la présence permet de contourner l'écueil de l'inconscient psychique ainsi que la représentation du psychisme comme d'un réservoir dans lequel l'oublié pourrait être jeté [3]. Une telle réification des phénomènes psychique occulte ce qui doit être ressaisi selon Heidegger comme autant « de rapports-au-monde ek-statiques et intentionnels » [4]. De ce point de vue, oublier ce qui fait souffrir est de même une conduite intentionnelle : c'est une façon de ne pas s'y abandonner en s'engageant toujours d'avantage dans quelque chose d'autre, ou encore : « c'est une façon de s'esquiver devant soi-même en tant que le soi est constamment concerné par la souffrance » [5].

1. M. Heidegger, *Séminaires de Zurich*, p. 237.
2. *Ibid.*, p. 237.
3. *Ibid.*, p. 238. *Cf.* également, p. 392.
4. *Ibid.*, p. 392.
5. *Ibid.*, p. 239.

La phénoménologie comme psychologie des profondeurs

Cependant, est-il possible de renoncer purement et simplement à l'hypothèse de l'inconscient psychique? Nous allons voir que la phénoménologie husserlienne, à la différence de l'analyse existentielle, reconnaît sans ambiguïté l'existence de vécus de conscience inconscients. En ce sens, on ne saurait lui reprocher de souscrire à l'illusoire transparence de la conscience à elle même.

Héritière du *cogito* cartésien, la phénoménologie husserlienne est une phénoménologie de la conscience et se tient, à première vue, à mille lieux de la problématique freudienne de l'inconscient. Du reste, quoiqu'elles soient contemporaines, chacune s'est développée dans l'ignorance de l'autre ou presque. Le fossé qui les sépare est aisée à comprendre : tandis que Husserl s'attache à l'explicitation réflexive des vécus intentionnels de la conscience, que dévoile à un spectateur désintéressé la réduction phénoménologique, Freud entend découvrir les terres nouvelles de la vie inconsciente *via* l'interprétation (*Deutung*) du sens caché des phénomènes psychiques [1]. Il est vrai néanmoins que l'un et l'autre entendent explorer les profondeurs de l'âme humaine et partagent une même ambition : donner à la psychologie un fondement scientifique. En outre, comme nous avons eu l'occasion de le souligner, il y a chez Husserl une doctrine phénoménologique de la pulsion que Husserl lui-même aurait qualifiée, dans un manuscrit de juin 1934, d'« anticipation de la psychanalyse freudienne » [2]. Enfin, il y a chez Husserl un intérêt certain sinon pour l'inconscient au sens freudien du moins pour la vie psychique inconsciente dont l'exploration relève d'une forme de psychologie des profondeurs *alias* une phénoménologie conduite en mode génétique qui s'oppose à la phénoménologie en mode statique [3].

1. P. Ricœur, *De l'interprétation. Essai sur Freud*, « Que la psychanalyse n'est pas la phénoménologie », p. 410.

2. R. Bernet, *Force, Pulsion, Désir*, p. 315.

3. Depuis plus d'une vingtaine d'années, avec notamment en France les travaux de Natalie Depraz, les études sur la phénoménologie husserlienne n'ont cessé de souligner le « le double visage de la phénoménologie » (Husserl), dont les analyses sont conduites selon les modes complémentaire du statique et du génétique. En effet, la phénoménologie peut être statique, comme dans le cas des *Idées directrices*, et montrer comment l'objet intentionnel se donne à la conscience; et elle peut être génétique et s'interroger alors sur la genèse de l'expérience et de la corrélation sujet-objet. Comme l'écrit Laurent Perreau, « la phénoménologie génétique nous ramène donc à la considération du sujet dans ce que Husserl appelle métaphoriquement son "histoire", c'est-à-dire dans le procès de son auto-consitution, qui est tout à la fois temporalisation, individuation et concrétisation ». I. Kern, « Constitution statique et constitution génétique », trad. fr. N. Depraz, *Revue de Phénoménologie ALTER*, 1994, N°2, p. 28-39; L. Perreau, *Le Monde social selon Husserl*, p. 208.

Dans un ouvrage posthume dont la rédaction s'étend de 1912 à 1928, Husserl s'interroge sur ces vécus de conscience qui sont entièrement dénués de raison. Il écrit à ce propos de manière significative : « L'élément singulier qui s'y [les vécus de conscience] profile y est motivé dans un arrière-plan obscur, il a ses “fondements psychiques” au sujet desquels on peut se demander : comment en suis-je arrivé là, qu'est-ce qui m'y a amené ? (...) Les “motifs” sont souvent profondément cachés, mais peuvent être mis au jours par la “psychanalyse”. Une pensée me “rappelle” d'autres pensées, ramène à mon souvenir mon vécu passé, etc. Il y a des cas où cela peut être perçu. Mais dans la plupart des cas, la motivation subsiste certes effectivement dans la conscience, mais elle ne parvient pas à se détacher, elle n'est pas aperçue ou pas perceptible (elle est “inconsciente”) » [1]. Ces quelques phrases mériteraient sans doute une longue analyse. On se contera ici de remarquer qu'il s'agit encore et toujours de combler le cours lacunaire de la vie psychique en prenant appui sur l'association des idées afin de rétablir la continuité de la vie psychique. De ce point de vue, la phénoménologie husserlienne relève également de cette pensée néo-kantienne que Heidegger découvre au principe de l'hypothèse freudienne de l'inconscient psychique. En outre, ces analyses husserliennes sont éminemment problématiques. Qu'est-ce qu'une motivation qui subsiste dans la conscience sans être consciente ? Une motivation inconsciente est-elle encore une motivation ? Pourquoi Husserl met-il tant de termes entre guillemets et notamment l'adjectif inconscient ? N'est-ce pas le signe d'un profond embarras ?

L'inconscient : inutile et incertain

Mais plutôt que de répéter inlassablement qu'un vécu de conscience inconscient ou une motivation inconsciente au même titre qu'un désir inconscient sont des expressions contradictoires et par suite dépourvues de sens, nous voudrions nous interroger sur la nécessité de leur accorder une place en repartant de l'expérience. Comme la question du rêve et de son interprétation a déjà été abordée, nous laissons ici de côté ce type de phénomènes pour analyser deux cas que nous empruntons à la philosophie analytique au sens large : le premier, à Alasdair MacIntyre et, le second, à Balzac *via* Vincent Descombes.

1. E. Husserl, *Recherches phénoménologiques pour la constitution*, § 56, p. 308. A. Montavont, *De la passivité dans la phénoménologie de Husserl*, p. 205-206.

MacIntyre distingue deux usages du mot inconscient [1] : soit comme un adjectif ou un adverbe soit comme un substantif. Dans le premier cas, l'inconscient permettrait de *décrire* certaines pensées comme certaines conduites telles que les rêves, les mots d'esprit, les symptômes névrotiques. Dans le second, l'inconscient prétendrait *expliquer* et donner la cause de ces mêmes pensées et conduites. MacIntyre soutient que si l'usage du mot inconscient comme substantif est sans fondement, l'expérience en revanche nous conduit à élargir le concept d'intention, étant donné qu'un grand nombre de phénomènes exprime par-delà l'intention consciente une intention inconsciente. MacIntyre propose, en autres, le cas suivant : il s'agit d'un jeune homme qui est impliqué dans une relation amoureuse malheureuse, qui dit à ses amis qu'il a l'intention de rompre et de retrouver sa liberté mais qui n'en continue pas moins de voir la jeune fille dont il prétend se séparer et de lui offrir des cadeaux. La question est alors de savoir quelles sont ses intentions. Selon MacIntyre, l'intention consciente du jeune homme, exprimée publiquement, est de quitter la jeune fille. Mais cette intention est en contradiction manifeste avec une autre intention, inconsciente, qu'atteste son comportement, de rester avec elle. Si une telle analyse semble aller de soi, on peut tout de même s'interroger sur la réalité de ladite intention inconsciente. D'autant que la conduite de ce jeune homme est susceptible d'une autre interprétation que nous connaissons bien : ce jeune homme se ment à lui-même [2]. Quand il dit vouloir quitter la jeune fille, il est de mauvaise foi, ce qui implique qu'il a conscience de l'intention prétendument inconsciente. Dans ce conflit des interprétations, reconnaissons que la mauvaise foi a le mérite d'éviter d'introduire la notion contradictoire d'intention inconsciente tout en rendant compte de manière satisfaisante de la conduite du jeune homme. L'hypothèse de l'intention inconsciente s'avère incertaine et inutile.

Mais avant de renoncer à l'inconscient adverbial, nous voudrions analyser un autre exemple que nous empruntons cette fois à Balzac et qui est repris par Vincent Descombes [3]. Dans *La Femme de trente ans*, un demi-siècle avant Freud, Balzac pose qu'il « existe des pensées auxquelles nous obéissons sans les connaître : elles sont en nous à notre

1. A. C. MacIntyre, *L'inconscient. Analyse d'un concept*, trad. fr. G. Nagler, P.-E. Dauzat, Paris, P.U.F., 1984, p. 71. La distinction correspond en un sens à l'évolution de la notion chez Freud qui, dans le cadre de sa deuxième topique, emploie le terme inconscient sous sa forme adjective. J. Laplanche, J.-B. Pontalis, *Vocabulaire de la psychanalyse*, p. 197.

2. J.-P. Sartre, *L'Être et le néant*, p. 94. Ce concept de mauvaise foi est proche parent de celui d'hypocrisie métaphysique développé par Merleau-Ponty en 1945. M. Merleau-Ponty, *Phénoménologie de la perception*, p. 190.

3. V. Descombes, *L'Inconscient malgré lui*, Paris, Gallimard, 2004, p. 17-18.

insu » Et l'auteur de *La Comédie humaine* d'ajouter : « Quoique cette réflexion puisse paraître plus paradoxale que vraie, chaque personne de bonne foi en trouvera mille preuves dans sa vie ». Balzac pense pouvoir en donner une à travers le récit de la visite de Charles de Vandenesse à la Marquise d'Aiglemont, incarnation de la femme de trente ans. Charles aurait obéi, selon Balzac, « à l'un de ces textes préexistants dont notre expérience et les conquêtes de notre esprit ne sont plus tard, que les développements sensibles » [1]. Reconnaissons que la métaphore textuelle est propre à retenir l'attention des psychanalystes et tout particulièrement des psychanalystes lacaniens. De ce point de vue, en se rendant chez la marquise pour lui faire ses adieux, Charles n'avait pas conscience des ressorts inconscients de sa conduite que lui dictait un texte sans auteur [2]. Balzac semble donc lui-même reconnaître l'existence de pensées voire d'un discours inconscients.

Pourtant, une lecture attentive suggère une interprétation bien différente et conduit à mettre en question la thèse de Balzac. Il faut noter tout d'abord que Charles n'ignore pas les motifs de sa conduite. Si l'idée qu'il est tombé amoureux ne lui a peut-être pas encore traversé l'esprit, cette passion naissante, encore vague et informulée n'est pas pour autant inconsciente. En revanche, ce que Charles ignore et qui déciderait de sa conduite, selon Balzac, c'est le charme irrésistible qu'exerce toute femme de trente ans sur un jeune homme. Tel serait le texte inconscient de sa conduite. Ira-t-on jusqu'à dire qu'elle a un parfum œdipien ? Toutefois, il ne faut pas se laisser abuser par les prétentions d'un narrateur omniscient qui sait ce que son héros ignore et qui est prêt à dévoiler à ses lecteurs les ressorts du cœur humain. Car ce charme irrésistible de la femme de trente ans fait partie de ces mythes psychologiques qu'un grand écrivain est capable d'accréditer mais qui ne résiste pas longtemps à l'analyse. Tout à l'opposé, on peut soutenir que, fondamentalement, la passion naissante de Charles pour la marquise ne s'explique pas, même s'il est toujours possible d'indiquer ce qui la favorise [3]. Ce qui nous conduit à poser cette simple question : les motivations inconscientes comme les intentions inconscientes ne sont-elles pas les inventions d'une pensée assujettie au principe de raison, qui prétend tout expliquer, quitte à forger le fer en bois d'un vécu conscient inconscient ?

1. H. de Balzac, *La Femme de trente ans*, Paris, Gallimard, 1977, p. 187.

2. Commentant la scène, Vincent Descombes écrit : « Paradoxe de pensées dont nous ignorons la présence en nous, et que nous pouvons pourtant déceler à travers les effets qu'elles ont sur notre conduite ; nous leur obéissons sans les connaître et à notre insu, mais comme si nous les connaissions, comme si nous étions avisés de l'objet qu'elles nous assignent ».

3. *Cf.* « Parce que c'était lui, parce que c'était moi », M. de Montaigne, *Essais*, I, 28.

Conclusion

Lorsqu'un professeur de français veut exposer à ses élèves l'art de la litote, il cite bien souvent la réplique de Chimène dans *Le Cid* : « Va, je ne te hais point » [1]. Or, l'exemple est-il bien choisi ? S'agit-il à proprement parler d'une litote ? Oui, mais à la condition expresse que Chimène soit effectivement toujours amoureuse de Rodrigue. Cependant, il suffit de relire la pièce de Corneille pour comprendre qu'il n'en est rien : le cœur de Chimène ne bat plus comme avant pour Rodrigue, pour la simple raison que Rodrigue a tué son père. Comment, du reste, une noble jeune fille pourrait-elle demeurer amoureuse du meurtrier de son père ? Certains interprètes, dont Vincent Descombes, pensent résoudre la question en imaginant que par cette litote Chimène exprime inconsciemment son amour pour Rodrigue [2]. Le plus simple, semble-t-il, consiste à prendre la phrase au pied de la lettre. Il s'ensuit que Chimène n'est ni de mauvaise foi ni inconsciemment amoureuse de Rodrigue, et sa prétendue litote en vérité n'en est pas une. Elle est un premier geste de réconciliation. L'hypothèse de l'inconscient se révèle à nouveau inutile et incertaine.

On s'est parfois moqué des philosophies de la conscience qui prétendent ignorer l'inconscient psychique au nom d'une prétendue transparence de la conscience. Sartre est sans doute la cible privilégiée de ces critiques. On oublie un peu vitre que l'auteur de *L'Être et le néant*, distinguant entre la conscience et la connaissance de soi [3], définit la réalité humaine, comme un « mystère en pleine lumière » [4]. Comme il le montre longuement dans *L'Idiot de la famille*, à propos de Flaubert, la simple conscience du désir d'écrire ne doit pas être confondue avec l'analyse en profondeur de ce désir dont il convient de dégager également les conditions socio-économiques. En outre, attentif au fait que « nous avons tous été enfants avant que d'être hommes », Sartre s'interroge dans *L'Idiot de la famille* sur le poids du passé qui enveloppe aussi bien l'amour avec lequel Gustave fut allaité, l'éducation qu'il a reçue que sa place de second dans une famille du dix-neuvième siècle, etc.

1. P. Corneille, *Le Cid*, Acte III, scène 4, vers 963.

2. V. Descombes, « L'Inconscient adverbial », *Critique*, 1984, N°449, p. 775-795. Cette interprétation repose non seulement sur une lecture d'inspiration freudienne de la pièce mais en outre sur un présupposé relatif à la vie affective quant à la permanence-subsistance du sentiment en tant qu'état que Sartre explicite dans *La Transcendance de l'ego*.

3. Il consacre même un texte à cette distinction : J.-P. Sartre, « Conscience et connaissance de soi », *La Transcendance de l'ego et autres textes phénoménologiques*, Paris, Vrin, 2003.

4. J.-P. Sartre, *L'Être et le néant*, p. 571. R. Moati, *Sartre et le mystère en pleine lumière*, Paris, Éditions du Cerf, 2019.

Il y a toutefois une dimension de l'existence que Sartre, au nom de la liberté et peut-être de son égalitarisme, néglige systématiquement dans ses essais de psychanalyse existentielle. Il s'agit de ce que Freud appelle pour sa part les « facteurs constitutionnels » qu'il mentionne à propos de l'homosexualité de Leonard de Vinci.

Reconnaissant les limites de ses propres explications psychogénétiques de l'homosexualité, Freud en effet écrit : « nous ne pouvons écarter l'action concomitante de facteurs constitutionnels inconnus, ceux dont on a d'ordinaire coutume de faire dériver toute l'homosexualité » [1]. En d'autres termes, l'analyse doit être capable d'admettre que le cours d'une existence est parfois conditionné par ce qu'on peut également appeler des données innées. Cette part innée de l'existence, distincte de l'hérédité biologique, relève de la facticité au sens heideggérien du terme et échappe à toute forme d'explication causale. Il fut un temps où l'on disait, à la suite du fondateur de la phrénologie, Franz Joseph Gall, qu'un piètre mathématicien n'avait pas la bosse des mathématiques tandis qu'un bon commerçant avait celle du commerce. On refusait ainsi de laisser inexpliqué des dispositions qu'on reprochait à un certain irrationalisme de mettre au compte de l'inné. Inversement, on pourrait reprocher sinon à Freud du moins à une certaine psychanalyse de procéder de manière analogue et, par un rationalisme excessif, de mettre sur le compte de l'inconscient et de l'évolution psychosexuelle de l'individu ce qui, en vérité, relève des données innées de l'existence. Nous retrouvons ainsi une conclusion à laquelle nous avions abouti au sujet de la mélancolie et du *typus melancholicus* [2].

D'une manière général, il faut bien reconnaître que le dialogue entre Heidegger et Freud paraît plus que difficile. Faut-il pour autant faire de Heidegger, à l'instar de Sartre, « un féroce ennemi de la psychanalyse » [3] ? Inutile de dramatiser une question philosophique. Car ce que Heidegger critique ce sont les fondements ontologiques de la psychanalyse freudienne, c'est-à-dire sa mécompréhension de l'être de l'homme à partir de sa réification par la science moderne de la nature. Mais une telle critique, comme nous l'avons vu avec Boss, n'exclut pas la reconnaissance de l'importance d'un point de vue thérapeutique de l'œuvre de Freud. Que ses relation avec les autres, à commencer par

1. S. Freud, *Un souvenir d'enfance de Léonard de Vinci*, trad. fr. M. Bonaparte, Paris, Gallimard, 1977, p. 81-82.

2. Cf. *supra*, p. 203.

3. E. Roudinesco, *Sigmund Freud en son temps et dans le nôtre*, Paris, Seuil, 2014, p. 461-462.

les membres de sa famille, puissent pour un malade être à la source de ses troubles, que ces mêmes troubles puissent être soignés dans le cadre d'une relation authentiquement humaine, qu'il soit décisif pour le patient de prendre conscience de la limitation de son pouvoir-être, c'est-à-dire de sa liberté, Heidegger ne le conteste nullement, bien au contraire, et son ambition au cours des séminaires de Zurich est précisément d'aborder les pathologies en prenant en compte le malade en tant qu'être humain et, par suite, dans le cadre d'un *Daseinsanalyse* médicale [1].

1. Martin Heidegger est, au sortir de la guerre et selon ses propre mots, un homme fini. Quelle peut être en effet la place de cet homme, promis à un destin hors du commun et qui, désormais, à la demande du sénat de son université, est interdit d'enseignement et suspendu de ses fonctions? En février 1946, au cours d'un interrogatoire sur ses engagements passés, Heidegger s'écroule. Il est alors accueilli par Victor von Gebsattel, médecin proche de Ludwig Binswanger, à Badenweiler. Interrogé sur la manière dont Gebsattel l'avait soigné, Heidegger répond simplement : « Pour commencer, il chevaucha avec moi à travers les neiges de la forêt hivernale. Il ne fit rien d'autre. Mais il m'a aidé en tant qu'homme. Et au bout de trois semaines, je suis rentré guéri ». Malgré sa concision, cette déclaration en dit finalement assez sur la manière dont il convient d'envisager la relation du médecin et du malade : elle doit être avant tout une relation d'homme à homme, telle que l'un se porte au secours de l'autre, l'accompagne dans son effort pour se redresser et lui permet de retrouver une certaine liberté. R. Safranski, *Heidegger et son temps, biographie*, trad. fr. I. Kalinowski, Paris, Grasset, 1996, p. 367-368. Une telle attitude thérapeutique fait l'objet d'une explicitation décisive dans *Être et temps* où Heidegger distingue entre deux formes de sollicitude : la sollicitude devançante (*vorspringende Fürsorge*) et une sollicitude substitutive (*einspringende Fürsorge*) : la première anticipe et libère alors que la seconde se précipite et commande. M. Heidegger, *Être et temps*, § 26, p. 122; F. Dastur, « Phénoménologie et thérapie : la question de l'autre dans les *Zollikoner Seminare* », J.-F. Courtine (ed.), *Figures de la subjectivité*, p. 165 *sq.*

CONCLUSION

Nous voudrions au terme de cet essai reprendre les deux ou trois convictions qui se sont progressivement imposées à nous et qui en ont guidé la rédaction.

La toute première d'entre elle vient de la phénoménologie heideggérienne et concerne l'être de ce mortel qu'est l'homme en tant qu'ouverture-au-monde (*Weltoffenheit*). On ne saurait trop insister sur l'importance de cette redéfinition heideggérienne de l'homme, mieux : du *Dasein*, que Heidegger désigne ainsi afin de rompre avec la conception de l'homme comme animal raisonnable. En effet, envisager l'homme à partir de son être-au-monde conduit, au nom même de l'ontologie, à refuser de confondre ce qui est humain avec ce qui ne l'est pas, et donc à s'interdire de l'assimiler à une réalité physico-chimique, à une machine fût-elle la machine de Turing, ou encore à un être vivant. Aussi le scepticisme est-il de rigueur vis-à-vis d'une anthropologie et d'une psychopathologie qui emprunteraient leurs concepts aux sciences modernes de la nature. En dépit de la confusion qu'entretient de nos jour un certain néodarwinisme, il ne faut pas craindre de réaffirmer, contre le zoomorphisme, que l'homme n'est plus un animal et que le recours à des paradigmes éthologiques pour éclairer certaines conduites pathologiques aboutit à voiler ce qu'il prétend dévoiler [1].

La deuxième conviction est en partie liée à notre propre expérience des différentes formes de troubles existentiels. Sans doute, peut-on hésiter

1. Nous rejoignons ainsi Etienne Bimbenet qui s'élève dans son dernier ouvrage contre la dénégation des différences par le zoocentrisme comme par le postféminisme, qui rêvent d'un monde « miraculeusement délivrés de toute différence forte » (*Le Complexe des trois singes*, Paris, Seuil, 2017, p. 204). Nous pourrions également citer l'essai récent de Jean-François Braunstein, qui, de manière analogue, s'inquiète de « l'effacement des frontières » et de cette marche vers « l'indifférenciation », J.-F. Braunstein, *La philosophie devenue folle*, Paris, Grasset, 2018, p. 380.

à tenir pour malades ces hommes dont la conduite passe pour suicidaire parce qu'ils mettent leur vie en danger. N'ont-ils pas choisi, à l'instar de Marlow, de vivre en aventuriers [1] ? Certes, un homosexuel n'est de nos jours plus tenu pour un pervers, mais le transsexuel qui demande à être opéré pour palier à une prétendue erreur de la nature n'est-il pas un malade qui ignore sa véritable maladie ? Comment faire le départ entre l'angoisse existentielle et une angoisse proprement pathologique ? Force est d'admettre à chaque fois que la limite qui sépare la santé de la maladie n'est pas facile à déterminer *in concreto*, Mais le souci légitime de ne pas « pathologiser » inconsidérément des conduites dont l'étrangeté parfois nous déroute ne doit pas conduire à nier le principe d'un partage rigoureux de la santé et de la maladie qui réside fondamentalement, comme nous l'avons vu, dans la liberté. Ainsi, à rebours d'un relativisme paresseux ou « savant », il est important de rappeler que la santé n'est pas la maladie et qu'il y a un fossé entre la liberté et l'aliénation.

La troisième s'inspire de la critique heideggérienne du principe de raison et trouve sa pleine pertinence lorsqu'il s'agit de comprendre et d'accepter de ne pas comprendre, des phénomènes aussi déroutants que le rêve ou le délire, ou lorsqu'on cherche à établir la source des troubles d'un malade. Bien que philosophe de la liberté, Sartre est sans doute l'un de ceux qui, avec génie, succombe de manière exemplaire à cette tentation de la compréhension sans reste lorsqu'il explore la vie de Flaubert afin d'en percer le secret. Ce qui le conduit parfois, au besoin, à inventer les chainons manquants. Comme on le sait, *L'Idiot de la famille*, en dépit de ses trois milles pages, est demeuré inachevé. Mais n'était-il pas condamné à l'être ? A l'opposé, on s'est attaché ici à souligner l'énigme non seulement du rêve, du délire mais aussi de la maladie en général dans la mesure où, prenant le contrepied de modernité, la phénoménologie existentielle n'entend pas rendre raison de tout. C'est pourquoi, nous n'avons cesser d'insister sur les conditions innées et donc sans cause qui régissent chaque existence, ainsi que sur les différentes formes possibles d'aliénation qui n'ont de sens que par rapport à une irréductible liberté première.

1. J. Conrad, *Au cœur des ténèbres*, trad. fr. J.-J. Mayoux, Paris, GF-Flammarion, 2017.

BIBLIOGRAPHIE

Ouvrages

ABETTAN C., *Phénoménologie et psychiatrie. Heidegger, Binswanger, Maldiney*, Paris, Vrin, 2018.

ARISTOTE, *Métaphysique*, trad. fr. J. Tricot, Paris, Vrin, 1970.

ARON R., *Les étapes de la pensée sociologique*, Paris, Gallimard, 1967.

BAAS B., *Le Désir pur. Parcours philosophiques dans les parages de J. Lacan*, Louvain, Peeters, 1992.

BALZAC H. de, *La Femme de trente ans*, Paris, Folio-Gallimard, 1977

BARBARAS R., *Le Désir et le monde*, Paris, Hermann, 2016.

– *Métaphysique du sentiment*, Paris, Éditions du Cerf, 2016.

BASSO E., *Michel Foucault e la Daseinsanalyse : un'indagine metodologica*, Milano, Mimesis, 2007.

BATESON G., *Vers une écologie de l'esprit*, trad. fr. F. Drosso, L. Lot et E. Simion, Paris, Seuil, 1990.

BENNET M. R. et P. M. S. Hacker, *Philosophical fondations of neuroscience*, Malden, Blackwell Publishing, 2003.

BERNET R., *Conscience et existence. Perspectives phénoménologiques*, Paris, P.U.F., 2004.

– *Force, Pulsion, Désir. Une autre philosophie de la psychanalyse*, Paris, Vrin, 2013.

BIMBENET E., *L'Animal que je ne suis plus*, Paris, Gallimard, 2011.

– *Après Merleau-Ponty. Etudes sur la fécondité d'une pensée*, Paris, Vrin, 2011.

– *Le Complexe des trois singes*, Paris, Seuil, 2017.

BINSWANGER L., *Le Cas Suzanne Urban. Etude sur la schizophrénie*, Paris, Gérard Monfort, 2002.

– *Rêve et existence*, trad. fr. F. Dastur, Paris, Vrin, 2012.

– *Phénoménologie, psychologie, psychiatrie*, trad. fr. C. Abettan, Paris, Vrin, 2016.

– *Ausgewählte Werke*, Heidelberg, Roland Asanger Verlag, 1994.

– *Grundformen und Erkenntnis menschlichen Daseins*, Roland Asanger Verlag, Heidelberg 1993.

– *Trois formes manquées de la présence*, trad. fr. J.-M. Froissart, Argenteuil, Le Cercle Herméneutique, 2002.
– *Analyse existentielle et psychanalyse freudienne. Discours, parcours, et Freud*, trad. fr. R. Lewinter, Paris, Gallimard, 1970.
– *Le cas Lola Voss. Schizophrénie. Quatrième étude*, trad. fr. Ph. Veysset, Paris, P.U.F., 2012.
– *Introduction à l'analyse existentielle*, trad. fr. J. Verdeaux et R. Kuhn, Paris, Minuit, 1971, p. 49-78.
– *Sur la fuite des idées*, trad. fr. M. Dupuis, Grenoble, Jérôme Millon, 2000.
– dans *Manie et Mélancolie*, trad. fr. J.-M. Azorin et Y. Totoyan, Paris, P.U.F., 1987.
– *Délire*, trad. fr. J.-M. Azorin et Y. Totoyan, Grenoble, Jérôme Millon, 1993.
BLANKENBURG W., *La perte de l'évidence naturelle. Une contribution à la psychopathologie des schizophrénies pauci-symptômatiques*, trad. fr. J.-M. Azorin et Y. Tatoyan, Paris, P.U.F., 1971.
BLEULER E., Dementia praecox *ou groupe des schizophrénies*, trad. fr. A. Viallard, Paris, Éditions E.P.E.L., 1993.
BLUMENBERG H., *Description de l'homme*, trad. fr. D. Trierweiler, Paris, Éditions du Cerf, 2011.
BOSS M., *Grundriss der Medizin und der Psychologie. Ansätze zu einer phänomenologischen Physiologie, Psychologie, Pathologie, Therapie und zu einer daseinsgemässen Präventiv-Medizin in der moderne Industrie-Gesellschaft*, Bern, Verlag Hans Huber, 1971.
– *Introduction à la médecine psychosomatique*, trad. fr. W. Georgi, Paris, P.U.F., 1959.
– *Psychanalyse et analytique du* Dasein, trad. fr. Ph. Cabestan et F. Dastur, Paris, Vrin, 2007.
– *Il m'est venu en rêve Essais théoriques et pratiques sur l'activité onirique*, trad. fr. C. Berner et P. David, Paris, P.U.F., 1989.
BOUTONIER J., *L'Angoisse*, Paris, P.U.F., 1945.
BOYERS R., *Ronald Laing et l'antipsychiatrie*, Paris, Payot, 1973.
BRAUNSTEIN J.-F., *La philosophie devenue folle*, Paris, Grasset, 2018.
CABESTAN Ph. et CHAMOND J. (éd.), *Mélancolie. Phénoménologie, psychopathologie, psychanalyse*, Argenteuil, Le Cercle Herméneutique, 2015.
CABESTAN Ph. et DASTUR F. (éd.), *Lectures d'Être et temps*, Argenteuil, Le Cercle herméneutique, 2008.
CABESTAN Ph. et GENS J.-C. (éd.), *La* Psychopathologie générale *de Karl Jaspers 1913-2013*, Argenteuil, Le Cercle Herméneutique, 2013.
CABESTAN Ph., *L'Être et la conscience. Recherches sur la psychologie et l'ontophénoménologie sartriennes*, Bruxelles, Éditions OUSIA, 2004.
– *Qui suis-je ? Sartre et la question du sujet*, Paris, Hermann, 2015.
CANGUILHEM G., *La connaissance de la vie*, Paris, Vrin, 1985.
CARRÈRE E., *L'Adversaire*, Paris, Gallimard, 2002.
CASTEL P.-H., *L'Esprit malade*, Paris, Éditions d'Ithaque, 2009.

CERVANTES M. de, *L'Ingénieux Hidalgo, don Quichotte de la Manche*, trad. fr. A. Schulman, Paris, Seuil, 1997.

CHANGEUX J.-P., RICŒUR P., *La Nature et la règle. Ce qui nous fait penser*, Paris, Odile Jacob, 1998.

CHARBONNEAU G., *La Situation existentielle des personnes hystériques. Intensité, centralité et figuralité*, Argenteuil, Le Cercle Herméneutique, 2007.

– *Introduction à la psychopathologie phénoménologique*, t. 1 et t. 2, Paris, MJW Féditions, 2010.

COULOMB M., *Phénoménologie du nous et psychopathologie de l'isolement. La nostrité selon L. Binswanger*, Argenteuil, Le Cercle herméneutique, 2009.

COURTINE J.-F. (éd.), *Figures de la subjectivité. Approches phénoménologiques et psychiatriques*, Paris, Éditions du C.N.R.S., 1992.

DAMASIO A., *Self comes to mind : Constructing the conscious brain*, New York, Pantheon Book, 2010.

DASTUR F., *Heidegger et la question du temps*, Paris, P.U.F., 1990.

– *La mort. Essai sur la finitude*, Paris, Hatier, 1994.

– *Heidegger et la question anthropologique*, Louvain-Paris, Éditions Peeters, 2003.

– *La Phénoménologie en questions. Langage, altérité, temporalité, finitude*, Paris, Vrin, 2004.

– *Le Sujet de la surprise : un sujet cardial*, Bucarest, Zeta Books, 2018.

– *Transcendance et incarnation*, Paris, Vrin, 1995.

DEPRAZ N., *Le Sujet de la surprise : un sujet cardial*, Bucarest, Zeta Books, 2018.

– *Transcendance et incarnation*, Paris, Vrin, 1995.

DERRIDA J., *L'écriture et la différence*, Paris, Seuil, 1967.

– *Résistances*, Paris, Galilée, 1996.

DESCARTES R., *Œuvres philosophiques*, publiées par F. Alquié, Paris, Garnier, 1963-1973, 3 volumes.

DESCOMBES V., *L'Inconscient malgré lui*, Paris, Folio-Gallimard, 2004.

DESPORTES F. et F. LE GUNEHEC, *Droit pénal général*, Paris, Economica, 2001.

DIDI-HUBERMAN G., *L'invention de l'hystérie, Charcot et l'iconographie photographique de la Salpêtrière*, Paris, Éditions Macula, 1982.

ENGLEBERT J., CORMANN G., ADAM C. (éd.), *Psychopathologie phénoménologique*, vol. 1 et 2, Argenteuil, Le Cercle herméneutique, 2019.

ERIBON D., *Michel Foucault*, Paris, Flammarion, 1989.

FERRY L. et A. RENAUT, *La pensée 68*, Paris, Folio-Gallimard, 1988.

FOUCAULT M., *Histoire de la folie à l'âge classique*, Paris, TEL-Gallimard, 1972.

– *Dits et écrits*, 4 volumes, Paris, Gallimard, 1994.

– *Histoire de la sexualité I. La Volonté de savoir*, Paris, Gallimard, 1976.

FREUD S. et J. BREUER, *Études sur l'hystérie*, trad. fr. A. Berman, Paris, P.U.F., 1956.

FREUD S., *Abrégé de psychanalyse*, trad. fr. A. Berman, revue et corrigée par J. Laplanche, Paris, P.U.F., 2001.

– *L'interprétation des rêves*, trad. fr. I. Meyerson, Paris, P.U.F., 1967.

– *Malaise dans la civilisation*, trad. fr. Ch. et J. Odier, Paris, P.U.F., 1971.
– *La vie sexuelle*, trad. fr. D. Berger, J. Laplanche *et alia*, Paris, P.U.F., 1969.
– *Essais de psychanalyse*, trad. fr. S. Jankélévitch, Paris, Payot, 1973.
– *Essais de psychanalyse appliquée*, trad. fr. M. Bonaparte et E. Marty, Paris, Gallimard, 1978.
– *Résultats, idées, problèmes II*, trad. fr. J. Laplanche *et alia*, Paris, P.U.F., 1998.
– *Nouvelles conférences sur la psychanalyse*, trad. fr. A. Berman, Paris, Gallimard, 1971.
– *Un souvenir d'enfance de Léonard de Vinci*, trad. fr. M. Bonaparte, Paris, Idées-Gallimard, 1977.
– *Inhibition, symptôme, angoisse*, trad. fr. J. Doron et R. Doron, Paris, P.U.F., 1993.
– *Introduction à la psychanalyse*, trad. fr. S. Jankélévitch, Paris, Payot, 1974.
– *Trois essais sur la théorie de la sexualité*, trad. fr. B. Reverchon-Jouve, Paris, Gallimard, 1980.
– *Nouvelles conférences d'introduction à la psychanalyse*, trad. fr. A. Berman, Paris, Folio-Gallimard, 1984.
– *Métapsychologie*, trad. fr. J. Laplanche et J.-B. Pontalis, Paris, Gallimard, 1968.
– *Cinq psychanalyses*, trad. M. Bonaparte, Paris, P.U.F., 1970.
– *S. Freud présenté par lui-même*, trad. fr. F. Cambon, Paris, Gallimard, 1984.
– *La Naissance de la psychanalyse*, trad. fr. A. Berman, Paris, P.U.F., 2009.
— et S. Ferenczi, K. Abraham, *Sur les névroses de guerre*, Paris, Petite Bibliothèque Payot, 2010.
— et L. Binswanger, *Correspondance* (1908-1938), trad. fr. R. Menahem et M. Strauss, Paris, Calmann-Lévy, 1995.
FUCHS T., *Ecology of the Brain. The Phenomenology and Biology of the Embodied Mind*, Oxford University Press, 2018.
GADAMER H. G., *Philosophie de la santé*, trad. fr. M. Dautrey, Paris, Grasset, 1998.
GENNART M., *Corporéité et présence. Jalons pour une approche du corps dans la psychose*, Argenteuil, Le Cercle herméneutique, 2011.
GENS J.-C., *La pensée herméneutique de Dilthey. Entre néokantisme et phénoménologie*, Lille, Presses Universitaires du Septentrion, 2002.
– *Karl Jaspers*, Paris, Bayard, 2003.
GRANGER B. (éd.), *Eugène Minkowski. Une œuvre philosophique, psychiatrique et sociale*, Levallois-Perret, Interligne, 1999.
GREISCH J., *Ontologie et temporalité*, Paris, P.U.F., 1994.
GROS C., *Ludwig Binswanger*, Chatou, Éditions de la Transparence, 2010.
GROS F., *Foucault et la folie*, Paris, P.U.F., 1997.
GUILLERAULT G., *Le miroir et la psyché. Dolto, Lacan et le stade du miroir*, Paris, Gallimard, 2003.
GYEMANT M. et D. POPA (éd.), *Approche phénoménologique de l'inconscient*, Europaea Memoria, Georg Olms Verlag, 2015.
HAAR M., *Heidegger et l'essence de l'homme*, Grenoble, Jérôme Millon, 1990.
HEIDEGGER M., *Lettre sur l'humanisme*, trad. R. Munier, Paris, Aubier, 1983.

– *Être et temps*, trad. fr. F. Vezin, Paris, Gallimard, 1986.
– *Prolégomènes à l'histoire du concept de temps*, trad. fr. A. Boutot, Paris, Gallimard, 2006.
– « Qu'est-ce que la métaphysique ? » (1929), *Questions 1 et 2*, Paris, Gallimard, 1990.
– *Qu'est-ce que la métaphysique ?*, trad. fr. R. Munier, *Cahier de L'Herne : Martin Heidegger*, 1983.
– *Les concepts fondamentaux de la métaphysique. Monde-finitude-solitude*, trad. fr. D. Panis, Paris, Gallimard, 1992.
– *Essais et conférences*, « Science et méditation », trad. fr. A. Préau, Paris, Gallimard, 1958.
– *Séminaire de Zurich*, trad. fr. C. Gros, Paris, Gallimard, 2010.
– *Le principe de raison*, trad. fr. A. Préau, Paris, Gallimard, 1962.
HOLZHEY-KUNZ A., *Introduction à la* Daseinsanalyse. *Un regard existential sur la souffrance psychique et sa thérapie*, trad. fr. L. Defago, Argenteuil, Le Cercle Herméneutique, 2016.
HOUSSET E., *Husserl et l'énigme du monde*, Paris, Seuil, 2000.
HUSSERL E., *La philosophie comme science rigoureuse*, trad. fr. B. Marc de Launay, Paris, P.U.F., 1989.
– *Idées directrices pour une phénoménologie pure et une philosophie phénoménologique*, trad. fr. J.-F. Lavigne, Paris, Gallimard, 2018.
– *Recherches phénoménologiques pour la constitution*, trad. fr. E. Escoubas, Paris, P.U.F., 1982.
– *Méditations cartésiennes*, trad. fr. M. B. de Launay, Paris, P.U.F., 1994.
– *La Crise des sciences européennes et la phénoménologie transcendantale*, trad. fr. G. Granel, Paris, Gallimard, 1976.
– *Psychologie phénoménologique*, trad. fr. Ph. Cabestan, N. Depraz, A. Mazzu et F. Dastur, Paris, Vrin, 2001.
IONESCO E., *Rhinocéros*, Paris, Folio-Gallimard, 1992.
JANET P., *L'Automatisme psychologique. Essai de psychologie expérimentale sur les formes inférieures de l'activité humaine*, Paris, Alcan, 1889, réédité en 1973 par la société Pierre Janet et avec le concours du C.N.R.S.
– *De l'angoisse à l'extase* (2 vol.), Paris, Alcan, 1926-1928.
JANICAUD D., *L'intentionnalité en question entre phénoménologie et recherches cognitives*, Paris, Vrin, 1995.
JASPERS K., *Psychologie der Weltanschauungen*, München-Zürich, Piper, 1994.
– *Allgemeine Psychopathologie*, Berlin-Heidelberg, Springer Verlag, 1948.
– *Psychopathologie générale*, trad. fr. A. Kastler et J. Mendousse, Paris, Bibliothèque des introuvables, 2000.
– *Strindberg et Van Gogh*, trad. fr. H. Naef, Paris, Minuit, 1953.
JONAS H., *Le concept de Dieu après Auschwitz*, trad. fr. P. Ivernel, Paris, Rivages, 1994.

JONCKHEERE P. (éd.), *Passage à l'acte*, Bruxelles, DeBoeck Université, Bibliothèque de Pathoanalyse, 1998.

– *Psychiatrie phénoménologique. Tome 1 – Concepts fondamentaux. Tome 2 – Confrontations cliniques*, Argenteuil, Le Cercle Herméneutique, 2009.

KANT E., *Critique de la faculté de juger*, trad. fr. A. Renaut, Paris, GF-Flammarion, 1995.

– *Critique de la raison pure*, trad. fr. A. Tremesaygues et B. Pacaud, Paris, P.U.F., 1980.

– « Que signifie s'orienter dans la pensée ? », Paris, GF-Flammarion, 1991.

– *Anthropologie du point de vue pragmatique*, trad. fr. M. Foucault, Paris, Vrin, 1979.

KAPSAMBELIS V., *L'angoisse*, « Que sais-je ? », Paris, P.U.F., 2017.

KIERKEGAARD S., *Le Concept d'angoisse*, trad. fr. P.-H. Tisseau et E.-M. Jacquet-Tisseau, *Œuvres complètes*, t. 7, Paris, Éditions de l'Orante, 1973.

KIMURA B., *Écrits de psychopathologie phénoménologiques*, trad. fr. J. Bouderlique, Paris, P.U.F., 1992.

KRAUS A., *Sozialverhalten und Psychose Manisch-Depressiver*, Stuttgart, Enke, 1977.

LACAN J., *Écrits I*, Paris, Seuil, 1999.

– *Le Séminaire*, Livre II, *Le moi dans la théorie de Freud et dans la technique de la psychanalyse*, Paris, Seuil, 1977.

– *Le Séminaire*, Livre X, *L'Angoisse*, Paris, Seuil, 2004.

– *Les quatre concepts fondamentaux de la psychanalyse*, Paris, Seuil, 1973.

LAHIRE B., *L'interprétation sociologique des rêves*, Paris, La Découverte, 2018.

LAMARTINE A. de, *Œuvres poétiques*, « Bibliothèque de La Pléiade », Paris, Gallimard, 1963.

LAING R. D., *Le Moi divisé*, trad. fr. C. Elsen, Paris, Stock, 1970.

LAPLANCHE J. et J.-B. Pontalis, *Vocabulaire de la psychanalyse*, Paris, P.U.F., 1967.

– *Nouveaux fondements pour la psychanalyse*, Paris, P.U.F., 1994.

– *Problématique I, L'Angoisse*, Paris, P.U.F., 1980.

LAVIGNE J.-F., *Husserl et la naissance de la phénoménologie (1900-1913)*, Paris, P.U.F., 2005.

LEGUIL C., *Sartre avec Lacan. Corrélation antinomique, liaison dangereuse*, Paris, Éditions Navarin-Le Champ freudien, 2012.

LEVINAS E., *En découvrant l'existence ave Husserl et Heidegger*, Paris, Vrin, 1988.

MACINTYRE A. C., *L'inconscient. Analyse d'un concept*, trad. fr. G. Nagler et P.-E. Dauzat, Paris, P.U.F., 1984.

MALDINEY H., « Existence : crise et création », *Maldiney une singulière présence*, Paris, Les Belles Lettres, 2014.

– *Penser l'homme et la folie*, Grenoble, Jérôme Millon, 1991.

– *Regard, Parole, Espace*, Paris, Éditions du Cerf, 2012.

– *Existence, crise et création*, La Versanne, Encre marine, 2000.

MALHERBE M., *Alzheimer. La vie, la mort, la reconnaissance*, Paris, Vrin, 2015.

MARION J.-L., *Réduction et donation. Recherches sur Husserl, Heidegger et la phénoménologie*, Paris, P.U.F., 1989.
MAUSS M., *Essai sur le don. Forme et raison de l'échange dans les sociétés archaïques*, Paris, P.U.F., 2012.
MEITINGER S. (éd.), *Henri Maldiney. Une phénoménologie à l'impossible*, Argenteuil, Le Cercle Herméneutique, 2002.
MERLEAU-PONTY M., *Phénoménologie de la perception*, Paris, TEL-Gallimard, 1985.
MESOT H. (éd.), *Des interprétations du rêve. Psychanalyse, Herméneutique*, Daseinsanalyse, Paris, P.U.F., 2001.
MEYER C. (éd.), *Le Livre noir de la psychanalyse. Vivre, penser et aller mieux sans Freud*, Paris, Les Arènes, 2005.
MICALI S., Th. FUCHS (Hg.), *Wolfgang Blankenburg – Psychiatrie und Phänomenologie*, Freiburg-München, Verlag Karl Alber, 2014.
MICHAUX D. (éd.), *Hypnose et dissociation psychique*, Paris, Imago, 2006.
MINKOWSKI E., *La schizophrénie*, Paris, Éditions Payot, 2002.
– *Traité de psychopathologie*, Le Plessis-Robinson, Institut Synthélabo, 1999.
MOATI R., *Sartre et le mystère en pleine lumière*, Paris, Éditions du Cerf, 2019.
MONTAIGNE M. de, *Essais*, Paris, Le Livre de Poche, 2002.
MONTAVONT A., *De la passivité dans la phénoménologie de Husserl*, Paris, P.U.F., 1999.
MONTESQUIEU, *Lettres persanes*, Paris, Garnier Flammarion, 2016.
NAUDIN J., *Phénoménologie et psychiatrie. Les voix et la chose*, Toulouse, Presses Universitaires du Mirail, 1997.
NERVAL G. de, *Aurélia*, « Bibliothèque de la Pléiade », t. III, Paris, Gallimard, 1993.
NIETZSCHE F., *Aurore*, trad. fr. H. Albert, Paris, Hachette, 1987.
– *Généalogie de la morale*, trad. fr. A. Kremer-Marietti, Paris, Union générale d'éditions, 1974.
– *Généalogie de la morale*, trad. fr. A. Kremer-Marietti, Paris, Union Générale d'éditions, 1974.
OVIDE, *Métamorphoses*, trad. fr. O. Sers, Paris, Les Belles Lettres, 2009.
PASCAL B., *Pensées, Œuvres complètes*, Paris, Seuil, 1963.
PÉREC G., *W ou le souvenir d'enfance*, Paris, Denoël, 1975.
– *La boutique obscure, 124 rêves*, Paris, Denoël, 1973.
PERREAU L., « Le monde social selon Husserl », *Phaenomenologica* 209, Dordrecht, Springer, 2013.
PETOT J.-M., « Psychologie des phénomènes dissociatifs et théories de la conscience », dans D. Michaux (éd.), *Hypnose et dissociation psychique*, Paris, Imago, 2006.
PLATON, *Le Banquet*, Paris, GF-Flammarion, 2018.
– *Phèdre*, trad. fr. L. Mouze, Paris, Le Livre de Poche, 2012.
PLESSNER H., *Les degrés de l'organique et l'homme. Introduction à l'anthropologie philosophique*, trad. fr. P. Osmo, Paris, Gallimard, 2017.

POSTEL J. (éd.), *Dictionnaire de psychiatrie et de psychopathologie clinique*, Paris, Larousse, 1993.

PRINGUEY D., B. PACHOUD et F. JOVER (éd.), *Psychiatrie et création. Parcours de vie, génie et création*, Argenteuil, Le Cercle Herméneutique, 2014.

PROUST M., *A la Recherche du temps perdu*, « Bibliothèque de la Pléiade », Paris, Gallimard, 1989.

QUINTIN J. et THIBOUTOT C. (éd.), *Les grandes figures de la psychopathologie existentielle*, Montréal, Liber, 2020.

REMARQUE E. M., *A l'ouest rien de nouveau*, trad. fr. O. Bournac et A. Hella, Paris, Le Livre de Poche, 1973.

RICŒUR P., *Philosophie de la volonté*, t. 1, *Le Volontaire et l'involontaire*, Paris, Aubier, 1950.

– *De l'interprétation. Essai sur Freud*, Paris, Seuil, 1965.

– *Soi-même comme un autre*, Paris, Seuil, 1990.

ROBERT M., *La Révolution psychanalytique*, Paris, Payot, 1964.

ROMANO C., *L'événement et le monde*, Paris, P.U.F., 1998.

– *L'Aventure temporelle*, Paris, P.U.F., 2010.

– *Au cœur de la raison, la phénoménologie*, Paris, Gallimard, 2010.

– *L'inachèvement d'*Être et temps *et autres études d'histoire de la phénoménologie*, Argenteuil, Le Cercle Herméneutique, 2013.

– *Être soi-même. Une autre histoire de la philosophie*, Paris, Gallimard, 2019.

– *Les Repères éblouissants. Renouveler la phénoménologie*, Paris, P.U.F., 2019.

ROUDINESCO E., *Sigmund Freud en son temps et dans le nôtre*, Paris, Éditions du Seuil, 2014.

ROUSSEAU J.-J., *Emile ou de l'éducation*, Paris, Garnier Flammarion, 1966.

– *Œuvres complètes*, 5 volumes, Paris, Gallimard, 1959-1995.

SAFRANSKI R., *Heidegger et son temps, biographie*, trad. fr. I. Kalinowski, Paris, Grasset, 1996.

SASS L., *Les paradoxes du délire*, trad. fr. P.-H. Castel, Paris, Les éditions d'Ithaque, 2010.

SARTRE J.-P., « Une idée fondamentale de la phénoménologie de Husserl : l'intentionnalité », *Situations I*, Paris, Idées-Gallimard, 1975.

– *La Transcendance de l'ego*, Paris, Vrin, 1988.

– *La Transcendance de l'ego et autres textes phénoménologiques*, Paris, Vrin, 2003.

– *L'imaginaire*, Paris, Gallimard, 1986.

– *Esquisse d'une théorie des émotions*, Paris, éditions Hermann, 2010.

– *L'Être et le néant*, Paris, TEL-Gallimard, 2008.

– *Réflexions sur la question juive*, Paris, Gallimard, 1985.

– *Questions de méthode*, Paris, Gallimard, 1960.

– *Saint Genet comédien et martyr*, Paris, Gallimard, 1952.

– *L'idiot de la famille*, Paris, Gallimard, 1970-1971, tomes 1, 2, 3.

— et B. Lévy, *L'Espoir maintenant*, Verdier, Lagrasse, 1991.

– *Carnets de la drôle de guerre*, Paris, Gallimard, 1995.

SCHELER M., *Nature et formes de la sympathie. Contribution à l'étude des lois de la vie émotionnelle*, trad. fr. M. Lefebvre, Paris, Payot, 1928.

SCHNITZLER A., *Mademoiselle Else*, trad. fr. D. Auclères, Paris, Stock, 2002.

SCHREBER D. P., *Mémoire d'un névropathe*, trad. fr. P. Duquenne et N. Sels, Paris, Seuil, 1975.

SCUBLA L., *Donner la vie, donner la mort. Psychanalyse, anthropologie, philosophie*, Lormont, Le Bord de l'eau, 2014.

SERBAN C., *Phénoménologie de la possibilité. Husserl et Heidegger*, Paris, P.U.F., 2016.

SHAKESPEARE W., *Le Songe d'une nuit d'été*, trad. fr. J. et J.-L. Supervielle, Paris, Flammarion, 2018.

SOMMER C., *Heidegger, Aristote, Luther. Les sources aristotéliciennes et néo-testamentaires d'*Être et temps Paris, P.U.F., 2005.

STANGHELLINI G., FUCHS Th., *One century of Karl Jaspers' General Psychopathology*, Oxford University Press, 2013.

STANGHELLINI G., *Lost in Dialogue*, Oxford University Press, 2016.

STRAUS E., *Du sens des sens. Contribution à l'étude des fondements de la psychologie*, trad. fr. G. Thinès et J.-P. Legrand, Grenoble, Jérôme Millon, 2000.

STRAUS E., *Geschehnis und Erlebnis, zugleich eine historiologische Deutung der Psychischen Traumas und der Rentenneurose*, Berlin, Springer en 2013.

STRINDBERG A., *Plaidoyer d'un fou*, Paris, Éditions Sillage, 2013.

– *Inferno*, Paris, Gallimard, 2001.

SZILSASI W., *Introduction à la phénoménologie d'Edmond Husserl*, trad. fr. A. Fournier et F. Dastur, Argenteuil, Le Cercle Herméneutique, 2011.

TATOSSIAN A., *La Phénoménologie des psychoses*, Argenteuil, L'Art du comprendre, 1997.

– *Œuvres complètes*, t. 1, 1956-1970, t. 2, 1970-1978, t. 3, 1978-1980, t. 4, 1978-1995 (à paraître), Paris, MJW Fédition, 2018, 2019, 2020.

– *Psychiatrie phénoménologique*, Paris, ETIM, 1997.

TELLENBACH H., *La mélancolie*, trad. fr. L. Claude, D. Macher, A. de Saint-Sauveur et C. Rogowski, Paris, P.U.F., 1979.

TRAWNY P., *Heidegger et l'antisémitisme. Sur les "Cahiers noirs"*, trad. fr. J. Christ et J.-C. Monod, Paris, Seuil, 2014.

USLAR D. von, *Der Traum als Welt. Sein und Deutung des Traums*, Stuttgart, Hirzel, 1990.

VARELA F., E. THOMPSON et E. ROSCH, *L'Inscription corporelle de l'esprit. Sciences cognitives et expérience humaine*, trad. fr. V. Havelange, Paris, Seuil, 1993.

VARELA F., *Le Cercle créateur. Écrits (1976-2001)*, sous la direction de M. Bitbol, Paris, Seuil, 2018.

VEYNE P., *Foucault. Sa pensée, sa personne*, Paris, Le Livre de Poche, 2010.

WAHL J., *Etudes kierkegaardiennes*, Paris, Vrin, 1949.

WEBER M., *Essai sur la théorie de la science*, Paris, Plon, 1965.

WINNICOTT D., *Processus de maturation chez l'enfant*, trad. fr. J. Kalmanovitch, Payot, 1970.

WITTGENSTEIN L., *Leçons et conversations sur l'esthétique, la psychologie et la croyance religieuse suivies de Conférence sur l'Ethique*, trad. fr. J. Fauve, Paris, Gallimard, 1992.

ZARADER M., *Lire* Être et temps, Paris, Vrin, 2012.

Articles

ABETTAN C., « Présentation de *Geschehnis und Erlebnis* de Ludwig Binswanger », *Philosophie*, vol. 121, N°2, 2014.

ALRIVIE J.-J., « L'angoisse dans l'*Agamemnon* d'Eschyle à la lumière d'*Être et temps* de Martin Heidegger », *Philosophie*, N°140, janvier 2019.

AZORIN J.-M., « Angoisse et phénoménologie », *Confrontations psychiatriques*, N°36, 1995.

BERNET R., « L'inconscient entre représentation et pulsion », *Philosophie*, N°50, juin 1996, p. 68.

BLANKENBURG W., « La signification de la phénoménologie pour la psychothérapie », dans P. Fédida et J. Schotte (éd.), *Psychiatrie et existence*, Grenoble, Jérôme Millon, 1991.

– « La signification de la phénoménologie pour la psychothérapie », dans P. Fédida et J. Schotte (éd.), *Psychiatrie et existence*, Grenoble, Jérôme Millon, 1991.

– « Le phénomène psychosomatique et la relation du corps à l'esprit », dans P. Jonckheere (éd.), *Passage à l'acte*, 1998, p. 181-197.

– « Phénoménologie différentielle de la perception délirante. Une étude sur l'événementialité psychotique », *L'art du comprendre*, N°3, 1995

BONICCO C., « Rôle social, représentation et mauvaise foi chez Erving Goffman », *Revue de phénoménologie ALTER*, N°17/2009.

CABESTAN Ph., « La Constitution de l'animal dans les *Ideen* », *Revue de phénoménologie ALTER*, N°3, 1995.

– « Pourquoi les génies sont-ils mélancoliques ? », dans D. Pringuey, B. Pachoud et F. Jover (éd.), *Psychiatrie et création. Parcours de vie, génie et création*, Argenteuil, Le Cercle Herméneutique, 2014.

CHAMOND J., « Binswanger et la juste proportion anthropologique », dans B. Leroy-Viémon (éd.), *Binswanger*, Argenteuil, Le Cercle Herméneutique, 2011.

CHARBONNEAU G., « Paranoïa et délire chronique », *L'information psychiatrique*, vol. 94, N°9, 2018.

– « La présence maniérée. Approche phénoménologique des manières », *L'art du comprendre*, N°10, juin 2001.

– « L'Ipséité et le soi. Approche phénoménologique et clinique », *L'Évolution psychiatrique*, 84, 2019.

CONDRAU G., « L'approche phénoménologique du rêve », dans H. Mesot (éd.), *Des interprétations du rêve. Psychanalyse, Herméneutique*, Daseinsanalyse, P.U.F., 2001.

CORDIER B., M. SYLVESTRE, J. LEYRIE, « Pathologies psychiatrique post-traumatiques », *EMC-psychiatrie*, 1994.

COURTINE J.-F., « Heidegger, l'échec de *Sein und Zeit* », dans Ph. Cabestan et F. Dastur (éd.), *Lectures d'Être et temps*, Argenteuil, Le Cercle Herméneutique, 2008.

DASTUR F., « Phénoménologie et thérapie : la question de l'autre dans les *Zollikoner Seminare* », dans J.-F. Courtine (éd.), *Figures de la subjectivité*, éditions du C.N.R.S, 1992.

– « Binswanger, Tellenbach : deux conceptions différentes de la mélancolie », dans Ph. Cabestan et J. Chamond (éds.), *Mélancolie. Phénoménologie, psychopathologie, psychanalyse*, Argenteuil, Le Cercle Herméneutique, 2015.

– « Phénoménologie de la surprise : horizon, projection, événement », *Revue de phénoménologie ALTER*, N°24, 2016.

– « Phénoménologie de la surprise : horizon, projection, événement », *Revue de phénoménologie ALTER*, N°24, 2016.

DECETY J., « Composants, mécanismes, développement et fonctions de l'empathie », *EMC - Psychiatrie* 2015 ; 13(1) : 1-8 [Article 37-090-A-20].

DIRAKIS A., « Penser de l'être, penser de l'homme », *Le Débat*, N°180, mai-août 2014.

DÖRR-ZEGERS O., « Phénoménologie de l'angoisse », dans J. Pélicier (éd.), *La lecture du monde. Mélange en hommages à Yves Pélicier*, Paris, P.U.F., 1998.

GALLAGHER S., « Delusional Realities », *in* M. Broome, L. Bortolotti (eds.), *Psychiatry as cognitive science, Philosophical persectives*, Oxford University Press (OUP), 2009.

GARABÉ J., « La notion de dissociation selon P. Janet », dans D. Michaux (éd.), *Hypnose et dissociation psychique*, Paris, Imago, 2006.

GÉRARD M., « Canguilhem, Erwin Straus et la phénoménologie : la question de l'organisme vivant », *Bulletin d'analyse phénoménologique*, vol. 6, 2010.

GROS C., « Henri Maldiney : la psychose, une forme d'existence à l'impossible ? », dans S. Meitinger (éd.), *Henri Maldiney. Une phénoménologie à l'impossible*, Argenteuil, Le Cercle Herméneutique, 2002.

FUCHS Th., « Pourquoi y a-t-il des malades mentaux ? Réflexions anthropologiques sur la vulnérabilité » (article à paraître).

– « Leibliche Sinnimplikate », *in* H.-D. Gondek *et ali*, *Phänomanologie der Sinnereignisse*, Wilhelm Fink Verlag, 2011.

– « De la vulnérabilité existentielle. Eléments pour une psychopathologie des situations-limites », dans Ph. Cabestan et J.-C. Gens (éd.), *La* Psychopathologie générale *de Karl Jaspers, 1913-2013*, Argenteuil, Le Cercle Herméneutique, 2013.

GENS J.-C., « Der Bergriff der Situation bei Jaspers und Sartre », *in* A. Hügli und M. Hackel (Hrsg.), *Karl Jaspers und Jean-Paul Sartre im Dialog*, Frankfürt am Main, Peter Lang, 2015.

– « L'impact de la philosophie jaspersienne de l'existence sur la Psychopathologie générale », dans *La* Psychopathologie générale *de Karl Jaspers, 1913-2013*, Argenteuil, Le Cercle Herméneutique, 2013.

GUÉNOLÉ F. et A. NICOLAS, « Le rêve est un état hypnique de la conscience : pour en finir avec l'hypothèse de Goblot et ses avatars contemporains », *Neurophysiologie Clinique*, 40, 2010.

HICKOK G., *The myth. Of mirror neurons : the real neuroscience of communication and cognition*, New York, Norton & Co, 2014

KERN I., « Constitution statique et constitution génétique », trad. fr. N. Depraz, *Revue de Phénoménologie ALTER*, 1994, N°2.

– « Les trois voies de la réduction transcendantale et phénoménologique dans la philosophie de Husserl », trad. fr. Ph. Cabestan et N. Depraz, *Revue de phénoménologie ALTER*, octobre 2003, N°11.

JASPERS K., « La direction de recherche phénoménologique en psychopathologie », trad. fr. S. Calenge, *Revue de phénoménologie ALTER*, 2011, N°19.

KRAUS A., « Melancholiker und Rollenidentität », *Melancholie in Forschung*, Klinik und Behandlung, Stuttgart, Thieme, 1969.

– « Modes d'existence des hystériques et des mélancoliques » in *Psychiatrie et existence*, ed. P. Fédida et J. Schotte, Grenoble, Jérôme Millon, 1991.

– « Existenzanalytische Aspekte der Raum-Phobien und ihrer Behandlung », *Jahrbuch für phänomenologische Anthropologie und Psychotherapie* 20, 2004.

LAMBOTTE M.-C., « Voir et savoir : vers une critique du concept d'angoisse », dans P. Fédida et J. Schotte (éd.), *Psychiatrie et existence*, Grenoble, Jérôme Millon, 1991.

LANTÉRI-LAURA G., « La notion de processus dans la pensée psychopathologique de K. Jaspers », *Evolution psychiatrique*, 27(4), 1962.

MALDINEY H., « L'existant », dans P. Fédida et J. Schotte, *Psychiatrie et existence*, Grenoble, Jérôme Millon, 1991.

MARIE P., « *Lecture de* Deuil et mélancolie », dans Ph. Cabestan et J. Chamond (éd.), *Mélancolie. Phénoménologie, psychopathologie, psychanalyse*, Argenteuil, Le Cercle Herméneutique, 2015.

MASI C., « Origine et développement d'une pensée », Paris, *L'art du comprendre*, N°4, février 1996.

MI KYUNG YI, « Herméneutique et psychanalyse : interprétation en question », dans H. Mesot (éd.), *Des interprétations du rêve. Psychanalyse, Herméneutique*, Daseinsanalyse, Paris, P.U.F., 2001.

MICHAUX D., « *L'observateur caché* et la dissociation psychique », dans D. Michaux (éd.), *Hypnose et dissociation psychique*, Paris, Imago, 2006.

MINKOWSKI E., « Discussion sur le problème du délire », dans B. Granger (éd.), *Eugène Minkowski. Une œuvre philosophique, psychiatrique et sociale*, Levallois-Perret, Interligne, 1999.

PACHOUD B., « Analyse phénoménologique de la notion d'événement et ses implications pour la psychopathologie », *L'Évolution psychiatrique*, N°70, 2005, p. 699-707.

PETIT J.-L., « Empathie et intersubjectivité », dans, A. Berthoz, G. Jorland, *L'empathie*, Paris, Odile Jacob, 2004.

RISBEC G., « La pathographie d'August Strindberg par Jaspers revisitée par Tellenbach et Binswanger » dans Ph. Cabestan et J.-C. Gens (éd.), *La* Psychopathologie générale *de Karl Jaspers 1913-2013*, Argenteuil, Le Cercle Herméneutique, 2013.

SASS L., « Schizophrenic Person or Person with Schizophrenia. An Essay on Illness and the Self », *Theory and Psychology*, 17 (3), juin 2007.

SERBAN C., « Du possible au transpossible », *Philosophie*, N°30, juin 2016.

TAMINIAUX J., « La Phénoménologie heideggérienne de l'angoisse dans *Sein und Zeit* », dans P. Jonckheere (éd.), *Phénoménologie et analyse existentielle*, Bruxelles, De Boeck, 1989.

TELLENBACH H., « Phénoménologie de l'endogénéité », *Comprendre*, N°1, 1988

– « Sur l'histoire du concept "*Typus Melancholicus*" et sur les conséquences pour la conception d'un "*Typus Maniacus*" », *Psychologie médicale*, 1987.

– « Figures de la mélancolie », trad. Ph. Cabestan et A. Brüssow, Ph. Cabestan et J. Chamond (éd.), *Phénoménologie, psychopathologie, psychanalyse*, Argenteuil, Le Cercle Herméneutique, 2015.

THINÈS G., « Erwin Straus et la phénoménologie dans *Vom Sinn der Sinne* », J.-F. Courtine (éd.), *Figures de la subjectivité*, Paris, 1992, Éditions du CNRS.

USLAR D. von, « Rêve et interprétation des rêves », dans H. Mesot (éd.), *Des interprétations du rêve. Psychanalyse, Herméneutique*, Daseinsanalyse, P.U.F., 2001.

VARELA E. J., « The Naturalisation of Phenomenology as the Transcendence of Nature », *Revue de Phénoménologie ALTER*, N°5, 1997.

VARELA F., « Neurophenomenology : A methodological remedy to the hard problem », *Journal of Consciousness Studies* 3, 1996.

VILLEROY E. de, « Les personnalités multiples, histoire d'une illusion psychiatrique », *Sciences humaines*, février 2012.

WOLFF F., « La question de l'homme aujourd'hui », *Le Débat*, N°180.

INDEX DES NOMS

ABRAHAM K., 133, 140, 142-144
ASERINSKY E., 57
ARISTOTE, 20, 25, 26, 60, 110
ARTAUD A., 105, 107
ASERINSKY E., 57
AUGUSTIN, 25

BATESON G., 223
BENNETT M., 224
BERNET R., 42-46, 48, 50-52, 54, 150, 237, 241, 243
BIMBENET E., 20, 228, 251
BINSWANGER L., 12, 13, 15-17, 24, 33-39, 54-56, 60-62, 65, 68-70, 79, 81, 85, 86, 89, 95, 96, 99-101, 107-109, 115, 119-129, 131, 132, 158, 165, 166, 169, 174, 175, 185, 187, 188, 192, 205, 211, 214, 218, 221, 239, 249
BLANCHOT M., 205
BLANKENBURG W., 13, 76, 77, 86, 95, 97, 100, 113, 115, 118, 173-180, 182-185
BLEULER E., 77, 80, 163-167
BLUMENBERG H., 18
BOSS M., 8, 13, 16, 17, 31, 36, 44, 56, 57, 61, 63-65, 85, 156-159, 161, 162, 185, 230, 237-242, 248
BREUER J., 134, 135, 143
BUSCH W., 160

CANGUILHEM G., 87, 91, 92, 95, 123
CARRÈRE E., 154
CERVANTÈS M. de, 154
CHAMOND J., 9, 99, 187, 201
CHANGEUX J.-P., 222, 224, 225
CHARBONNEAU G., 9, 14, 82, 85, 159, 161, 162, 169, 176
CLÉRAMBAULT G. G. de, 114
CORNEILLE P., 247

DALI S., 62
DAMASIO A., 227
DARWIN CH., 19
DASTUR F., 7, 9, 16, 19, 27, 28, 31, 55, 68, 86, 115, 129, 178, 179, 187, 188, 195, 236, 240, 249
DEMENT W. C., 57
DERRIDA J., 101, 102, 104, 106, 107, 174, 234
DESCARTES R., 23, 71, 102-104, 134, 233
DESCOMBES V., 244-247
DIDI-HUBERMAN G., 161
DILTHEY W., 195, 206, 219, 222
DÖRR-ZEGERS O., 38
DOSTOÏEVSKI F., 151, 155
DUPRÉ E., 154

EPICTÈTE, 119, 120
ERASME, 103
EY H., 88, 104, 122, 163, 168, 213, 216

FERENCZI S., 133, 140, 142-144
FEYDEAU G., 153
FINK E., 15, 148, 174
FLAJOLIET A., 9

FLAUBERT G., 97, 112, 113, 247, 252
FOUCAULT M., 54, 55, 88-90, 101-108, 186, 193, 194
FREUD S., 21, 24, 27, 30-33, 35, 40-47, 49-55, 59-62, 68, 73, 107, 127, 133-136, 140-146, 148, 150, 152, 158, 167, 191, 201, 211, 212, 234-243, 245, 248, 249
FUCHS Th., 110, 146-149, 223-229

GADAMER H.-G., 92, 93, 98, 99
GALLAGHER S., 71, 83-85
GALLESE V., 228
GALL F. J., 224, 248
GARRABÉ J., 172
GARY R., 153
GENS J.-C., 9, 55, 70, 139, 147, 195, 210, 212, 214
GREISCH J., 25, 29, 235, 239

HAAR M., 20, 25, 28
HACKER P., 224
HEIDEGGER M., 8, 12, 15-21, 23-30, 35, 36, 39, 40, 43, 44, 56, 64, 85, 91, 95, 99-101, 107, 110, 111, 117, 122, 123, 125, 129, 156, 168-170, 174, 178, 181-185, 188-190, 202, 203, 205, 216, 218-220, 222, 235-242, 244, 248, 249, 251
HENRY M., 15, 42, 152
HÉRACLITE, 55, 100
HILGARD E., 155, 156
HOFFMANN E. T. A., 236
HÖLDERLIN F., 105
HOMÈRE, 68, 193
HUSSERL E., 7, 9, 14, 15, 23, 28, 30, 43, 65, 69, 75-77, 82, 86, 123-125, 128, 129, 146, 153, 173-175, 177-182, 194-196, 207, 208, 223, 225, 230-233, 243, 244

IBSEN H., 99
IONESCO E., 91

JAMES W., 84
JANET P., 26, 36, 152, 154-156
JASPERS K., 16, 62, 70, 72, 74, 82, 92, 94, 107, 114, 117, 147, 150, 151, 161, 174, 196-199, 205-218, 220, 221, 223
JUNG C. G., 47

KANT E., 11, 55, 57, 59, 89, 91, 193, 240, 241
KIERKEGAARD S., 23, 25, 28-30, 36, 39, 108, 110, 235
KIMURA B., 33, 40
KRAEPELIN E., 108, 163
KUHN R., 85, 115

LACAN J., 30, 45, 46, 54, 60, 62, 117, 212, 213, 216
LAING R. D., 88, 170, 171
LAMARCK J.-B. de, 19
LAMARTINE A. de, 27
LANTÉRI-LAURA G., 215-217
LAPLANCHE J., 31, 44, 50, 53, 62, 135, 136, 167, 213, 234, 238, 245
LE BON S., 37
LEIBNIZ G. W., 42, 44, 45, 55
LERICHE R., 93
LEVINAS E., 15
LÉVI-STRAUSS C., 18, 21, 239
LÉVY-BRUHL L., 18
LUTHER M., 25, 26

MACINTYRE A., 244, 245
MALDINEY H., 13, 99-102, 107-112, 115-119, 122, 123, 129, 131, 132, 161, 185, 188
MARC-AURÈLE, 120
MARION J.-L., 15
MAUSS M., 18, 88, 89
MERLEAU-PONTY M., 11, 12, 15, 128-132, 149, 178, 181, 185, 225, 228, 232, 245
MINKOWSKI E., 74, 81, 82, 98, 114, 184, 196
MOLIÈRE, 127

MONTAVONT A., 43
MONTESQUIEU, 220

NERVAL G. de, 70, 105
NIETZSCHE F., 62, 63, 105, 107, 108, 148, 196, 210

OPPENHEIM H., 133

PASCAL B., 26, 27, 51, 88, 106, 107, 177
PATOČKA J., 15
PÉLICIER Y., 38, 57
PEREC G., 60
PINEL PH., 101, 107
PLATON, 27, 41, 46, 47, 94, 118, 194
PRADELLE D., 9

REMARQUE E. M., 24, 33, 37, 57, 58, 83, 130, 139, 140, 182, 188, 189, 191, 193, 196, 237
RICŒUR P., 11, 42, 62, 73, 85, 148, 150, 151, 168, 224, 225, 243
RISBEC G., 9, 70, 214
RIZZOLATTI G., 228
ROMANO C., 16, 36, 115, 116, 128, 169, 181, 194, 225, 231, 232, 236
ROUSSEAU J.-J., 19, 50, 51, 53, 106, 134, 144
ROUSSEL A., 105

SADE D. A. F. de, 19
SARTRE J.-P., 13, 15, 20, 23, 28-30, 34, 36-39, 45, 46, 48, 49, 53, 55, 56, 58, 60, 63, 65-67, 69, 75, 76, 78, 80, 97, 108, 112, 113, 124, 125, 127-131, 144, 145, 147, 151, 154, 156, 159, 160, 162, 168-171, 174, 177, 183, 196-198, 213, 216, 221, 230, 235, 245, 247, 248, 252
SASS L. A., 71, 73, 76, 77, 80, 83, 168, 173
SCHOPENHAUER A., 42, 47
SCHUTZ A., 84
SHAKESPEARE W., 59, 60, 69
SLOTERDIJK P., 18
SOCRATE, 11, 118, 120
SOPHOCLE, 108
STEVENSON R. L., 152
STRAUS E., 115, 120-129, 131, 174
STRINDBERG A., 70, 72, 86, 94, 97, 107, 114, 205, 206, 208, 209, 213-215, 217, 221
SWAAB D. F., 224
SZILASI W., 86, 174, 187

TATOSSIAN A., 13, 15, 69, 71-81, 84-88, 93, 94, 96-98, 184-186, 202, 205, 216, 218, 219
TELLENBACH H., 13, 17, 70, 94, 117, 186-194, 196-203, 214, 221
TERENCE, 8
THOMAS A., 14, 110, 146-149, 222-227, 229-231, 233, 234

VEYNE P., 88, 194

WEBER M., 196, 210
WERNICKE C., 211, 212
WITTGENSTEIN L., 61, 83, 194
WOLFF F., 19

ZUTT J., 93, 174

TABLE DES MATIÈRES

AVANT-PROPOS 7

INTRODUCTION : PHÉNOMÉNOLOGIE EXISTENTIELLE, ANTHROPOLOGIE ET PSYCHIATRIE 11

De l'enthousiasme à l'essoufflement 12

Indétermination et inachèvement 14

Anthropologie et psychiatrie 18

Conclusion 21

CHAPITRE PREMIER : ÉLÉMENTS POUR UNE ANTHROPOLOGIE ET UNE PSYCHOPATHOLOGIE EXISTENTIELLES 23

Angoisse existentielle, angoisse pathologique 23

L'angoisse en tant que disposition fondamentale 25

Kierkegaard, Sartre ou l'angoisse la liberté 28

Les conceptions freudiennes de l'angoisse 30

De l'effondrement du monde dans la phobie 32

Phobie et vertige de la liberté 36

Conclusion 39

Pulsion libidinale *versus* désir charnel 40

« Une autre philosophie de la psychanalyse » 41

Pulsion ou désir d'être 43

De la sexualité infantile 46

De l'autoérotisme et du narcissisme 48

Faiblesse et intermittence du désir charnel 51

Conclusion 55

Le rêve et son étrangeté 55

Quand rêvons-nous ? 56

Rêver, se souvenir, raconter 59

Rêver et être-au-monde 62

Conscience onirique, conscience imageante 65

Conclusion 68

L'expérience délirante 70

Le délire en tant que conscience délirante incarnée 72
Par-delà le réel et l'irréel 75
Infaillibilité, apragmatisme et universalité de la conscience délirante 78
Objections 80
L'hypothèse des réalités multiples 82
Conclusion 85
Le normal et le pathologique 87
Le relativisme de l'antipsychiatrie 88
L'homme moyen, l'homme idéal et l'homme souffrant 90
Psychiatrie du symptôme et psychiatrie du phénomène 93
Conclusion 98

CHAPITRE II : NÉVROSE TRAUMATIQUE, SCHIZOPHRÉNIE, MÉLANCOLIE 101
De la folie comme possibilité et comme événement ? 101
« Mais quoi ? ce sont des fous… » 102
Folie et déraison 105
La folie comme possibilité 107
Névroses, psychoses et folie 112
La folie et son événementialité 115
Conclusion 118
Evénement et sens de l'événement 120
« Evénement et vécu » 121
« Prise de sens (*Sinnentnahme*) » et « contrainte dans la prise de sens (*Zwang zur Sinnentnahme*) » 124
Sens, signification et donation de sens 128
Conclusion 131
Traumatisme et névroses de guerre : quand le passé ne passe pas 132
Rousseau, Mlle Lambercier et l'hystérie banale 134
La notion de traumatisme et les trois moments du P.T.S.D. 136
Névroses traumatiques, névroses de guerre et *libido* 139
Névroses traumatiques et névroses de guerre selon Abraham et Ferenczi 142
Le trauma et l'énigme de la répétition 144
Trauma et mémoire corporelle 146
Conclusion 150
Dédoublement de la personnalité et dissociation 152
Double vie, duplicité, dédoublement imaginaire 153
Somatisation et division hystérique 156
Les masques de l'hystérie 159
Schizophrénique et dissociation 163
Le soi, l'être soi-même, le faux-soi et le vrai-soi 167
Conclusion 172

Perte de l'évidence naturelle et *épochè* dans la schizophrénie 173
Le cas Anne Rau 174
Epoché et réductions phénoménologiques 177
Comparaison n'est pas raison 179
Que la phénoménologie n'est pas la schizophrénie 182
Conclusion 184
Mélancolie et typus melancholicus 186
Endogénéité et mélancolie 187
Qu'est-ce qu'un type ? 193
Situation et compréhension : includence et rémanence 197
Conclusion 202

CHAPITRE III : REMARQUES MÉTHODOLOGIQUES 205
De la compréhension et de ses limites 205
De la compréhension statique *via* la présentification 206
De la compréhension génétique 209
De l'incompréhensible 212
De la compréhension inauthentique 216
De la compréhension authentique et de ses formes dérivées 218
Conclusion 220
Le défi des neurosciences 222
We are our brains 223
Une question de points de vue 225
Retour critique sur les neurones miroir 227
La complémentarité problématique du corps physique et du corps vécu 229
Monde de la vie et sciences modernes de la nature 231
Conclusion 233
Phénoménologie existentielle et psychanalyse 234
Angoisse, pulsion et appareil psychique 235
La critique de l'inconscient dans les *Séminaires de Zurich* 239
La phénoménologie comme psychologie des profondeurs 243
L'inconscient : inutile et incertain 244
Conclusion 247

CONCLUSION 251

BIBLIOGRAPHIE 253

INDEX NOMINUM 267

TABLE DES MATIÈRES 271

Achevé d'imprimer en mai 2021
sur les presses de
La Manufacture - Imprimeur – 52200 Langres
Tél. : (33) 325 845 892

N° imprimeur : 210457 - Dépôt légal : mai 2021
Imprimé en France